CRH 动车组系列教材

动车组构造

（第2版）

主　编　侯梅英　何洲红
主　审　郭亚斌　李晓村

西南交通大学出版社
·成　都·

内容提要

本书是根据我国 CRH 系列动车组的基本技术资料和运用情况，依据由本系列教材编委会审定的课程大纲来编写的。本书以 CRH2 型动车组为主讲车型，内容涉及动车组总体及主要技术参数、动车组车体技术、动车组转向架、动车组制动、动车组连接装置、空调换气系统。

本书主要面向高职高专学生，也可作为中专、技校、职工培训、函授教育教材，同时供铁路机务、车辆运用相关技术人员和高等院校师生参考。

图书在版编目（CIP）数据

动车组构造 / 侯梅英，何洲红主编. —2 版. —成都：西南交通大学出版社，2019.2（2024.6 重印）
高等职业教育"十三五"规划教材. CRH 动车组系列教材
ISBN 978-7-5643-6757-2

Ⅰ. ①动… Ⅱ. ①侯… ②何… Ⅲ. ①高速动车 – 车体结构 – 高等职业教育 – 教材 Ⅳ. ①U266

中国版本图书馆 CIP 数据核字（2019）第 024564 号

CRH 动车组系列教材

动车组构造（第 2 版）

主　编 / 侯梅英　何洲红	责任编辑 / 李晓辉
	助理编辑 / 何明飞
	封面设计 / 严春艳

西南交通大学出版社出版发行
（四川省成都市二环路北一段 111 号西南交通大学创新大厦 21 楼　610031）
发行部电话：028-87600564　028-87600533
网址：http://www.xnjdcbs.com
印刷：成都蓉军广告印务有限责任公司

成品尺寸　185 mm × 260 mm
印张　17.25　字数　429 千
版次　2019 年 2 月第 2 版
印次　2024 年 6 月第 8 次

书号　ISBN 978-7-5643-6757-2
定价　54.00 元

课件咨询电话：028-87600533
图书如有印装质量问题　本社负责退换
版权所有　盗版必究　举报电话：028-87600562

"CRH 动车组系列教材"
编委会

主　任　李晓村

委　员（以姓氏笔画为序）

邓木生　王连森　王建立　华　平

何成才　张中央　张　龙　张　维

李益民　李瑞荣　连苏宁　陶若冰

谢家的　董黎生

序

我国铁路自2007年4月18日以来进行了第六次大提速,并在国内首次开行时速200 km动车组,统称为"和谐号"的CRH系列动车组已成为我国铁路迈入高速铁路俱乐部的象征。在"十一五"期间,我国建设铁路新线17 000 km,总投资达2万亿元。根据新调整的国家中长期铁路网规划,到2020年,全国铁路营运里程将达到150 000 km,将建成"四纵四横"铁路快速客运通道以及经济发达和人口稠密地区城际客运系统。这将为CRH系列动车组提供进一步施展的舞台。

目前CRH系列动车组的运用、检修专业人员的培养尚不能适应我国铁路发展的现状与趋势,铁路职业教育也迫切需要一套与CRH动车组专业联系紧密的教材,以实现有针对性地教学,为国家早日培养出铁路行业专门人才。由此,全国铁路高职、中专机车专业教学指导委员会以及其后的中国职业技术教育学会轨道交通专业委员会,会同相关院校,在西南交通大学出版社的大力支持与配合下,于2007年5月在武汉会议上组建了以李晓村为主任、何成才等为委员的"CRH动车组系列教材"编委会。会议经分析、讨论,确定了动车组核心专业课程的设置和课时分配。之后又于2007年11月在成都会议上审定了各核心专业课程的编写大纲,最终确定了《动车组构造》《动车组牵引与控制系统》《动车组辅助设备》《动车组电机与电器》《动车组网络技术》《动车组制动系统》《动车组操纵与安全》《动车组行车与规章》《动车组维护与检修》等九种书为第一批CRH动车组系列教材。

本系列教材由全国铁路高职、中专机车专业教学指导委员会副主任李晓村担任总主编,特邀西南交通大学李芾教授担任总主审;由一批资深的行业专家担任各教材主编暨教材编委会委员,由路内外有关专家担任各教材主审。在实行第一主编负责制的前提下,编写人员本着对铁路发展负责任的态度,认真进行专业调查,收集相关资料,团结协作,确保了编写内容的准确性、适用性和及时性。

本系列教材适用于高职和中专铁道机车车辆专业动车组方向或相关专业的教学用书,也适用于动车组运用、检修人员的学习培训用书,以及相关专业技术管理人员的参考用书。

由于CRH系列动车组在我国运用的时间还不长,各型号动车组之间的结构原理存有显著差别（本系列教材中暂定以 CRH2 型动车组为主讲车型），部分技术资料欠缺，加上编写时间又十分仓促，本系列教材难免存在一些不足。但随着 CRH 系列动车组技术的日臻成熟，运用经验的积累与丰富，编写者理解水平的不断提高，我们会适时对其进行修订、补充，使之完善、提高。我们真诚希望各位专家、专业技术人员和教材使用者能积极提出宝贵意见，让本系列教材在积极发挥作用的同时，得到进一步的提炼。

本系列教材在筹划编写过程中，得到了铁道部劳动和卫生司的大力支持和帮助；西南交通大学的李芾教授、付茂海教授等也对其给予了极大的关注，提出了不少指导性意见；同样，许多一线的铁路专业技术人员也为我们提出了具体的意见和建议。此外，西南交通大学出版社的领导和工作人员为本书的出版付出了辛劳，并提供了极大的帮助。在此，我们一并表示衷心感谢。

CRH 动车组系列教材编委会
2009 年 1 月

第二版前言

"动车组构造"是动车组检修相关专业的专业核心课程。是在"CRH 动车组系列教材"编委会组织下分析讨论课程内容和课时分配的基础上，依据本系列教材编委会审定的课程大纲编写的。

本书自 2009 年第一次出版以来，受到社会的一致认可，为我国高等教育、职业教育开设此专业提供了一定的支持，同时也为从事此动车组运用、检修专业人员提供了一定的帮助。但是随着我国高速动车组技术的不断创新和进步，设计制造了最高运营时速 380 km 以上的 CRH380A、CRH380B、CRH380C、CRH380D 等系列动车组，随着新标准、新技术、新工艺的运用，需要对该书进行补充完善。

新版《动车组构造》保持了原书的基本构架，在内容上依据国家发展和改革委员会批准的《中长期铁路网规划（2008 年调整）》补充了依据动车组发展的概况，增加了 CRH380A 动车组相关技术介绍，主要包括总体组成及主要技术参数、车体结构、转向架技术、制动系统以及空调换气系统的技术特点和结构特点。

本书的再版由武汉铁路职业技术学院侯梅英、何洲红任主编，中国铁路武汉局集团有限公司车辆部郭亚斌和苏州大学李晓村任主审。再版中的第一章第五节 CRH380A 型动车组总体组成及主要技术参数，第二章第八节 CRH380A 型动车组车体结构，第三章第五节 CRH380A 型动车组转向架，第四章第六节 CRH380A 型动车组制动系统，第六章第四节 CRH380A 型动车组空气换气系统以及其他补充内容均由侯梅英编写。本书在编写的过程中，参考了一些专家的研究成果和有关文献资料，在此谨向各位专家表示衷心的感谢。西南交大出版社有关专业编辑在编写的工作中给予了大力帮助，一并表示感谢。

由于编者水平有限，书稿未能涵盖我国 CRH 动车组所有车型，书中难免出现缺点和错误，恳请广大读者批评指正。

编　者
2018 年 9 月

第一版前言

本书为"CRH 动车组系列教材"之一，是在"CRH 动车组系列教材"编委会组织相关会议分析讨论确定的"动车组构造"这一核心专业课程的内容和课时分配的基础上，依据由本系列教材编委会审定的课程大纲来编写的。

本书共分六章，内容涉及有：动车组总体及主要技术参数；动车组车体技术；动车组转向架；动车组制动；动车组连接装置；空调换气系统。虽然 CRH 系列动车组目前在我国有四种车型，但由于 CRH3 型动车组出现时间较晚，资料较少，而 CRH2 型动车组数量相对较多，分布也较广，因此本书中以 CRH2 型动车组为主讲车型。

本书适用于高职和中专铁道机车车辆专业动车组方向或相关专业的教学用书，也适用于动车组运用、检修人员的学习培训用书，以及相关专业技术管理人员的参考用书。

由于 CRH 系列动车组技术仍在飞速发展与日趋完善，而部分技术资料欠缺，编写时间又十分仓促，本书难免有许多不尽人意之处，遗漏在所难免，敬请广大使用者批评指正，并诚挚希望提出宝贵意见，以便我们下次对本书进行补充、修订。

本书由南京铁道职业技术学院（苏州校区）李晓村、武汉铁路职业技术学院侯梅英主编，武汉铁路职业技术学院王金花、何洲红、广州铁道职业技术学院曾青中、北京铁路电气化学校黄丽娟参编。具体分工如下：李晓村负责全书的统稿并参与了各章的编写；侯梅英负责第一、二章及其余章节部分内容的编写；王金花负责第三章的编写；曾青中负责第四章的编写；何洲红负责第五章的编写；黄丽娟负责第六章的编写。上海机务段陆一主审全书。本书在筹划编写过程中，得到了许多领导和兄弟单位同志的支持与帮助，特此致谢。对有关参考文献的作者在此也一并致谢。

编 者
2009 年 1 月

目 录

第一章 动车组总体及主要技术参数 ... 1
第一节 高速动车组的发展历程 ... 1
第二节 动车组的编号、基本组成及主要技术参数 ... 9
第三节 CRH2型动车组总体组成及主要技术参数 ... 12
第四节 CRH1型、CRH5型动车组总体组成及主要技术参数 ... 23
第五节 CRH380A型动车组总体组成及主要技术参数 ... 32
小 结 ... 37
思考与练习题 ... 38

第二章 动车组车体技术 ... 40
第一节 流线型车体结构 ... 40
第二节 动车组车体的轻量化设计 ... 45
第三节 车体的密封及隔音技术 ... 48
第四节 防火安全技术 ... 50
第五节 CRH2型动车组车体结构 ... 52
第六节 CRH2型动车组车体设备日常维护 ... 58
第七节 CRH5型动车组车体结构 ... 61
第八节 CRH380A型动车组车体结构 ... 63
小 结 ... 66
思考与练习题 ... 67

第三章 动车组转向架 ... 68
第一节 动车组转向架的特点、特色和主要类型 ... 68
第二节 CRH2型动车组转向架 ... 73
第三节 CRH1型动车组转向架 ... 107
第四节 CRH5型动车组转向架 ... 141
第五节 CRH380A型动车组转向架 ... 170
小 结 ... 178
思考与练习题 ... 179

第四章 动车组制动 ... 180
第一节 高速列车制动的基本要求及制动方式 ... 180
第二节 高速动车组制动控制系统的基本原理 ... 191
第三节 克诺尔电空制动机的基本组成和工作原理 ... 193

第四节	CRH2 型动车组制动系统	200
第五节	CRH1 型动车组制动系统	209
第六节	CRH380A 型动车组制动系统	213
小　结		215
思考与练习题		216

第五章　动车组连接装置 ... 217

第一节	密接式车钩的组成与作用原理	219
第二节	缓冲器的组成与作用原理	223
第三节	风挡的主要形式与性能特点	227
第四节	CRH1 型动车组连接装置	228
第五节	CRH2 型动车组连接装置	236
小　结		242
思考与练习题		242

第六章　空调换气系统 ... 243

第一节	动车组空调换气系统概述	243
第二节	CRH2 型动车组空调系统	245
第三节	CRH1 型与 CRH5 型动车组空调系统	250
第四节	CRH380A 型动车组空调换气系统	257
小　结		262
思考与练习题		263

参考文献 ... 265

第一章　动车组总体及主要技术参数

高速动车组是当今诸多高新技术应用的综合体现，它涉及系统集成技术、新型车体技术、高速转向架技术、复合制动技术、交-直-交牵引传动技术、列车自动控制技术、网络与信息技术等，是高速铁路的标志性装备。

本章主要介绍高速动车组的基本概念、技术特点与发展历程，选取 CRH 系列动车组为范例，具体介绍动车组的标志、编号、编组形式、室内外重点设备布置和主要技术参数等。

第一节　高速动车组的发展历程

动车组，亦称多动力单元列车，是铁路旅客列车的一种。它自带动力、固定编组、两端均可操作驾驶，是为适应城际间高密度、短编组、公交化的客运要求而产生的一种新型轨道交通运输工具。高速动车组是指运行速度大于等于 200 km/h 的动车组，与普通旅客列车和城市轨道交通动车组相比，其突出特点如下：

（1）高速动车组车体外形流线化，内在结构坚固与轻量化的统一。

（2）与高速相适应的高性能转向架、车钩缓冲装置。

（3）动力强大、高度智能化、协调化一的牵引与制动技术。

（4）覆盖驾驶、检修、服务等各种动车组运用模式，基于计算机网络技术组成的列车与车辆控制网络信息系统，实现了地对车、车对地、车与车之间的实时通信与控制。

从 20 世纪初开始，德国、法国、日本等国便开始进行大量的有关高速列车的理论研究、试验和运营工作。在世界各国的铁路客运系统中，目前使用动车组比例最大的为日本，约占 87%；荷兰、英国次之，分别占 83% 和 61%；而法国、德国分别占 22% 和 12%。

一、世界高速动车组

德国是最早制造和运用动车组的国家，其制造技术长期领先。图 1.1 所示为德国 ICE 高速动车组。

1903 年 10 月 28 日，西门子公司制造的三相交流电动车组进行了高速试验，首创时速 210.2 km 的历史性记录。1988 年，德国制造的高速列车达到 406 km/h 的试验速度。2010 年 8 月 1 日，德国第三代动力分散型高速列车正式投入法兰克福—科隆高速铁路的商业运营，最高时速 300 km。

法国是动车技术储备非常雄厚的国家。图 1.2 所示为法国 TGV 高速动车组。

1955 年 3 月 28 日，法国用两台电力机车牵引三辆客车，试验速度达到 331 km/h，刷新了当时的世界高速铁路速度记录。1990 年法国大西洋新干线（巴黎—勒芒、图尔）正式通车，最高运行时速为 300 km。2007 年 4 月 3 日，法国 TGV 高速列车在试验中创下了瞬间时速 574.8 km 的轮轨列车行驶速度世界纪录。

图 1.1　德国 ICE 高速动车组

图 1.2　法国 TGV 高速动车组

日本是高速铁路技术应用最为广泛的国家。图 1.3 所示为日本磁悬浮高速动车组。

1964 年 10 月，日本开通了世界第一条高速铁路新干线（东京—大阪），全长 515 km，最高运行时速为 210 km。目前，日本高速列车的最快运行时速为 320 km。与此同时，日本还致力于超导型磁悬浮高速铁路研究，2006 年 2 月 28 日，它的试验车创造了时速 581 km 的纪录。

图 1.3　日本磁悬浮高速动车组

我国自 2004 年 10 月以来,分别引进了法国阿尔斯通 Pendolino、日本川崎重工 E2—1000、加拿大庞巴迪 REGINA 和德国西门子 VELARO-E 动车组技术,生产出具有自主知识产权的 CRH(China Railway High-speed)系列动车组,实现了时速 200 km 及以上动车组的国产化,形成集高速动车组制造、检修和运营的配套能力,标志着中国铁路以此为起点,进入了全新的高速列车时代。在随后的 14 年里中国高铁奋勇向前,截至 2017 年 11 月 1 日我国高速铁路的运营里程为 26 329 km,占世界的 60% 以上,整体技术包括高速动车组技术逐渐跃居世界领先地位。

二、中国高速动车组

截至 2018 年,中国高速动车组沿着"引进——消化——吸收——再创新"的发展路线,在十多年的时间内,完成了三次飞跃。前期,通过引进 CRH1/2/3/5 系列动车组让中国铁路第一次真正认识并理解了高速动车组整个技术体系;中期,基于 CRH1/2/3/5 系列动车组的各种开发、改造出来的 CRH380 系列动车组,则是对前期引进的各方优秀技术消化吸收的成果;2017 年 6 月正式亮相的中国标准动车组 CR400 系列(复兴号),标志着我国动车组进入第三阶段,即自主研发、自建平台的"再创新"阶段。

(一)CRH1\2\3\5 型动车组

由于我国幅员辽阔,南北气候差异大,东西部经济发展水平不均衡,路网规模大,长途与短途需求各异等原因,在动车组发展之初,确定了两个速度级的动车组:时速 200～250 km——CRH1、CRH2、CRH5;时速 300～350 km——CRH2-300、CRH3(各型动车组技术特征参数见表 1.1)。

表 1.1 CRH1/2/3/5 型动车组技术特征参数

	CRH1	CRH2 CRH2-300	CRH3	CRH5
制造商	四方庞巴迪	四方股份	唐车	长客
知识产权	外方技术，合资生产	引进国外技术、联合设计生产		
投入运营时间	2007 年 2 月	2007 年 1 月	2008 年 8 月	2007 年 4 月
编组形式	8 辆编组，可两编组连挂运行			
动力配置	(M+T+M)+(M+T) +(M+T+M)	(T+2M+T)+(T+2M+T) (T+3M)+(3M+T)	(M+T+M+T) +(T+M+T+M)	(2M+T)+(M+T) +(T+2M)
车种	一等车、二等车、酒吧座车合造车			
定员/人	670/611	610	556+1	622/586
运营速度/(km/h)	200	250/300～350	350	250
牵引电机功率/kW	265	300/342	562	550
牵引功率/kW	5 500	4 800/8 200	8 800	5 500
车体形式	不锈钢车体	大型中空型材铝合金车体		
转向架	H 型无摇枕、转臂式定位、空气弹簧			
轴重/t	≤16	≤14	≤17	≤17（动）/16（拖）
牵引供电制式	AC 25 kV/50 Hz			
辅助供电制式	3 相 AC 380 V/50 Hz， DC 110 V	AC 400 V， 3 相 AC 400 V/50 Hz， DC 100 V	3 相 AC 440 V/60 Hz， DC 110 V	3 相 AC 400 V/50 Hz， DC 24 V
制动方式	直通式电空制动+再生制动			
动车组网络	车载分布式计算机网络系统			

CRH1 型动车组主要配属广铁集团公司范围内，用于城际间的中短途运输。

CRH2 型动车组主要配属在北京以南地区，郑州、济南、上海、南昌铁路局集团有限公司和广铁集团公司范围内，用于京广线、京沪线和杭州—宁波—深圳间的沿海客运专线，辐射陇海线。

CRH3 型动车组主要配属于时速 300 km 城际铁路和客运专线，如 2008 年 8 月 1 日开通运营的我国第一条高速城际铁路——京津城际铁路上。

CRH5 型动车组适用于短途与中长途运输且为高寒适应型，主要配属在北方地区，北京、沈阳和哈尔滨铁路局集团有限公司范围内，用于京哈线，也可部分开行至济南和郑州、武昌方向。

（二）CRH380 系列动车组

新一代高速列车"和谐号"CRH380 系列动车组原计划分为 4 种型号，分别是 CRH380A、CRH380B、CRH380C、CRH380D。四方股份的 CRH380A 型动车组是由 CRH2 改进而成，联合川崎重工设计生产，师从日本技术。唐车和长客的 CRH380B/C 型动车组是由 CRH3 改进而成，联合西门子设计生产，师从德国技术。BST 的 CRH380D 型动车组基于庞巴迪新一代 ZEFIRO 型高速列车技术研发而成，采用了高效节能的庞巴迪 MITRAC 牵引控制系统。

四方股份于 2010 年 4 月 12 日，通过新一代高速列车新头型发布会；2010 年 4 月底完成首列试验车下线，并于 4 月 26 日开始进入环行线试验；2010 年 6 月 7 日开始正式高速试验，8 月首批下线，9 月试运营，10 月四方股份制造的全部 CRH380A 型动车组在沪杭高铁正式投入运营。

2010 年 5 月 27 日，长客股份高速车制造基地制造的首列 CRH380 型动车组下线。

CRH380 型系列动车组技术特征参数如表 1.2 所示。

表 1.2 CRH380 系列动车组技术特征参数

	CRH380A	CRH380B	CRH380C	CRH380D
制造商	四方股份	唐车	长客	四方庞巴迪
知识产权	自主研发	自主研发	自主研发	外方技术，合资生产
投入运营时间	2010 年 9 月	2011 年 1 月	2013 年 4 月	2014 年 4 月
编组形式	8 辆编组，可两编组连挂运行			
动力配置	(T+2M)+(M+M)+(2M+T)	(M+T+M+T)+(T+M+T+M)	(M+T+M+T)+(T+M+T+M)	(M+T+M+T)+(T+M+T+M)
车种	一等座包间、一等座车、二等座车、餐车、观光区等			
定员/人	480	510	502	565
运营速度/(km/h)	350/380	350/380	350/380	350/380
牵引电机功率/kW	400	600	600	625
牵引功率/kW	9 600	9 200	9 200	10 000
车体形式	大型中空型材铝合金车体			不锈钢车体
转向架	无摇枕空气弹簧转向架			
轴重/t	≤15	≤16	≤16	≤16
牵引供电制式	AC 25 kV/50 Hz			
辅助供电制式	3 相 AC 400 V，AC 400 V/50 Hz，DC 100 V	3 相 AC 440 V/60 Hz，DC 110 V	3 相 AC 440 V/60 Hz，DC 110 V	3 相 AC 380 V/50 Hz，DC 110 V
制动方式	直通式电空制动+再生制动			
动车组网络	分布式两级计算机通信网络			

CRH380 系列动车组创造了新的世界运营速度最快纪录，持续运营时速达到 350 km，最高运行时速为 380 km，最高设计时速达 420 km 以上。它能够满足大众化和高、中端不同层次乘客旅行、餐饮、娱乐、休闲、观光、会议、办公等个性化的需求；综合舒适度好，能够平稳低噪运行，自动车内压力控制；更加节能环保，可实现低阻力，轻量化，再生制动，绿色动力；更安全可靠，故障自动导向安全，强度等级高，实现了高安全低磨耗复合制动和控制诊断监视智能化。

（三）CR400系列动车组

2017年6月26日11时05分，"复兴号"CR400型动车组在京沪高铁两端的北京南站和上海虹桥站双向首发，一个形似"飞龙"，一个神似"金凤"，分别担当G123次和G124次高速列车。图1.4为中国CR400AF高速动车组——"飞龙"，图1.5为中国CR400BF高速动车组——"金凤"。

图1.4 中国CR400AF高速动车组

图1.5 中国CR400BF高速动车组

"复兴号"CR400系列中国标准动车组是由中国国家铁路集团有限公司主导，中国铁道科学研究院技术牵头，中国中车旗下四方股份、长车股份、唐车公司及相关企业设计制造，西南交大、北京交大、中国科学院等高校科研单位技术支持，针对中国高铁运营特点，历时3年研制出的具有完全自主知识产权、达到世界先进水平的中国标准动车组。从"和谐号"到"复兴号"，中国高铁驶入了完全自主知识产权的时代。"复兴号"的中国标准占了84%，整体设计、车体、转向架、牵引、制动、网络等关键技术均为我国自主研发。

CR400级中国标准动车组具有以下优点特色：

1."寿命"更长

中国标准动车组在降低全寿命周期成本、进一步提高安全冗余等方面加大了创新力度。

为适应中国地域广阔、温度横跨正负±40 ℃、长距离、高强度等运行需求,"复兴号"进行了60万千米运行考核,比欧洲标准还多20万千米。最终,整车性能指标实现较大提升,"复兴号"的设计寿命达到了30年("和谐号"是20年)。

2. "身材"更好

采用全新低阻力流线型车头和车体平顺化设计,列车看起来线条更优雅,跑起来也更节能。坐过"和谐号"的朋友都会发现,动车组车顶有个"鼓包",那其实是受电弓和空调系统。"复兴号"把这个"鼓包"下沉到了车顶下的风道系统中,使列车不仅看起来更美,列车阻力比既有CRH380系列动车组降低7.5%~12.3%。列车在350 km时速下运行时,人均百千米能耗下降17%左右。

3. "容量"更大

从外面看"复兴号"身材更好了,登车后,旅客还会惊异于列车内部空间更大、座位间距更宽,因为列车高度从3 700 mm增高到了4 050 mm。虽然断面增加、空间增大,但按时速350 km试验运行时,列车运行阻力、人均百千米能耗和车内噪声都明显下降。

4. **舒适度更高**

"复兴号"空调系统充分考虑减小车外压力波的影响,通过隧道或交会时减小耳部不适感;列车设有多种照明控制模式,可根据旅客需求提供不同的光线环境;另外车厢内实现了WiFi网络全覆盖。

5. "警惕性"更高

"复兴号"设置智能化感知系统,建立强大的安全监测系统,全车部署了2 500余个监测点,比以往监测点最多的车型还多出约500个,能够对走行部状态、轴承温度、冷却系统温度、制动系统状态、客室环境进行全方位实时监测,采集各种车辆状态信息1 500余项,为全方位、多维度故障诊断、维修提供支持。列车出现异常时,可自动报警或预警,并能根据安全策略自动采取限速或停车措施。在车头部和车厢连接处,还增设碰撞吸能装置,在低速运行中出现意外碰撞时,可通过装置变形,提高动车组被动防护能力。CR400系列动车组技术特征参数如表1.3所示。

表1.3 CR400系列动车组技术特征参数

	CR400AF	CR400BF
制造商	中车四方股份	中车长客股份、唐车公司
知识产权	中国标准,完全自主知识产权	中国标准,完全自主知识产权
投入运营时间	2017年6月	2017年6月
编组形式	8辆编组,4动4拖	
动力配置	(T+M+T+M)+(M+T+M+T)	(M+T+M+T)+(T+M+T+M)
座席(含服务设施)	商务座10席,一等座28席,二等座518席。车内设施得到提升:如无线WiFi覆盖;座椅间距增大,二等座椅间距1 020 mm,一等座椅间距1 160 mm	
定员/人	576	576

续表

	CR400AF	CR400BF
运营速度/(km/h)	350	350
牵引电机功率/kW	625	650
牵引功率/kW	10 000	10 140
车体形式	长大铝合金型材焊接组成的薄壁筒形整体承载结构,强度满足 EN 12663	通长挤压型材,高应力区避免焊接;底架边梁承载,提高整车垂向和扭转模态,采用 5 系或 6 系铝合金
转向架	两轴无摇枕结构,H 型焊接构架,动车和拖车转向架主体结构一致;构架强度执行 UIC615-4、UIC 515-4、EN 13749 标准;车轴强度执行 EN13104、EN13103 标准;车轮强度执行 EN13260、EN13979-1 标准;动车车轮互换,拖车轮对互换,统一 920 轮径;采用分体式轴箱,快速更换轮对;统一轴箱轴承接口尺寸,实现轴箱轴承的互换	
轴重/t	≤17	≤17
牵引供电制式	AC 25 kV/50 Hz	
辅助供电制式	主辅一体,实现过分相不断电、无动力回送/救援工况时自发电 3 相 AC 380 V/50 Hz,AC 220 V,DC 110 V	主辅分离,实现过分相不断电、无动力回送/救援工况时自发电 3 相 AC 380 V/50 Hz,AC 220 V,DC 110 V(锂电池)
制动方式	微机控制的直通式电空制动系统及大容量基础制动装置,具备整列车进行空电复合控制的能力,可按模式曲线精确控制列车减速或停车	
动车组网络	TCN+以太网网络架构	

未来中国标准动车组将采用 CR400/300/200 命名,分别对应 350、250 和 160(km/h)3 种持续时速等级,数字代表最高时速。例如,400 代表最高速度可达 400 km/h 及以上,持续运行速度为 350 km/h。3 种时速不同的动车组可以满足不同的市场需求,中国高速铁路主要是时速 350 km 和 250 km 两种,中国快速铁路是时速 200 km 和 160 km 两种,CR200 可以兼容快速铁路两种时速。3 种时速列车可以满足这 4 种时速需求。

"复兴号"已有"CR400AF""CR400BF"和"CR200J"三种型号。字母 CR 是 China Railway 的缩写,即中国铁路;"A"和"B"为企业标识代码,代表生产厂家;F 为技术类型代码,表示动力分散式电动车组,区别于"J"代表动力集中电动车组,"N"代表动力集中内燃动车组。

未来中国国家铁路集团有限公司还将在中国标准动车组平台基础上围绕安全、经济、舒适、节能、人性化等方面持续开展科技创新,逐步研发 CR300 和 CR200 系列的中国标准动车组,适应不同环境需求的自主化、标准化动车组系列产品,以更好地满足市场需求,为人民群众出行提供更多的选择。

第二节　动车组的编号、基本组成及主要技术参数

一、动车组的编号及行车标志

（一）动车组的编号

动车组的编号是由动车组简称、技术序列代码、制造序列代码和型号系列代码组成的。型号以1位大写拉丁字母表示，表示动车组的技术特点；制造序列代码以3位阿拉伯数字表示，如图1.6所示。

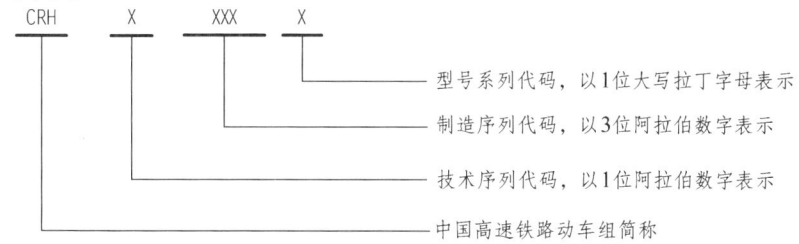

图1.6　动车组编号的含义

1. **动车组简称**

CRH为中国高速铁路动车组（China Railway High-speed）的英语首字母缩写。

2. **技术序列代码**

1——四方-庞巴迪-鲍尔铁路运输设备有限公司（BSP）生产的动车组。
2——四方机车车辆股份有限公司生产的动车组。
3——唐山轨道车辆有限责任公司生产的动车组。
5——长春轨道客车股份有限公司生产的动车组。

3. **制造序列代码**

不同的技术序列动车组单独编排，顺序为001~999。

4. **型号系列代码**

按各型动车组的速度等级、车种确定。
A——运行速度200 km/h，8辆编组，座车。
B——运行速度275 km/h，8辆编组，座车。
C——运行速度300 km/h，8辆编组，座车。

以 CRH 1 010 A 为例。其中，CRH表示中国高速铁路动车组；1表示BSP生产的动车组；010表示制造顺序第10列；A表示运行时速200 km/h，8辆编组，座车。

（二）动车组中车辆的编号

动车组中车辆的编号是由车种、技术序列代码、制造序列代码和编组顺位代码组成，如图1.7所示。车种代码以两位大写拉丁字母表示；技术序列代码编写规则与动车组的编号规则相同；制造序列代码编写规则与动车组的编号规则相同；编组顺位代码以两位阿拉伯数字表示，由1位头车至2位头车的代码为01，02，03，…，00。

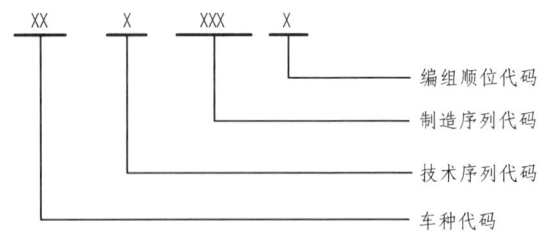

图 1.7　车辆编号的含义

车种代码是汉语拼音缩写，分别为：ZY 一等座车；ZE 二等座车；RW 软卧车；YW 硬卧车；CA 餐车（含酒吧车）；ZEC 二等座车/餐车合造车；CW 餐车卧车合造车。

动车组编组顺位代码是以两位阿拉伯数字表示的，位置排列编号自首车起从"01"开始顺序排列，尾车的排列编号为"00"。

以 ZE 2 010 00 为例。其中，ZE 表示二等座车；2 表示四方机车车辆股份有限公司生产的动车组；010 表示制造顺序第 10 列；00 表示为尾车。

（三）动车组行车标志

动车组分别在头部及尾部显示列车标志，显示方式昼间与夜间相同，昼间可不显示。其显示方式为：

（1）动车组运行方向首端司机室头灯向前显示白色灯光；运行方向尾部司机室头灯向后显示红色灯光。

（2）动车组无动力回送及被推行时，运行方向首端司机室向前显示白色灯光；运行方向尾部司机室向后显示红色灯光，不用挂边灯。

二、动车组的基本组成

（一）车　体

动车组车体分为带司机室车体和不带司机室车体两种。它是容纳乘客和司机驾驶的地方，同时，又是安装与连接其他设备和部件的基础。为使车体轻量化，高速动车组车体通常采用铝合金和不锈钢材料制造。

（二）转向架

动车组转向架分动力转向架和非动力转向架。动力转向架的车轴可以是全动轴，也可以是部分动轴。转向架置于车体和轨道之间，用来牵引和引导车辆沿轨道行驶，承受、传递并缓和来自车体及线路的各种载荷及作用力。转向架是保证列车运行品质和安全的关键部件。

（三）连接缓冲装置

车辆编组成列车运行必须借助于连接装置，即车钩。为了改善列车纵向平稳性，在车钩的后部设有缓冲装置，以缓和列车纵向作用力。同时，车钩还具有连接车辆之间的电气和空气的管路装置。连接缓冲装置可以自动实现机械连接、高压电器连接、辅助系统和列车供电连接以及控制系统连接。

（四）制动装置

制动装置是保证列车安全运行所必需的装置。动车组常采用电气制动与空气制动的复合制动。动车组制动系统包括动力制动系统（再生制动）、空气制动系统（包括风源）、电子防滑器及基础制动装置等。

（五）车辆内部设备

车辆内部设备是指服务于乘客的车内固定附属装置。如车内电气、供水、通风、取暖、空调、座席、车窗、车门、行李架、旅客信息服务系统等。

（六）牵引传动系统

牵引传动系统包括：主电路、高压设备、受电弓、主断路器、其他高压设备、主变压器、牵引变流器、牵引电机及电传动系统的保护等。

（七）辅助供电系统

由辅助供电系统提供供电的设备包括：空气压缩机、冷却通风机、油泵/水泵电机、空气调节系统、采暖设备、应急用电（客室应急通风、应急照明、应急显示）、维修用电、通信及其控制等。

三、动车组主要技术特点

（一）头形流线化

随着列车运行速度的提高，周围空气的动力作用一方面对列车和列车运行性能产生影响；同时，列车高速运行引起的气动现象对周围环境也产生影响。对于高速动车组来说，列车头形设计非常重要，好的头形设计可以有效地减小运行空气阻力、列车交会压力波，提高列车运行稳定性等。

（二）车体轻量化

为了节省牵引功率，降低高速所引起的动力作用对线路结构、机车车辆结构产生的损伤，以及提高旅客乘坐舒适度，需要最大限度地降低高速动车组的轴重。因此，国外各国高速列车车体的主要材料是铝合金和不锈钢，从发展趋势看，铝合金将成为动车组车体的主导材料。

（三）高性能转向架技术

要提高列车运行速度，首先遇到的问题是转向架运行平稳性和安全性。所以，提高列车运行速度的前提是有高性能的转向架。高速转向架应具有高速运行的稳定性、良好的曲线通过性能，以满足乘客乘坐舒适度的要求。

（四）复合制动技术

高速列车的制动能量与速度的平方成正比，因此，传统的纯空气制动能力已不能满足需要。高速列车必须采用能提供强大制动力并能更好利用黏着的复合制动系统。该系统通常由制动控制系统、动力制动、空气制动（包括盘形制动和踏面制动）系统、微机控制的防滑器和非黏着制动装置等组成。

（五）密接式车钩缓冲装置

目前世界各国高速列车（如日本、德国）普遍采用密接式车钩连接装置。该装置两车钩连接面的纵向间隙一般都小于 2 mm，上下、左右偏移也很小，为提高列车的运行平稳性和电气线路、风管的自动对接提供了保证。

（六）交流传动技术

早期的电力牵引传动系统均采用交-直传动，用直流电动机驱动。但直流电动机的单位功率重量较大，而高速列车既要大功率驱动又要求减轻轴重，这形成了难以克服的矛盾。在交流传动系统中，交流牵引电动机较传统的直流牵引电动机具有结构简单、运行可靠、体积小、重量轻及造价低等一系列优点。

交流牵引电动机没有整流子结构对电动机功率的限制，其牵引功率可以得到进一步提高。

（七）列车自动控制及故障诊断技术

列车自动控制系统在高速列车安全运行中起重要作用，世界各国在发展高速铁路时都十分重视列车自动控制系统的研究和开发。

目前在世界高速铁路上的自动控制方式主要分为两类，一类是以设备为主、人控为辅的控制方式，以日本新干线采用的 ATC（列车自动控制）方式为代表。另一类是人机共用、人控为主的方式，以法国 TGV 高速列车为代表，主要采用有 TVM300 型安全防护系统及改进的 TVM430 型安全防护系统。此外，德国 ICE 高速列车采用的 FRS 速差式机车信号和 LZB 型双轨条交叉电缆传输式列车控制设备等也属于这种类型。

第三节　CRH2 型动车组总体组成及主要技术参数

一、CRH2 型动车组的编组形式

CRH2 型动车组由 8 辆车组成，其中 4 辆动车（代号 M），4 辆拖车（代号 T）。首尾车辆设有司机室，可双向驾驶，编成后结构为：T1c + M2 + M1 + T2 + T1k + M2 + M1s + T2c，如图 1.8 所示，其具体分布见表 1.4。

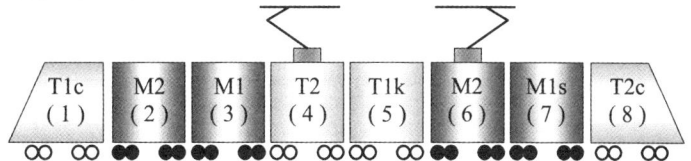

图 1.8　CRH2 型动车组编组结构

Tc1，Tc2—Driving Trailer Coach；M1，M2，M1s—Motor Coach；
T1k，T2—Trailer Coach

表 1.4　CRH2 型动车组定员分布

车号	1	2	3	4	5	6	7	8
车种	T1c	M2	M1	T2	T1k	M2	M1s	T2c
	二等驾驶拖车	二等中间动车	二等中间动车	二等中间拖车	酒吧中间拖车	二等中间动车	一等中间动车	二等驾驶拖车
定员	55	100	85	100	55	100	51	64

其中：一等车为 2 + 2 座位配置，二等车为 2 + 3 座位配置；T1k 车还配备一个酒吧/餐厅区（站席约 4 人/座席 16 人）；M1s 车配有残疾人设施：1 个残疾人卫生间和 1 个可供轮椅使用的多功能室；M1s、T2c 车分别设置可供残疾人使用的座位。

最大编组车辆数为 16（8 辆×2）。

二、CRH2 型动车组车内设备及布置

（一）CRH2-01 号车车内设备布置

CRH2-01 号车车内设备布置如图 1.9 所示，具体注释见表 1.5。

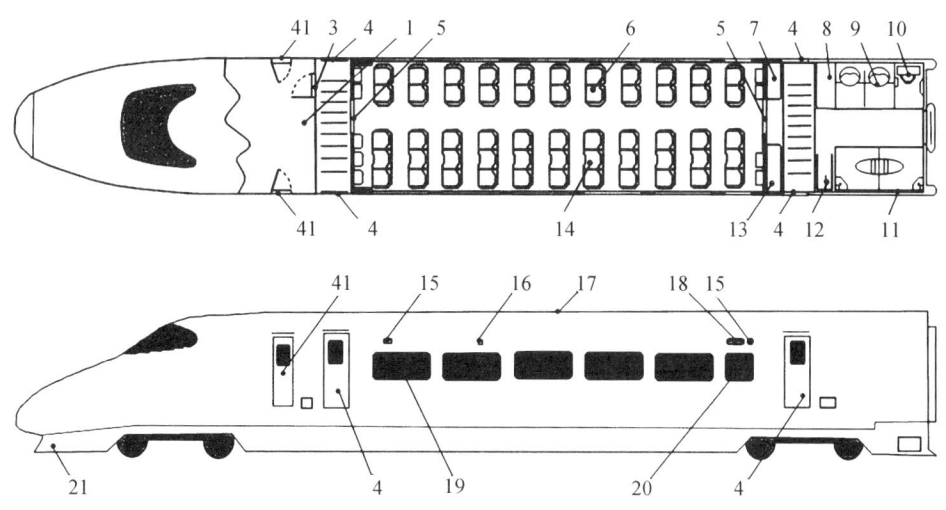

图 1.9　CRH2-01 号车车内设备布置

表1.5 CRH2-01号车车内设备布置注释表线性代数

标号	设备	标号	设备	标号	设备
1	显示控制装置/无线电设备控制箱	15	车号显示器	29	立式席
2	侧拉门	16	车侧灯	30	小卖部仓库/下部垃圾箱
3	驾驶室隔断门	17	列车无线天线	31	小卖部
4	侧拉门	18	目的地显示器	32	饮茶室
5	内端墙拉门	19	客窗	33	列车员室
6	座席（双人）	20	紧急逃生窗	34	乘务室
7	服务设备配电盘	21	排障器	35	轮椅空间
8	温水、污水配电盘	22	外端墙拉门	36	机器室
9	盥洗室	23	接触器盘	37	坐便式厕所
10	小便室	24	垃圾箱	38	轮椅对应盥洗室
11	坐便式厕所	25	仓库	39	多功能室
12	行李放置处	26	搭载品室	40	配电盘
13	驾驶配电盘、继电器盘	27	冷温水器	41	驾驶室侧拉门
14	座席（3人）	28	电话角		

（二）CRH2-02号车车内设备布置

CRH2-02号车车内设备布置如图1.10所示，具体注释见表1.6。

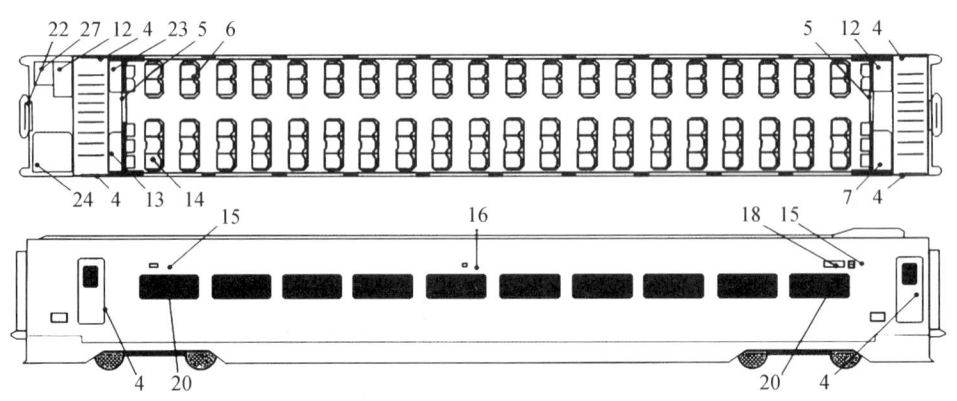

图1.10 CRH2-02号车车内设备布置

表1.6 CRH2-02号车车内设备布置注释表

标号	设备	标号	设备	标号	设备
4	侧拉门	13	驾驶配电盘、继电器盘	20	紧急逃生窗
5	内端墙拉门	14	座席（3人）	22	外端墙拉门
6	座席（双人）	15	车号显示器	23	接触器盘
7	服务设备配电盘	16	车侧灯	24	垃圾箱
12	行李放置处	18	目的地显示器	27	冷温水器

（三）CRH2-03 号车车内设备布置

CRH2-03 号车车内设备布置如图 1.11 所示,该车车内设备具体注释与 CRH2-01 号车相同。

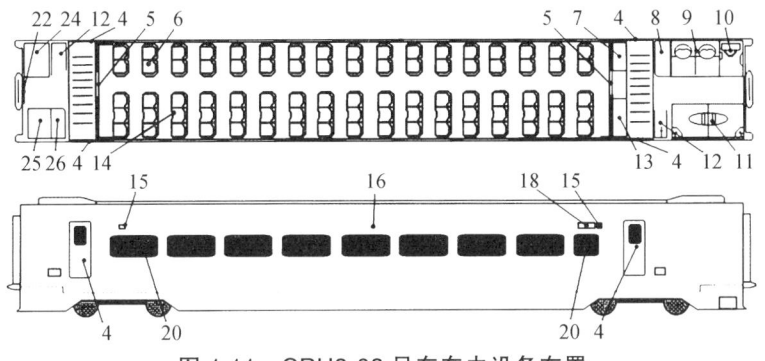

图 1.11　CRH2-03 号车车内设备布置

（四）CRH2-04 号车车内设备布置

CRH2-04 号车车内设备布置如图 1.12 所示,该车车内设备具体注释与 CRH2-01 号车相同。

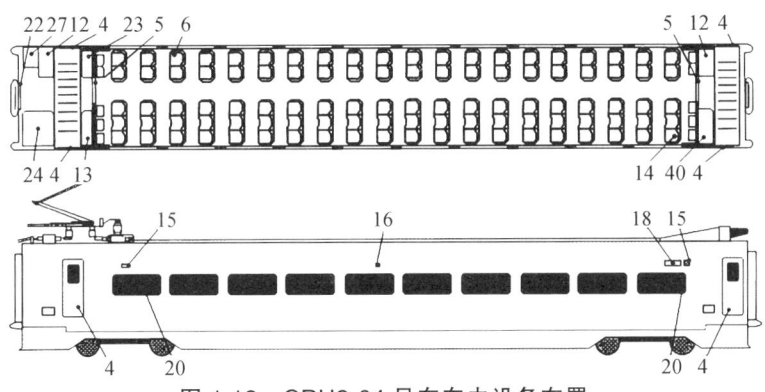

图 1.12　CRH2-04 号车车内设备布置

（五）CRH2-05 号车车内设备布置

CRH2-05 号车车内设备布置如图 1.13 所示,该车车内设备具体注释与 CRH2-01 号车相同。

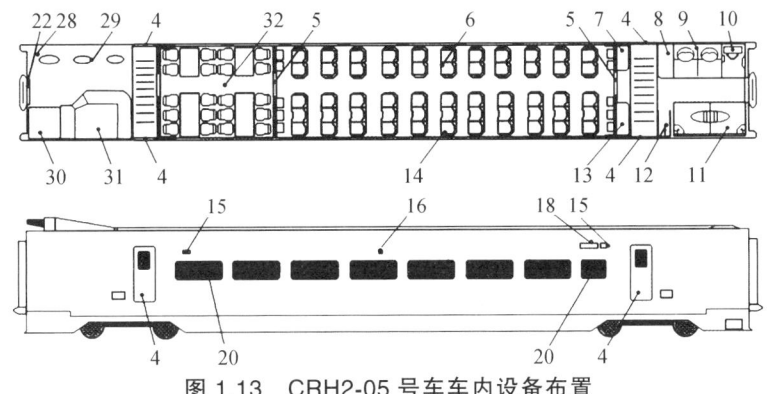

图 1.13　CRH2-05 号车车内设备布置

(六) CRH2-06 号车车内设备布置

CRH2-06 号车车内设备布置如图 1.14 所示,该车车内设备具体注释与 CRH2-01 号车相同。

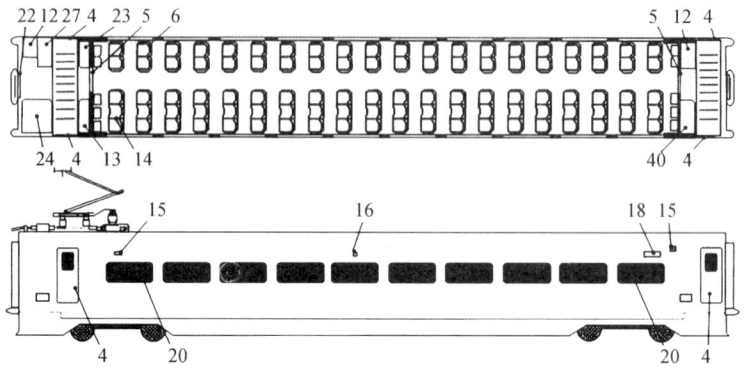

图 1.14　CRH2-06 号车车内设备布置

(七) CRH2-07 号车车内设备布置

CRH2-07 号车车内设备布置如图 1.15 所示,该车车内设备具体注释与 CRH2-01 号车相同。

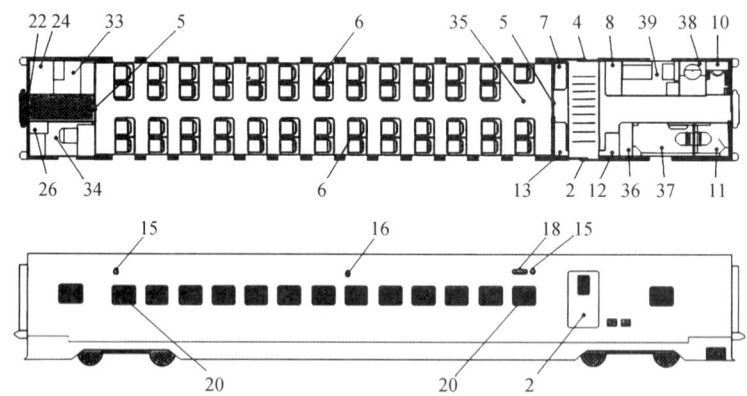

图 1.15　CRH2-07 号车车内设备布置

(八) CRH2-00 号车车内设备布置

CRH2-00 号车车内设备布置如图 1.16 所示,该车车内设备具体注释与 CRH2-01 号车相同。

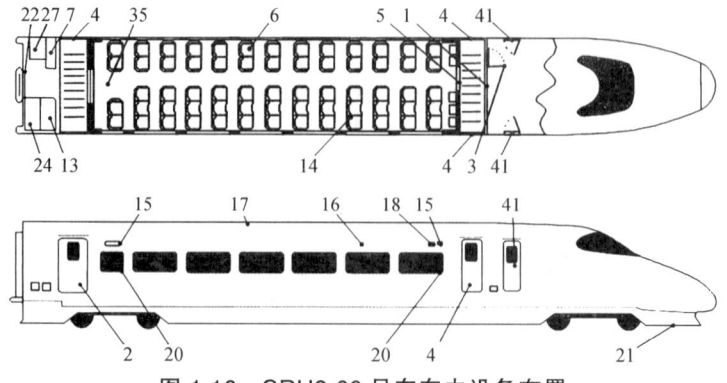

图 1.16　CRH2-00 号车车内设备布置

编组中 7 号车是一等车，设有方便残疾人的设施，其他全是二等车；一等车内座椅为 2＋2 布置，二等车座椅为 2＋3 布置；5 号车设有餐饮区。CRH2 型动车组各车辆主要设备的区别见表 1.7。

表 1.7　CRH2 型动车组各车辆主要设备

车号	代号	定员	主要设备	其他
1	T	55	二等车、司机室 坐式厕所、洗脸间、小便间、饮水机	禁烟车厢
2	M	100	二等车	禁烟车厢
3	M	85	二等车、备品室 坐式厕所、洗脸间、小便间、饮水机	吸烟车厢
4	T	100	二等车	安装受电弓禁烟车厢
5	T	55	二等车、酒吧餐饮区、 坐式厕所、洗脸间、小便间、饮水机	禁烟车厢
6	M	100	二等车	安装受电弓吸烟车厢
7	M	51	一等车、多功能室、乘务员室、坐式厕所、洗脸间、小便间、备品室、饮水机	适应残疾人使用的车厢，禁烟车厢
8	T	64	二等车、司机室	禁烟车厢

三、CRH2 型动车组室内主要设备

（一）座　席

一等车中设有 2 座高级软座席，二等车中设有 2 座、3 座软座席。按动设在扶手处的按钮，即可根据旅客需要调整座席背椅的倾斜角度。座席背面及内端墙隔板上设有小桌。为了使旅客在乘坐时能够始终面向列车前进方向，座席设置了可旋转机构。需要转动时，用脚踏下座席侧面下部的脚踏式开关，并用手推动座席即可旋转方向，从而调整座席乘坐方向。

驾驶室设有驾驶座席、驾驶室座席。除司机席、助手席之外、在通过台设有两组方便乘务员乘坐用的弹起式辅助席。除此之外，乘务员室设有转椅及双人座席，双人座席的底座部位设有抽屉。多功能室内有折叠式座席及转式座席。餐饮室内设置有专用的活动座席。

（二）照明装置

客室照明以 DC100 V 为电源的荧光灯作为光源，并一部分与预备灯共享。另外，从客席不能直接看到照明光源的结构。客室照明使用单挂式灯具盖的半直接照明式荧光灯，有 110 W、40 W、20 W 等几种功率。荧光灯逆变器与客室扬声器设置在一起，安装在客室侧顶板上。

（三）集便系统

首批 60 列 CRH2 型动车组上采用喷射式厕所，目前结合高级修逐步改造成真空集便厕所（60 列后 CRH2 型动车组都采用真空集便厕所）。此系统利用压力空气罐将供水管路的水压提高，洗涤时电磁阀开启，向集便喷射高压水，污物依靠重力流入污物箱。整列车共设置

4个容积为700 L的污物箱，每两节车厢共用一个。为了适应车外空气压力变化，水箱、水封装置以及管路系统都达到了严格的密封要求，污水排放系统具有良好的密封能力。全系统能够保证车外压力在规定的变化范围内变化时，系统各部分不变形、损坏。

（四）监控室及乘务员室

一列动车组在7号车设有监控室和乘务员室，在1位侧设有监控室，室内设置了随车机械师用的桌子和转椅，在正面上部设置了车内信息显示器、自动播放装置和控制放大器，在正面设置了20 W的荧光灯、监控扬声器、扬声器断开开关、插入连接器和开关盒（荧光灯用、风扇用），在桌子的右下部设置了车辆信息显示控制装置，右侧窗户旁边设置了紧急制动开关和乘务员侧拉门开关（见图1.17），在背面设置了镜子。在2位侧设有乘务员室，室内设有乘务员用桌子和2人座椅，正面设有镜子和控制放大器，桌子下部左侧设置了干粉式灭火器，在上部设置了应急灯，右侧窗户旁边设有紧急制动开关和乘务员侧拉门开关，在背面设置了应急灯、扩音器。另外在出入口的关门一侧设置了乘务员室的灯开关。

图1.17 侧拉门操作开关

窗户为侧开关窗（带卷动窗帘），在天花板设置了荧光灯及空调调风板（能够调整风量及吹出方向）。另外，在乘务员室的走廊侧设置了收音机播放架、车辆信息终端装置；在通道一侧除灭火器（干粉式、液体式）之外，还设置了紧急渡板等搭载品。

（五）备品室、大件行李处、垃圾箱

1. 备品室

在3号车上设置了备品室，此处能够储放紧急用踏板、大型收藏箱、绳索及应急灯等备品。

2. 大件行李处

在通过台除确保放置手持行李的空间（2、4、6号车的前/后位，1、3、7号车的后位）之外，还设置了架子，且架子及保护棒为能够折叠的结构，在地板上设置了防滑装置。

3. 垃圾箱

除了在2～4、6～8号车的前位设置了垃圾箱室以外，也在1、3、5号车的后位通过台配电盘下部和5号车前位的小卖部配置了垃圾箱。在室内设置了架子，能够收藏车站折返时在

客室内积累的垃圾袋。另外，设置了臭氧发生器进行除臭。

（六）安全设备

车内配备有紧急用梯子、过渡板、灭火器、火灾报警按钮、紧急报警按钮、卫生间紧急按钮。

1. **紧急用梯子**

紧急用梯子（见图 1.18）是在运行中的列车无法运行时，乘客从车辆下到地面时使用的。但乘客下车时，要确保地面上的安全。紧急用梯子放置在 1 号车（1 位侧）和 8 号车（4 位侧）。

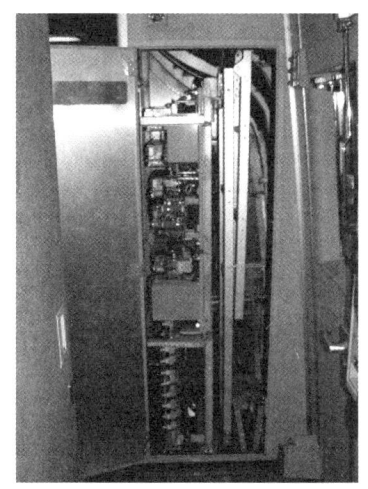

图 1.18　紧急用梯子

2. **过渡板**

过渡板（见图 1.19）是运行中的列车无法运行时，乘客从该车辆换乘至反向列车时使用的。过渡板使用时应安装扶手，放置在 3 号车和 7 号车的二位侧。

图 1.19　过渡板

3. 灭火器

灭火器的设置分以下3种情况。

1号、8号车：驾驶室2个、通过台2个。

2号、3号、4号、5号、6号车：一位通过台2个、二位通过台2个。

7号车：走廊3个、乘务员室2个。

4. 紧急按钮、火灾按钮

客室两端车厢通道的门框上方设置了火灾报警按钮和旅客紧急按钮（见图1.20）。按下此按钮，蜂鸣器报警且司机室和乘务员室的MON显示屏显示报警信息。

在各车厢的配电盘内设有复位开关（见图1.21），按下复位开关可以复位该车厢紧急、火灾蜂鸣器。

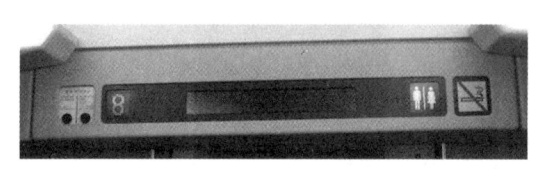
（a）

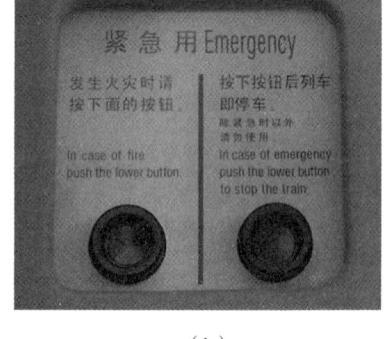
（b）

图1.20 火灾报警按钮和旅客紧急按钮

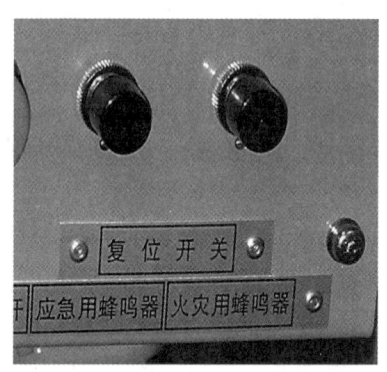

图1.21 报警复位开关

四、CRH2型动车组主要设备

（一）车顶设备

在4、6号车设受电弓及附属装置，若安装高度为4 m，受电弓工作高度最低4 888 mm，最高6 800 mm，最大升弓高度7 000 mm。动车组正常运行时，采用单弓受流，另一台作为备用，处于折叠状态。

（二）车端设备

设密接式车钩装置、风挡、空气连接设施及电连接设施等。空气及电连接设施包括：列车通信总线连接、制动控制线连接、供电母线连接、直流供电母线连接、列车总风管、电路电气设备连接、电缆连接、高压电线连接。

（三）车下悬吊设备

CRH2型动车组车下悬挂设备较多，各车辆底部具体安装有以下设备种类。
（1）每辆车下有空调机组、制动控制装置。
（2）在2、3、6和7号车下有牵引变流器（CI）。
（3）在2号和6号车下有牵引变压器（MTr）。
（4）1号、8号车下设置辅助电源装置（APU）。
（5）2、4、6号车下设有蓄电池。
（6）在单号车下有污物箱及水箱。

图1.22为6号车车下悬吊设备示意图。

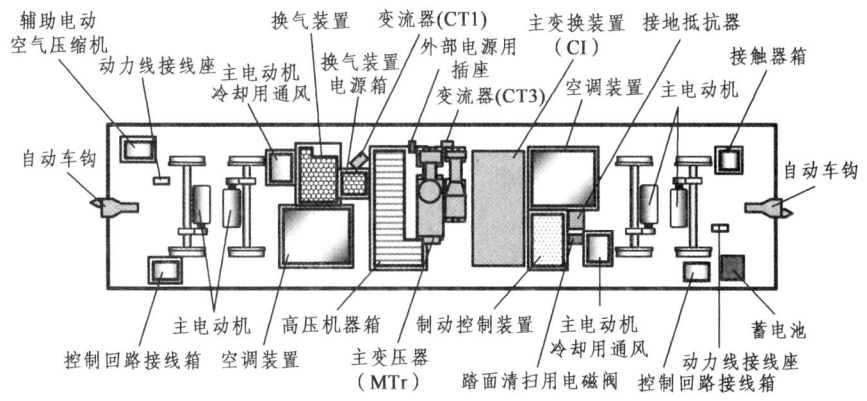

图1.22　6号车车下悬吊设备示意图

五、CRH2型动车组主要技术参数

（一）CRH2型动车组（200 km/h）主要技术参数

运营速度：200 km/h。
牵引功率：4 800 kW。
列车编组：每列8辆固定编组，其中4辆动车、4辆拖车。
列车定员：610人，其中一等座车51人、二等座车559人。
车体结构：铝合金筒形结构。
制动距离：平直道上紧急制动时，若初速为200 km/h，小于2 000 m；若初速为160 km/h，小于1 400 m。
轴重：小于14 t。

总长：头车长度 25.7 m，中间车长度 25 m，总长 201.4 m，车体高度 3.7 m。
适应站台高度：1 100～1 250 mm。
车体最大长度：头车 25 700 mm，中间车 25 000 mm。
车体最大宽度：3 380 mm。
车体最大高度：3 700 mm。
受电弓位置：4号车和6号车。

（二）CRH2型动车组（300 km/h）主要技术参数

运营速度：300 km/h。
牵引功率：7 200 kW。
列车编组：每列 8 辆固定编组，其中 6 辆动车、2 辆拖车。
其他主要技术参数与运营速度为 200 km/h 的 CRH2 型动车组一致。

六、CRH2型动车组运用环境

（一）线路条件

适应轨距为 1 435 mm 的标准轨距，车站站台边缘距轨道中心线的距离为 1 750 mm。不得侧向通过 9 号以下道岔。CRH2 型动车组（200 km/h）：连挂运行时 180 m；单车调车时 130 m；通过 S 形曲线时曲线 180 m + 最小过渡直线 10 m + 曲线 180 m。CRH2 型动车组（300 km/h）：连挂运行时 250 m；单车调车时 150 m；通过 S 形曲线时曲线 250 m + 最小过渡直线 10 m + 曲线 250 m。

（二）限界条件

符合《客运专线机车车辆限界暂行规定》和 GB146.1 的电力机车限界。

（三）供电条件

采用单相 AC 25 kV/50 Hz 电网供电。时速 200 km 时动车组电压范围为 17.5～31 kV，时速 300 km 时动车组电压范围为 20～29 kV。接触导线高度 5 300～6 500 mm。动车组设车载 GFX3 型自动过分相装置，由地面点式信号设施向动车组提供过分相位置信号，实现自动过分相。

（四）通信信号条件

CRH2 型动车组（200 km/h）在运行速度为 160 km/h 及以下时采用 LKJ2000 型车载设备接收指令实现控车；在运行速度 160 km/h 及以上时采用 ATP 车载设备接收指令实现控车，两种控车方式可以实现转换。

CRH2 型动车组（300 km/h）采用 ATP175 车载设备接收指令实现控车。

车载 CIR 设备可实现车载列车无线调度通信和控制，可接收调度命令并与前后车站通话。

第四节　CRH1 型、CRH5 型动车组总体组成及主要技术参数

一、CRH1 型动车组总体组成及主要技术参数

CRH1 型动车组是以 Regina 型动车组为原型车，通过技术转移，由 BSP 公司在国内制造生产的。

（一）CRH1 型动车组编组形式

CRH1 型动车组由 8 辆车组成，其中 5 辆动车，3 辆拖车；首尾车辆设有司机室，可双向驾驶，编成后结构如图 1.23 所示。

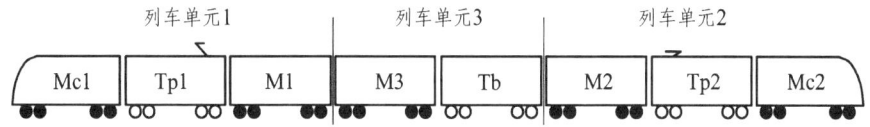

图 1.23　CRH1 型动车组编组结构

Mc—带司机室的动车；M—不带司机室的动车；Tp—带受电弓的拖车；Tb—拖车

全列车有 2 辆一等车和 6 辆二等车。一等车内座椅为 2+2 布置，二等车内座椅为 2+3 布置。

全列车定员 670 人，定员分布见表 1.8。

表 1.8　CRH1 型动车组定员分布

车厢顺位	驾驶动车 1	带受电弓拖车 1	中间动车 1	中间动车 3	拖车 2	中间动车 2	带受电弓拖车 2	驾驶动车 2
定员/人	72	102	102	102	16	102	102	72

（二）CRH1 型动车组车内主要设备布置

CRH1 型动车组 01 号车内主要设备布置如图 1.24 所示，设备具体注释见表 1.9。

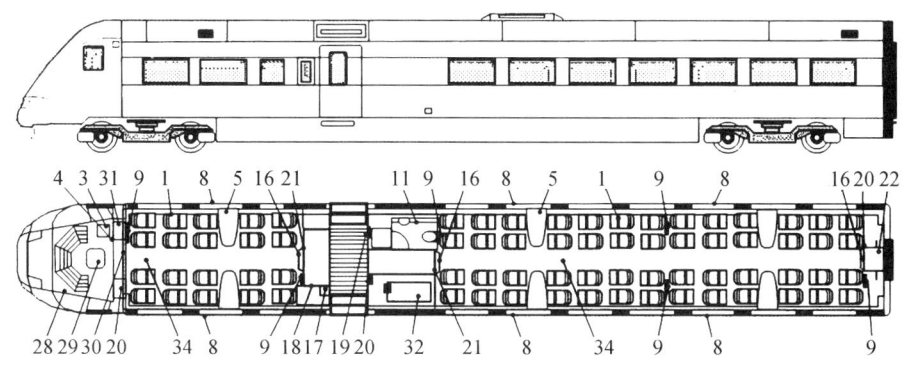

图 1.24　CRH1-01 号车车内设备布置图

表 1.9 CRH1-01 号车车内设备布置注释表

标号	设备	标号	设备	标号	设备
1	一等车座椅	14	行李架	28	司机操纵台
2	二等车座椅	15	餐车座椅	29	司机座椅
3	折叠椅	16	信息显示屏	30	司机室门
4	司机室灭火器	17	洁具室	31	LKJ 主计算机
5	一等车桌子	18	热水炉	32	ATP 装置
6	二等车桌子（大）	19、20	灭火器	33	乘务室门
7	二等车桌子（小）	21	客室门	34	走廊地毯
8	逃生窗	22	通过台门	35	站立就餐桌
9	显示屏	23	吧台	36	扶手
10	餐车储藏间	24	轮椅位置	37	客室分割屏
11	厕所（蹲式）	25	餐桌	38	
12	厕所（蹲式）	26	乘务室	39	
13	厕所（残疾人）	27	轮椅升降装置	40	

其他各车辆车内设备基本与之相同。

（三）车顶设备

在 2、7 号车设受电弓及附属装置，受电弓工作高度最低 5 300 mm，最高 6 500 mm。动车组正常运行时，采用单弓受流，另一台作为备用，处于折叠状态。

（四）车端设备

设密接式车钩装置、风挡、空气连接设施和电连接设施等。空气和电连接设施包括：列车通信总线连接、制动控制线连接、供电母线连接、直流供电母线连接、列车总风管、电路电气设备连接、电缆连接、高压电线连接。

（五）车下悬吊设备

每辆车下有空调机组、制动控制装置。在动车下有牵引变流器，在拖车下有牵引变压器。驾驶动车底部悬挂设备如图 1.25 所示，带受电弓拖车底部悬挂设备如图 1.26 所示。

（六）主要技术参数

运营速度：200 km/h。
牵引功率：5 300 kW。

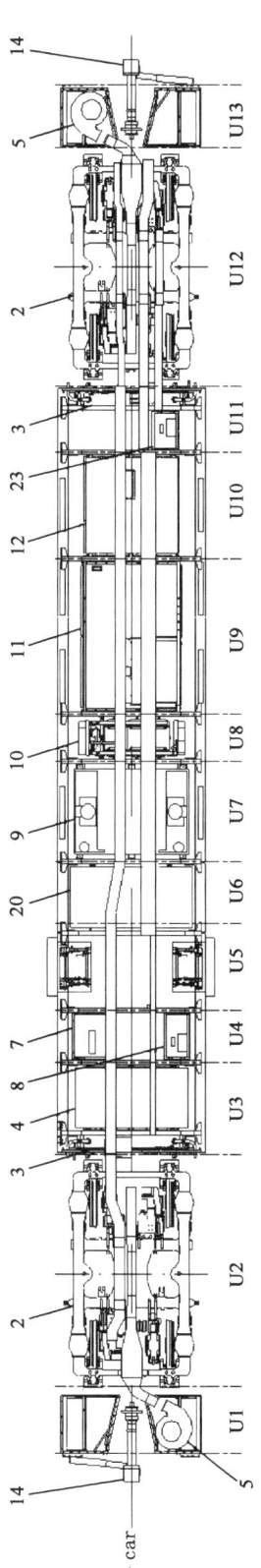

图1.25 驾驶动车底部悬挂

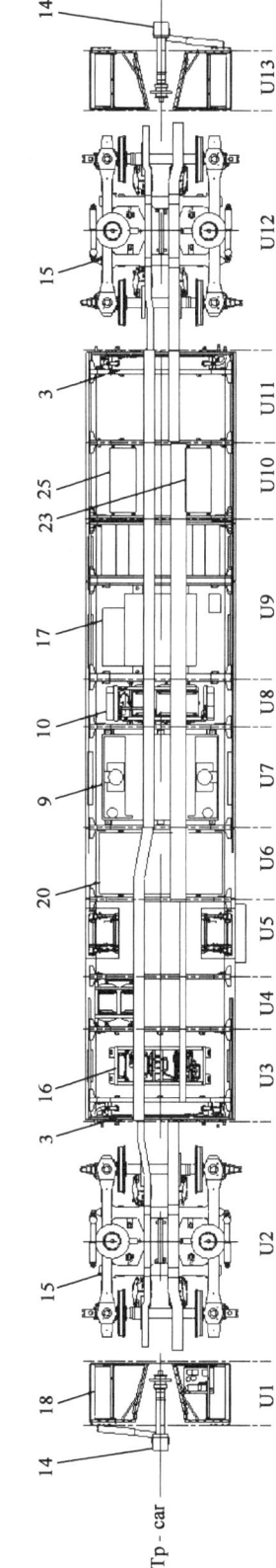

图1.26 带受电弓拖车底部悬挂

1—自动车钩；2—动车转向架；3—二系悬挂储风缸；4—电池箱；5—牵引电机通风机；6—集污箱6501；7—电池充电器；8—配电箱；9—HVAC 冷却/加热单元；10—制动模块；11—变流器箱；12—滤波器箱；13—救援转换车钩；14—半永久车钩；15—拖车转向架；16—主空压机单元；17—主变压器及冷却装置；18—辅助空压机；19—HVAC 空气处理单元；20—集污箱10001；21—受电弓；22—高压车顶设备；23—配电箱 400 V；24—清水箱；25—主变压器控制箱

25

列车编组：每列 8 辆固定编组，其中 5 辆动车、3 辆拖车。
列车定员：668 人，其中一等座车 144 人、二等座车 524 人。
车体结构：不锈钢筒形结构。
制动距离：平直道上紧急制动时，若初速为 200 km/h，小于 2 000 m；若初速为 160 km/h，小于 1 400 m。
轴重：小于 16 t。
总长：214 000 mm。
适应站台高度：800～1 250 mm。
车体最大长度：头车 26 950 mm，中间车 26 600 mm。
车体最大宽度：3 331 mm。
车体最大高度：4 040 mm。
受电弓位置：2 号车和 7 号车。

二、CRH5 型动车组总体组成及主要技术参数

CRH5 型动车组以 SM3 型动车组为原型车，通过全面引进设计制造技术，由长客股份公司在国内制造生产。

（一）CRH5 型动车组编组形式

动车组由 8 辆车组成，其中 5 辆动车 3 辆拖车；首尾车辆设有司机室，可双向驾驶，编组后结构如图 1.27 所示。

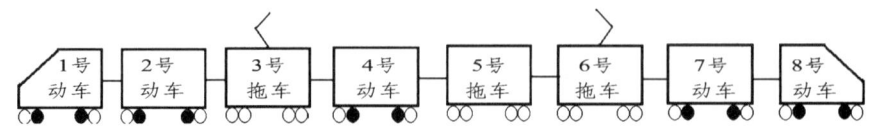

图 1.27 CRH5 型动车组编组结构

全列车有 1 辆一等车和 7 辆二等车。一等车内座椅为 2+2 布置，二等车内座椅为 2+3 布置。全列车定员 610 人，定员分布见表 1.10。

表 1.10 CRH5 型动车组定员分布

车辆顺位	带司机室动车 1	动车 2	带受电弓拖车 3	动车 4	拖车 5	带受电弓拖车 6	动车 7	带司机室动车 8
定员/人	60	90	90	90	90	45	71	74

（二）CRH5 型动车组车内主要设备布置

1. CRH5-01 号车车内设备布置

CRH5 型动车组 01 号车车内主要设备布置如图 1.28 所示，具体注释见表 1.11。

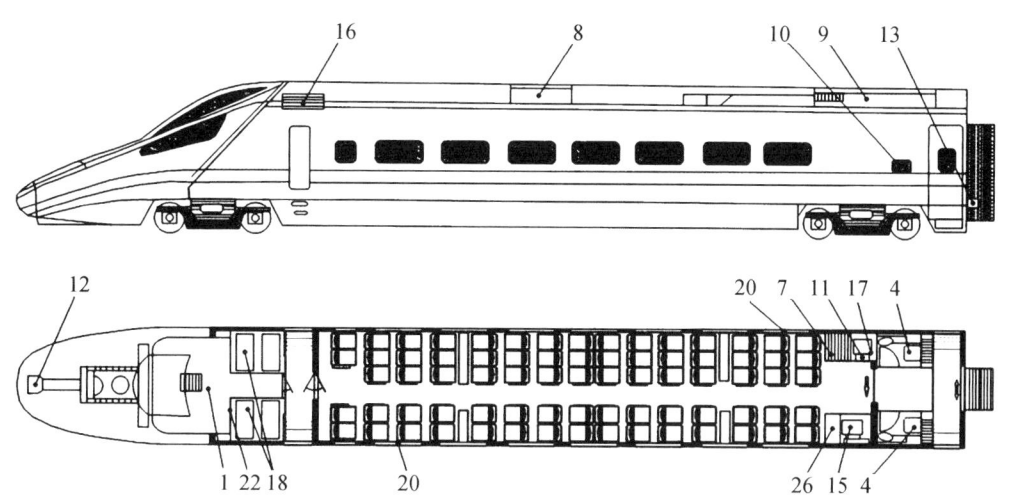

图 1.28　CRH5-01 号车车内设备布置

表 1.11　CRH5-01 号车车内设备布置注释表

标号	设备	标号	设备	标号	设备
1	司机室	10	目的地显示器	20	乘务员室
2	自助餐厅	11	饮水机	21	紧急窗
3	车长室	12	自动车钩	22	垃圾箱
4	厕所	13	半永久车钩	23	灭火器
5	残疾人卫生间	14	餐车服务门	24	售货小车
6	轮椅区	15	空调控制和废排装置	25	酒吧设备制冷单元
7	行李间	16	司机室空调装置	26	储物柜
8	制动电阻器	17	温水器	27	工具室
9	空气调节装置	18	电气设备		

2. 其他各车辆的车内设备布置（见图 1.29～图 1.35）

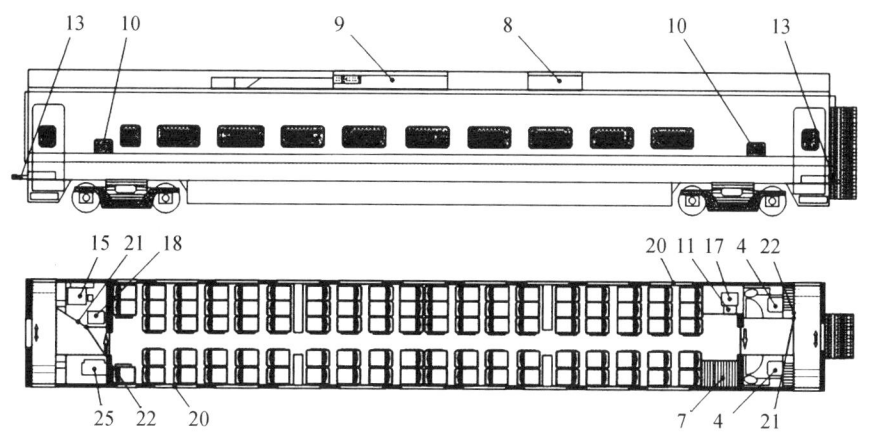

图 1.29　CRH5-02 号车车内设备布置

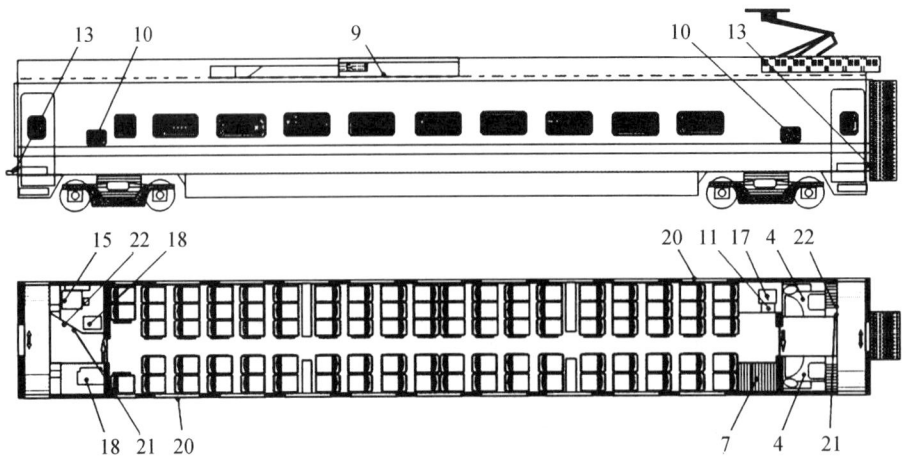

图 1.30 CRH5-03 号车车内设备布置

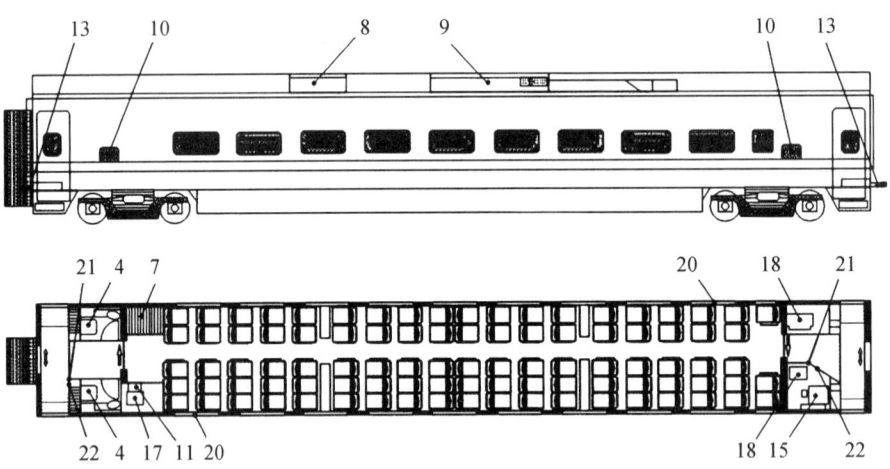

图 1.31 CRH5-04 号车车内设备布置

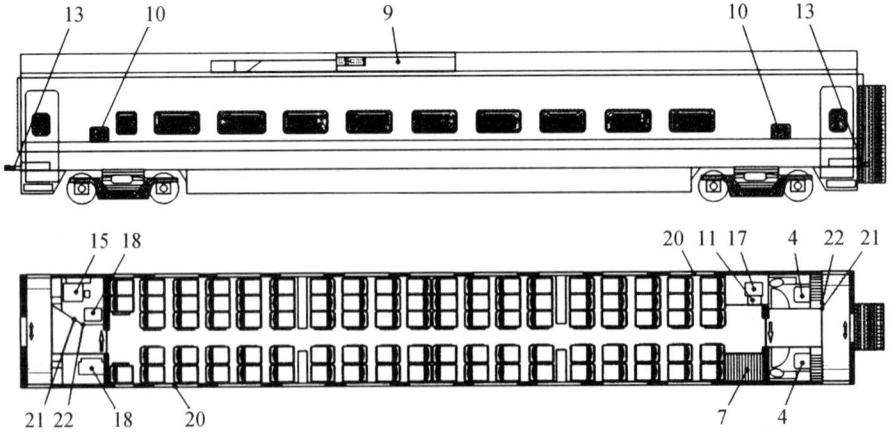

图 1.32 CRH5-05 号车车内设备布置

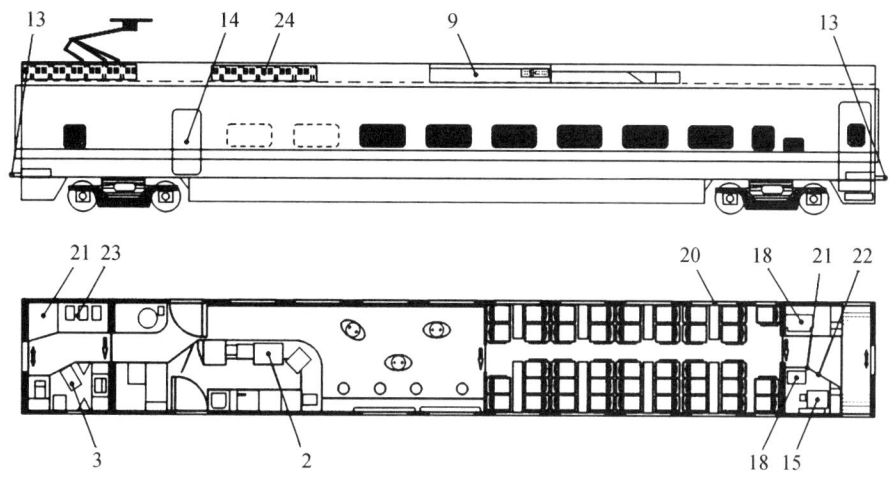

图 1.33 CRH5-06 号车车内设备布置

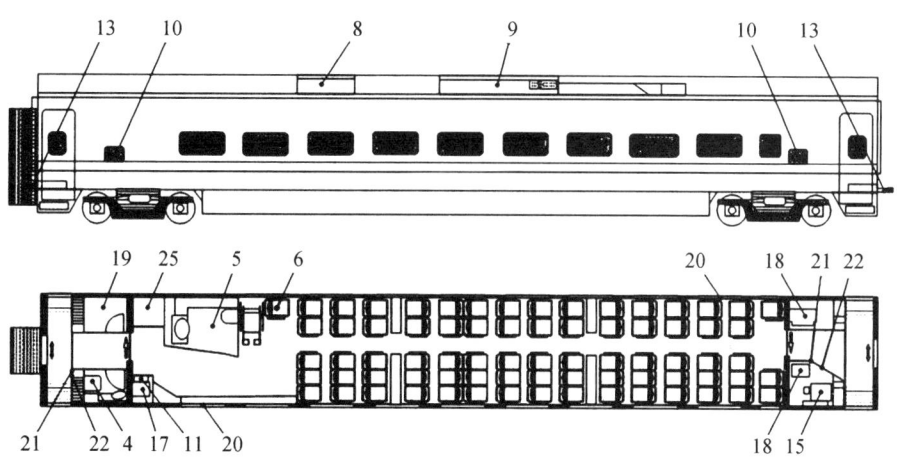

图 1.34 CRH5-07 号车车内设备布置

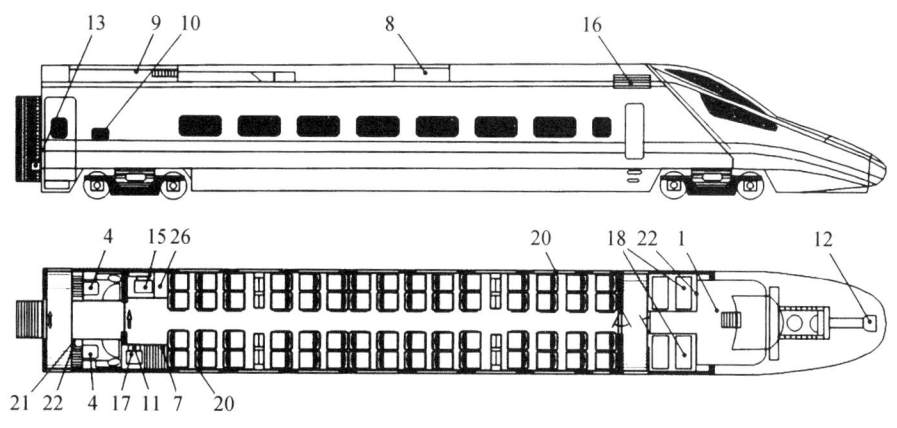

图 1.35 CRH5-00 号车车内设备布置

29

所有车辆的车内设备具体注释均见表1.11。

(三) 主要技术参数

运营速度：200 km/h。

牵引功率：5 500 kW。

列车编组：每列8辆固定编组，其中5辆动车、3辆拖车。

列车定员：622人，其中一等座车60人、二等座车562人。

车体结构：铝合金筒形结构。

制动距离：平直道上紧急制动时，若初速为200 km/h，小于2 000 m；若初速为160 km/h，小于1 400 m。

轴重：小于17 t。

总长：211 500 mm。

适应站台高度：500～1 250 mm。

车体最大长度：头车27 600 mm，中间车25 000 mm。

车体最大宽度：3 200 mm。

车体最大高度：4 270 mm。

受电弓位置：3号车和6号车。

(四) 车外主要设备

1. 车顶设备

每车车顶均设有空调机组，在每个动车（1、2、4、7和8号车）的车顶还设有制动变阻器。在3、6号车设受电弓及附属装置，受电弓工作高度为5 300～6 500 mm，动车组正常运行时，采用单弓受流，另一台作为备用，处于折叠状态。

2. 车端设备

设密接式车钩缓冲装置、折棚风挡、空气连接设施及电连接设施等。空气和电连接设施包括：列车通信控制总线连接、制动控制线连接、AC 380 V列车供电母线连接、DC24 V直流供电母线连接、列车制动管和总风管、主电路电气设备的电缆连接、车顶高压电缆连接。

3. 车下悬吊设备

每辆车车下有净水箱、污物箱、蓄电池、充电机、制动装置和空气弹簧辅助气室等。在1、2、4、7和8号车下有牵引和辅助变流器、牵引电机，在3号和6号车下有牵引变压器，在6号车下还有酒吧车冷藏柜压缩机。

动车车下悬吊设备布置如图1.36所示，拖车车下悬吊设备布置如图1.37所示。

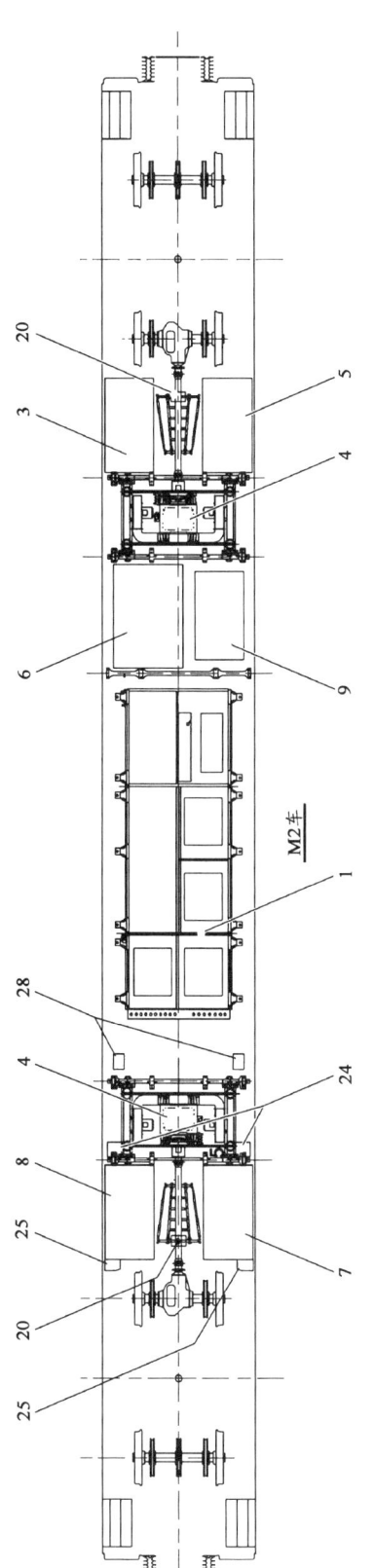

图 1.36 动车车下悬吊设备布置图

1—牵引逆变器和辅助变流器；3—蓄电池箱；4—牵引电机；5—蓄电池充电机；6—制动单元；7—卫生间净水箱；8—卫生间废水箱；9—AC 400 V 接触器箱；20—防滑阀；24—排污装置；25—上水装置；28—车间 24 V 插座

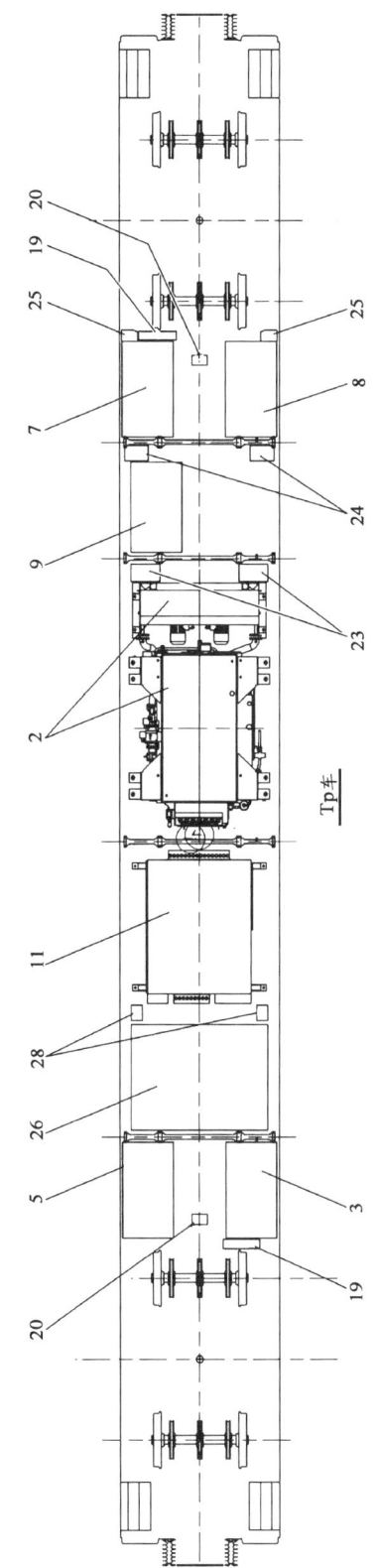

图 1.37 拖车车下悬吊设备布置图

2—主变压器；3—蓄电池箱；5—蓄电池充电机；7—卫生间净水箱；8—卫生间废水箱；9—AC 400 V 接触器箱；11—控制器箱；19—车体-转向架接线箱；20—防滑阀；23—外部辅助插座；24—排污装置；25—上水装置；26—制动单元和压缩机；28—车间 24 V 插座

31

第五节　CRH380A 型动车组总体组成及主要技术参数

一、CRH380A 型动车组编组形式

CRH380A 型动车组以 CRH2C 型速度 300 km/h 动车组为基础，通过速度提升和优化设计，完成自主研制。速度 350 km/h 速度级动车组（8 辆编组）为动力分散交流传动动车组，最高运行速度 350 km/h，可在中国新建 300 km/h 速度级客运专线（300 线）上运营，并能在新建 200 km/h 速度级客运专线上以 200 km/h 速度正常运行。动车组由 6 辆动车和 2 辆拖共 8 辆车构成编组。编组配置如图 1.38 所示。另外，两列动车组可联挂运行。

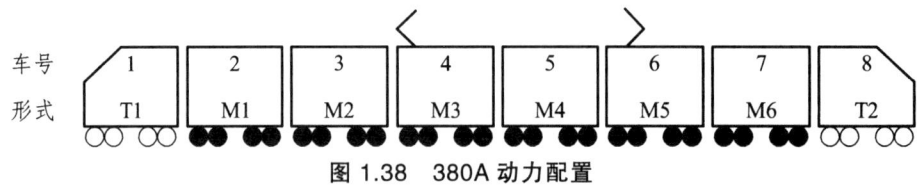

图 1.38　380A 动力配置

T：拖车　M：动车

全列车有 2 辆一等车和 6 辆二等车，一等车座椅内座椅为 2+2 布置，二等车内座椅为 2+3 布置。全列车定员 490 人。

二、CRH380A 型动车组车内主要设备布置

CRH380A 型动车组车内布置简洁明快，根据出行旅客的不同需求层次，动车组设置了不同的车种及功能区域。车内设施及配置主要包括车内设备件、车内供水供热及配电盘设备。车内设备件主要包括客室座椅、行李架、内部门等设施；车内供水供热设备主要包括开水炉、车内卫生间、盥洗室和小卖部等设施；配电盘设备布置车辆控制用的开关、继电器、接触器等电气元件及控制装置。各车辆主要设备配置如表 1.12 所示。

表 1.12　各车辆主要设备配置

车号	形式	定员	主要设备	其他
1	T1	45	二等车、驾驶室、卫生间、盥洗室、观光区、电开水炉、电器柜、备品柜、行李室	
2	M1	85	二等车、卫生间、盥洗室、电开水炉、电器柜、行李室、车上水箱	
3	M2	42	一等车、VIP 半包间、卫生间、盥洗室、电开水炉、电器柜、备品柜、行李室	
4	M3	51	一等车、卫生间、盥洗室、电开水炉、电器柜、行李室、车上水箱	带受电弓
5	M4	52	二等车、餐饮区、厨房、卫生间、盥洗室、乘务员室、机械师室、电开水炉	
6	M5	85	二等车、卫生间、盥洗室、电开水炉、电器柜、行李室、车上水箱	带受电弓
7	M6	85	二等车、卫生间、盥洗室、电开水炉、电器柜、行李室、备品柜	可乘坐轮椅
8	T2	45	二等车、驾驶室、卫生间、盥洗室、观光区、电开水炉、电器柜、备品柜、行李室	
合计		490		

三、车顶设备

M3、M5 号车车顶上安装高速受电弓、绝缘子、高压隔离开关、高压互感器、保护接地开关（EGS）及三分歧连接器。两头车（T1、T2）上设置无线天线。5 号车（M4）上配置了 FM 天线。在 2~6 号车车顶设贯通特高压电缆，向各单元提供电力。特高压电缆设置在车顶上，车辆间采用直接头、三分歧连接器进行连接。

四、车下设备

将车下设备按照车辆的功能设置，分别布置在 M 车（动车，2~7 号车）及两端头车 T1、T2（拖车）上（见图 1.39~图 1.46）。

在 1 号车车底 1 轴前端，中央位置安装 Balise 天线，两侧安装 TCR 天线，1 位转向架后端中央位置安装 Balise 天线，两侧安装雷达天线（见图 1.39）。在 8 号车车底 4 轴后端，中央位置安装 Balise 天线，两侧安装 TCR 天线，3 轴前端中央位置安装 Balise 天线，两侧安装雷达天线（见图 1.46）。在各车枕内靠近转向架处装有空调装置（每车 2 个），与空调并排安装了制动控制装置（1 车 1 位，2~8 车 2 位）或换气装置及换气装置逆变器箱（1 车 2 位，2~8 车 1 位）。2~7 号车枕内靠近空调处装有主电机用冷却风机。在 1、8 号车装有辅助电源装置及辅助整流器箱。在 3、7 号车，装有电动空气压缩机；在 4、6 号车二位角设有辅助电动空气压缩机。2~7 号车车体中间安装了牵引变流器，2、4、6 号车还安装了牵引变压器和高压机器箱。5 号车枕内还安装了辅助电源装置和冰箱室外机。

1、3、5、7、8 号车枕内设置了车下水箱。污物箱的设置：5 号车未设，8 号车设置在 1 位枕外端部，其他各号车设置在 2 位端部。2 和 4~6 号车 1 位枕外端部的 1 位侧设置了接触器箱。蓄电池箱设置在 2、3、5、7 号车的 1 位枕外端部，其中 7 号车设置了两个蓄电池箱。

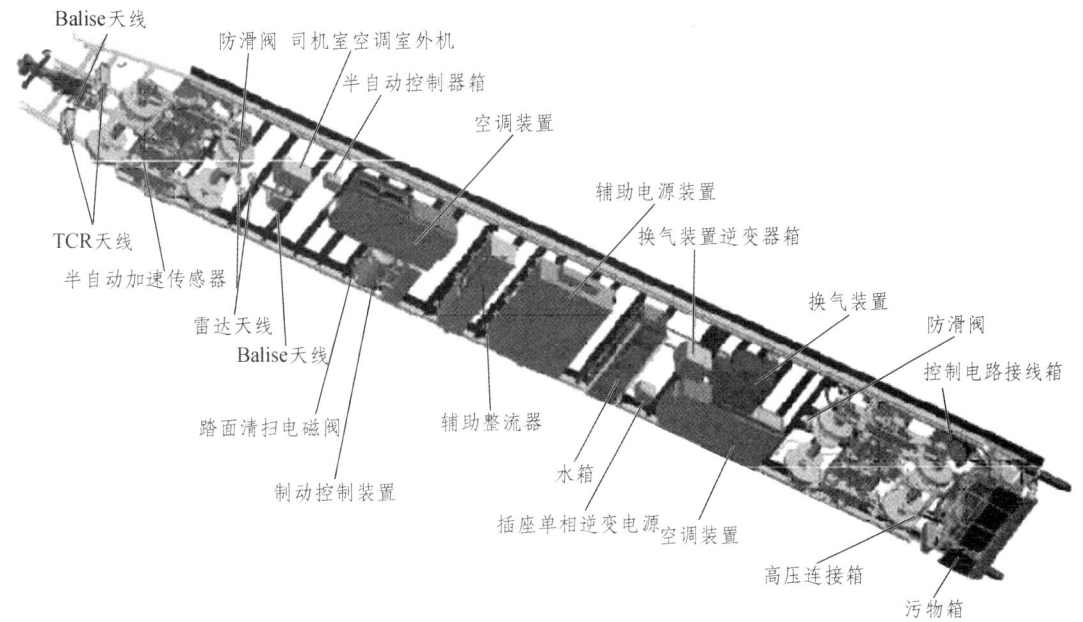

图 1.39　1 号车车下设备布置

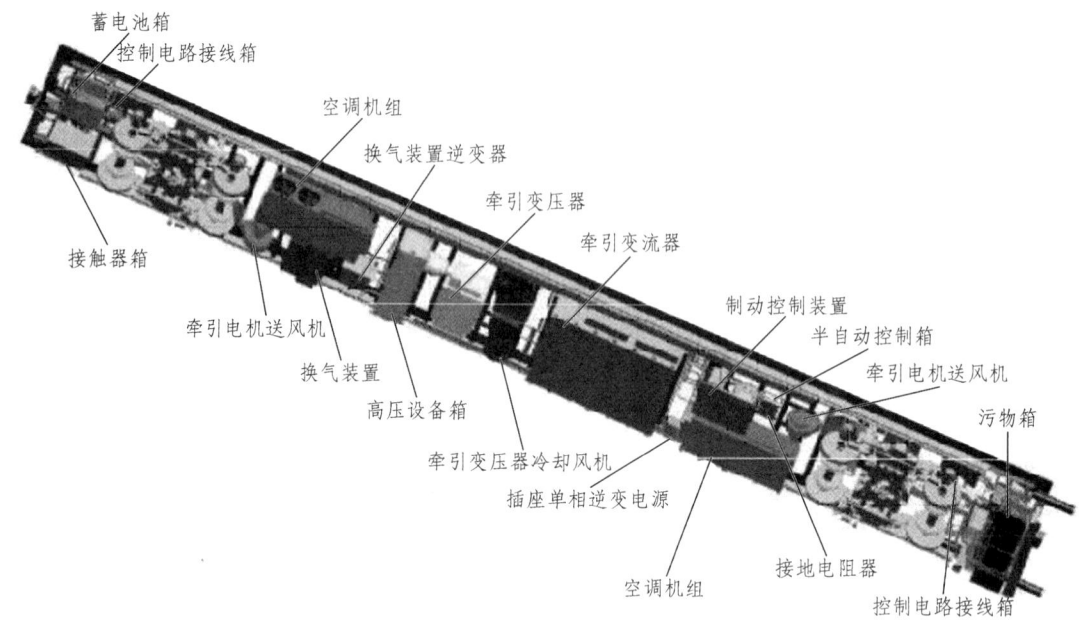

图 1.40　2 号车车下设备布置

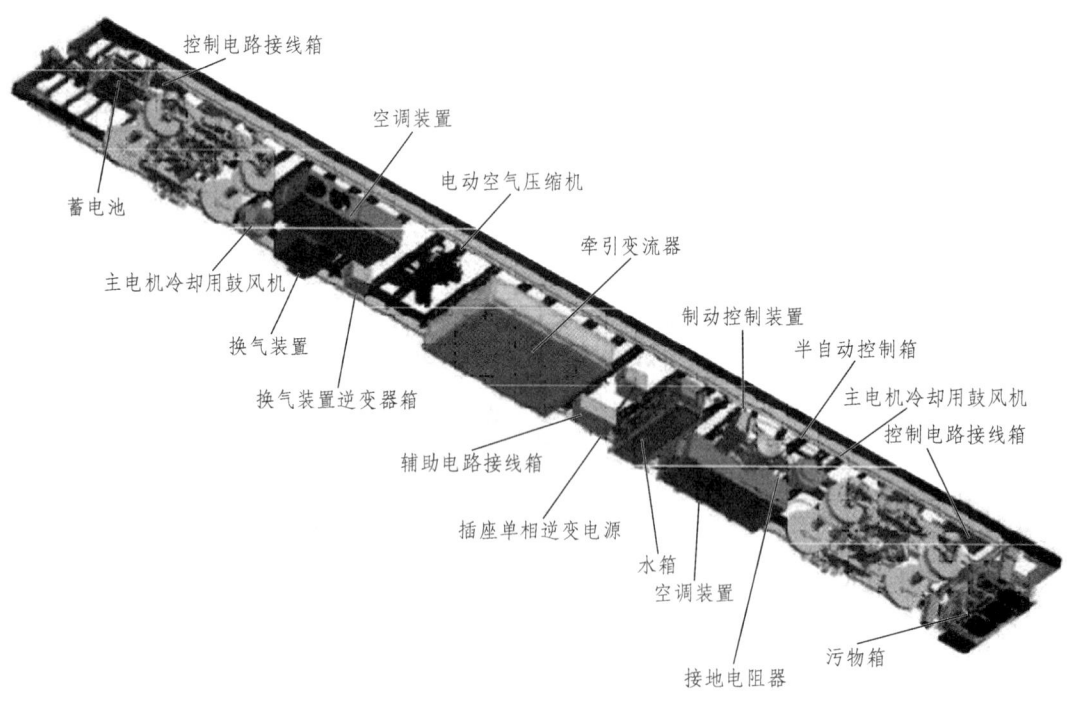

图 1.41　3 号车车下设备布置

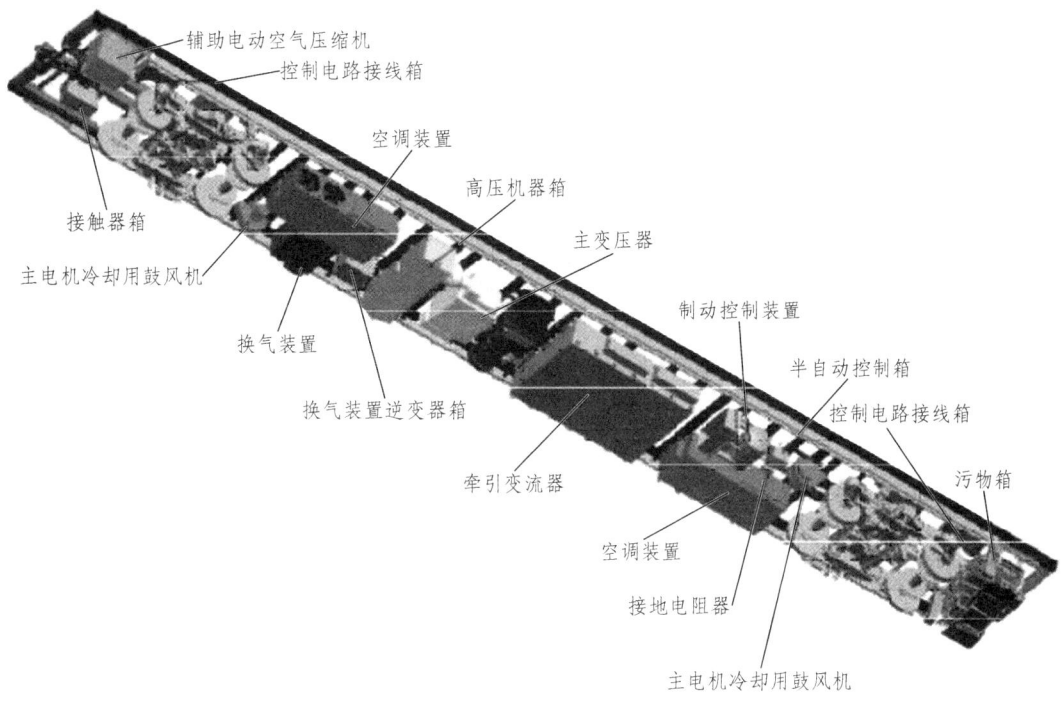

图 1.42　4 号车车下设备布置

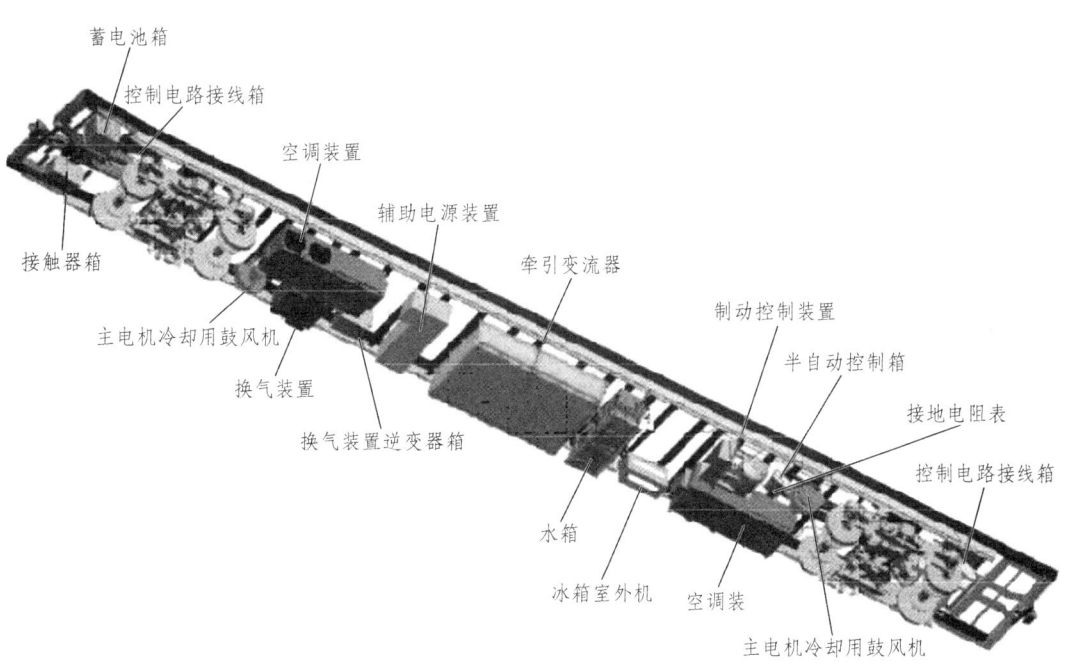

图 1.43　5 号车车下设备布置

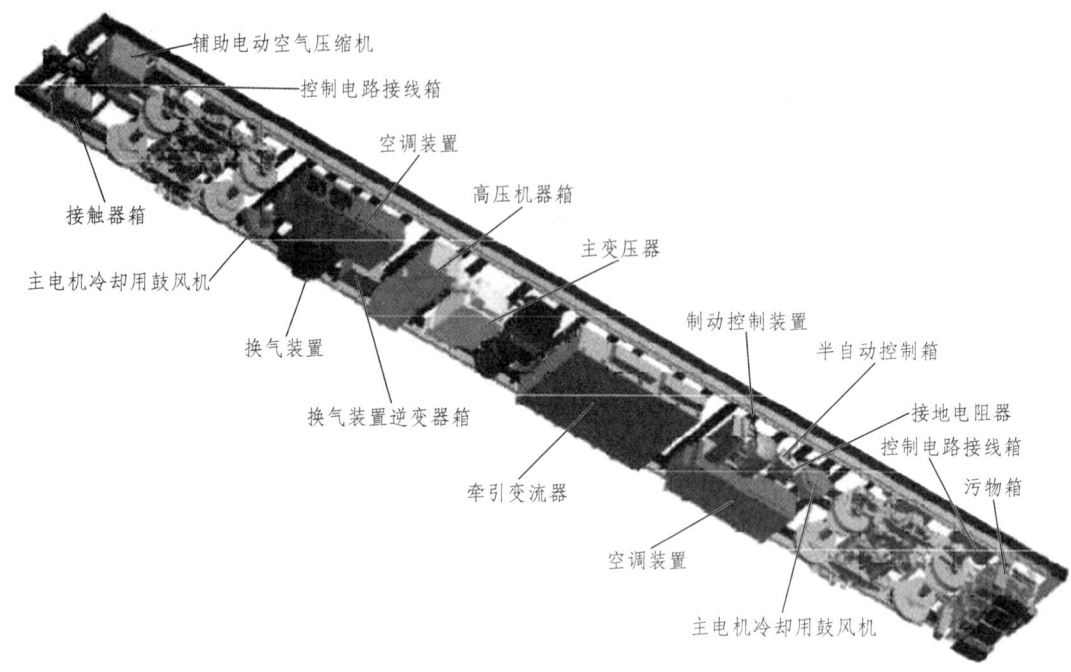

图 1.44　6 号车车下设备布置

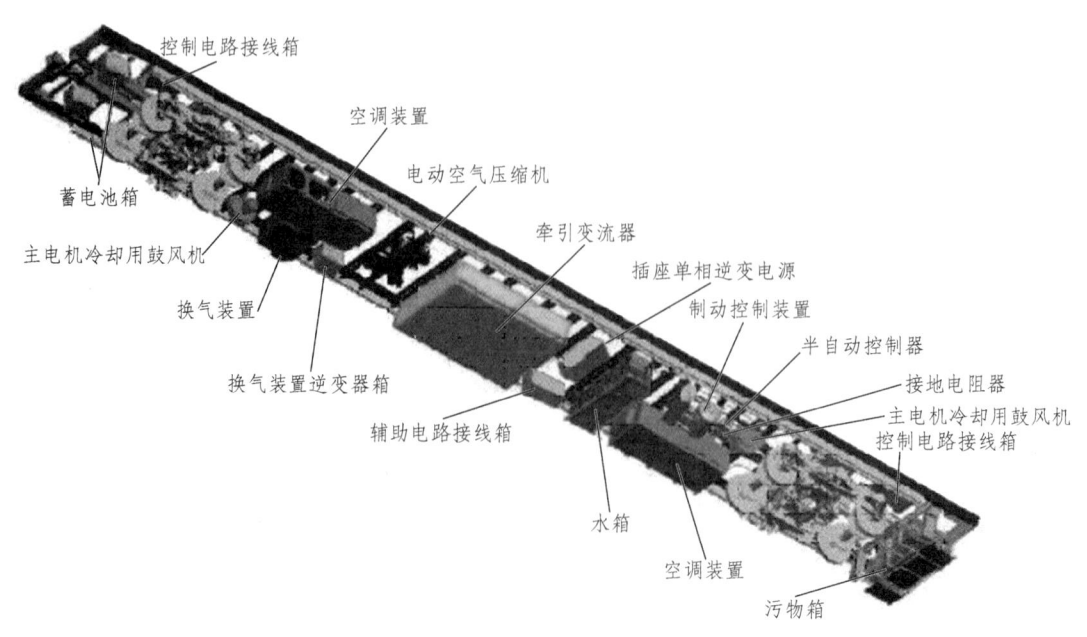

图 1.45　7 号车车下设备布置

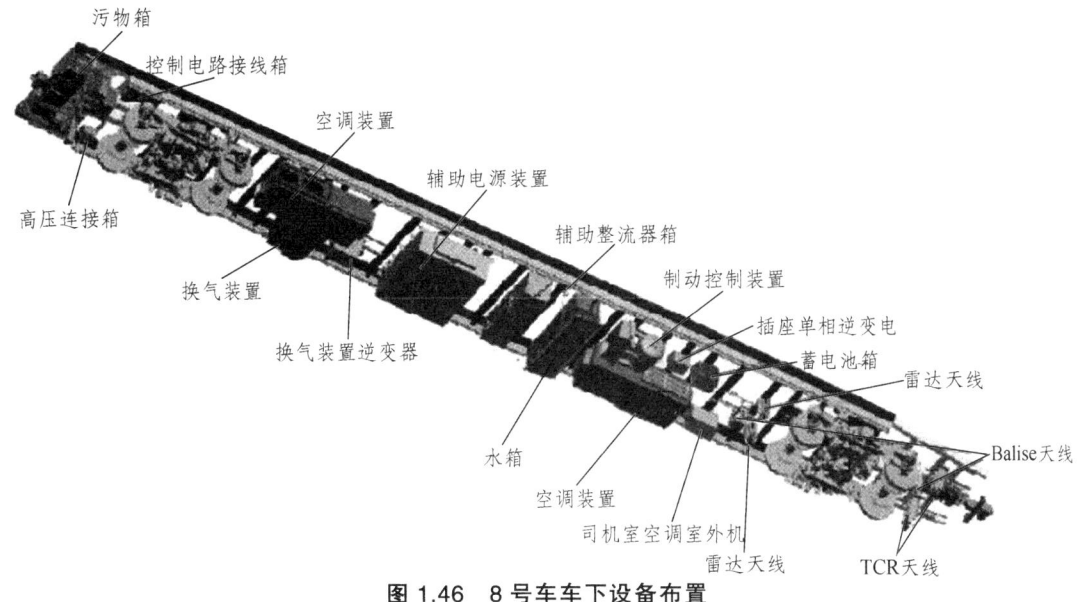

图1.46 8号车车下设备布置

五、CRH380A型动车组主要技术参数

运营速度：350 km/h。

牵引功率：9 600 kW。

列车编组：每列车8辆固定编组，其中6辆动车，2辆拖车。

列车定员：490人，其中一等座车93人、二等座车397人。

车体结构：铝合金筒形整体承结构。

制动距离：平坦线路上的快速制动时的制动距离或减速必须满足列车追行间隔的要求。制动距离满足如下要求：制动初速度为350 km/h时，小于6 500 m；制动初速度为300 km/h时，小于3 800 m。

轴重：小于14.5 t。

其他主要技术参数与运营速度200 km/h的CRH2型动车组一致。

小 结

1964年10月1日，世界上第一条高速线路在东京与新大阪之间的东海道新干线正式开行。在四十多年的高速铁路发展史中，日本、法国、德国凭借各自的技术特点引领着世界高速铁路的发展的方向。我国自2004年10月以来，分别引进了法国阿尔斯通SM3、日本E2-1000、BSP和德国西门子ICE3等动车组技术，通过引进、消化、吸收，生产出具有完全自主知识产权的CRH（China Railway High-speed）系列动车组，实现了时速200 km及以上动车组的国产化。

我国引进的五种动车组车型统一了编号。动车组的编号由动车组简称、技术序列代码、制造序列代码和型号系列代码组成；动车组中车辆的编号由车种、技术序列代码、制造序列代码和编组顺位代码组成。动车组车辆是由车体、转向架、连接缓冲装置、制动装置、车辆内部设备、牵引传动系统和辅助供电系统及其他部分组成。

动车组不同于以往的铁道车辆，主要技术特点在于：流线型的头形设计、车体的轻量化技术、高性能的转向架技术、安全可靠的复合制动技术、密接式车钩缓冲装置、交流传动技术、列车自动控制及故障诊断技术。

CRH1 型动车组以 Regina 型动车组为原型车，通过技术转移，由 BSP 公司在国内制造生产。动车组由 5 辆动车 3 辆拖车固定编组，首尾车辆设有司机室，可双向驾驶。运营速度为 200 km/h，定员 668 人，采用不锈钢筒形车体结构，受电弓位于 2 号车和 7 号车。

CRH2 型动车组是以日本新干线 E2-1000 型动车组为原型车，由四方机车车辆股份有限公司通过全面技术引进生产。运行速度为 200 km/h 的动车组由 4 辆动车 4 辆拖车固定编组；运行速度为 300 km/h 的动车组由 6 辆动车 2 辆拖车固定编组。首尾车辆设有司机室，可双向驾驶，定员 610 人，采用铝合金筒形车体结构，轴重仅为 14 t，受电弓位于 4 号车和 6 号车。

CRH5 型动车组以 SM3 型动车组为原型车，通过全面引进设计制造技术，由长客股份公司在国内制造生产。动车组由 8 辆车组成，其中 5 辆动车 3 辆拖车；首尾车辆设有司机室，可双向驾驶。运营速度为 200 km/h，定员 622 人，采用铝合金筒形车体结构，受电弓位于 3 号车和 6 号车。

CRH380 系列动车组主要包括 CRH380A、CRH380B、CRH380CL、CRH380D 等车型。

CRH380A ——由中国中车集团青岛四方机车车辆股份有限公司于 2010 年推出的高速铁路车型，采用我国自主研发的低气动阻力外形，在引进日本川崎技术的基础上自主创新而成，原型车为采用川崎技术的 CRH2C。CRH380A（6 动 2 拖，车厢排列 TMMMMMMT）在试运行中曾经创下 486.1 km/h 的世界运营铁路最高速度。CRH380AL 为 CRH380A 的 16 车厢长编组版，第 1、8、9、16 车厢无动力。最高运行速度 350 km/h。CRH380AM（原名 CIT500）为 500 km/h 高铁试验列车，试验速度达 605 km/h。

CRH380B ——中国中车唐山轨道客车有限公司和长春轨道客车股份有限公司在德国西门子 ICE 技术平台的基础上自主创新研制的高铁列车，原型车为采用德国西门子技术的 CRH3C 或德国西门子 ICE Velaro（ICE3）。CRH380B 为 4 动 4 拖（TMMTTMMT），CRH380BL 为长编组版本，CRH380BG 为高寒型，CRH380BK 为非高寒型。最高运行速度 350 km/h。

CRH380CL ——中国中车长春轨道客车股份有限公司以 CRH3C、CRH380B 为蓝本研制的长编组高速铁路车型，是中国第一款具有完全自主知识产权的高速动车组，于 2013 年 9 月投入京沪高铁运营，首次采用了自主研发的网络控制系统。

CRH380D ——青岛四方 BST 引进加拿大庞巴迪技术基于 Zefiro 平台生产的最高速度 350 km/h 的动车组。2015 年 12 月在成渝高铁上首发。CRH380D 高速动车组配备有一流的安全装置，全身上下布满了数百个传感器。

思考与练习题

1. 我国引进的四种动车组车型采用的分别是哪国的技术？

2. 动车组主要由哪几部分组成？
3. 动车组主要的技术特点是什么？
4. 动车组和动车组车辆是如何编号的？
5. CRH1型、CRH2型、CRH5型动车组是如何编组的？
6. 看图说明CRH1型、CRH2型、CRH5型动车组分别布置了哪些车内设备。
7. 看图说明CRH1型、CRH2型、CRH5型动车组分别布置了哪些车下悬挂设备。
8. 试述CRH1型、CRH2型、CRH5型动车组有哪些主要技术参数。
9. 试述CRH380A型动车组的主要技术参数。

第二章　动车组车体技术

动车组不仅速度高、舒适性好、安全可靠，而且对线路的破坏作用小、维修工作量小。因此，从车体结构上要求其运行阻力小、质量轻、气密性高、防噪声性能好以及防火性能高。本章将从动车组车体技术这一角度介绍列车空气动力学知识和动车组流线型设计，动车组车体轻量化、密封及隔音以及防火安全技术，动车组车体特点和技术要求，CRH2 型动车组车体结构及车体的日常维护，CRH5 型和 CRH380 型动车组的车体结构特点等。

第一节　流线型车体结构

一、列车空气动力学

随着列车运行速度的提高，周围的空气一方面对列车和列车运行性能产生影响；同时，列车高速运行引起的气动现象对周围环境也产生影响，这就是高速列车的空气动力学问题。

（一）动车组运行中列车的表面压力

从风洞试验结果来看，列车表面压力可以分为三个区域：
（1）头车鼻尖部位正对来流方向为正压区。
（2）车头部附近的高负压区：从鼻尖向上及向两侧，正压逐渐减小变为负压，到接近与车身连接处的顶部与侧面，负压达最大值。
（3）头车车身、拖车和尾车车身为低负压区。
因此，在动车（头车）上布置空调装置及冷却系统进风口时，应布置在靠近鼻尖的区域内，此处正压较大，进风容易；而排风口则应布置在负压较大的顶部与侧面。
在有侧向风作用下，列车表面压力分布会发生很大变化，尤其对车顶小圆弧部位表面压力的影响最大。当列车在曲线上运行又遇到强侧风时，还会影响到列车的倾覆安全性。

（二）动车组会车时列车的表面压力

在一列车与另一静止不动的列车会车时，以及两列等速或不等速相对运行的列车会车时，将在静止列车和两列相对运行列车一侧的侧墙上引起压力波（压力脉冲）。列车会车时产生的最大压力脉动值的大小是评价列车气动外形优劣的一项指标。
由于相对运动的列车车头对空气的挤压，在与之交会的另一列车侧壁上掠过，会使列车间侧壁上的空气压力产生很大的波动。试验研究和计算表明，动车组会车压力波幅值大小与下列因素有关：

（1）随着会车速度的大幅度提高，会车压力波的强度将急剧增大。由图 2.1 可见，当头部长细比 γ 为 2.5，两列车以等速相对运行会车时，速度由 250 km/h 提高到 350 km/h，压力波幅值由 1 015 Pa 增至 1 950 Pa，增大近一倍。

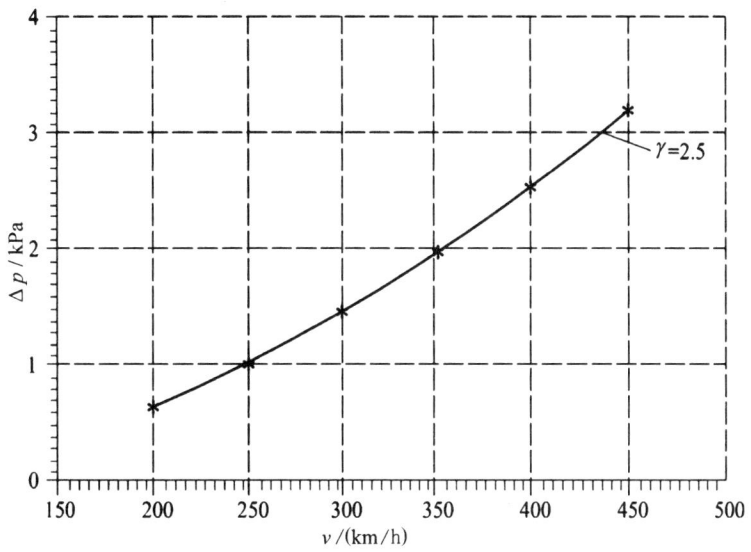

图 2.1 会车速度与压力波强度的关系

（2）会车压力波幅值随着头部长细比的增大而近似线性地显著减小。为了有效地减小动车组会车引起的压力波的强度，应将动车（车头）的头部设计成细长而且呈流线型。

（3）会车压力波幅值随会车动车组侧墙间距增大而显著减小。为了减少会车压力波及其影响，应适当增大铁路的线间距。我国《铁路主要技术政策》中的相关规定见表 2.1。

表 2.1 列车速度与线间距的技术规范

列车速度/（km/h）	线间距/m	列车速度/（km/h）	线间距/m
140 以下	4.0	200～250	4.6
140～160	4.2	250～300	4.8
160～200	4.4	300 以上	5.0

（4）会车压力波幅值随会车长度增大而近似成线性地明显增大。

（5）会车压力波幅值随侧墙高度增大而明显减小，但减小的幅度随侧墙高度增大而逐渐降低。

（6）高、中速列车会车时，中速车的压力波幅值远大于高速车（一般大 1.8 倍以上）。这是由于会车压力波的主要影响因素是通过车的速度，在高、中速列车会车时，中速车压力波主要受高速车（通过车）速度的影响，高速车压力波主要受中速车（通过车）速度的影响，所以中速车上的压力波幅值远大于高速车。

（三）动车组通过隧道时列车的表面压力

列车在隧道中运行时，将引起隧道内空气压力急剧波动，因此列车表面上各处的压力也呈快速大幅度变动,并完全不同于在明线上的表面压力分布。试验研究表明,压力幅值的变动与列车速度、列车长度、堵塞系数(列车横截面面积与隧道横截面面积的比值)、长细比(亦称头形系数,即车头前端鼻形部位长度与车头后部车身断面半径之比)以及列车侧面和隧道侧面的摩擦系数等因素有关,其中以堵塞系数和列车速度为最重要的影响参数。

国外有研究报告指出:单列车进入隧道的压力变化大约与列车速度的平方成正比,与堵塞系数的(1.3 ± 0.25)次方成正比例。

两列车在隧道内以高速会车时车体所受到的压力变化更为严重,此时压力变化与堵塞系数的(2.16 ± 0.06)次方成正比。并且两列车进入隧道的时差对压力变化也有很大的影响,当形成波形叠加时将引起很高的压力幅值和变化率,此时车体表面的瞬时压力可在正负数千帕之间变化。

(四)列车风

当列车高速行驶时,在线路附近将产生空气运动,这就是列车风。根据测量,当列车以200 km/h的速度行驶时,在轨面以上0.814 m、距列车1.75 m处的空气运动速度将达到17 m/s(61.2 km/h),这是人站立不动能够承受的极限风速。当列车以这样或更高的速度通过车站时,列车风将给铁路工作人员和旅客带来危害。

高速列车通过隧道时,在隧道中所引起的纵向气流速度约与列车速度成正比。在隧道中列车风将使得道旁的人员失去平衡以及使固定不牢的设备等被吹落在隧道中,这都是一些潜在的危险。

国外有些铁路规定,在列车速度高于160 km/h行驶时不允许铁路员工进入隧道。列车速度稍低时,也不让员工在隧道中行走和工作,必须要在避车洞内等待列车通过。

(五)列车空气动力学的力和力矩

如图2.2所示的是作用于车辆上的空气动力学的力和力矩,包括空气阻力、升力、横向力,以及纵向摆动力矩、扭摆力矩和侧滚力矩。

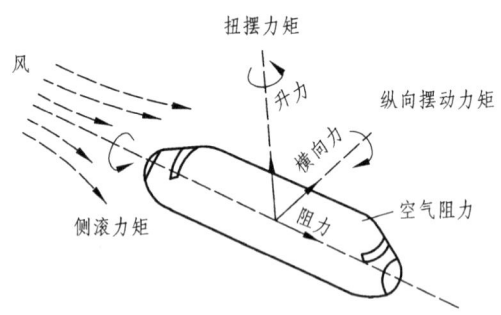

图2.2 作用在车辆上的空气动力学的力和力矩

1. 空气阻力

减少动车组的空气阻力对于实现高速运行和节能都有重要意义,因此,需要对车体外形进行最优化设计,以便最大可能地降低空气阻力。

动车组的运行阻力主要由空气阻力和机械阻力(即轮轨摩擦阻力、轴承等滚动部件的摩擦阻力等)组成。

空气阻力可以简略地表示为

$$R = \frac{1}{2}\rho C_x v^2 A \tag{2.1}$$

式中：C_x 为空气阻力系数；ρ 为空气密度；v 为列车速度；A 为列车横截面面积。

空气阻力主要由以下三个部分组成：

（1）压差阻力。头部及尾部压力差所引起的阻力。

（2）摩擦阻力。由空气的黏性而引起的、作用于车体表面的剪切应力造成的阻力。

（3）干扰阻力。车体表面的突出物如手柄、门窗、转向架、车体底架、悬挂设备、车顶设备及车辆之间的连接风挡等所引起的阻力。

研究表明：空气阻力与速度的平方成正比，机械阻力则与速度成正比。若速度为 100 km/h 时，空气阻力和机械阻力各占列车运行阻力的一半；速度提高到 200 km/h 时，空气阻力占 70%，机械阻力只占 30%；列车以 250 km/h 的速度平稳运行时，空气阻力约占列车总阻力的 80% 甚至 90% 以上。

法国 TGV 动车的空气阻力的测试结果：

v = 100 km/h 时，R = 5.526 kN；v = 200 km/h 时，R = 15.25 kN。

这说明，当速度提高 1 倍时，空气阻力提高约 2 倍。

2. 升 力

把动车组表面高于周围空气压力的局部压力称为正，低于周围空气压力的局部压力称为负。作为一个整体，车辆是受正的（向上的）升力还是受负的（向下的）升力，取决于车辆所有截面的表面压力累加结果是正还是负。

升力也与列车速度的平方成正比。正升力将使轮轨的接触压力减小，因此将对列车的牵引和动力学性能产生重要影响。

3. 横向力

动车组运行中遇到横向风时，车辆将受到横向力及其力矩的作用。当风载荷达到一定程度时，横向力及其侧滚力矩、扭摆力矩将影响车辆的倾覆安全性。

就车辆形状而言，车顶越有棱角，其阻力越大。

风洞试验研究表明，最佳的车体横断面形状应当是：车体侧面平坦，且上下渐内倾（可以降低升力）、顶部稍圆、车顶与车体侧面拐角处完全修圆（可以降低力矩）。

二、动车组头形设计

对于高速动车组来说，列车头形设计非常重要，好的头形设计可以有效地减少运行空气阻力、列车交会压力波，还能解决运行稳定性等问题。

（一）头形设计的基本要求

1. 阻力系数

一些高速铁路发展比较早的国家通过试验研究和理论计算，明确提出了各自的列车阻力系数指标。

如在《德国联邦铁路城间特快列车 ICE 技术任务书》中规定：列车前端的驱动头车空气阻力系数 $C = 0.17$；列车末端的驱动头车空气阻力系数 $C = 0.19$。

2. 头形系数（长细比）

长细比，即车头前端鼻形部位长度与车头后部车身断面半径之比。

头、尾车阻力系数与流线化头部长细比直接有关，高速列车头部的长细比一般要求达到 3 甚至更大，如图 2.3 所示。

型　式		头部长度 / m	阻力系数
0 系 		4.4	0.28
100 系 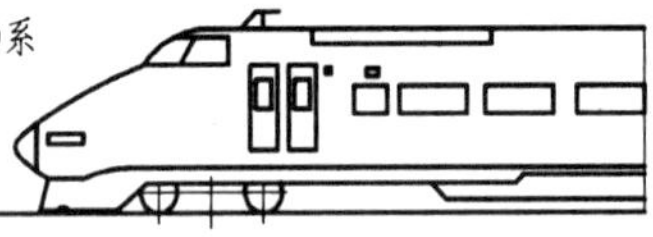		5.5	0.25
300 系 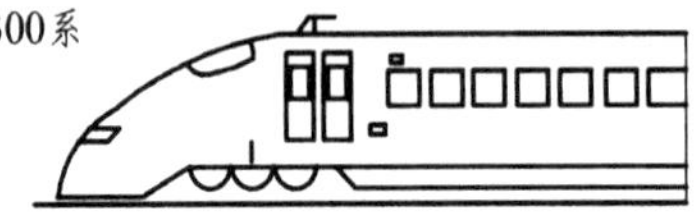		6.0	0.20
700 系 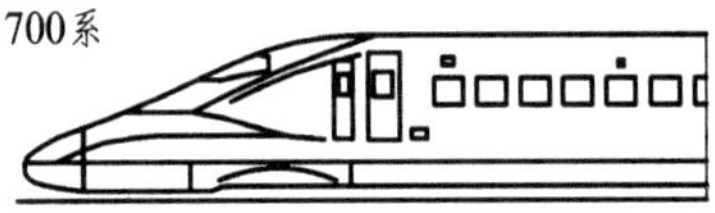		9.2	

图 2.3　头部长细比与阻力系数的关系

（二）动车组头部流线化设计

头部纵向对称面上的外形轮廓线，要满足司机室净空高、前窗几何尺寸、玻璃形状，以及瞭望等条件。在此基础上，应尽可能降低该轮廓线的垂向高度，使头部趋于扁形，这样可以减小压力冲击波，并改善尾部涡流影响。同时，将端部鼻锥部分设计成椭圆形状，可以减少列车运行时的空气阻力，如图 2.4 所示。

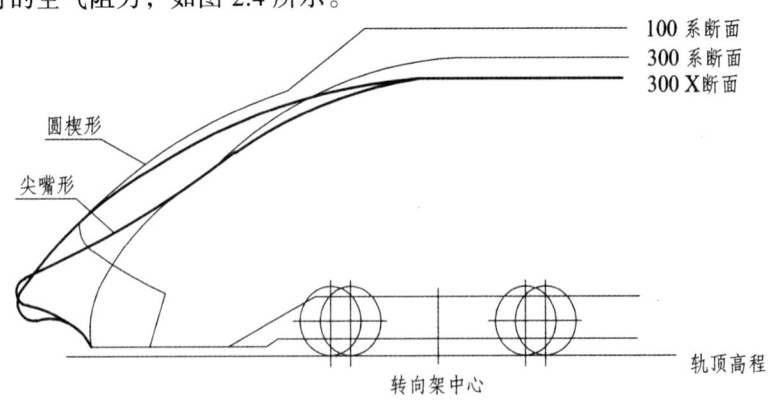

图 2.4　头部流线化设计

在设计俯视图最大轮廓线形时，首先要满足司机室的宽度要求，然后再将鼻锥部分设计为带锥度的椭圆形状。这样既涵盖有利于减小列车交会压力波和改善尾部涡流影响的梭形，又兼顾到有利于降低空气阻力的椭球面形状。

此外还应设计凹槽形的导流板，将气流引向车头两侧。

在主型线设计完成后，还要做到头部外形与车身外形严格相切。头部外形中，任意选取的两曲面之间也要严格相切，以保证头部外形的光滑性，这样既可减少空气阻力，又可以降低列车交会压力波幅值。

三、动车组车身外形设计

动车组必须具有完善的气动外形，以使其具有良好的空气动力学性能。列车良好空气动力学性能主要是通过车体外形的特殊设计实现的。具体表现为：

（1）头尾部细长，呈流线型状。

（2）车身断面呈鼓形，即车顶为圆弧形，侧墙下部向内倾斜（5°左右）并以圆弧过渡到底架，侧墙上部向内倾斜（3°左右）并以圆弧过渡到车顶。

（3）列车下部均设有导流罩，且能够方便开启。

（4）列车纵断面尽量采用平滑过渡方式，形状不一致时应加过渡区段。

（5）车辆底部形状对空气阻力的影响很大，采用与车身横断面形状相吻合的裙板遮住车下设备，以减少空气阻力，也可防止高速运行带来的砂石击打车下设备。

（6）列车的外表面光滑平整，无明显的凸出和凹陷。如侧门采用塞拉式；扶手为内置式；脚蹬做成翻板式，使侧面关闭时可以包住它。

（7）两车辆连接处采用橡胶大风挡，与车身保持平齐，避免形成空气涡流。

（8）列车的受电弓外形具有良好的空气动力学性能。

第二节　动车组车体的轻量化设计

一、轴重对轮轨相互作用的影响

（一）轴重对轨道损伤的影响

随着轴重的增加，钢轨承受轮载而产生的轮轨接触应力、轨头内部的剪切应力、局部应力和弯曲应力将相应增加，同时疲劳荷载作用下的应力水平也将随之提高，从而大大缩短了钢轨的使用寿命。

研究结果表明，钢轨头部损伤几乎全是疲劳损伤，钢轨折损率随轴重的增加而增加。

法国依据钢轨疲劳损伤统计资料的分析得出，钢轨疲劳折损率与轴载荷的 2.25 次方成正比关系。

美国认为钢轨疲劳折损率与轴载荷的 3.8 次方成正比。

接触理论表明，轮、轨面上的接触应力和轨头内部的剪切应力与轴载荷成正比，且与车轮直径及踏面外形有关。所以，减小轴重可减少钢轨的损伤和提高钢轨的使用寿命。

日本高速列车为动力分散式，早期的轴重和簧下质量较大，轮轨动力作用和因此产生的钢轨磨耗和破坏严重，所以日本在高速列车的发展中非常重视降低轴重。

（二）高速对轮轨间垂向动力作用的影响

列车运行中，如果存在车轮偏心和扁疤，或者遇到轨道不平顺时，将产生轮轨间的冲击载荷，这种载荷属于"动态作用力"。

（三）高速动车组对轴重及簧下质量的要求

1. 动车组的最大轴重、平均轴重

牵引动力集中配置的动车组，动力车的轴重为最大。如法国 TGV-A 的最大轴重为 17 t，德国 ICE-2 的最大轴重为 19.5 t。尽管这些高速列车的最大轴重比较高，但整列车中大量拖车的轴重较轻，因而列车的平均轴重较低。如 ICE-2 的平均轴重为 14.2 t，TGV 因拖车采用雅克比式转向架，其平均轴重相对高一些，为 16 t。

2. 各国高速动车组的轴重、簧下质量

欧洲铁路联盟在《高速列车技术条件》中对轴重有明确规定：允许的静态轴重为 17 t，新建线路和 300 km/h 速度运行时，每个轮子作用在正常维护线路钢轨上的静态和动态力之和不得超过 170 kN。

二、车体结构的轻量化技术

普通速度列车的车体结构自重在 14 t 左右，而国外高速客车车体结构质量为 10 t 左右。总体上看，实现结构轻量化的主要途径有两个：一是采用新材料；二是合理优化结构设计。

（一）车体轻量化材料

车体轻量化材料一般用耐候钢车体、不锈钢车体、铝合金车体。

（二）车体结构的轻量化设计

1. 车体结构的优化设计

日本 100 系动车组车体材料采用耐候钢（SPA），车体钢结构自重仅为 10.3 t；我国的"168"客车也采用耐候钢制造，车体钢结构自重为 13.1 ~ 13.2 t。

2. 铝合金车体结构

铝合金车体结构有大型中空挤压铝型材焊接结构（见图 2.5）、采用航空骨架式铝合金车体结构（见图 2.6）和大型中空挤压铝型材与开口型材的混合结构这三种。

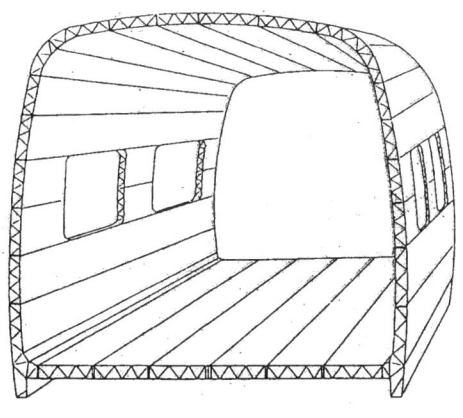
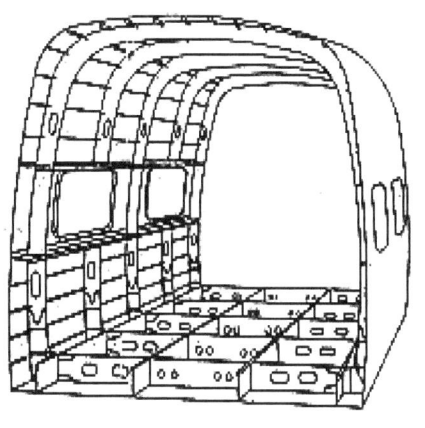

图 2.5 大型中空挤压铝型材焊接结构　　图 2.6 航空骨架式铝合金车体结构

三、车内设备的轻量化技术

车内设备材料首先应满足功能要求和防火阻燃要求，装饰板应反映时代感。车内设备约占客车总质量的 20%，因此对车体轻量化具有重要意义。

车内设备（如门、窗、行李架、座椅、供水设备、卫生设备等）均可选用轻合金或高分子工程材料和复合材料，使设备重量大大减轻。仅座椅一项，日本采用铝-钢合制或全铝制双人座椅，其质量由原钢制的 56 kg 分别降为 32 kg 和 24 kg。若使用聚碳酸酯（PC）板材作为透明车窗材料，其质量约为同厚度玻璃的 1/15，而且透光性、耐压性、耐冲击性均较普通玻璃好，能方便地制作车辆通长的车窗。车内装饰板材广泛采用薄膜铝合金墙板、工程塑料顶板等。

其他设备也应尽可能实现轻量化，如日本 100 系采用直流牵引电机，每台质量为 85 kg（功率 230 kW），而 300 系采用交流感应电机后，每台质量仅为 39 kg（功率增至 300 kW）。

德国 ICE3 的主变压器铁芯采用优质铁-铝合金，使磁导率提高 4～5 倍，又将铜编线改为铝编线，冷却使用硅油，这样其总质量由 11.5 t 降为 7 t。

四、转向架结构轻量化技术

降低转向架自重是高速转向架技术开发的一个重要方面，它对改善车辆振动性能和减小轮轨之间的动力作用均具有显著效果。国外高速转向架轻量化的主要措施之一是采用无摇枕结构，此外还有很多轻量化措施。

1. 构架结构轻量化

采用焊接构架可比铸钢结构减重 50% 左右。

2. 轮对轻量化

采用空心车轴和小直径车轮；采用 S 形薄辐板车轮。

德国 MBB 公司研制了玻璃钢（FRP）轮心，车轮由钢质车箍、FRP 轮心和钢质轮毂三部分组成，其簧下质量至少降低了 20%（100 kg 左右）；采用双排圆锥滚子轴承，同时承受径向和轴向载荷，其质量只有 40 kg，约为日本新干线高速列车原用轴承重量的一半。

3. 轴箱和齿轮箱采用轻质材料

轴箱和齿轮箱采用铝合金制作，这样铝合金轴箱的质量只有原来的 40% 左右，齿轮箱质量也减到原来的 56%。

通过对车体结构、转向架结构、车内设备及其他设备在选材和结构优化设计上采取措施，可使车辆自重（轴重）明显降低。

第三节　车体的密封及隔音技术

一、车体的密封及隔音性能

（一）车体的密封性能

1. 压力波对旅客舒适性的影响

车外压力的波动会反映到车厢内，使旅客感到不舒服，轻者压迫耳膜，重则头晕恶心，甚至造成耳膜破裂。因此，许多国家先后在压力波对旅客舒适性的影响方面进行了研究。

国外高速列车的运用实践表明，列车没有交会时，头、尾车外面的气流压力变化为：头部受 2.5 kPa 左右的正压、尾部为 2.0 kPa 左右的负压。

有交会列车时，特别是在隧道内会车时，车外气流压力会大幅度变化，对进入隧道列车的气流测定结果：速度为 200 km/h 时，头部正压为 3.2 kPa、尾部负压为 4.9 kPa。速度为 280 km/h 时，头部正压为 3.9 kPa、尾部负压为 5.5 kPa。

空气压力变化的绝对值对旅客舒适度的影响见表 2.2。

表 2.2　压力变化对旅客舒适性的影响

压力变化/kPa	生 理 学 现 象
2	可忍受
3	开始不舒适的平均值
4	非常不舒服
5	不舒服的上限，开始有耳痛
8	很痛
>9	强烈疼痛
>13	耳膜可能有破裂
>23	几乎肯定耳膜有破裂

2. 对车体密封性能的要求

日本高速列车密封试验，要求将车体所有开启部位堵塞后，车内压力由 4 000 Pa 降至 1 000 Pa 的时间必须大于 50 s。

欧洲高速列车曾采用压力从 4 000 Pa 降至 1 000 Pa 的时间大于 50 s（车辆通过台和空调设备关闭）的规定。现在，德国、意大利等国家采用的是压力从 3 600 Pa 降至 1 350 Pa 的时间大于 18 s 的规定。

我国在《200 km/h 及以上速度级列车密封设计及试验鉴定暂行规定》中要求：

（1）整车落成后的密封性能试验，要求达到车内压力从 3 600 Pa 降至 1 350 Pa 的时间大于 18 s 的标准。

（2）车体结构的密封性能要求压力从 3 600 Pa 降至 1 350 Pa 的时间必须大于 36 s。

（3）组成后的车窗、车门、风挡应能在 ±4 000 Pa 的气动载荷作用下保持良好的密封性。

（二）车体的隔音性能

1. 高速列车的噪声源

高速列车的声源主要是：轮轨噪声（碰撞声、摩擦声）；空气沿车体表面流动产生的摩擦声和受电弓与接触网导线的摩擦声；风挡等构件的撞击声；列车进出隧道产生的压缩波和反射波所产生的噪声等。

2. 国外高速列车运行噪声的控制

德国在联邦铁路城间特快列车 ICE 技术任务书中，对高速列车运行噪声作了技术规定：距铁路中心线 25 m 处，当列车运行速度为 250 km/h 时，列车通过的最大声级不得高于 88 dB（A）；列车运行速度为 280 km/h 时，列车通过的最大声级不得高于 89 dB（A）。

日本多年来投入了大量资源以研究降低新干线铁路噪声的办法，效果显著。目前日本新干线距铁路中心 25 m 处列车通过的最大声级，高架桥、高路堤区段为 65~75 dB（A），达到了新干线环境噪声标准限值，即：

（1）居民住宅室外的最大噪声级 ≤70 dB（A）。

（2）工业、商业区或有少量居民居住混合区的室外 ≤75 dB（A）。

3. 车内噪声的标准极限值

车内噪声一般由以下几部分组成：

（1）车体外部传入车内的噪声，一般称之为空气声。

（2）由于各种原因导致的车体内表面结构振动，特别是薄壁结构振动产生的辐射声，一般称之为结构振动噪声。

（3）各种车内设备、系统（如空调通风系统，各类管道等）作为振源、声源所产生的噪声。

（4）上述各类噪声在车厢内部传播与反射所形成的混响声成为车内噪声。

车内噪声的标准限值：

德国铁路规定，速度为 250 km/h 时，一等车噪声不超过 65 dB（A），二等车不超过 68 dB（A）。

国际铁路联盟（UIC）规定：客车车内噪声应小于 65 dB（A）；在隧道里，噪声可宽限 5 dB（A）；在过道、厕所，其噪声水平不能超过 75 dB（A）。

二、车体的密封技术

列车的密封需要从车体结构和部件上给以考虑。当前世界各国在高速列车上采用的密封技术主要有：

（1）车体结构采用连续焊缝以消除焊接气隙；对不能施焊的部位，必须用密封胶密封。

（2）采用固定式车窗，车窗的组装工艺要保证密封的可靠性和耐久性，同时保证在压力波造成的气动载荷下（我国《高速列车密封技术暂行规定》确定组成后的车窗应能承受±6 000 Pa的气动载荷），车窗不会变形和损坏。

（3）侧门采用密封性能良好的塞拉门；头、尾的端门要采用可充压缩空气的橡胶条；通过台风挡采用橡胶大风挡，并注意处理好渡板处的密封问题。

（4）空调环控设备设立压力控制（如在客室进排气风口安装压力保护阀，在排气风道中装设带节气阀的排风机，安装压力保护通风机等），主要目的是既保证正常的通风换气又保证车内压力变化在限值之内。

（5）厕所、洗脸间的水不能采用直排式，而要通过密封装置排到车外；对直通车下的管路和电缆孔应采取必要的密封措施。

（6）车辆出厂前都要通过整车气密性、水密性试验。

三、车内噪声控制技术

为了降低车内噪声，一方面要削弱噪声源发出噪声的强度，另一方面要提高车体的隔声性能。

（一）削弱噪声源发出噪声强度

（1）在车轮上安装消音器和开发弹性车轮，以有效地降低轮轨噪声。
（2）车体外形设计成流线型，车体表面平整、光滑都有利于减小空气与车体的摩擦声。
（3）采用橡胶风挡，可减小撞击声。
（4）在空调系统上安装消音器，降低牵引电机风扇的噪声、驱动装置等设备的振动噪声。

（二）提高车体隔音性能

（1）采用双层墙结构，可增加隔音量 4~5 dB（A）。所谓双层墙，就是指地板、侧墙、车顶等采用多层结构，在层间采用橡胶垫隔开，这样既起隔振作用，同时也使声波不能通过金属螺钉（声桥）传递，有效地提高了车体的隔音性能。

（2）在车体金属（如地板）表面涂刷防振阻尼层，使钢结构的声频振动转化为热能消散，减少声波的辐射和声波振动的传递，从而减少车内噪声。

（3）采用双层车窗，减少从侧面传入车内的噪声。
（4）车内选用吸声效果好的高分子聚合材料。
（5）提高车体气密性的措施，同样可以起隔音作用。

法国 TGV-A 高速列车，通过各种隔音措施，列车运行速度达 300 km/h 时客室内噪声值为 66 dB（A）。

第四节 防火安全技术

一、防火系统设计原则

高速列车防火系统设计原则是：系统集成、预防为主、应急对策、以人为本。

1. 系统集成

防火措施按区域配套,通过列车网络构成防火系统的集成响应、信号传递和信息显示。

2. 预防为主

所有材料与器件的选用以防止不会发生火燃或防止火势蔓延为主体,将火情发生因素压到最低程度,达到预防火灾的要求。

3. 应急对策

一旦发生火灾,有严格的分级应急对策,将火灾限制在区域内,限制在低等级火警之下。

4. 以人为本

一切应急对策均以"以人为本"为出发点,防止措施的最终手段要以实现旅客的安全转移为目的。

二、防火结构设计

（一）选用耐火材料

（1）车辆使用的耐火材料,主要是指阻燃、低烟、低毒的高分子材料和耐火涂料。

英国和法国规定,通过海峡隧道区间列车的内装饰和包覆材料,必须采用阻燃无毒的酚醛纤维增强塑料（FRP）材料。

国内目前也在大力开发车辆上使用的酚醛玻璃钢材料,用来制造车内设备、装饰板、通风管道等。

国外的车辆为了提高窗帘隔热和耐火程度,采用聚酯纤维上喷镀不锈钢或采用玻璃纤维做基底的纺织窗帘布。

（2）根据车型和部位不同选择不同等级的防火、防烟毒材料。

例如,法国 TGV 高速列车车体材料的防火、防烟毒等级远高于速度 200 km/h 的 VTU、VU 系列车;车顶部位防火等级高于侧墙和地板。

（3）卧车包间的隔墙全部用防火板包上,隔墙里添加阻燃材料;采用阻燃风挡。在两头端门关闭时保证 10 min 内不致火势蔓延至邻车。

（二）车体的火灾对策

车顶应采用金属材料或具备与金属材料等级相同及以上的不燃性材料。

天花板、外板及内衬应使用不燃性材料或表面用不燃性材料（包括使用金属等不燃性材料夹非不燃性材料）覆盖。但是端部的外板可以使用阻燃性材料。

天花板、外板及内衬的表面涂层（对于多层涂层为最外层涂层）应采用不燃性材料。

底板上的铺设物应采用阻燃性材料。

底板应采用烟及火焰通过可能性较小的结构。

底板下面应采用不燃性材料或使用金属板覆盖表面的材料。

连通通道设置的车篷应使用阻燃性材料。

遮光装置应使用阻燃性材料。

旅客用座席的表面及填充物应使用阻燃性材料。

（三）紧急设备

车门有自动和手动开关功能，失火时能安全疏散旅客；车窗上设有应急手柄或备有应急手锤，平时手锤封在盒内，火警时能够使用应急手柄打开车窗或用手锤把窗玻璃击碎。

三、火灾预测和灭火装置设计

（1）设置烟雾探测及失火警报装置。烟雾报警器在明火火灾发生前作出预警，并与地面防火系统联防。

（2）手动报警器。在每个拖车乘务室内设一个具有明显标志的失火警报按钮。

（3）灭火装置。在每个拖车、动车的明显处各设一个 6 L 便携式喷雾灭火器和一个 6 kg 干粉灭火器。

四、火灾发生时的对策

（一）火警等级

失火警报信号可以自动或手动发出，自动分预警、报警和紧急报警三级，通过网络传递；手动报警为一级，通过连线传递。

（二）失火对策

按照预警、报警和紧急报警三级分别采取相应的处置措施，目标是将火灾限制在区域内，限制在低等级火警之下，最终要实现旅客的安全转移。

第五节　CRH2型动车组车体结构

一、车体结构

（一）车体材料

由于高速动车组运行时空气动力学的影响，头车的外形设计不仅为流线型，而且整列车应具备优良的气密性，同时为了满足高速动车组对车体质量的严格要求，车体必须采取轻量化技术。

车体采用轻量化技术的意义在于：
（1）减轻自重降低运行阻力，节省牵引和制动能量。
（2）减少车体对轨道的压力，从而减少车轮和轨道的磨耗。
（3）降低车辆和线路的维修保养。

（4）减少车辆材料的消耗。

要从根本上减轻车体的质量，材料是关键。目前动车组车体材料主要采用的是铝合金材料，与钢材相比，铝合金的弹性系数以及比重约为钢材的 1/3。因此，与钢制车相比，动车组车体结构质量能够小很多，但是其车体结构的等效弯曲刚度也随之降低至钢制车的 1/3，增大了车体的挠度，从而影响车辆的基本性能。为了保持车体的刚度，铝合金材料采用不同的结构形式，最有代表性的两种结构形式是：薄型材（单壳）结构和中空型材（双壳）结构。

1. 薄型材（单壳）结构

动车组车体最初采用挤压型材是以薄型材的单壳车体结构为主流，在车顶和侧墙为中心的外板上安装加强材料形状的薄型材。也有部分底架结构采用中空材料，但是由于中空材料比单壳的重，因此应有限度地使用。日本新干线 300 系高速动车组即采用单壳车体结构。

2. 中空型材（双壳）结构

以中空型材为中心构成的结构称为双壳结构。双壳结构质量相对于单壳结构要大，但是由于中空材料本身所具有的面外刚度高的特性，可以省去在单壳结构中必须使用的加强材料，从而能够减少材料数量，降低成本。

近年来，由于重视车辆的舒适性，有观点认为可以适当增加车体结构的重量，因此高速动车组车顶部车体结构和侧墙部车体结构开始使用双壳结构。日本新干线 700 系和 E2-1000 等动车组即采用双壳车体结构。

双壳结构有两大优点：

（1）车体具有高刚性，增加了噪声透过损失，从而提高了车内的乘车舒适度。

（2）大幅减少零件的数量，扩大自动化焊接范围，降低了制造成本，提高了车体质量。

目前，双壳车体结构是最好的车体结构，是世界高速列车车体结构的发展趋势。

（二）动车组车体结构设计应该满足的要求

（1）车体承载结构采用车体全长的大型中空铝合金型材组焊而成，或采用不锈钢车体，为薄壁筒形整体承载结构。

（2）车体承载结构的底架、侧墙、车顶、端墙以及设备舱应组成一个整体。

（3）车头前端鼻部的开闭机构应能在司机室中操纵。

（4）车体所用材料应符合环境保护和防火的要求。

（5）车下安装设备应采用吊挂安装方式，保证运用安全和安装方便。

（6）车下导流罩与侧墙应圆滑过渡，在限界允许的条件下距轨面的距离应尽可能小。

（7）司机室前端下方装有排障器，排障器中央的底部能承受 137 kN 的静压力。其距轨面高度 110 + 10 mm（在车轮踏面磨耗允许范围内可调）。

（8）车底架设 4 个顶车位，以便将车体顶起。

二、CRH2 型动车组车体结构

CRH2 型动车组车体可分为两种形式，即头车车体和中间车体。两个头车的车体结构基本相同，各中间车体结构也大体相同，都采用大型中空铝合金挤压型材焊接而成，其车体结构是由底架、侧墙、车顶、端墙、司机室、裙板结构等组成的筒形整体承载焊接结构，可以承受垂直、纵向、横向、扭转等复杂载荷。

车下设导流罩，导流罩最低点距轨面高度为 200 mm。司机室前端的下方设有排障器，排障器距轨面高度为 150 mm，为固定式高度，不可调节。为便于将车体顶起，在车体底架上设 4 个顶车位。应满足车厢内气密要求，压力从 4 000 Pa 降低至 1 000 Pa（100 mmAq）的时间为 50 s 以上。

（一）底　架

底架组成包括：支持车体重量和转向架相接的枕梁；传达前后方向力的侧梁、端梁、中梁；支持客室设备和乘客等并吊装地板下设备的横梁，如图 2.7 所示。

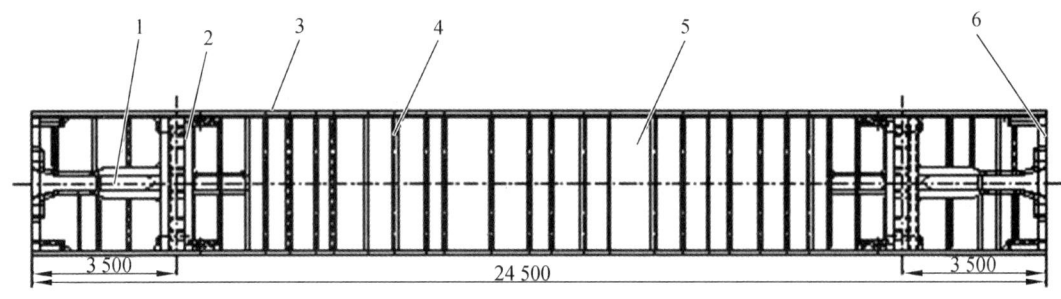

图 2.7　M1 车体底架图

1—牵引梁；2—枕梁；3—侧梁；4—横梁；5—地板承板；6—头部底架

1. 牵引梁（中梁）

中梁由端梁和枕梁连接，是安装车钩缓冲装置的部位。来自车钩缓冲装置的冲击负荷通过固定在中梁上的缓冲器丛板座传到中梁，并从中梁传到枕梁结构，各部分都承受该负荷。

2. 枕梁

枕梁采用厚壁中空型材构成宽 800 mm、高 200 mm 的箱形，具有抗扭和抗弯曲的高度刚。枕梁在转向架中心上和侧梁连接，有安装转向架的相应结构，能够支承车体的负荷，并且避免从转向架传上来的振动直接传到地板。

3. 侧梁

侧梁是位于底板左右外侧的纵向部件，承受车体负荷、地板下设备负荷，并有侧裙一体式结构或侧裙组装式结构，设有千斤顶支承座等。

4. 横梁

横梁采用铝合金挤压型材，是为支承安装地板下设备以及支承地板而在两侧梁或侧量和中梁间的横向梁。横梁上面作为气密地板，使用由带加强肋的铝板整体成型的大型型材，在前后位转向架之间作为地板托和风道托有向上的加强肋结构，在车端部为确保风道断面积用向下的加强肋结构，地板托和风道道均用焊接。此外在厕所和洗面室下部考虑配管为无加强肋的气密地板。横梁需要有安装设备、支承地板所需的强度，在大重量设备安装处，要有设备安装座和补强措施。在横梁上设有配管贯通孔，与横梁及地板下设备安装螺栓孔相对应的位置，应留有足够的尺寸空间，确保地板下挡板拆装作业不受影响。

5. 地板承板

在底架上面安装地板承板，以支承地板结构，增强底架强度、刚度，保持车内气密性结构。地板承板是在车体纵向延长的型材，作为特殊地板结构也可以部分是平面。

6. 头部底架

为适应司机室头部结构的安装，车头底架相对于车身底架，其侧梁（边梁）部分做了相应调整，是弯曲的侧梁和牵引梁、补强横梁组合的结构。头部底架用于支承头部端墙、排障器、缓冲装置、车钩缓冲器等。

（二）侧 墙

侧墙是连接车顶和底架的部件，它构成车体的两侧面。侧墙结构使用大型中空框架结构的压制型材，以省略客车内侧的侧立柱。同型型材间的焊接在车体长度方向采用连续焊接。但侧墙和车体、侧墙和侧梁间的结合在车内侧用点固焊，车外侧用连续焊。

为安装侧拉门、侧窗、到站显示器、座席号码显示器、车内侧灯等设备，侧墙应有一定的开口部分。为保证车体有足够的强度，开口的大小和形状应有一定的要求。同时侧墙外板应有一定的平滑要求，侧墙内面采用具有一定厚度的隔音绝热材料铺衬。

（三）端 墙

1. 列车头部的端墙

车头部车体的横向骨架（厚 6 mm 铝板）为环状结构，以纵向骨架连接，外板为铝合金板（厚 2.5 mm）拼接的焊接结构。

列车头部的端墙包括司机室的侧墙、车顶，为了安装司机室窗户、前头部车钩盖、无线及其他司机室内外设备，列车头部端墙有相当的开口部分，但是应保证有足够车体强度的结构。

2. 中间车端墙

车端内部结构主要是由端墙立柱、横梁和车顶拱组成，如图 2.8 所示。在中间车连接部分的端墙设有贯通道、外折棚、车端减振器、特高压电缆配线，同时具有用以安装换气设备等的相应结构。

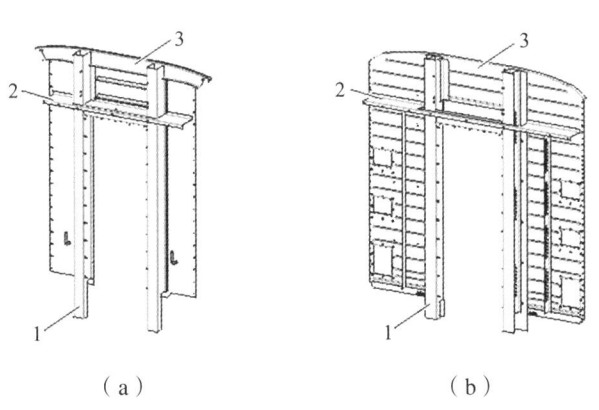

图 2.8 车端结构

1—端部立柱；2—横梁；3—车顶拱

车端有厕所、洗脸间的端墙使用厚 4 mm 外板，构架较少，并设有搬入厕所 FRP 单元用的开口。在搬入该单元后，用螺栓安装厚 2.5 mm 铝外板和构架焊接成的隔断板，并填充密封材料以保持气密。

车端无厕所和洗脸间的端墙为厚 2.5 mm 外板和型材构架组成的焊接结构。此外，由于超高压电缆从地板下移到车顶之故，为避免干扰，需将 E226 型前位的脚手架位置移向车体中心。

（四）车顶结构

车顶由大型中空挤压型材构成（见图 2.9），省略了纵向梁。型材相互间的焊接为沿车体长度方向的连续焊接。但在车顶与侧墙的结合部位，车内侧采用点固焊接，车外侧采用连续焊接。

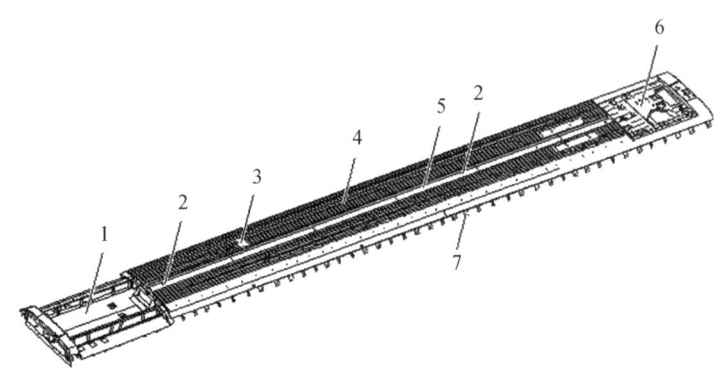

图 2.9　车顶结构

1—通风单元位置；2—安装天线位置；3—高压电缆引入口；4—带纹路车顶板；
5—平滑车顶板；6—车顶高压板；7—车顶拱

1 号车和 0 号车车顶上设置有无线电信号天线以及防护无线电天线，在 7 号车前位上，设置有电视、FM 天线。

车顶是车体的上部构件，是安装受电弓、受电弓罩及特高压连通电缆的基础，并在车端部有高压母线连接装置及安装连接装置的相应结构。

对于客室车顶棚，普通车、软席车均由通用的中央顶棚、侧顶棚和行李架上板组成，并在车顶上设置超高压电缆。

（五）客室地板结构

地板要有足够的强度承受客室内的负荷，并从地板下、地板中间考虑有足够隔音结构。地板结构为下部气密地板和上部蜂巢状地板组成的双层结构，在地板中有空调风道和座位配线的空间。

气密层地板为大型压型材料和地板托的焊接结构。但在连接端墙的车端部处为确保地板内风道的空间而将加强肋改为向下方向。

上部地板使用总厚度为 21.7 mm 的铝制蜂窝夹层板，但在转向架上部，变压器上部改为使用铁面板的铝制蜂窝夹层板。为减轻固体传播噪声，地板的衬垫使用难燃性的橡胶垫板。

在气密地板和上层地板之间，新鲜空气、空调、排气回路的风道均按钢轨方向布置，在气密地板上粘贴有 20 mm 厚的绝热材料。此外，座椅埋入地板，用 M12 的六角螺栓固定在螺栓孔内。

三、车头排障装置和裙板

（一）排障装置

1. 排障装置的结构

司机室前端的下方设置排障器。排障器中央的底部能承受 137 kN 的静压力。其距离轨面的高度在车辆正常位置下为 150 mm，为固定式。排障装置的作用是排除运行中线路上障碍物，缓和与障碍物冲撞时车辆承受的冲击力，防止因轨道结构的异物引起列车脱轨。

排障装置主要由排障器和缓冲装置构成，安装在前头底架的下面。

有的排障装置安装在最前位转向架构架上，轨道排障器使用螺栓接头固定在转向架构架上，轨道排障器的下部是一块可调节的板，用螺栓接头紧固至轨道排障器臂上。

头部排障装置的结构如图 2.10 所示，由排障器和缓冲器所组成。排障器具有运行除雪结构，排雪板连结车体，其打开角度为 72.73°，辅助角 55°，在排雪板下部还设有辅助排障装置。缓冲器是 5 片铝板合成的多层结构，位于排雪板的后方，通过变形吸收冲击能量。

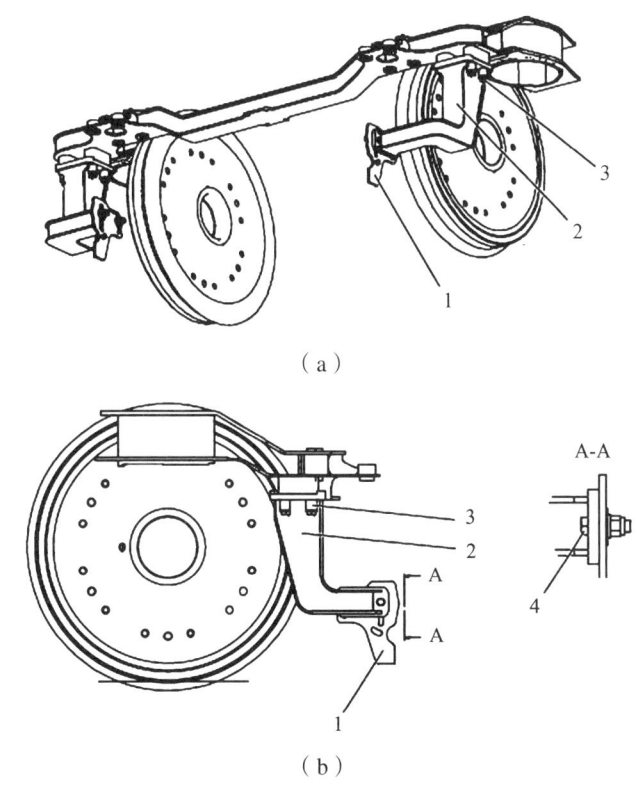

（a）

（b）

图 2.10 排障器结构

1—轨道排障器；2—轨道排障器臂；3—螺栓接头 M20（螺丝钉、垫片和管子）；
4—螺栓接头 M16（螺丝钉、垫片和螺母）

2. 排障能力

（1）排障板的排障能力。

当列车以 200 km/h 运行时，可以排除高 250 mm，质量 100 kg 以下的障碍物。静态强度可满足 137 kN 的要求。排障板距轨道面的高度是 150 mm 以上。

（2）排石板的排障能力。

当列车以 200 km/h 运行时，可以排除高 50~250 mm，质量 2 kg 以下的障碍物。

（3）排雪能力（包括排雪犁、排石器）。

当列车以 240 km/h 运行时，以能够抵抗 178 kN 以上的排雪阻力为基准。

（二）裙 板

1. 转向架裙板

为了减低噪声，转向架部分设置了裙板。其下端距轨道面 550 mm 且以不对检修产生障碍为准。考虑到装卸问题，将裙板分割为两部分。

2. 车端部裙板

在车端部设置了使用大型型材制作的裙板。在裙板上装有各种地板下装置的检查盖和为了从轨道上乘车的踏脚件等。

第六节 CRH2 型动车组车体设备日常维护

一、日常检修维护作业分工

列车进库后，每 4 名人员组成检修作业小组，自检自修。其中①、②号人员负责车内设施、司机室设备、车载信息系统、车顶设备检查及相关性能试验及维修。③、④号人员负责车体、裙板、底板、转向架、钩缓连接、制动等下部检查、维修。

二、检修作业路线图

1. 车顶作业路线

①、②号检修人员作业流程如图 2.11 所示。

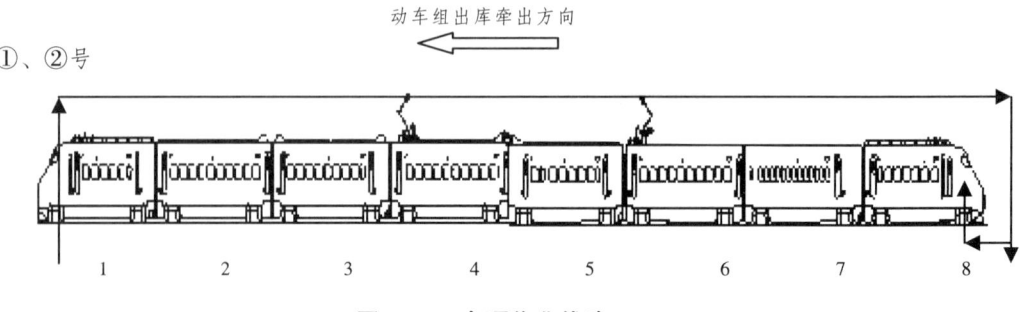

图 2.11 车顶作业线路

2. 车内作业路线（见图 2.12）

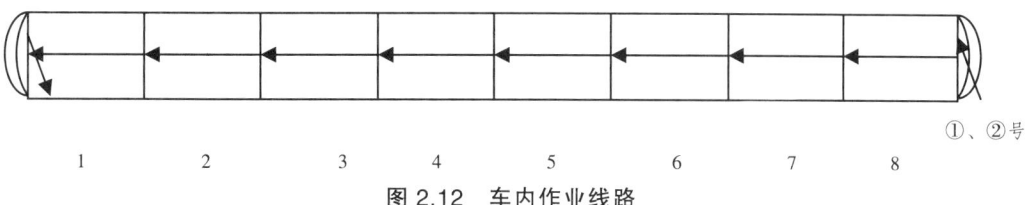

图 2.12　车内作业线路

3. 车下作业路线

③、④号检修人员作业流程如图 2.13 所示。

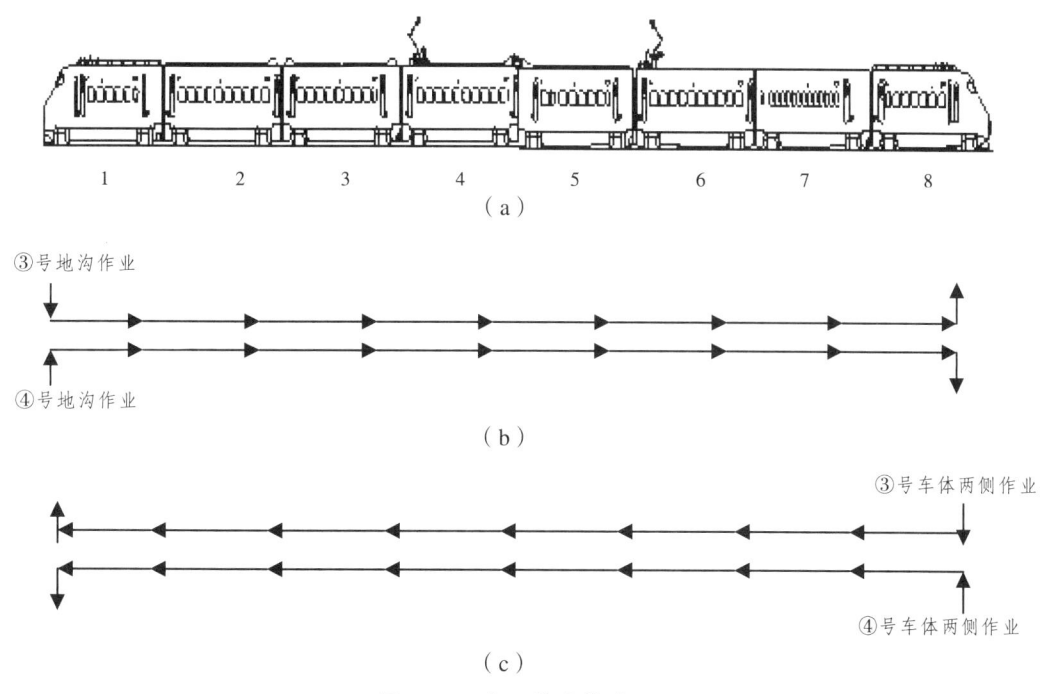

图 2.13　车下作业线路

三、车体主要设备日常维护作业

（一）车顶设备检查作业（作业人员：①、②号）

1. 放电作业
升起受电弓，按下 Egcs，确认保护接地开关（Egs）闭合。

2. 检查天线
1 号车、0 号车无线电天线和 7 号车 FM 信号天线无裂损、变形，外观及安装状态良好。

3. 车顶板检查
车顶板无塌陷，防滑地胶无剥离磨损。特高压连接电缆盒、保护套无破损变形，外观及安装状态良好。

（二）车下地沟检查作业（作业人员：③、④号）

1. 车底部
（1）车体排障器底部、辅助排障器外观及安装状态良好，如图2.14所示。
（2）头车车下设备（STM天线、BTM天线）外观及安装状态良好。
（3）底板无变形、缺损，安装螺栓紧固、无缺失，如图2.15所示。
（4）空气管路无损伤、漏泄。
（5）内风挡下部无损伤，锁闭良好。防雪风挡下部状态良好，无破损。

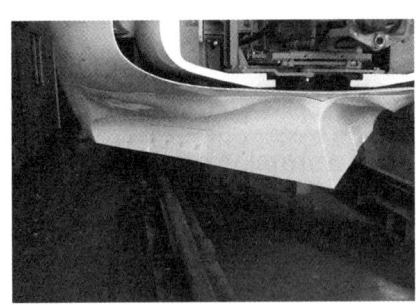
图2.14　主排障器

图2.15　车体底板

（三）上部设施检查作业（作业人员：①、②号）

1. 车内各门
车内各门外观状态良好。

2. 客室设施
（1）地板、顶板、装饰板、座椅、窗帘、茶几、行李架外观及安装状态良好，窗玻璃不漏气、无破损。
（2）广告栏、杂志架、座号牌、衣帽钩、小桌外观及安装状态良好。
（3）信息显示屏外观无异常，显示正常。
（4）各扶手安装牢固，状态良好。
（5）垃圾箱外观状态良好。

3. 照明灯具
各灯灯具外观及安装状态良好，灯色一致，无熄灯。

4. 灭火器、紧急破窗锤
（1）配置齐全，状态良好。
（2）灭火器定检不过期，压力正常。

5. 洗脸间（1、3、5、7号车）
（1）全自动盥洗器（水嘴、洗手液、干燥风）动作正常状态良好，无漏水。
（2）镜子、架子、拉帘等外观良好。

6. 卫生间（1、3、5、7号车）
（1）各设施外观良好，无漏水。

（2）感应冲水阀动作良好、紧急呼叫开关及照明灯状态良好。
（3）小便池自动清洗装置良好。
（4）扶手状态良好，安装牢固。
（5）婴儿床外观良好，安装牢固。

7. 电茶炉、饮水机（2、4、5、6、0号车）
（1）安装牢固，作用良好，指示灯显示正常。
（2）无漏水。

8. 餐饮区、吧台设备（5号车）
（1）柜子各拉门外观状态及动作良好。
（2）冰箱、微波炉、饮水机、电茶炉等外观无异常，状态良好。
（3）冷藏柜、展示柜无破损、状态良好。
（4）餐桌、座椅无破损。

9. 乘务室 7 号车
（1）侧窗状态良好。气密开关无损坏，作用良好。
（2）紧急制动按钮外观状态良好。
（3）座席安装牢固，无破损。
（4）监控显示器、播音装置、联络电话齐全，状态良好。

10. 行车备品
灭火器、信号旗、扩音器、紧急灯外观状态良好，定置存放。

（四）车体两侧检查作业（作业人员：③、④号）

1. 前头罩、排障器（1、0号车）
（1）头车外观及前罩安装状态良好，刮雨器外观良好，司机室窗玻璃齐全完整，安装牢固。
（2）主排障器外观及安装状态良好。
（3）辅助排障器外观及安装状态良好。

2. 车 体
（1）外墙板、玻璃、侧门及裙板无变形、损坏；油漆无脱落、划痕；螺栓无松动；裙板各检查孔盖作用良好，内部各塞门正位。
（2）目的地显示器、车号显示器、门状态灯外观状态良好，显示正确。

第七节　CRH5 型动车组车体结构

一、车体设计特点

CRH5 型动车组的整个车体结构代表了最新的铁路技术，其车体完全由轻质铝合金制成，以便使结构质量最轻，确保良好的隔热、隔音性能，并且还可加快制造进程。车体结构主要由底架、侧墙、车顶和侧顶、外端墙（见图2.16）等部分组成。

车体的横断面与SM3相同，由12种铝合金中空挤压型材纵向焊接而成一个自承载筒形结构。所用的铝合金为6 000轻型铝合金，车体结构的设计使用寿命为30年。

CRH5型动车组的列车（司机室端）前部头车均有一个轻质合金焊接构件组成，构件上包着一个由合成材料制作并密封安装的空气动力学头罩。这种空气动力学头罩，除了为列车正面部分定型和提供保护外，还可保证列车司机不受飞来物的侵害（符合UIC561标准），而且可安装风挡玻璃、侧窗和头灯等

图2.16　CRH5型动车组车体结构图

部件。空气动力学车头内的铝构件可保证司机室端的结构强度和刚度。

为最大限度地减少构件的焊接，底架下部的型材装入"T形槽"以便安装横向组件并把底架构件和底架设备固定住。同样，侧墙和车顶的内部型材也装入"T形槽"，以便安装内部隔热材料、板和设备等。

二、司机室前端的排障器

在司机室前端下面安装有一个排障器，用于排雪和防止来自轨道上异物的击打。其主要特性为：

（1）排障器中间部分底部可承受铁道部技术规范中要求的137 kN的静态压力。

（2）考虑到可能的悬挂装置的降低，排障器应符合限界要求。导流罩高度为距轨面约（110±10）mm，并且考虑到车轮磨耗，其高度可调整。

三、列车底架裙板

每节车转向架之间的所有下部装置从侧面和底面都由底架裙板包裹。列车底架裙板的特性为：

（1）是列车整体设计的一部分。

（2）符合车组空气动力学特性。

（3）保护安装于不同车辆底架上的设备和系统。

（4）提供充分的隔音措施，降低车底设备产生的噪声。

（5）通过配套设计的通风栅门冷却车底设备。

（6）为车底设备提供充分的防雨雪保护，以使列车在任何气候条件下避免受限或发生故障。

（7）在必要处设置可开启裙板，以便于车底设备的检查和维修。

（8）侧面裙板通常由轻型合金制成，底面裙板由 GRP 制成。

四、车顶导流罩

车辆的车顶部分由配套设计的车顶导流罩覆盖。列车车顶导流罩的特性为：
（1）是列车整体设计的一部分。
（2）符合列车空气动力学特性。
（3）保护安装于车顶的设备和系统。
（4）通过配套设计的通风栅门冷却车顶设备。
（5）为车顶设备提供充分的防雨雪保护，以使列车在任何气候条件下避免受限或发生故障。
（6）在必要处设置可开启车顶导流罩，以便于车顶设备的检查和维修。

第八节　CRH380A 型动车组车体结构

一、车体概述

CRH380A 型动车组车体为薄壁筒形的整体承载式轻量化结构，材料采用 5083、6N01 和 7N01 系列铝合金。车体的设计，依然贯彻部件的模块化组装概念，适应目前成熟的制造工艺。其中，侧墙和车顶为超薄大型中空铝型材拼焊结构；底架为边梁承载的无中梁形式，车下设备吊挂采用横梁承载、地板加强的滑槽式悬挂结构，牵枕缓使用高强度型材拼接，强化局部承载能力；空调风道布置在底架地板与车内地板之间；设备舱为全封闭的螺栓固结形式；司机室采用数控加工板梁、蒙皮拼接的结构；车体结构在 ±6 000 Pa 交变气密载荷的作用下，各部分的最大应力幅值均小于材料疲劳极限。为达到减少车体的振动和降低车内噪声的目的，除了侧墙窗口范围内沿纵向位置的两块型材和底架边梁外，在大型中空挤压型材内部壁上加装了热熔减振材料。

（一）底架

底架主要由牵引梁、枕梁、缓冲梁、边梁、横梁、地板等结构组成，材料为铝合金型材或铝板。其中边梁及地板由长大铝合金型材纵向焊缝整体拼接而成。

枕梁使用材料为 A7N01S-T5 的厚壁中空型材焊接构成宽 800 mm，高 200 mm 的箱状结构，来提高抗扭曲和弯曲的刚度。

底架地板在横梁的上表面，作为气密地板由双层中空型材拼焊而成，以增强地板的刚度和气密强度。

（二）侧墙

侧墙是由大型中空薄壁挤压型材经自动 MIG 焊接（熔化极气体保护电弧焊）而成。侧墙采用中空薄壁挤压型材,在保证刚度、强度的基础上,省略了侧墙内侧的立柱。型材沿车体纵向进行自动连续焊接。侧墙和车顶及侧墙和底架边梁的结合方式为连续焊接,上述结合处外侧为气密焊接。

窗口部分根据窗的安装结构关系焊接窗安装座。侧门结构由门框和门袋区组成,门袋区采用双层中空型材结构,由 5 块墙板组焊而成,厚度 30 mm,门框由上立柱、上框、下框和 4 个门角铝拼焊而成,并在侧门上方焊接雨檐。侧门的门袋部分在确保侧拉门开启空间的基础上,采用双层中空型材,满足了车体的刚度、强度、气密强度等方面的要求。通过对侧门出入口上部的雨槽进行加长,避免水滴从雨槽的两端流入出入口。

(三)端墙

端墙采用中空型材结构,提高了端墙的刚度和隔声抗振能力。中空铝型材之间相互插接,与端角柱和门口立柱采用搭接结构;端角柱、与车顶连接的拱形梁材料为 A6N01S-T5;门口立柱、门上横梁和下部横梁均为挤压型材,材料为 A7N01S-T5;R700 圆弧处端角柱采用拼焊结构。端墙设搬运卫生间模块的开口和可拆卸的结构盖板。开口处采用板梁和中空型材连接结构,结构盖板和与固定端墙间采用螺栓连接并作气密处理。

(四)车顶

车顶由大型中空薄壁挤压型材构成,并且双层型材间设置薄壁斜筋结构。型材间的焊接主要是车体纵向的连续自动焊接。车顶与侧墙的结合方式采用车内侧段焊和车外侧连续焊接两种方式。司机室采用长为 12 000 mm 流线型设计,头车车顶的长度相对中间车较短。

(五)司机室

为使列车满足 350 km/h 的速度运行,列车头部结构由沿着头部形状构成环状的纵骨架(厚 6 mm 铝板)和横骨架焊接而成司机室骨架,外部焊接外板(厚 4 mm)构成。而且,头部形状为了降低列车在进入隧道时由微气压波引起的噪声,将断面面积的变化率设计得平缓。司机室的车窗骨架是由铝合金挤压型材经加工后制成,成曲面状。

二、车端设备

外端墙上安装有压缩形外风挡、内风挡、防雪风挡、车顶风挡等车端设备。外风挡可以减小运行时产生的噪声,减小制动时产生的纵向冲击,在车辆间的连接部位,设有气密式的内风挡。气密式内风挡由固定在车体上的风挡橡胶和内部饰板两部分组成(见图 2.17)。通路两侧及顶部的内饰板设置有平滑的渡板及可动式镶板,可以确保乘客通过的舒适性;底部的渡板结构采用渡板附着在踏板上的形式。内风挡不仅为旅客提供了车辆间的贯通通道,也是构成整车气密空间的关键组成部分。内风挡具有良好的隔声、隔热、气密、水密和伸缩性。

在大雪天气,轨道上的积雪会被列车卷起黏附在内外风挡下方,当附着的大块积雪在振动及风力的作用下掉落时则会激起碎石和冰块。因此,在车钩的下部设置了外形较为光滑、不易附着冰雪的防雪风挡,以防运行时因为掉落积雪而引起的碎石等异物的飞溅(见图 2.18)。

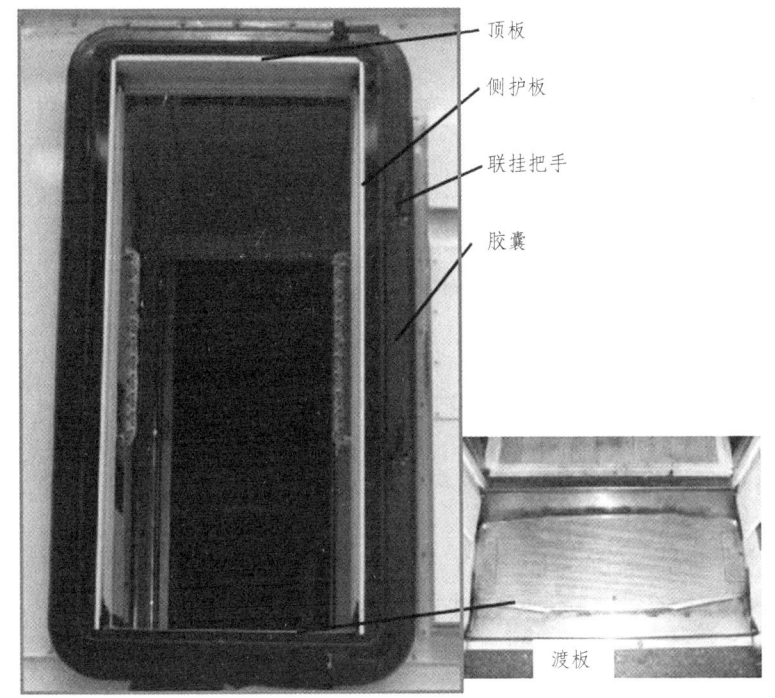

图 2.17　内风挡

图 2.18　防雪风挡

三、车窗设备

车窗为气密构造，全部为固定窗。客室车窗包括紧急窗和普通窗。司机室窗采用曲面电加热玻璃。

客室车窗为气密构造，一等车每列座椅对应一个小窗（有效开口 650 mm×800 mm），二等车两列座椅对应一个大窗（有效开口 650 mm×1 400 mm）。窗玻璃采用夹层中空玻璃，和车体外侧之间过渡平滑，降低气动噪声。客室角部设有紧急逃生用的紧急窗，在发生紧急状态时，乘客能够使用安全锤砸破四角的紧急窗口逃出。

司机室前窗以及侧窗（见图 2.19）为曲面夹层窗，为降低噪声，将车体外表面和玻璃形成平滑过渡，玻璃端部有阶形加工。前窗玻璃内夹有电加热丝，并附有温度传感器对温度进行监控。侧面玻璃车内侧贴有遮光膜。

图 2.19　司机室窗

四、车门设备

侧拉门装置采用通过操作在司机室以及乘务员室内设置的开关集中控制的方式。关闭侧拉门之后各个车厢侧面外部的显示灯会熄灭，司机台的关门显示灯会亮起。司机在确认显示灯状态之后，发车。头车靠司机室的侧拉门和餐车的侧拉门为可单控侧拉门，可根据需要选择车门是单控还是集控。

在头车上靠近司机室的侧拉门为可单控门，司机室设置有转换开关，可以根据需要方便地选择车门的控制模式，以方便司机上下车，该车门即是运行中乘客通行的车门又是司机登乘的车门。

外端拉门是装在两辆车之间的贯通口上为防火用而设置的不锈钢制手动拉门，在 2~8 号车的一位端各有一个，4 号车的一、二位端均设有外端门。并且，为了在全开、全关时能够保持其状态而设置了压紧装置。在正常运用中该门藏于外端墙的内部，是不使用的，通过弹性定位装置保持固定状态。需要使用时，先把手动拉手从门板内取出，然后用力拉动拉手，便可以把门拉出。必须把拉手缩回到门板内部，才能关门，关门到位后，弹性定位装置把门板顶紧在外端墙上，起到隔断两辆车的功能。

小　结

本章从空气动力学的角度分析了车体流线型设计的依据；从减轻轴重提高动车组运行品质的角度阐述了车体轻量化技术；以旅客舒适性要求为前提，讲述了车体密封及隔音技术；从以人为本、安全第一方面讲述了防火安全技术。

本章以 CRH2 型动车组为主要车型，讲述了车体的结构及设计特点。CRH2 型动车组车体采用大型中空铝合金挤压型材焊接而成筒形整体承载结构，主要由底架、侧墙、车顶、端墙、司机室、裙板结构等组成。车头装有排障装置，可以排除动车组运行中线路上的障碍物，防止轨道上的异物引起列车脱轨。CRH2 型动车组车体的日常维护检修中，按空间分车顶检查作业、车下地沟检查作业、上部设施检查作业和车体两侧检查作业的检修空间。本章还介绍了对车顶板、车体、车体排障器、车地板、客室设备、卫生间等主要设备的日常维护及质量要求。

CRH5 型动车组的车体完全由轻质铝合金制成，由 12 种铝合金中空挤压型材纵向焊接形成一个自承载筒形结构。它有良好的隔热、隔音性能，主要由底架、侧墙、车顶和侧顶、外端墙等部分组成。车顶设有导流罩，司机室前端设有高性能排障器，减小了车体运行阻力，保证了行车安全。

CRH380A 型动车组车体仍采用薄壁筒形的铝合金材料的整体承载式轻量化结构设计。采用部件的模块化组装概念，侧墙和车顶为超薄大型中空铝型材的拼焊结构；底架为边梁承载的无中梁形式，车下设备吊挂采用横梁承载、地板加强的滑槽式悬挂结构，牵枕缓使用高强度型材拼接；空调风道布置在底架地板与车内地板之间；设备舱为全封闭的螺栓固结形式；为达到减少车体的振动和降低车内噪声的目的，在大型中空挤压型材内部壁上加装了热熔减振材料。

思考与练习题

1. 动车组会车压力波幅值大小与哪些因素有关？
2. 空气阻力与哪些因素有关？
3. 动车组头形设计的基本要求有哪些？
4. 为何要进行轻量化设计，动车组车体轻量化的途径有哪些？
5. 高速列车的噪声源主要有哪些？车体密封技术主要有哪些？
6. 控制车内噪声的技术主要有哪些？
7. 防火安全技术主要包括哪些？
8. 动车组车辆的结构设计应该满足哪些要求？
9. CRH2 型动车组车体结构主要包括哪些设备？
10. 排障装置的结构如何？作用是什么？
11. 裙板有什么作用？
12. 看图 2.11～图 2.13，说明日常维护检修作业路线。
13. 车底部日常作业检查及作业标准有哪些？
14. 客室设施日常维护检查及作业标准有哪些？
15. 卫生间日常检查维护及作业标准有哪些？
16. 了解 CRH380A 型动车组车体结构特点。

第三章 动车组转向架

转向架是保证列车安全平稳运行的关键部件。随着列车速度的不断提高,对转向架性能的要求也越来越高。同传统转向架相比,保持高速运行稳定性,充分利用轮轨之间的黏着和减轻轮轨相互作用力是动车组转向架特有的任务和技术关键。

第一节 动车组转向架的特点、特色和主要类型

一、动车组转向架的主要特点

1. 高速运行的适应性

动车组转向架适应高速运行的特点指必须保证高速运行时的稳定性、平稳性和良好的曲线通过性能。

动车组转向架在其结构形式的选取、各种参数匹配的选择上均以满足高速运行为前提,只采用成熟的技术、结构和部件构成,并对轴重、车轮踏面与形式等制订相应的限度,尽可能采用通用性强的零部件和结构以便于维修、组装,保证动车组转向架适应高速运行这一特定工况。

随着世界铁路高速化的不断发展和完善,高速转向架的结构形式逐步趋向于类同,它们的主要特点是无摇枕、采用空气弹簧悬挂装置、有回转阻尼、加装弹性定位等。

2. 良好的舒适性

舒适性的提高与转向架直接相关的系统是二系悬挂装置(包含连接牵引装置)。动车和拖车转向架的二系悬挂装置既要能确保列车的舒适性,又能确保在轮轨接触力和稳定性方面的性能要求。

随着列车运行速度的提高,即使高速铁路的轨道不平顺比一般铁路要小,也会使车体和车内旅客承受很大的振动。空气弹簧的应用,成功地解决了车体振动,特别是垂向振动及乘坐舒适性问题。

3. 简单的结构与轻量化

轻量化的无摇枕转向架、空心车轴、小直径车轮或薄辐板车轮以及轴箱、齿轮箱采用铝合金结构等,减轻了转向架的质量,特别是减轻了簧下质量。这就抑制了速度提高后线路基础振动的加剧,尤其是解决了由此引起的线路疲劳损伤和环境噪声问题。

4. 维修的方便性

便于组装、拆开的转向架结构;方便轮对更换的二分割式轴箱结构;无滑动摩擦部分,能够长期免维修,这些都保证了动车组转向架具有良好出色的维修保养性。

5. **防止脱轨的安全性**

空气弹簧前后刚度的柔软化减少了旋转力矩，轴弹簧上下弹簧系数的柔软化保证了出色的轮重变动特性以及便利的轮重平衡调整，强化了动车组转向架在高速运行时防脱轨的安全性。

二、动车组转向架的主要技术特色

动车组转向架的主要技术特色是：
（1）无摇枕转向架。
（2）高速稳定性和曲线通过性能。
（3）轻量化结构。
（4）全部车轮装备有机械制动盘。
（5）动车转向架安装小型感应动车机。
（6）拖车转向架在车轴安装机械式或者涡流式制动盘。
（7）全部车轮安装踏面清扫装置、电子防滑装置，实现了降低行驶噪声和提高轮轨黏着性的目的。

三、动车组转向架的分类

由于车辆的用途不同，运行条件各异，制造维修方法的制约和经济效益等具体因素的影响，加上对转向架的性能、结构、参数和采用的材料及工艺等要求的差别，业界出现了多种形式的转向架。各种转向架的主要区别在于弹簧悬挂系统的结构与参数，垂向载荷的传递方式，轴箱定位方式，制动装置的类型与安装以及构架的结构形式等方面。目前，大多数动车组转向架结构形式的不同主要体现在轴箱定位方式的差异上。

约束轮对与构架之间相对运动的机构，称为轴箱定位装置。对轴箱定位装置的基本要求是：它应该在纵向和横向具有适宜的弹性定位刚度值，其值是该装置主要参数；它的结构形式应能保证良好地实现弹性定位作用，性能稳定，结构简单可靠，无磨耗或少磨耗，制造检修方便，质量轻，成本低等。

适宜的轴箱弹性定位，不仅可以避免车辆在运行速度范围内发生剧烈的振动，还能保证车辆在曲线上运行时具有良好的导向性能，从而减小轮对与钢轨之间的冲击和侧压力，减轻车轮轮缘与钢轨的磨耗，确保车辆运行的安全性和平稳性。

轴箱定位装置有多种结构方式，常见的有以下几种：

1. **板弹簧式定位**

板弹簧式定位（见图 3.1）也叫作板弹簧德国式，第二次世界大战后的德国国铁是使用板弹簧的先驱。

转向架框架通过轴弹簧上下运动时，水平支撑板多少也会产生上下前后晃动，所以使用一端可垂直弯曲的垂直弹簧板，将其安装在侧梁上。

2. **拉板式（支承板）定位**

用特种弹簧钢材制成的薄形定位拉板，一端与轴箱连接，另一端通过橡胶节点与构架连接（见图 3.2）。利用拉板在纵、横方向的不同刚度来约束构架与轴箱的相对运动，以实现弹性定位作用。

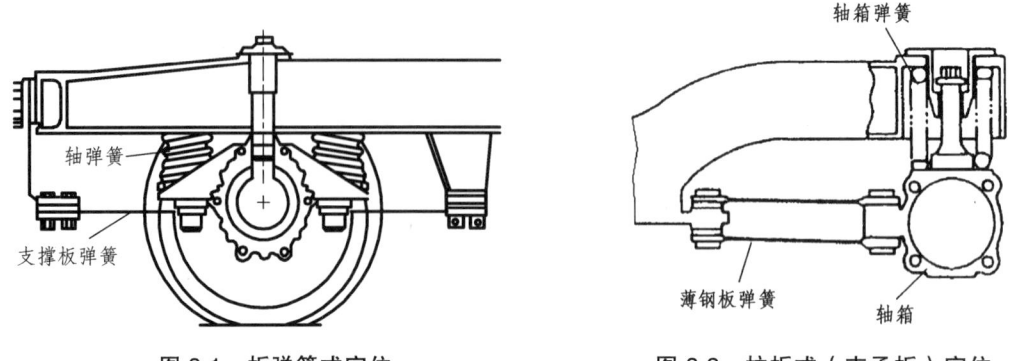

图 3.1　板弹簧式定位　　　　　　图 3.2　拉板式（支承板）定位

IS 方式是最常见的定位方式之一，它是利用弹簧拉板和橡胶衬套的组合构成的，如图 3.3 所示。

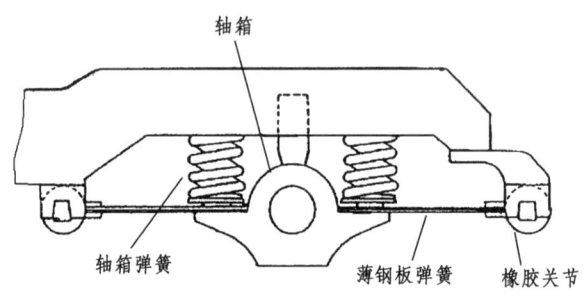

图 3.3　IS 定位方式

另外还有 SU 板弹簧式，它将 IS 方式中一侧的板弹簧移到中心侧，轴箱与转向架侧梁间使用两个板弹簧固定（见图 3.4），这样可减小转向架的长度。

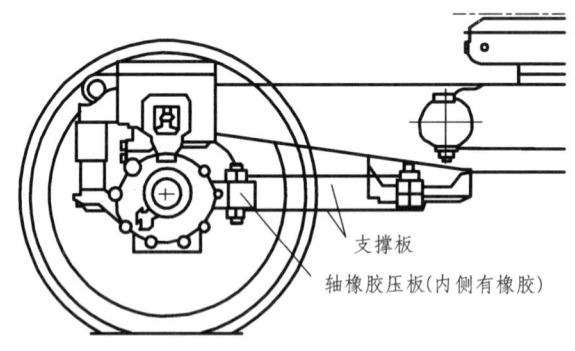

图 3.4　SU 板弹簧式定位

3. 拉杆式（轴梁式）定位

拉杆两端分别与构架和轴箱销接，拉杆可以容许轴箱与构架在上下方向有较大的相对位移，如图 3.5 所示。拉杆中的橡胶垫、橡胶套分别限制轴箱与构架之间的横向与纵向的相对位移，以实现弹性定位。

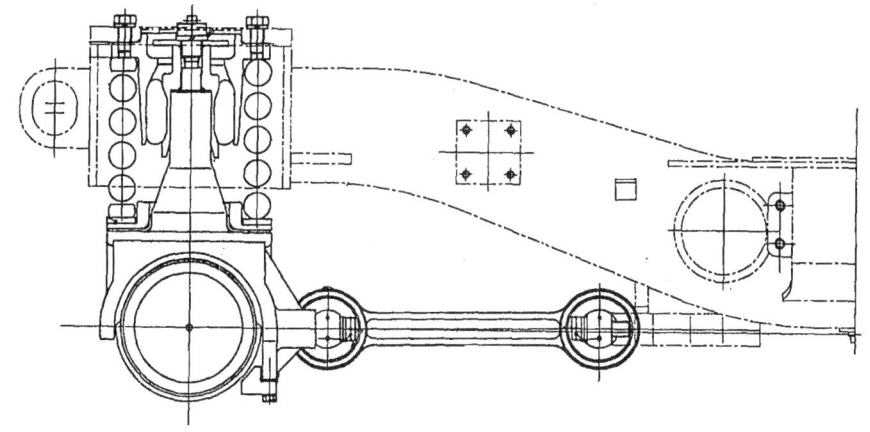

图 3.5 拉杆式定位

麦弗逊式，也叫作双连杆式，使用缓冲橡胶衬套将轴箱两侧和侧梁相连接（见图 3.6）。此方式同样可缩短转向架长度。

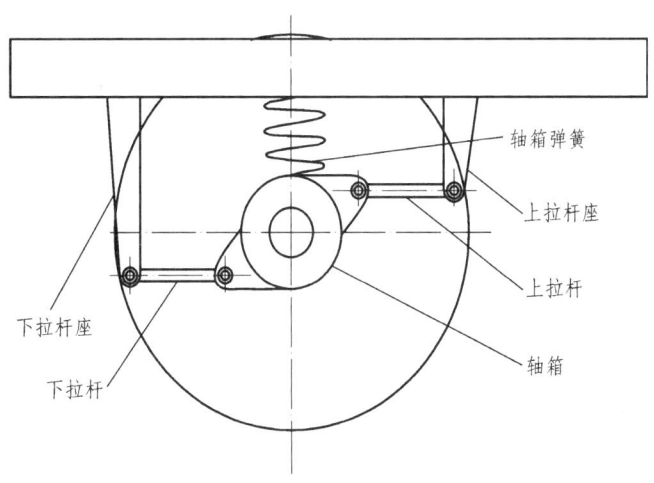

图 3.6 麦弗逊式定位

拉杆式，是麦弗逊式的变形，轴箱和转向架使用单连杆支撑，如图 3.7 所示。与 SU 板弹簧式相比，它可以减小前后支撑刚性，降低曲线横向和滑动所发出的声音。

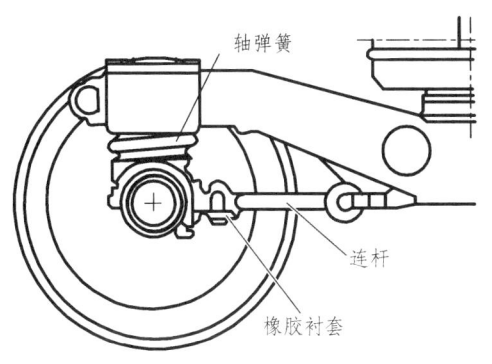

图 3.7 拉杆式定位

4. 轴箱导框架式定位

使用轴箱导框架引导轴箱上下运动,并限制其前后左右运动,保持车轮与转向架框架正确的位置关系,且在与轴箱接触的位置安装耐磨树脂磨耗板,如图 3.8 所示。其滑动部位磨损会产生松动,容易发生轮对蛇行运动,可能会导致车体左右剧烈晃动。轴箱导框式定位在普通客车及机车中使用广泛。

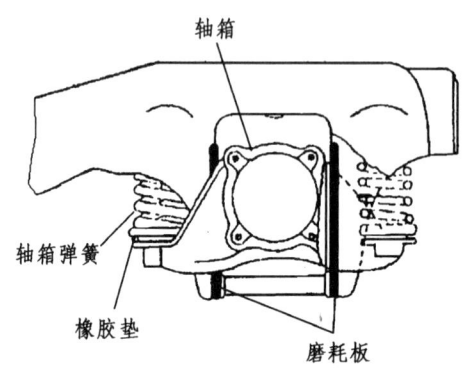

图 3.8　轴箱导框架式定位

5. 转臂式定位

转臂式定位又称弹性铰定位。定位转臂一端与圆筒形的轴箱体固接,另一端以橡胶弹性节点与焊在构架上的安装座相连接,如图 3.9 所示。橡胶弹性节点容许轴箱相对构架有较大的上下方向位移,但它里边的橡胶件使轴箱纵向和横向位移的定位刚度有所不同,以适应纵向和横向两方向的不同弹性定位刚度的要求。

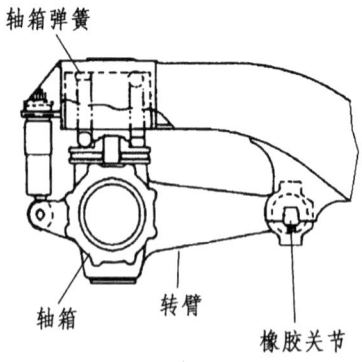

图 3.9　转臂式定位

四、转臂式轴箱定位的结构特点

我国 CRH 系列动车组转向架均采用转臂式轴箱定位方式,其优点为:

(1)便于轴箱定位刚度的选择(可以在上下、前后、左右方向独立选择),能够同时兼顾高速运行的稳定性、乘坐舒适度以及曲线通过性能。

(2)可实现车体轻量化。

（3）部件数量较少。
（4）便于轴箱定位装置的分解和组装。
（5）无滑动部分，免维护。

第二节　CRH2型动车组转向架

CRH2型动车组转向架是在原川崎重工生产的动车转向架DT206和拖车转向架TR7004B基础上改进发展而来。动车组的每个车体下装有两个转向架，动车下装的是动车转向架（SKMB-200），设有牵引电机和驱动装置；拖车下装的是拖车转向架（SKTB-200），没有牵引电机和驱动装置。转向架除了承担车体的全部质量外，更重要的是承担动车组的高速运行任务。转向架主要由构架、轮对轴箱装置、牵引装置、基础制动装置、二系悬挂装置、牵引电机、驱动装置组成。

转向架的主要特点是采用了轻量化设计、焊接构架、二系空气弹簧、盘形制动、转臂式轴箱定位、单拉杆牵引、电机采用架悬方式等。

转向架的主要参数见表3.1，主要配置如图3.10所示。

表3.1　转向架主要技术参数

技术参数	动车转向架	拖车转向架
最高运营速度	350 km/h	
最高试验速度	362 km/h	
齿轮传动比	3.036（85/28）	
最大轴重	<137 kN	
固定轴距	2 500 mm	
车轮直径	860 mm（全磨耗 790 mm）	
轮对内侧距	$1\ 353^{+2}_{-1}$ mm	
空气弹簧支撑高度	1 000 mm	
一系悬挂	钢弹簧+减振器+转臂定位	
二系悬挂	空气弹簧+橡胶堆	
空气弹簧	带固定节流装置	
牵引装置	单拉杆方式	
车轴形式	空心车轴	

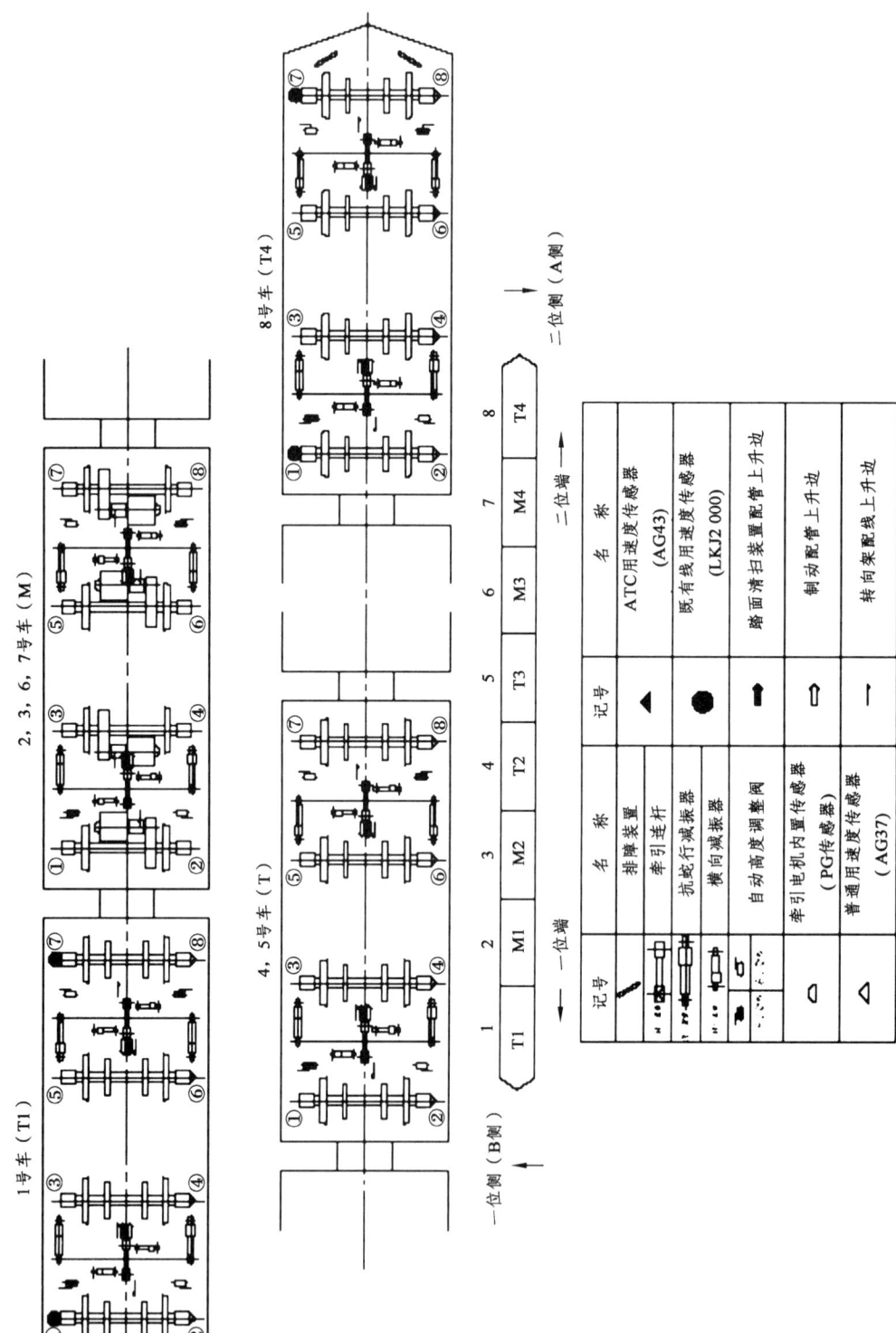

图 3.10 整列动车组转向架配置

一、结构概要

CRH2 型动车组转向架为两轴无摇枕"H"形构架,一系悬挂为钢弹簧转臂定位,二系悬挂采用空气弹簧,单连杆牵引方式,磨耗型车轮踏面。此外,由于转向架重心较低,省去了抗侧滚支承。

拖车转向架和动车转向架均包含以下主要部件:

轮对和轴箱、一系弹簧悬挂、转向架构架、二系弹簧悬挂(空簧)、牵引杆、抗蛇行减振器、停车制动装置、空气制动装置(拖车转向架上为 2×3 个轴盘制动盘,直径为 670 mm,动车转向架上为 2×2 个轮盘制动盘)。

动车转向架上还安装了牵引电机、齿轮箱、联轴节等设备。

动车组转向架结构图如图 3.11 和图 3.12 所示。

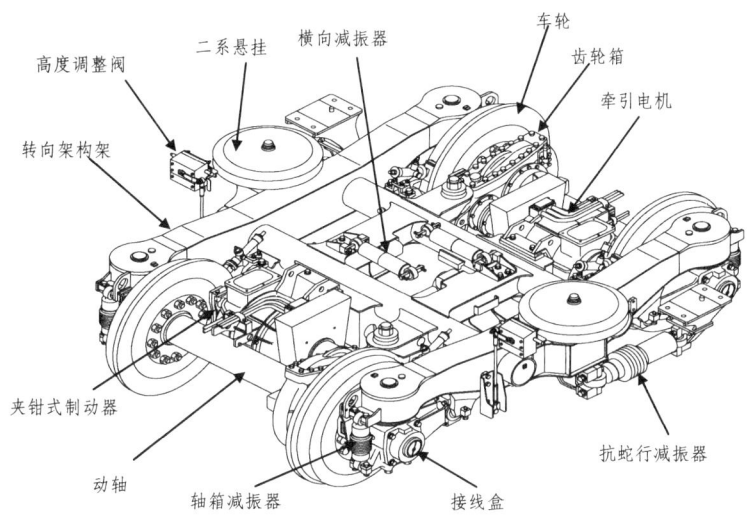

图 3.11 动车转向架(SKMB-200)结构简图

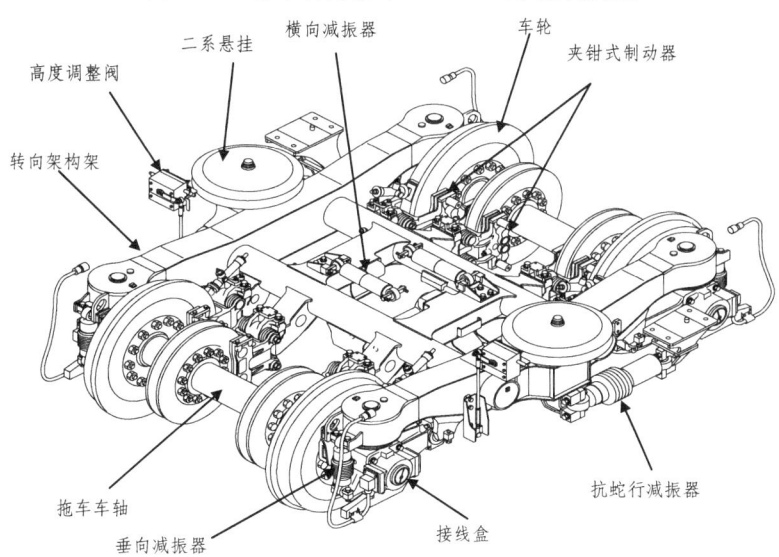

图 3.12 拖车转向架(SKTB-200)结构简图

二、主要部件组成及性能

(一)构架组成

CRH2型动车组转向架为H形构架,主要由侧梁组成、横梁组成、纵向辅助梁、空气弹簧支撑梁、定位臂和齿轮传动装置等组成。侧梁的中部为凹形,横梁的内腔与空气弹簧支撑梁的内腔组成空气弹簧的附加空气室。动车转向架构架和拖车转向架构架可通过安装托架实现互换性。主动控制、半主动控制和传统的非主动控制车,仅通过转向架一侧的左右活动安装座的交换实现互换。转向架构架在焊接组装后,应进行退火处理。转向架构架应能够承受负载时以及行车时的振动,具备足够的强度,其设计寿命为20年。图3.13和图3.14分别示出了动车转向架及拖车转向架的构架组成图。

1. 侧 梁

侧梁采用由四块耐候钢板(材质为SMA490BW JIS G3114)组成箱形断面的焊接结构,上、下盖板厚分别为12 mm、16 mm,腹板厚12 mm。与弹性节点连接的定位臂为铸钢件(材质为SCW480 JIS G 5101),其与侧梁连接部为圆滑过渡,力求应力缓和。侧梁的两前端由设置有圆弹簧的弹簧帽构成,在中央部分安装有空气弹簧支架。

2. 横 梁

(1)横梁主体。

横梁主体采用$\phi 203 \times 12$ mm无缝钢管结构,表面经酸洗磷化处理,内腔作为空气弹簧的附加空气室使用,材质与侧梁的钢板相同,采用耐候性钢板(材质为SMA490BW JIS G 3114)。

(2)横梁支架。

横梁支架由主动车机支架、齿轮箱悬挂支架、制动钳支架、牵引连杆支架构成,均采用钢板焊接组装结构。

3. 连接梁

连接梁采用钢板焊接组装结构。材质采用耐候钢板(材质为SMA490BW JIS G 3114)。

为提高构架刚度,在两横梁之间由纵向辅助梁连接,其上安装有横向减振器座、增压缸架和横向缓冲器座等。辅助梁采用箱形断面的焊接结构。

4. 空气弹簧支撑梁

空气弹簧支撑梁位于侧梁外侧的两横梁之间,是由三块板组焊而成的槽形结构,它与侧梁外侧腹板组成密闭腔并与横梁内腔相通,共同组成空气弹簧的附加空气室。

(二)轮对组成

1. 车 轮

车轮是铁道车辆用碳素钢整体碾压车轮,具有较好的弹性和优良的防噪声性能。车轮直径860 mm、宽度135 mm,车轮材质为SSW-Q3R,两侧装备有制动盘。车轮踏面为LMA磨耗型踏面,为了提高耐磨耗性,车轮踏面在轧制后实施了热处理。轮缘高28 mm,最大可能的磨耗半径为35 mm,即车轮直径最大磨耗时为790 mm。轮对内侧距离为$1\ 353^{+2}_{-1}$ mm。

由于轮座径的不同,动车转向架用车轮和拖车转向架用车轮之间没有互换性。

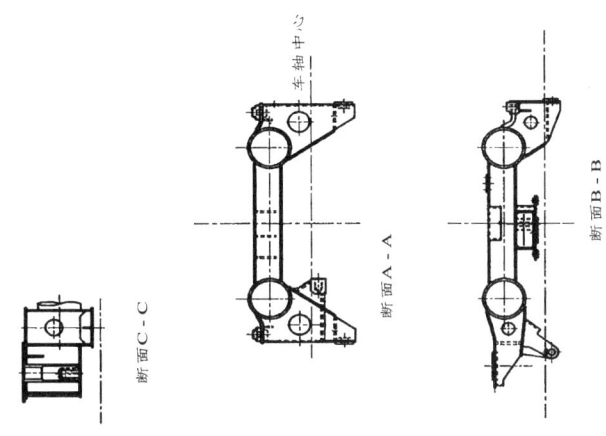
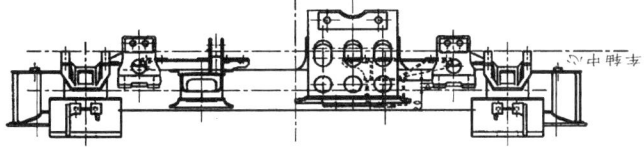
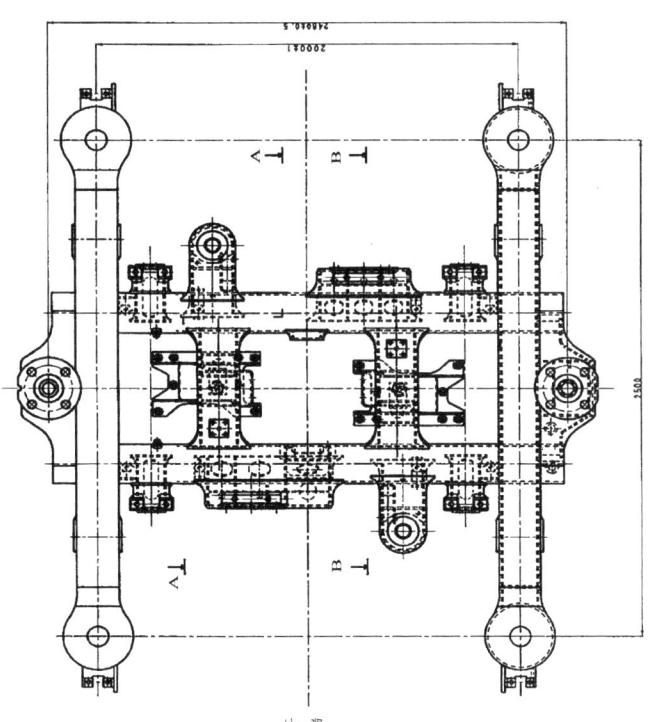
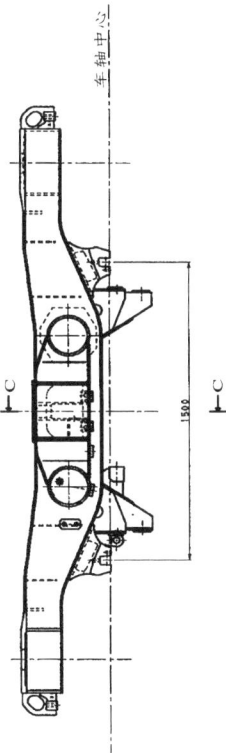

图 3.13 动车转向架构架组成

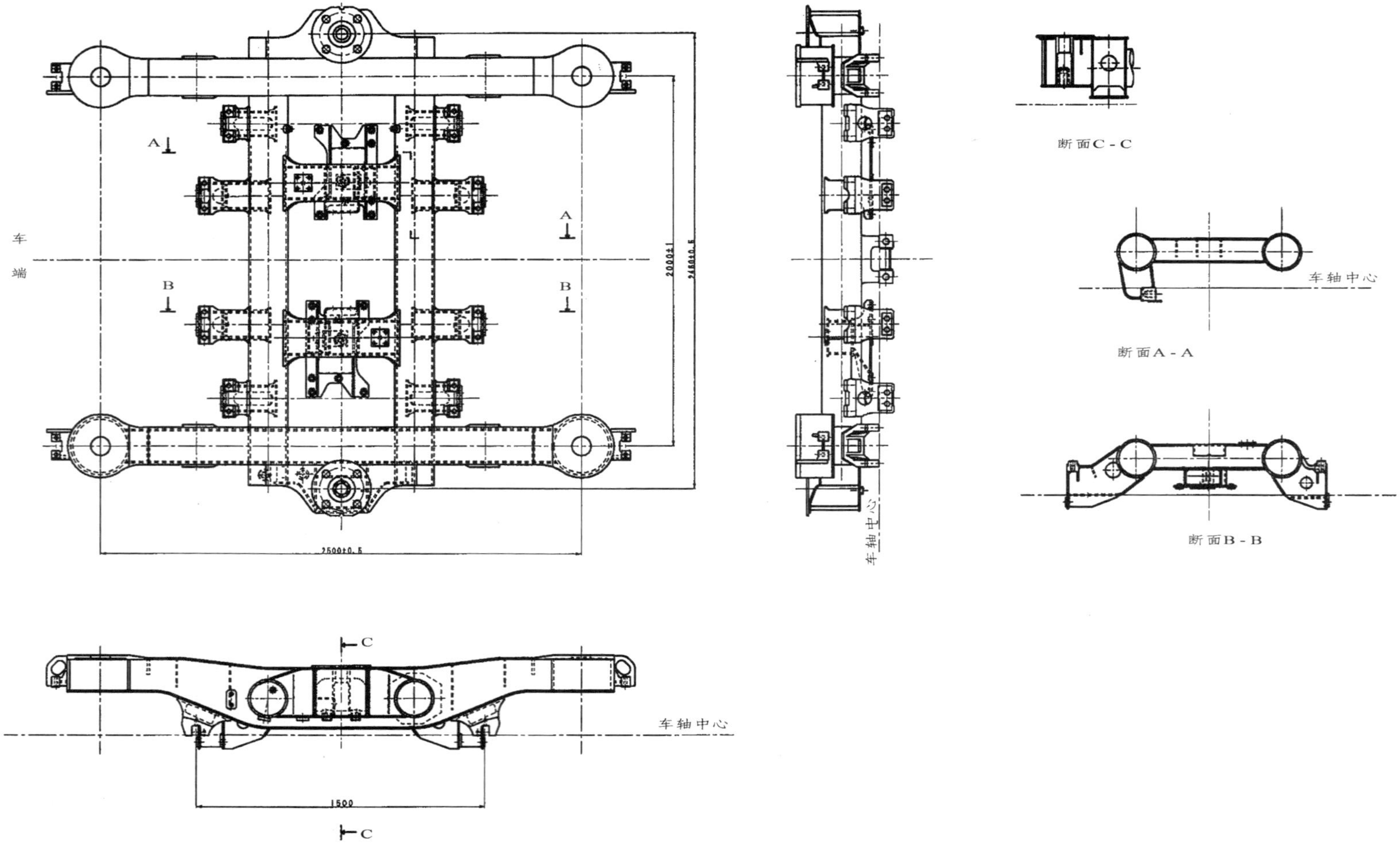

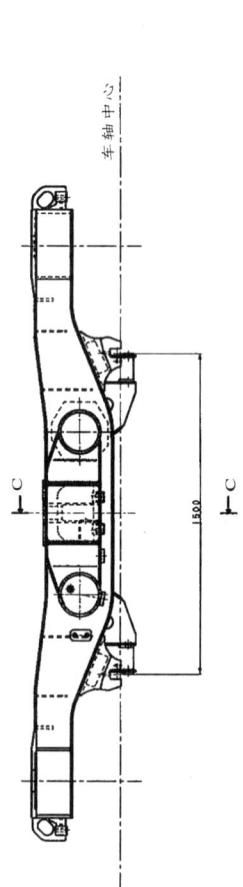

图 3.14 拖车转向架构架组成

2. 车　轴

为了减轻簧下质量，轮对的车轴采用高频淬火、镗孔径 60 mm、直线镗削、材料为 S38C、轴颈直径 130 mm 并经过超声波探伤检测的空心车轴。

为了防止镗削轴内面生锈，在轴的两端部安装有尼龙制的插头。为了防止脱出，内置有 C 形挡圈。车轴端面上进行 C4 的倒角，车轮修正时，使用了专用的中心用插头。

此外，为了给轴承进行定位，轴端上钉有必要的轴承推压件螺母连接用螺丝（间距为 4 mm）。其在镗削内面，不对从内面进行的超声波探伤造成障碍。同时，为了达到长期防锈的能力，使用了气化性防锈油。

在动车转向架中，两车轴均为动力车轴（见图 3.15），动力车轴安装有齿轮传动装置，它通过装在车下的牵引电机和万向轴驱动。由于动力轴的空间有限，因此，动力轴未装轴盘式制动盘。

在拖车转向架中，两车轴均为非动力车轴（见图 3.16），其上安装有外径 670 mm、厚度 97 mm 的二分割锻钢制的轴盘式制动盘。制动盘的结构由制动盘环和盘毂组成，制动盘与盘毂通过螺栓、垫块和弹性套等连接，制动盘毂与车轴为过盈配合。

图 3.15　动力轮对

图 3.16　非动力轮对

3. 制动盘

动车转向架车轮用制动圆盘为一体锻钢制，外径 725 mm（有效外径 720 mm），磨耗余量为 2 mm，圆盘组装时的厚度为 133 mm（车轮宽度 – 2 mm）。

拖车转向架车轮用制动圆盘为一体锻钢制，外径 725 mm（有效外径 720 mm），磨耗余量为 5 mm，圆盘组装时的厚度为 133 mm（车轮宽度 – 2 mm）。

拖车转向架车轴用制动圆盘为二分割锻钢制，外径 670 mm，磨耗余量为 5 mm，圆盘组装时的厚度为 97 mm。

4. 轴承结构组成

车轴轴承为外径 230 mm、内径 130 mm 的密封式双列圆锥滚珠轴承，使用润滑脂方式润滑，设计寿命在 500 万千米以上。

轴承单元的结构如图 3.17 所示，由复列式外圈套、内圈套组合件、内圈套间座、摩擦对策板、油密封圈套、截油环、后盖等构成。此轴承单元为内部封入油脂的密封型轴承单元。

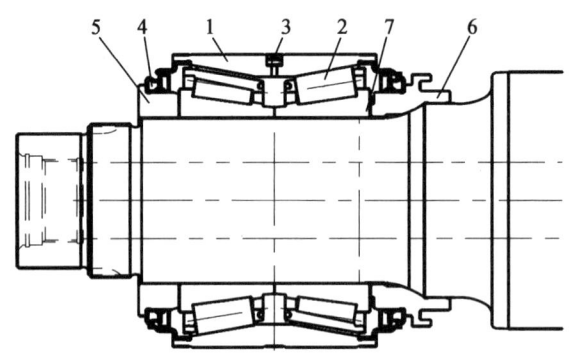

图 3.17 轴承单元结构图

1—复式外圈套；2—内圈套组合件；3—通孔；4—油密封圈套；5—截油环；6—后盖；7—摩擦对策板

轴承组成的基本参数见表 3.2。

表 3.2 轴承的技术参数

项　目	单位	规　格	
轴承形式		密封双列圆锥滚柱轴承	
基本动态额定荷载	kN		
基本静态额定荷载	kN		
内轮内径	mm	130	
内轮宽度	mm	150	
外轮外径	mm	230	
外轮宽度	mm	160	
润滑方式		润滑脂	
材质（内轮·外轮）		轴承用表面淬火钢（或同等品）	
材质（滚柱）		SUJ2（或同等品）具有真空溶解材料或同等性能	
设计轴重	kN	137.2（14 t）	156.8（16 t）
弹簧下质量	t	2	
最高速度	km/h	250	200
最大转速	r/min	1 608（平均车轮径）	1 286（平均车轮径）
车轮径	mm	平均 825（寿命计算）、新制时 860、最小 790	
寿命	万千米以上	500（目标）	—

5. 轴箱体组成

轴箱体自体由铸钢制成，材质采用铸钢 SC450（JIS G 5101），前盖采用铝合金铸件 AC4CH-T6（JIS H 5202），后盖采用铝合金板材 A5083P-O（JIS H 4000）或者铝合金锻造材料 A5083FD-O（JIS H 4051），以此来达到减轻质量的目的，如图3.18所示。

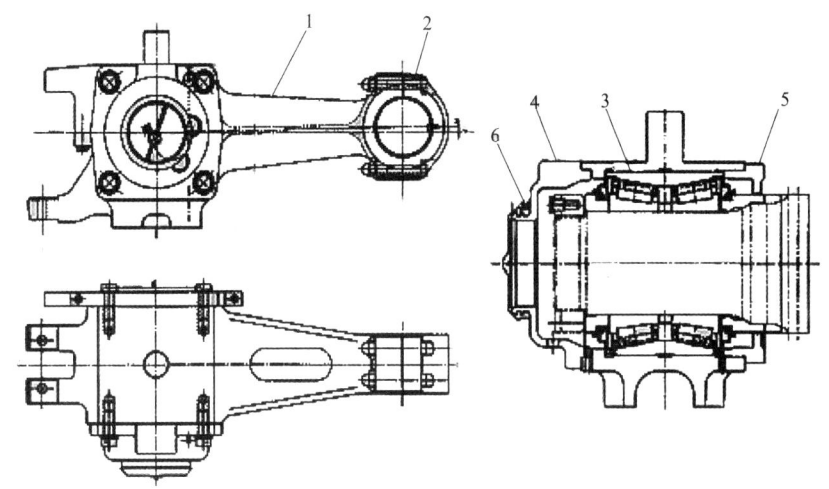

图 3.18　轴箱体组成

1—轴箱体；2—定位节点压盖；3—轴承组件；4—前盖；5—后盖；6—橡胶盖

轴箱体为上下分体的结构，用螺栓连接组装。轴箱体分为本体和压板两部分，本体和压板之间夹有轴梁橡胶，装配后以组合单元件安装在转向架的框架上。压板的材质采用铸钢 SC450（JIS G 5101）、钢材 S45C（JIS G 4051）或钢板 SS400（JIS G 3101），并与轴箱体进行一体机械加工。为了一体使用这两个部件，进行打印标记管理。

前盖分为一般用和安装测速发电机用两类。测速发电机安装用的有 AG37、AG43、LKJ2000 等种类，无互换性。后盖为迷宫式结构，以防止雨水、尘埃等的侵入。

前盖上设有车轮踏面修正、研削时使用的橡胶盖；橡胶盖上有吸潮器，吸潮器能防止因轴承温度上升引起压力增加及防止漏油。前盖的开口部分是为进行车轴的探伤作业而设置的。

另外，各个车轴箱体的侧面设置有对车轴轴承状态进行监视的轴承温度检测装置。此装置具有当轴承温度达到一定值以上时，温度保险丝就熔断并发出轴温异常通知的功能。装置的规格有：

动作温度 165 ℃ +（−10 ℃ ~ 0 ℃），温度斜线 5 ℃/min。

内置温度保险丝的设定温度 144 ℃。

轮对轴箱与定位转臂采用跨接的形式，定位转臂通过 4 个 M20 的螺栓与压盖连接，定位转臂跨落入轴箱外部的槽内。若需更换轮对，只需松开 4 个 M20 的螺栓和接地线等，便可使轮对轴箱与转向架分离。

6. 轴箱定位装置组成（见图 3.19）

轴箱定位装置为转臂式定位。一系悬挂圆弹簧置于转臂安装座上，转臂通过橡胶节点安装在侧架上。定位转臂是该装置中的骨架，是轮对轴箱与构架的联系纽带。为减小定位节点刚度对一系垂向刚度的附加影响，定位转臂选择应尽可能长，以 500 mm 为宜。

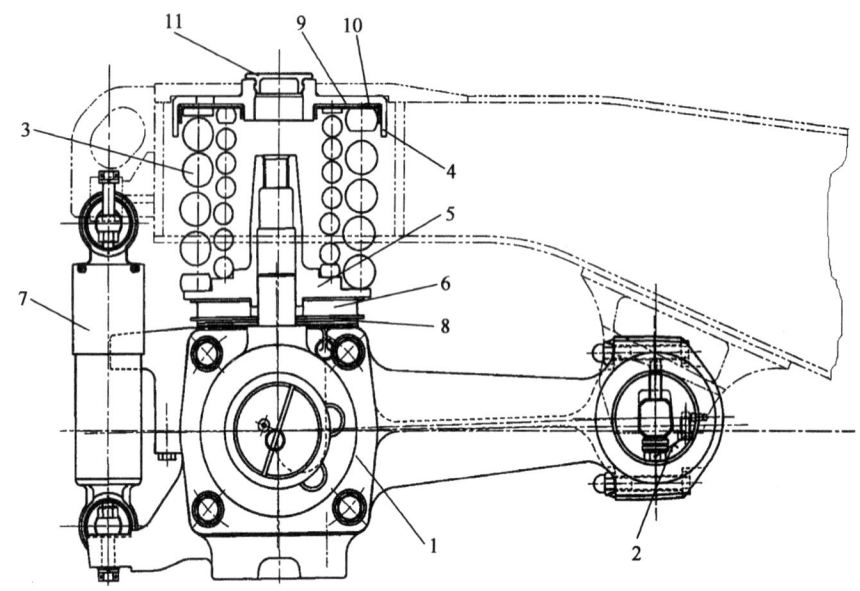

图 3.19 轴箱定位装置组成

1—轴箱组装（包括转臂）；2—转臂定位销（含橡胶弹性节点）；3—圆弹簧；
4—圆弹簧座（上）；5—圆弹簧座（下）；6—防振橡胶；7—油压减振器；
8—调整垫；9—绝缘罩；10—挡板；11—防尘盖

（1）轴箱定位装置的特点。

① 便于轴箱支撑刚性的选择（可以在上下、前后、左右方向独立选择），能够在设定规格时兼顾高速运行的稳定性、乘坐舒适度以及曲线通过性能。

② 实现轻量化。

③ 部件数量较少。

④ 便于轴箱支撑装置的分解和组装。

⑤ 无滑动部分，免维护。

（2）轴箱定位装置的主要构成部件。

① 轴箱支撑橡胶。考虑到负荷载重量的增加，采用了大于目前在日本新干线中使用的规格尺寸。

② 轴弹簧。在轴箱体的上部安装有轴弹簧。轴弹簧采用由外簧和内簧构成的双重螺旋钢弹簧，所有车型均使用同一种弹簧。外簧的材质采用 SUP9A 或者 SUP11A，内簧的材质采用 SUP9 或者 SUP9A（均为 JIS G 4801）。

当对弹簧作用最大负荷（相当于车厢满员载荷的 1.3 倍）时，弹簧的修正应力设计为 686 MPa（70 kgf/mm^2）以下。

表 3.3 列出了轴弹簧的主要技术参数。

③ 轴弹簧座（上、下）材质采用钢材 S45C（JIS G 4051）。

④ 防振橡胶安装在轴弹簧座（下）和轴箱体之间，用于高频振动的隔振。

⑤ 调节板作为调节车辆之间的质量差，以及转向架内圆弹簧载荷平衡的部件，设置在轴箱体和防振橡胶之间。通过拔出和插入调节板进行高度调整，能使得一台转向架四处位置的轴弹簧高度达到规定的尺寸。

表 3.3 轴钢弹簧的主要技术参数

项 目	单 位	外 簧	内 簧
材 质	—	SUP9A 或者 SUP11A	SUP9 或者 SUP9A
材料直径	mm	41	26
螺旋平均直径	mm	220	143
总圈数	—	4.9	6.4
有效圈数	—	2.9	4.4
座圈数	—	各 1	各 1
自由高度	mm	256	240
压紧高度	mm	180.4	153.4
螺旋方向	—	右	左
应力修正系数	—	1.286	1.278
横向弹性模数	kgf/mm	8 000	
质 量	kg	32.23	11.23
		43.46	
特殊规格		研磨，喷丸硬化	
弹簧刚度	kgf/mm	91.51	35.52
		127.03	
防振橡胶弹性刚度	kgf/mm	2 000	
综合弹簧刚度	kgf/mm	119.44	

注：1 kgf = 9.8 N；1 kgf/mm = 9.8 N/mm。

调整板（衬垫）的调整要领：空车时，为了轴箱体和转向架框基准面之间的间隔（A 寸法）达到 88^{+3}，在轴箱体和防振橡胶之间插入调整板。因为轴弹簧在轴箱体的上面，所以通过从转向架框上部向上拉轴弹簧来插入调整板。卸下转向架框弹簧帽上部的防尘帽子，从上面插入弹簧控制螺栓，拧进轴弹簧座（下）上切开的螺丝扣中。以便吊起轴弹簧座（下），使轴箱体之间产生缝隙，从而插入调整板，并且利用油压工具吊起轴弹簧座（下），以提高操作性。

⑥ 吊装用具。为了在吊起转向架时使轮对与转向架构架一体起吊而安装了吊装用具。吊装用具的结构是挂在轴箱总成的后盖突出部分的。

⑦ 绝缘罩与挡板。为了实现转向架构架与轮对间电气绝缘的目的，把绝缘罩安装在轴弹簧与轴弹簧座（上）之间。为了避免绝缘罩与轴弹簧直接接触而发生破损，在轴弹簧与绝缘罩之间插入了不锈钢材质的垫片。

⑧ 防尘盖安装在轴弹簧座（上）的开口部位，用以防止水、灰尘的侵入。该开口部是在对轴弹簧进行压下时，插入螺栓而设计的。

⑨ 防雪罩。为了防止冰雪进入轴弹簧，影响振动性能，对轴弹簧的外侧安装了防雪罩。对轴弹簧采用热收缩型橡胶罩覆盖。

⑩ 轴减振器安装在转向架框的弹簧棒与轴箱体之间，以减少垂下方向的高次波振动。减振器类型为 OD42090-1。

要使用的金属材料是按照日本工业规格（JIS）来选取的。密封垫采用了高级合成橡胶，工作油（减振器油）采用了优质的矿物油，具备了适合油减振器功能的特点。并且，活塞杆 ASSY 表面进行研磨之后，使用了硬质的铬合成镀金。

暴露在轴减振器外部的部分全部进行了防腐处理，并全部涂上了油漆。

在安装时，考虑到该定位方式对防振橡胶会产生较大的摆振力，为了达到缓和的目的而变更为缓冲橡胶的形式。图 3.20 为轴箱油压减振器衰减特性曲线图。

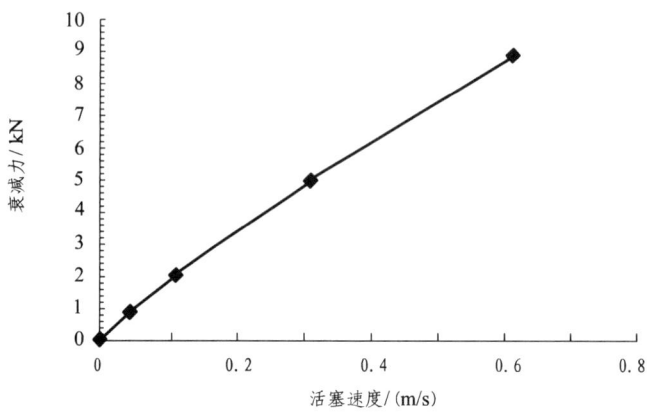

图 3.20　轴箱油压减振器衰减特性曲线图

a. 结构。

轴减振器如图 3.21 所示，主要由内外双重汽缸、活塞以及活塞棒、轴承、止油装置（油密封，O 形环等）、渐衰力发生机构和两头安装部分构成。

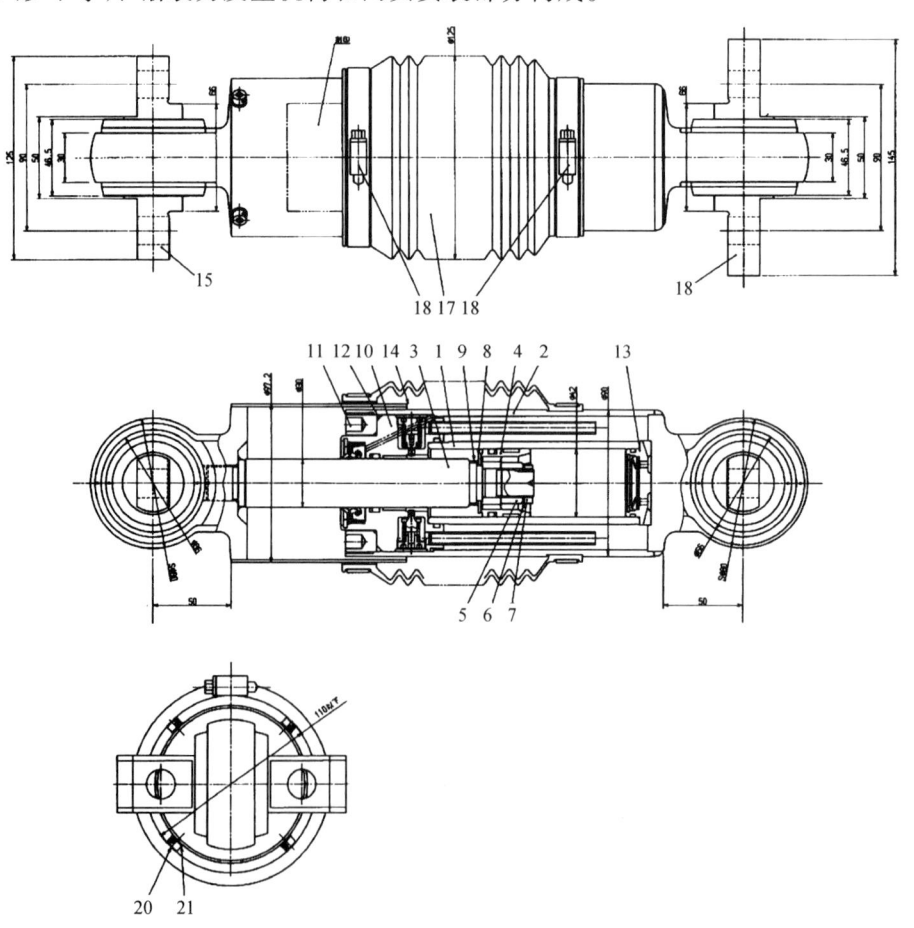

（a）

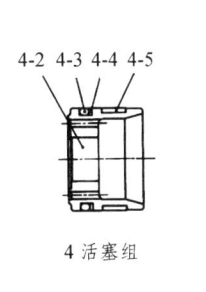
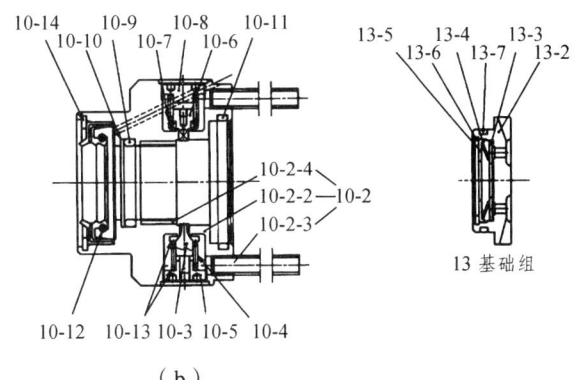

(b)

图 3.21　OD42090-1 减振器组装图

汽缸（1）和外部壳体 ASSY（2）以及活塞 ASSY（4）安装在相同轴上，活塞在装满油的内汽缸内进行滑动。

活塞上安装了阀（8）及阀弹簧（9）、O 形环（4-3）、支撑环（4-4）以及磨损环（wear ring）（4-5），并且汽缸头部还连接了带有阀（13-3）和阀弹簧（13-4）、阀断（13-5）以及按扣环（13-6）的 base ASSY（13）。

汽缸另一端上安装了小面积 orifice，orifice 固定在调压阀（10-6）上，并与轴承环 ASSY（12）内部安装的调压阀（10-3）、（10-6）共同产生油压电阻力即渐衰力。

轴承环 ASSY（12）上压装了活塞杆 ASSY（3）滑动时的轴衬（10-2-4），为了防止来自滑动部分的内部泄漏，内置了 O 形环（10-9）以及支撑环（10-10）、油密封（10-12），油密封利用按扣环（10-14）来固定，以防漏油及来自外部的尘埃。

汽缸盖（11）固定了汽缸（1）、轴承环 ASSY（10）。

另外，为了保护活塞杆，把护罩 ASSY（14）固定到活塞杆（3）上。

在汽缸里面注满了工作油，并且在 C 室（汽缸与外部壳体 ASSY 缝隙间的空间）里面还装了一半以上。

b. 作用和特性。

作用：

轴减振器根据转向架的振动来进行伸缩，油压电阻根据活塞速度作为渐衰力而起作用。

轴减振器伸张，活塞开始活动，关闭阀（8），活塞左侧空间的压力就会上升。活塞速度过慢时，从设置在调压阀（10-6）上的 orifice 和调压阀（10-3）中流出油，并且产生速度比例特性。

活塞速度上升时（约 20 cm/s 以上），为了防止机械的损伤，打开调压阀（10-6），使其具备降压（relief）特点。并且，为了有备于压缩冲程，从活塞的右侧空间，从汽缸（1）和外部壳体 ASSY（2）之间的空间（油箱室），通过阀（13-3）来供应。

另一方面，如果油减振器抽缩，活塞杆 ASSY（3）的移动体积部分的油将根据速度通过孔流（orifice）及阀产生渐衰力。这时，整个汽缸（1）内部成为压力室。

活塞速度过慢时，从安装在调压阀（10-6）的 orifice 和调压阀（10-3）中流出油，并且表现出速度比例特性。如果活塞速度上升（大约 20 cm/s 以上），为了防止机器的损伤，应打开调压阀（10-6），使其具备降压特性。

另外，轴减振器的特点对汽缸内径断面面积 A 与活塞杆 ASSY（3）断面面积 a，形成 $A = 2a$，以便伸展冲程、压力冲程共同使用一个 orifice 和调压阀，并具备与伸展冲程、压力冲程相同的性能。

特性：

轴减振器的渐衰力规格如下，渐衰力特性需参照减振器组装图。

v_p = 5 cm/s 时，F = 980 ± 190 N；

v_p = 10 cm/s 时，F = 1 960 ± 290 N；

v_p = 30 cm/s 时，F = 4 900 ± 730 N。

（3）电气绝缘。

为了防止轴颈轴遭受电化学腐蚀，转向架构架与轮对应采用电气绝缘的结构。在螺旋弹簧与转向架构架之间插入绝缘板，对轴箱支撑橡胶、轴减振器缓冲橡胶采用绝缘性橡胶，实现电气绝缘，绝缘阻值为 1 000 MΩ 以上。

7. 速度传感器

（1）在指定的轴箱位置，安装速度传感器。

在头车（1号与8号车）的第1轴和第4轴，以及4、5号车的所有轴的轴端，分别安装 AG37 型速度传感器。

在头车（1号与8号车）的第2轴和第3轴，分别安装 AG43 型速度传感器。第1轴和第4轴的另侧安装 LKJ2000 用速度传感器。

在每辆车的轴箱体侧面设置有对车轴轴承状态进行监视的轴承温度检测装置。

（2）速度传感器直接安装在轴箱体的前盖上，如图 3.22 所示。

（三）二系悬挂及牵引装置（中央悬挂装置、车体支撑装置）组成

1. 组成特点

（1）车体支撑装置的结构以 E2-1000 系列车为基础，结合 200 km/h EMU 的规格，对部分内容进行了变更。

（2）车体支撑装置由以下装置、部件构成：

① 从转向架向车体传导驱动力、制动力的牵引装置和中心销。

② 通过转向架支撑车体的空气弹簧，以及调节其高度的自动高度调节装置。

③ 抑制车体左右摆动及变位的左右移动减振器、左右移动限位橡胶。

④ 抑制转向架左右摆动的减摆器。

（3）动车转向架用与拖车转向架的车体支撑装置是相同的。

（4）关于有源控制、半有源控制，为适应今后的改造计划，安装常规的油压减振器。

2. 组成构件

（1）转向架与车体连接及牵引装置。

转向架带有一根直接固定在车架上的连接梁，可以快速地将转向架从车架上拆除（只需拧下几个螺栓），无须分别拆除所有连接转向架和车架的组件，如牵引连杆、抗蛇行减振器、二系悬挂、侧向和纵向减振器。

车体到转向架的连接牵引装置系统由设于车体纵轴线上的单牵引拉杆构成，杆的每端配有一个压装弹性衬套。单牵引拉杆固定在转向架后侧横梁的下侧，并连接到一个锥形枢轴上，向车体传导来自转向架的驱动力和制动力。

单连杆主体采用钢管焊接组装结构，主要材质是钢管 STKM13A（JIS G 3445），焊接后要进行退火。

单牵引连杆所使用的缓冲橡胶，对于所承受的载荷应具备足够的耐久性，并且对于转向架的移动应具备尽可能地跟踪允许变位。

图 3.23 示出了连接及牵引装置的组成。车体与转向架间主要通过下列部件连接：

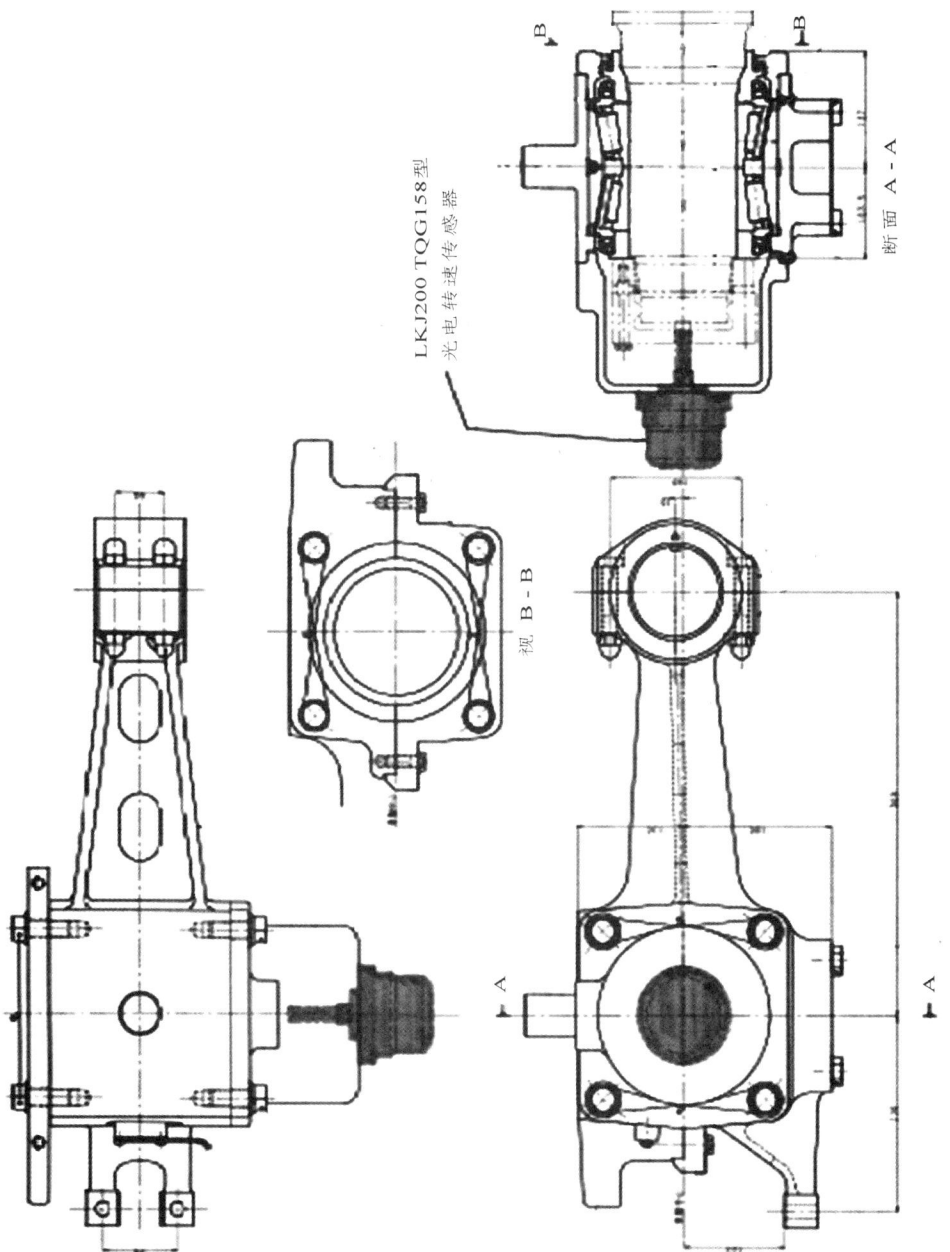

图 3.22 速度速度感器的安装

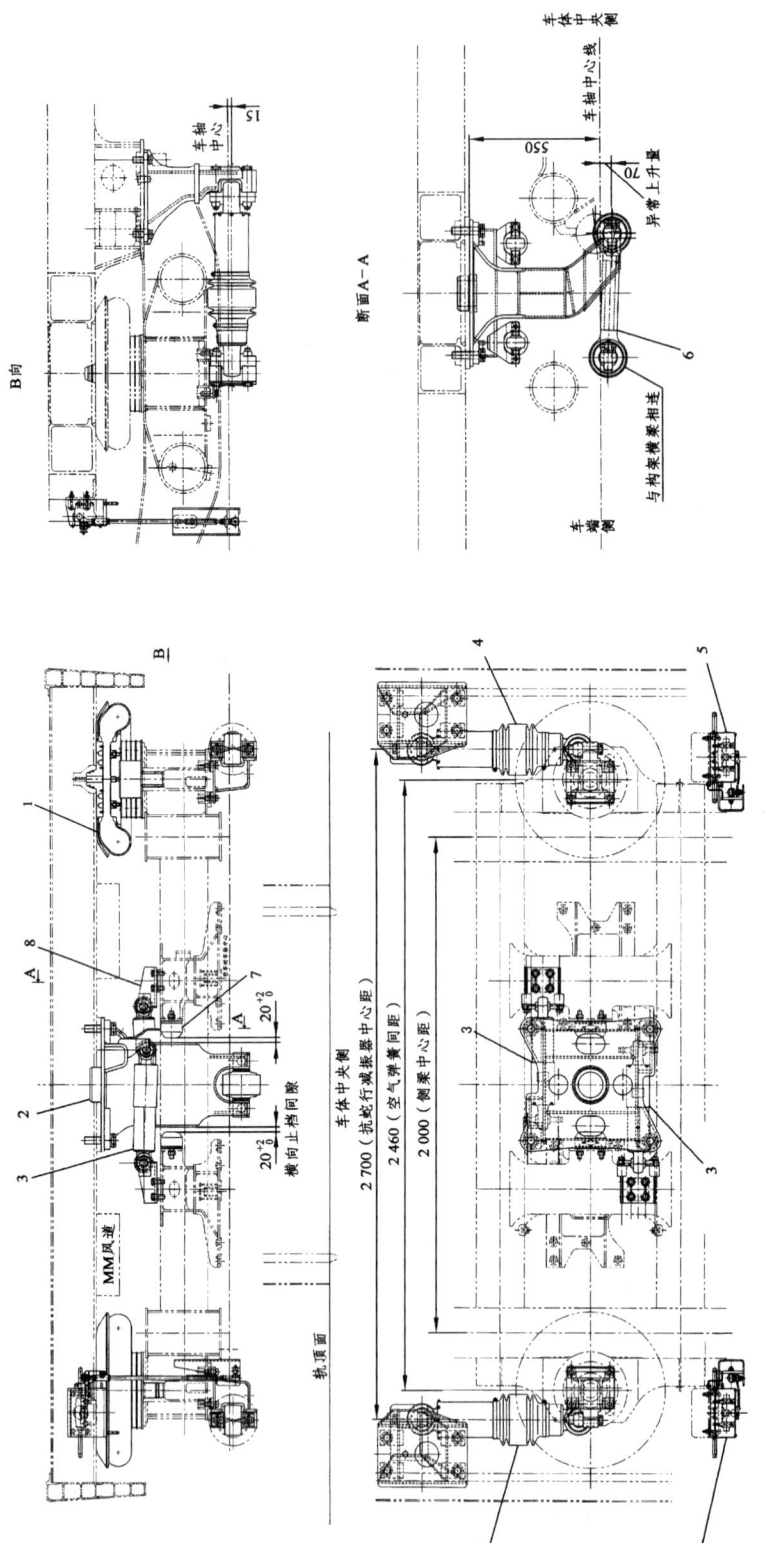

图 3.23 连接及牵引装置的组成

1—空气弹簧系统；2—中央牵引拉杆座；3—横向减振器；4—抗蛇行减振器；5—自动高度调整装置；6—牵引拉杆；7—横向缓冲止挡；8—横向减振器安装座

① 传递驱动力、制动力的单牵引拉杆装置和中心销。
② 通过转向架垂向支撑车体的空气弹簧，以及调节其高度的自动高度调节装置。
③ 抑制车体横向摆动及变位的两个横向液压减振器及横向移动限位橡胶。
④ 抑制转向架蛇行运动的两个抗蛇行液压减振器。

动车转向架与拖车转向架的车体支撑装置相同。

牵引装置的中心销可使用螺栓安装在车体的下部，它应能够承受载荷以及行车时造成的振动，并具备足够的强度。

中心销采用钢板焊接组装结构，主要材质是耐候性钢板（SMA490BW JIS G 3114），在焊接后要进行退火处理。由于车体采用铝合金材质制造，因此，与钢制中心销相接触的部分要采取措施，防止因不同金属的接触发生电化学腐蚀。

（2）空气弹簧。

空气弹簧使用由气囊和附加橡胶弹簧组合而成的自由膜式空气弹簧，适用于水平位移大的无摇枕转向架，其特性参数见表3.4。

表3.4 空气弹簧特性参数

形 式	项 目	单 位	ϕ520 mm 无摇枕转向架空气弹簧
尺 寸	有效径	mm	520左右
	最大外径	mm	650以下
	标准高度	mm	200
	止挡上下间隙（标准荷载时）	mm	35
	内容积	L	25左右
	辅助空气室容积	L	65~70
上下弹簧定数（静态）	设计标准荷载时	kN/m	240（目标）
水平弹簧定数（动态）	设计标准荷载时	kN/m	186（目标）
最大变位	上下方向	mm	+70/-40
	水平方向	mm	±110
积层橡胶特性		kN/m	10 000~11 000
节流口径		mm	13~14（选定最优值）
质 量		kg	50左右

气囊的上下支口为自密封结构。上盖板上设有定位柱，与车体相连；下部通气口与构架相连，为圆柱面并用O形圈密封。为使转向架能够在空气弹簧无气状态时运行，下支座上面设有特殊的滑板，以提高转向架的曲线通过能力。当空气弹簧破损无气时，由附加的橡胶弹簧提供二系垂向刚度，以确保车辆运行安全。通常，空气弹簧在附加弹簧内设置了固定阻尼孔，以提供二系垂向阻尼。图3.24示出了空气弹簧悬挂装置。

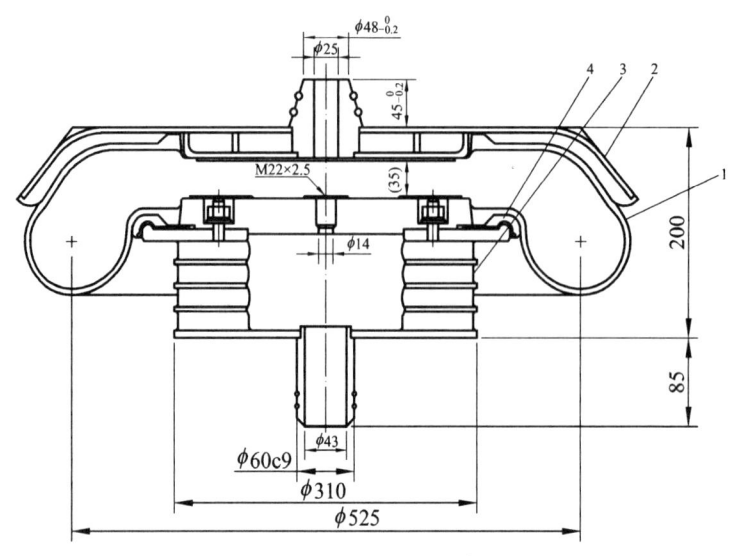

图 3.24 空气弹簧（自由膜式）

1—橡胶气囊；2—上盖板组成；3—橡胶堆；4—下盖板组成

空气弹簧有效直径为 520 mm，节流孔为固定节流孔。气囊是被内部空气压压入外筒和下面板的密封部的自密封结构。空气弹簧泄气时上下方向的移动量是 35 mm。

（3）自动高度调节装置。

每一个空气弹簧均需安装一组自动高度调节装置。自动高度调节装置由自动高度调节阀、调节杆总成、差压阀构成。

① 自动高度调节阀。

自动高度调节阀是根据载荷变化自动调整空气弹簧内压，从而使车体保持一定高度的装置。

自动高度调节阀采用机械式的纯空气阀 LV5B-2（日本），如图 3.25 所示。自动高度调节阀均分左右安装在车体上，采用自动高度调节保温箱（见图 3.26）及加热器进行保护，以满足 - 25 ℃ 的使用条件。能够在供风源压力[最大总风缸压力 882 kPa（9 kgf/cm²）]、供风终端压力[最大空气弹簧内压 588 kPa（6 kgf/cm²）]下使用。其在中立位置设置 ± 5 mm 的不灵敏带，对于微小的摇动不进行持续的供排气。因此，LV5B-2 具备 3 s 左右的动作延迟时间，或者在中立位置设置 ± 20 mm 的低流量范围，防止空气消耗量的无谓增加。

② 调节杆的组成。

自动高度调节阀安装在转向架构架上，采用能够追踪车体与转向架之间相对运动的结构。对于调节杆组成的下部，使用调节杆支座保护，防止受到冰雪及障碍物的影响而发生破损。为了强化车体与转向架之间的绝缘，在杆的部分插入硬质尼龙绝缘板。

③ 差压阀。

当转向架上的左右空气弹簧压力差达到一定数值时，差压阀开始工作，使压力高的一端空气流向较低的一端，以消除内压差防止车体异常倾斜。差压阀是日本的 DP5（见图 3.27），该阀设定的压力差一般为 147 kPa（1.5 kgf/cm²）。差压阀的内部采用不易发生卡滞的结构，防止其长时间打开或者长时间关闭。

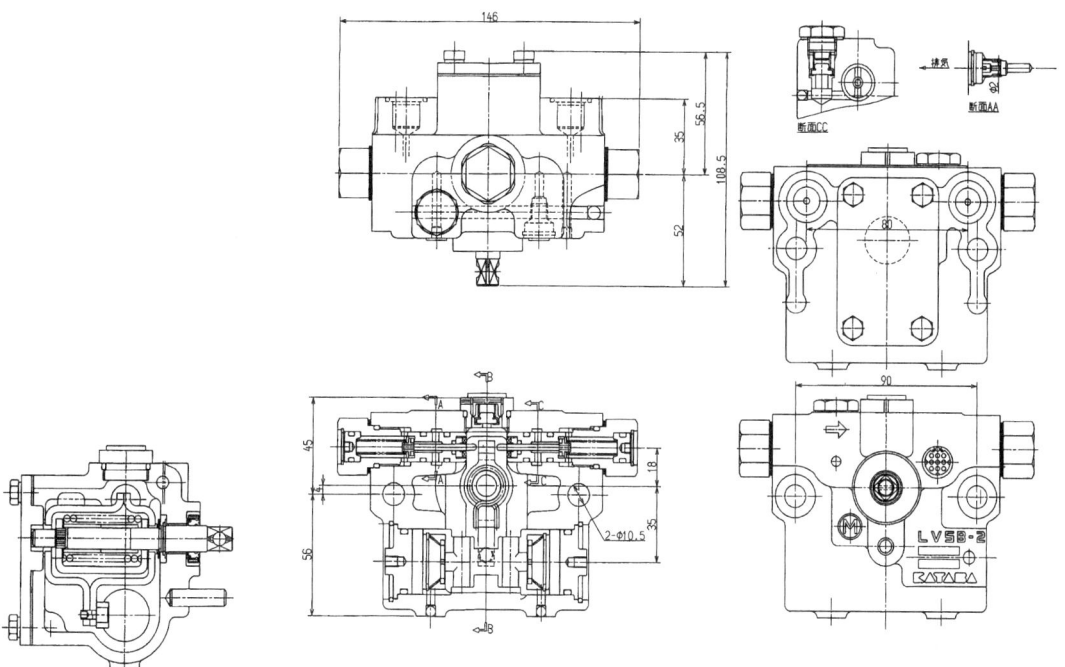

图 3.25 LV5B-2 型自动高度调节阀

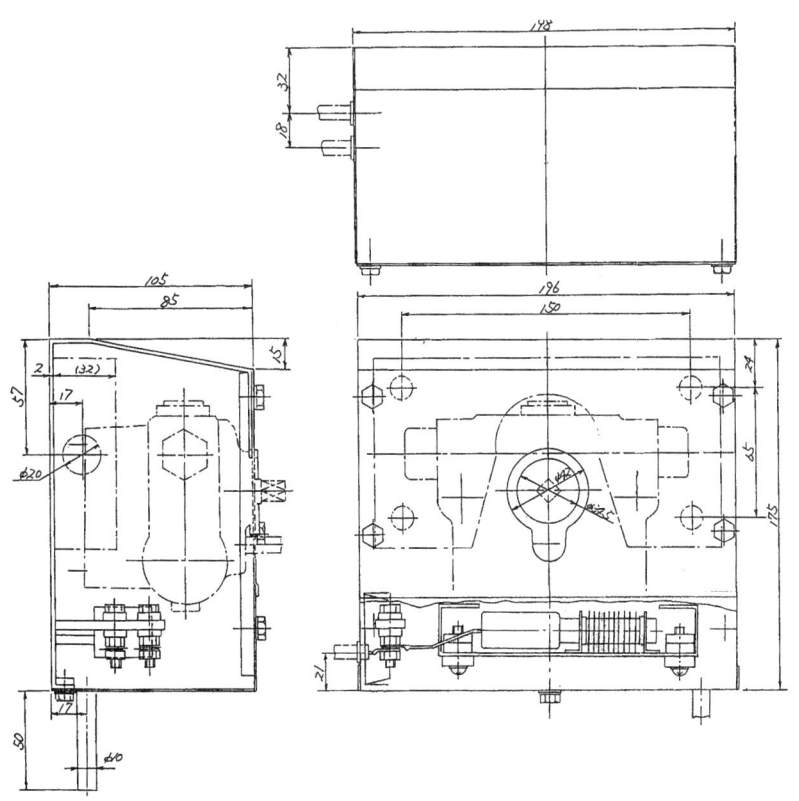

图 3.26 自动高度调节保温箱

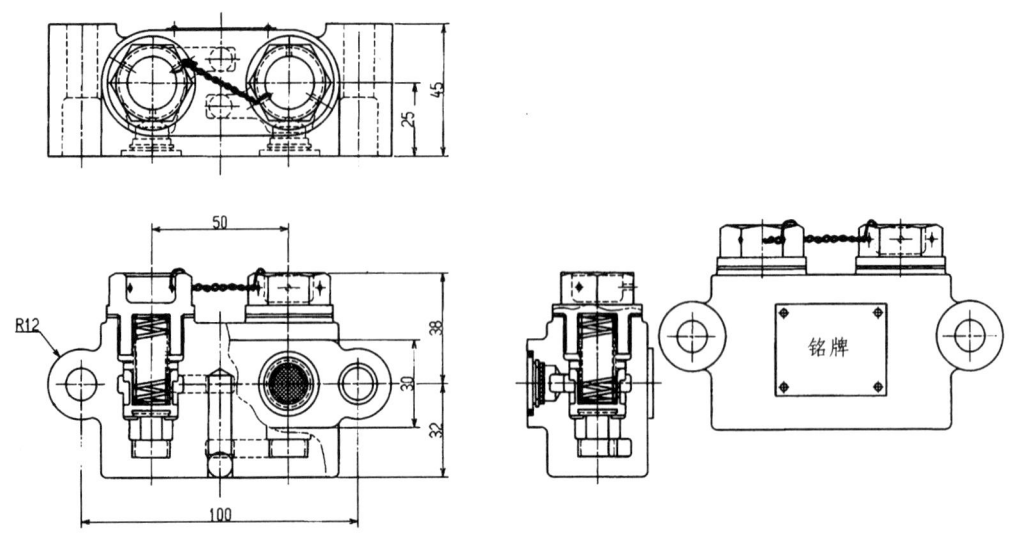

图 3.27 DP5 型差压阀

（4）横向液压减振器。

为了抑制运行时车体的摇摆，每台转向架安装了两个横向液压减振器（见图 3.28）。此部件安装在车体和转向架构架之间，并在其安装部安装了橡胶套管。

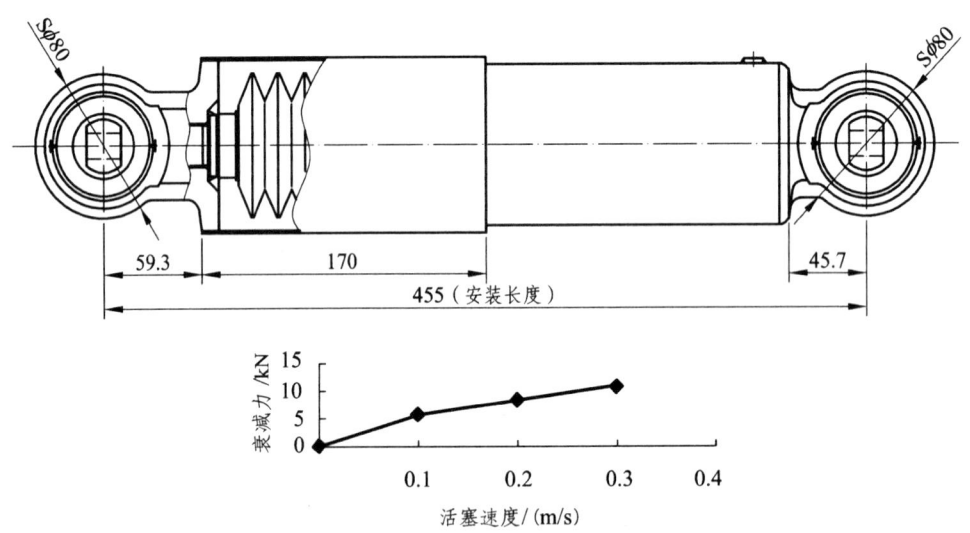

图 3.28 横向液压减振器及其衰减特性曲线图

在安装减振器时，应考虑到将来安装有源控制用驱动器、半有源控制用减振器以取代横向液压减振器的可能。用于安装减振器的支座应能承受减振器的载荷并应具备足够的强度。减振器座采用钢板焊接组装结构，主要材质是耐候性钢板 SMA490BW（JIS G 3114）。

（5）横向限位橡胶。

横向限位橡胶也称横向止挡，用于限制车体运行中特别是曲线上过大的横移，安装在转向架构架上，如图 3.29 所示。

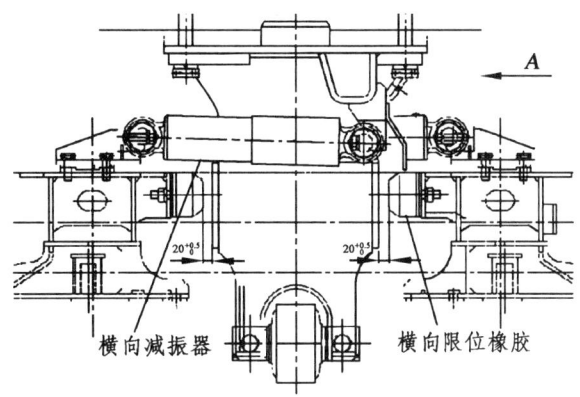

图 3.29　横向减振器与横向限位橡胶示意图

为避免运行中车体频繁碰撞橡胶或者接触后出现硬性冲击,将限位橡胶与中心销之间的初始间隙设定为 20 mm,同时规定初始间隙与最大负荷时的橡胶挠曲变形合计不超过 50 mm。

(6) 抗蛇行减振器。

为了获得稳定的回转阻尼力,防止列车在高速运行时其转向架发生蛇行,每台转向架安装有两个抗蛇行减振器。此部件安装在车体和转向架构架之间,并在其安装部安装了橡胶套管。

抗蛇行减振器代替了以往转向架使用旁承摩擦副提供阻力的方式。从运行稳定性方面考虑,抗蛇行减振器的活塞速度较小,不需要更大范围的活塞速度。

由于车体采用铝合金材质制造,在与钢制的减振器支架所接触的部分,应采取相应措施,防止因不同金属的接触而发生电化学腐蚀。为了防止发生冰雪的卡入,在外缘部分安装有防雪罩。

图 3.30 示出了抗蛇行减振器的衰减特性曲线图。

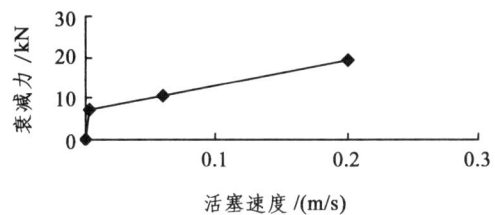

图 3.30　抗蛇行减振器衰减特性曲线图

(四) 驱动系统组成 (动车)

驱动装置由牵引电机、齿轮箱、联轴器 (齿轮型挠性联轴器) 及接地装置组成。

每个电动转向架都有 2 台直接装在构架上的牵引电机,以驱动装在轴上的锥齿轮,如图 3.31 和图 3.32 所示。

为尽可能减轻簧下质量,轴上的齿轮箱由轻型铝铸材质制成;齿轮由螺栓和锥形销直接固定在轴上的法兰盘上;齿轮箱装在 3 个轴承上,一侧装在圆柱滚子轴承上承受径向力,另一侧装在 2 个锥形轴承上承受径向及轴向力,组成一个预先放置的不可分离的单元;小齿轮安装,由 2 个圆柱轴承承受径向力,一个球轴承承受径向及轴向力,滚柱的材质为 SUJ2,轴承寿命 300 万千米以上。

图 3.31 牵引电机及齿轮箱模型图

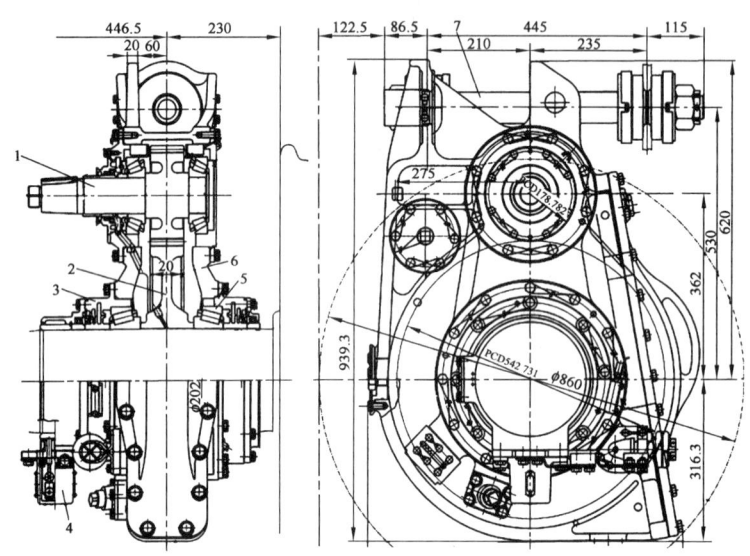

图 3.32 齿轮箱驱动装置组成

1—小齿轮轴；2—大齿轮；3—轴承盖；4—接地装置；5—轴承；6—箱体；7—齿轮箱吊杆

齿轮箱润滑是飞溅型，传动比为 3.036。齿轮箱装有一个低油液位传感器，其密封性能经过特别的研究，以防漏油或进水、雪和灰尘。

（五）基础制动装置组成

1. 概 要

基础制动装置为盘式制动方式。设置在转向架横梁上的增压汽缸将空气压力转变为油压再提供给锁紧装置。受被送入锁紧装置的压力油的作用，基础制动装置在锁紧装置上的制动闸片压紧制动盘从而实现制动。油压下降后，受锁紧装置内的自由缓冲弹簧作用，制动闸片离开制动盘。为防止因制动闸片的磨损而引起制动盘和闸片间间隙的扩大，装置具有自动调整功能以保持一定间隙。

锁紧装置有 3 类：用于动车转向架的"M 车侧制动盘用"、用于拖车转向架的"T 车侧制动盘用"和"T 车轴制动盘用"，如图 3.33 至图 3.35 所示。因动车转向架和拖车转向架的每个制动盘的制动力是不同的，所以其油压汽缸的直径也不同。用于拖车转向架的锁紧装置的侧制动盘和轴制动力，因其制动盘的直径及厚度均不同，所以其形状也不同。

动车转向架用的制动闸片与拖车转向架用的制动闸片是不同的，制动闸片的材质为烧结合金。

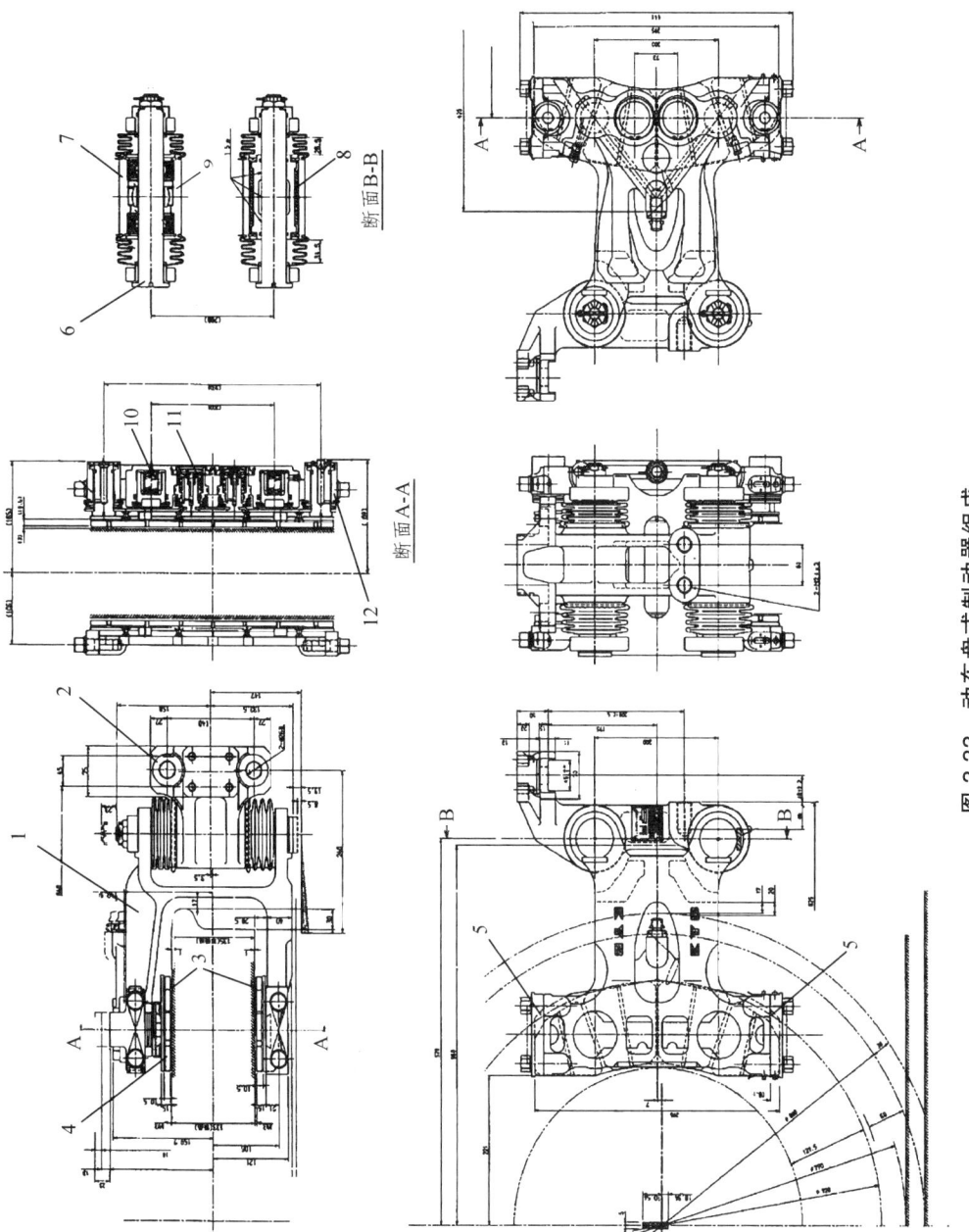

图 3.33 动车盘式制动器组成

1—主体；2—支撑框架；3—制动装置总成；4—制动装置支架总成；5—制动装置支架总成；6—支架销；7—稳定橡胶总成；
8—防振橡胶总成；9—球面轴承总成；10—活塞总成；11—同隙调节装置总成；12—固定销

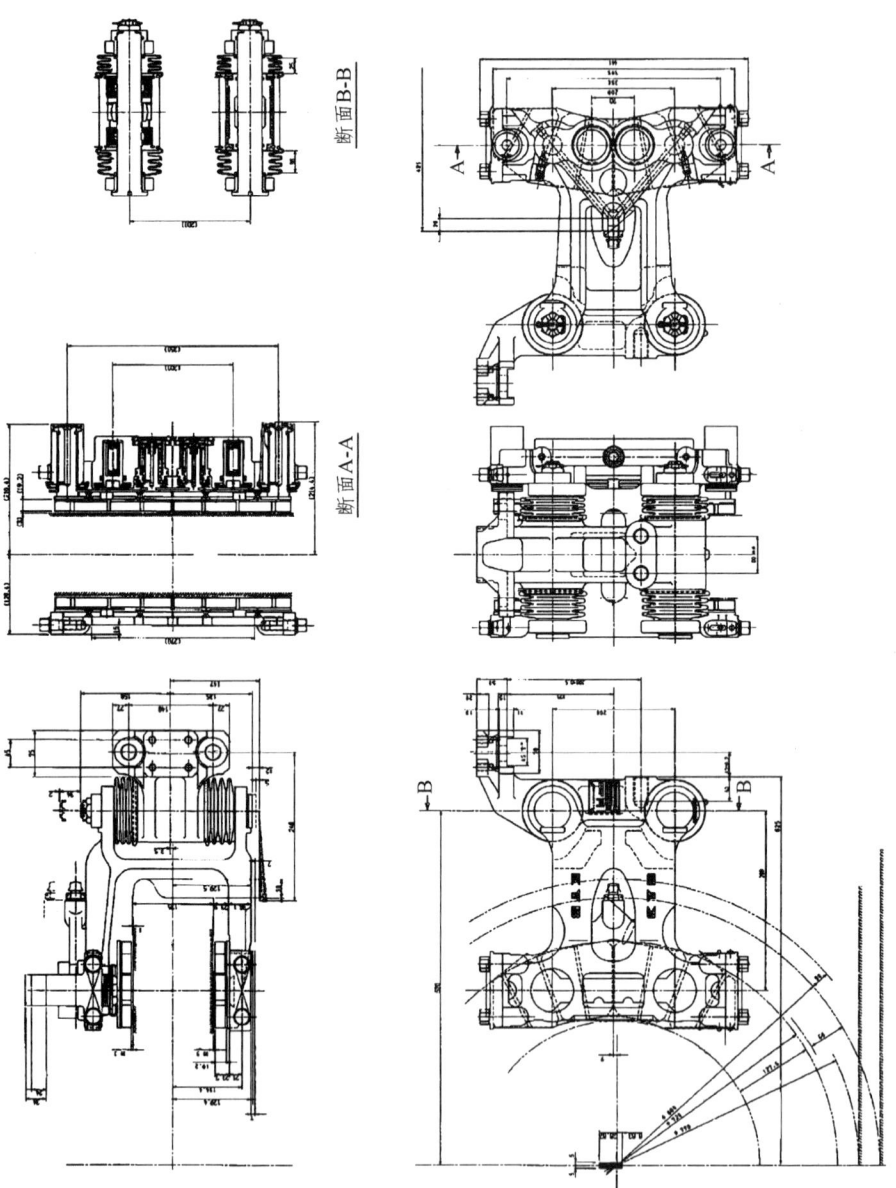

图 3.34 T 车轮盘制动器组成

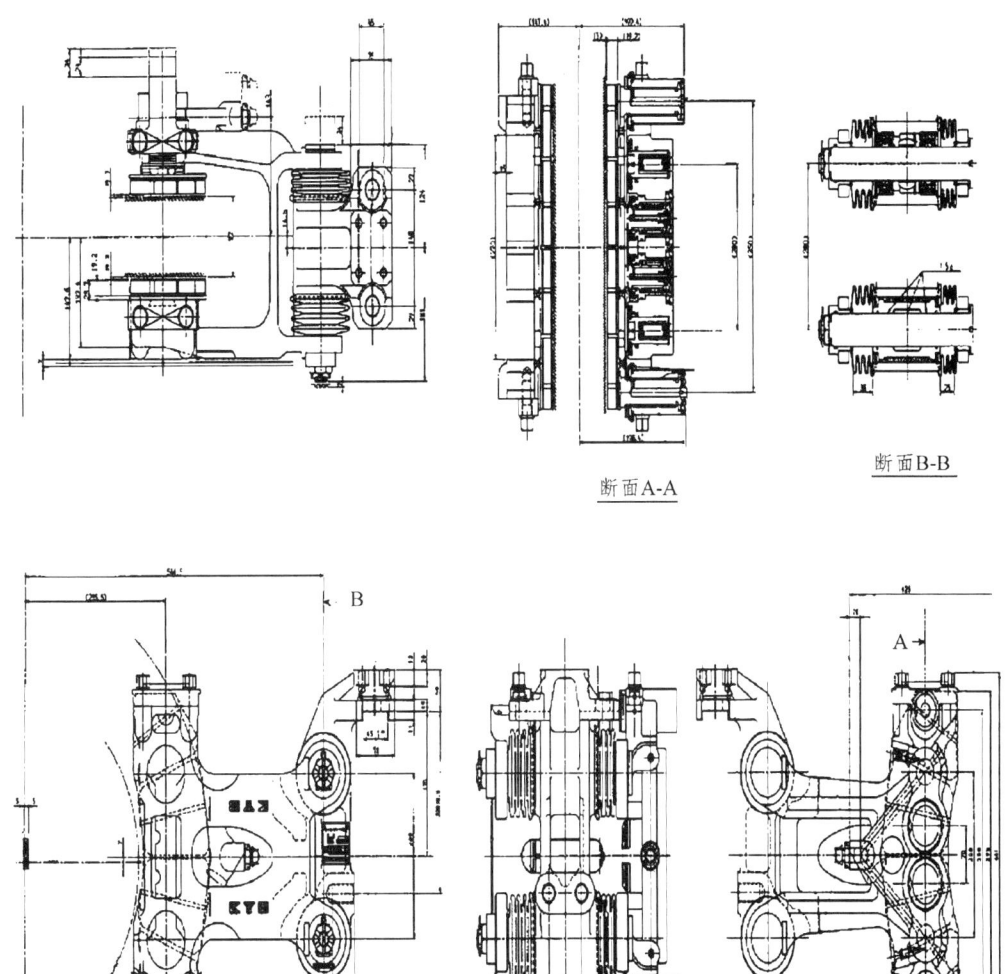

图 3.35 T 车轴盘制动器组成

踏面清扫装置可在行驶中擦拭附着在车轮踏面上的尘埃、锈迹、油脂等。为防止空转和打滑，在制动时将研磨子压抵在踏面上进行清扫，研磨子采用树脂系列的材质。作为耐寒耐雪对策，为防止装置阻塞，故将汽缸、复位弹簧、自动间隙调整装置合装在一起形成一个单元。

2. 增压缸

（1）主要技术参数。

180-42×55 型增压汽缸的主要技术参数见表 3.5。

（2）结构。

增压汽缸由汽缸部分、油压发生部分、PCIS 压力控制阀（滑行防止阀部分）组成。

表 3.5　180-42×55 型增压汽缸主要技术参数

部　位	项　目	备　注	
增压汽缸	汽缸直径	180 mm	
	油压汽缸直径	42 mm	
	增压比	18.367	
	行　程	55 mm	
	增压特性	气压 98 kPa→油压 1 372±294 kPa 气压 294 kPa→油压 4 998±294 kPa 气压 686 kPa→油压 12 250±490 kPa	
	缓解时的残压	49～98 kPa（油压）	
PC1S 压力控制阀 （滑行防止阀）	控制方式	气压滑行控制	
	电磁阀	额定电压	DC24 V（连续 20 s）
		最低电压	DC14.4 V
		额定电流	约 1.5 A
		线圈阻抗	15.6±1.0 Ω
最大动作压力		气压 735 kPa→油压 13 130 kPa	
质　量		30 kg（不含油）	

① 汽缸部分（见图 3.36）由汽缸主体、活塞、活塞杆、180 帽子形垫片、导环、缓解弹簧等组成。

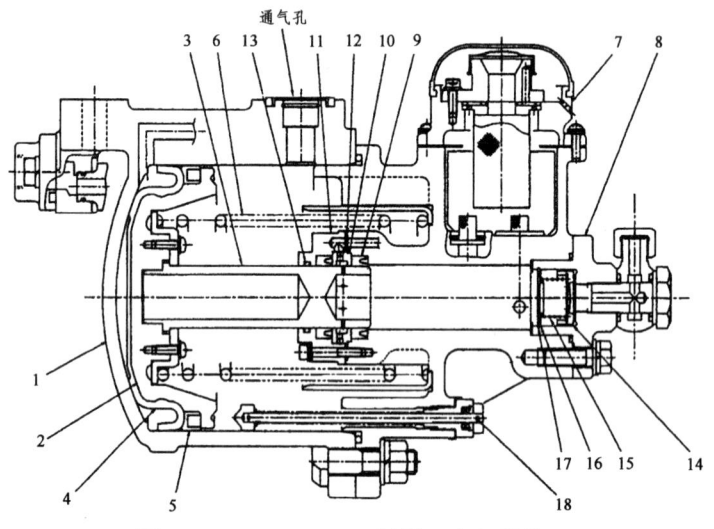

图 3.36　180-42×55 型增压汽缸结构图

1—汽缸主体；2、3—活塞；4—180 帽子形垫片；5—导环；6—缓解弹簧；7—储油器；8—带止回阀的油缸盖；
9—垫片；10—垫片压环；11—密封圈固定件；12—填密片；13—O 形圈；14—止回阀；
15—弹簧；16—弹簧行程限制板；17—挡圈；18—行程表示杆

a. 180 帽子形垫片由合成橡胶制成，活塞上置有合成树酯制的导环以防损伤汽缸内壁。
b. 活塞杆构成油汽缸的柱塞，为防止垫片的漏油及损伤，电镀了硬质的铬。
c. 活塞动作时，通气口即是缓解弹簧室空气给排的通道，同时也是能防尘埃及雨水进入汽缸内部的结构。

② 油压发生部分（见图 3.37）由油汽缸体（12）、油箱盖（14）、检油窗（15）、棘爪板（16）、附有逆止阀的油汽缸盖（18）、供给阀（19）、密封垫部分、其他垫圈类、行程表示部分及钢管联轴节部分等构成。

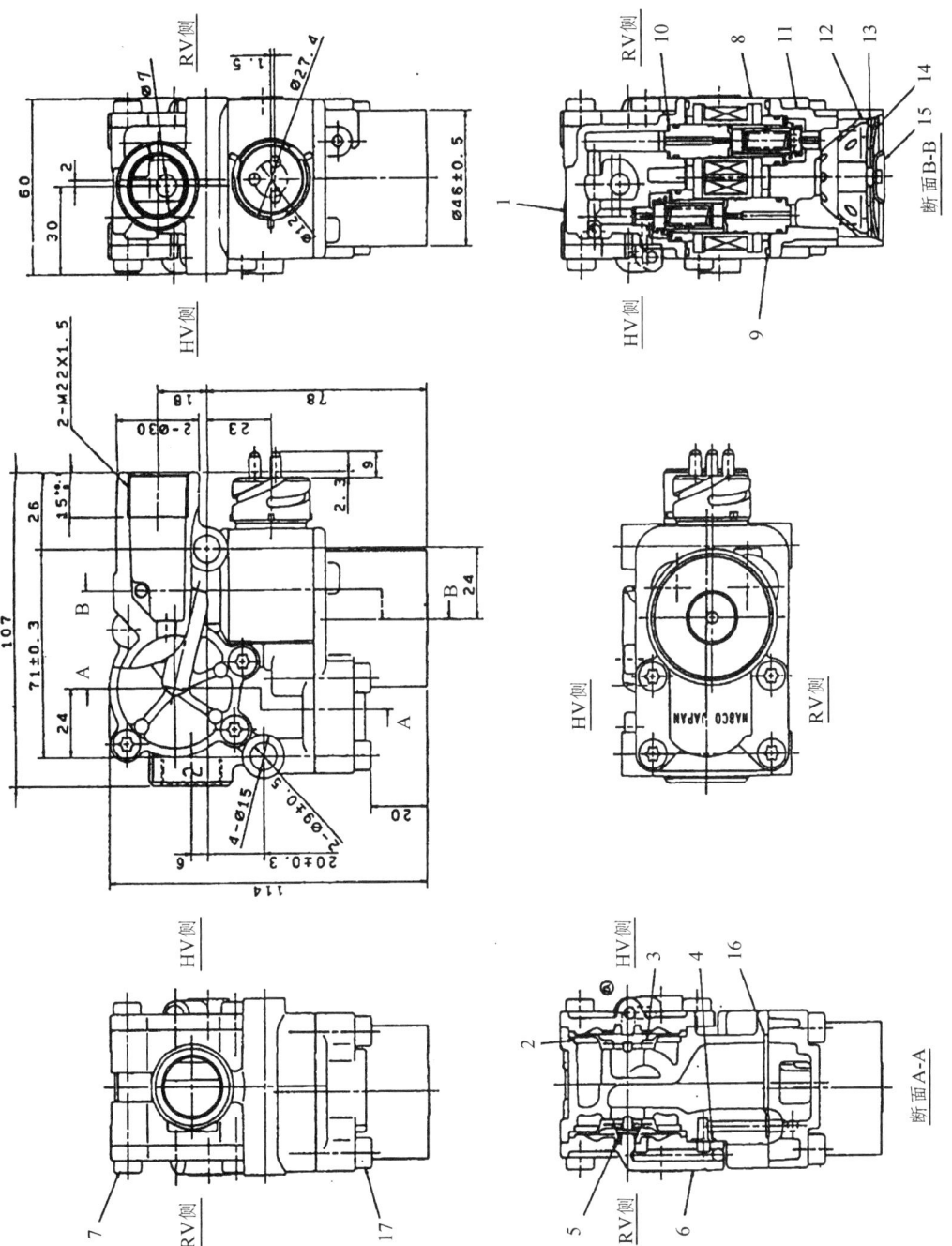

图 3.37 PC1S 压力控制阀结构图

99

a. 油汽缸体的上部为油箱。

b. 油箱盖上部有加油口，其内部设有滤尘器。另外，上部的帽盖为油箱内外大气连通结构。其外侧再设有另一个油箱盖以防止水、尘埃向油箱内部的侵入。

c. 为能观察油箱内的油面，油箱部位用定位环安装有检油窗。

d. 棘爪板，车辆在振动及加速、减速时，油箱中的油会晃动，为此油中有可能混入气泡，另外箱内的油还会溢至加油口，故在设计上尽可能防止油箱内油的晃动。

e. 密封垫由2个密封圈（20）、密封圈压环（21）、密封圈固定件（22）、垫圈（23）及O形环（24）组成。防止制动时油汽缸内高压油向油箱内的反流和油箱内油向缓解弹簧室内泄漏。

f. 油汽缸盖中装有逆止阀（26）、弹簧（27）、弹簧止动板（28）、止动环（29）。缓解时，为不让外气的"气泡"吸入锁紧装置及油压配管内，而在其中经常性的保持残压（约49~98 kPa）。合成橡胶制逆止阀的槽内插有逆止阀座，另外，逆止阀座有一圆形小孔，该小孔由逆止阀压抵塞住。高压油从逆止阀座的小孔流出挤压逆止阀后返回，再从逆止阀中央部位的孔流向锁紧装置。缓解时，锁紧装置的高压油与逆止阀同时挤压弹簧，经逆止阀外围的通道流向油汽缸侧。将油汽缸盖安装于油汽缸本体时需旋入O形环（30）来防止漏油。

g. 钢管联轴节部分是将在此增压汽缸中发生的油压传至油压锁紧装置的油管接头。为提高防漏油的性能，同时也为了配管作业的合理化及简洁化，采用了咬合式接头。

h. 供给阀为活塞杆复位至缓解侧时，将油箱的油吸入油汽缸内的油通道，因设有活塞杆及其他配管的漏油辅助装置，实际上成为一种逆止阀，在制动时切断油汽缸和油箱的联系。供给阀嵌有供给阀座（31），插入衬套（32）后，放入弹簧（33），再夹入O形环（34）并用盖（35）塞上。

i. 行程表示杆（36）集合了行程表示杆弹簧（37）、行程表示杆引导（38）、行程表示杆头（39）、开口销（40）和特殊回旋固定垫圈（41）。将它用螺丝旋入油汽缸的本体，并预先将特殊回旋固定垫圈弯折安装好。从外部能观察到活塞的行程，因行程表示杆与活塞水平方向间的间隙有17 mm，所以实际的活塞行程要在行程表示杆的突出量中加上17 mm。

③ PC1S压力控制阀（滑行防止阀部分）（见图3.37）。上体部（1）有IN-OUT端口，下体部（11）有EX端口。上体部和下体部之间夹着有2个螺旋及塞柱的轮毂磁铁。压力控制阀内的（2）处组合有由振动膜片（3）开闭的阀机构及为开闭该振动膜的螺旋阀机构，各称为保持阀（HV）及排气阀（RV）。保持阀在IN-OUT间起切断作用，排气阀在OUT-EX之间起连通作用。

（3）工作原理。

① 增压汽缸部分（见图3.38）。

经过制动控制装置由制动汽缸管送出的压缩空气再经过PCIS压力控制阀进入汽缸挤压活塞。因此，活塞杆就被压入油汽缸内移动。当设在活塞杆上的油孔通过密封垫的同时则向油汽缸内的油施加压力，直至产生与汽缸内的空气压力相合适的油压（约18倍）。油汽缸内的油挤开逆止阀被送入锁紧装置。

此时，因供给阀在弹簧侧受到油压，其阀保持关闭。另外，又因活塞的移动挤出行程表示杆，活塞返回移动行程。因此，油汽缸内的活塞杆也返回，油汽缸内的压力急剧下降，锁紧装置侧的油压相应提高。此时逆止阀座与逆止阀一起压住弹簧脱离逆止阀底座，逆止阀座周围向油汽缸内返流直至与弹簧的张力相吻合为止。

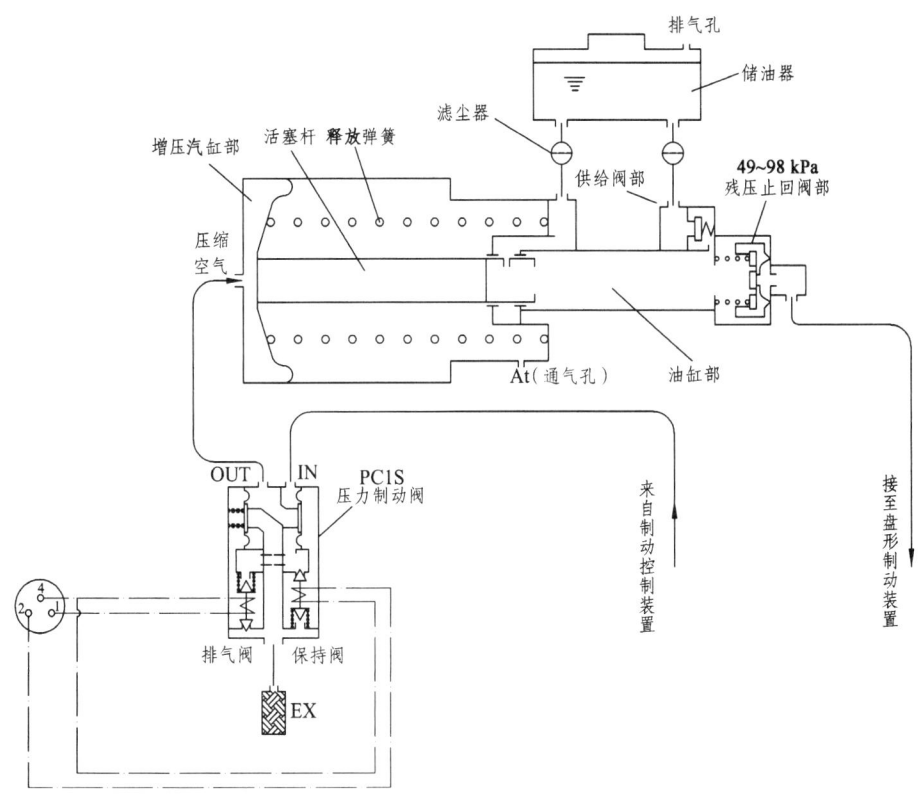

图3.38 增压汽缸工作原理图

锁紧装置内的油压与弹簧的张力一旦平衡，油的返流即停止，逆止阀座与逆止阀底座紧密接触，锁紧装置内保持约 49～98 kPa（0.5～1.0 kgf/cm^2）残压。这主要是防止来自锁紧装置的密封圈套及其他接头类的气泡侵入。

因从锁紧装置回油的延迟或因锁紧装置的间隙调整部分的动作后油压汽缸活塞的0点移动所产生的油量不足，更因漏油引起的油量不足，在活塞杆的回复行程中油汽缸内的油压低于油箱内的油压时，供给阀打开向油箱补充油。

制动完全缓解时，经过夹在油汽缸近侧的2个油封中的密封压环，活塞杆端开有的小孔和油箱相通。

活塞一旦回复至缓解位置，行程表示杆即依靠弹簧的力量回复至缓解弹簧室中。

② PC1S压力控制阀部分（滑行防止阀），如图3.39所示。

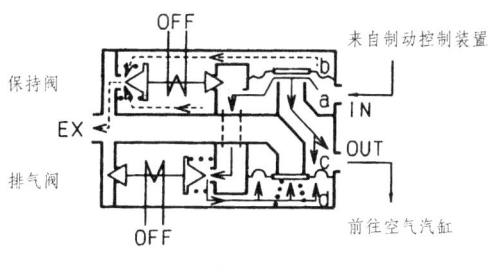

（a）制动（供应）位置

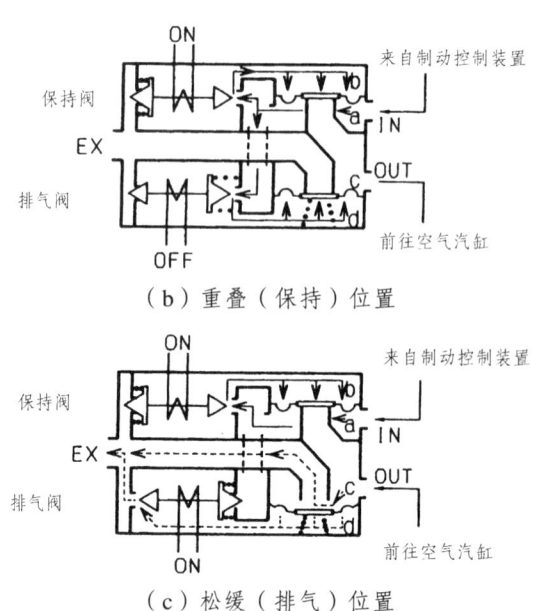

图 3.39 PCIS 压力控制阀工作原理图

a. 非滑行时。

因来自滑行检测器的信号为 OFF，保持阀、排气阀均在 OFF 状态形成制动位置。BC 压力空气一旦流入 IN 端口，则从 IN 端口经过排气阀侧的螺旋管道进入排气阀侧振动膜片的背压室 d，排气阀侧振动膜片关闭，b 室的压缩空气依靠自身的压力挤开保持阀侧的振动膜片。因流向 OUT 端口，所以 BC 的压力空气由 IN 端口提供给 OUT 端口。

b. 滑行时。

• 缓解作用。

根据缓解指令，保持阀、排气阀同时励磁形成缓解位置。保持阀一旦被励磁，IN 端口和 OUT 端口则被切断，切断来自 IN 端口 BC 压力的流入。另一方面，排气阀一旦励磁，OUT 端口和 EX 端口则连通，制动汽缸侧的 BC 压力空气则迅速进行排气。

• 重锤状态。

根据保持指令，保持阀保持励磁，仅有排气阀消磁，形成重锤位置。排气阀一旦消磁，OUT 端和 EX 端口即被切断，制动汽缸侧的 BC 压力空气的排气停止。另一方面，因保持阀连续励磁，来自 IN 端口的 BC 压力空气的流入也被连续切断。因此，制动汽缸侧的压缩空气将保持减压至一定量的状态。为能在再次制动时快速启动，其底线为制动侧的压力下降不超出必要以上。

• 制动作用。

根据供给指令，保持阀也被消磁，形成制动位置。排气阀已经消磁，制动汽缸侧的压力空气的排气被关闭，又因保持阀的消磁连通 IN 端口和 OUT 端口，BC 压缩空气再次由 IN 端口向 OUT 端口提供。因此，制动汽缸的压缩空气回复至滑行发生前的压力。

3. 锁紧制动装置

（1）主要参数及基本结构。

锁紧制动装置的主要参数见表 3.6，其基本结构如图 3.40 所示。

表 3.6 锁紧制动装置主要参数

使用场所	M 车轮制动盘	T 车轮制动盘	T 车轴制动盘
形 式	B159	B160	B161
油压汽缸	$\phi 45$ mm×2	$\phi 32$ mm×2	$\phi 32$ mm×2
制动盘转子	$\phi 720$ mm×127.5 mm×133 mm （外形×厚度×宽度）	—	$\phi 670$ mm×130 mm×97 mm （外形×厚度×宽度）
作用半径	297.6 mm	—	273.8 mm

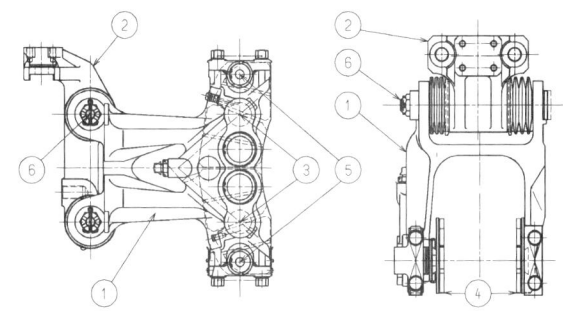

（a）M 车轮制动盘

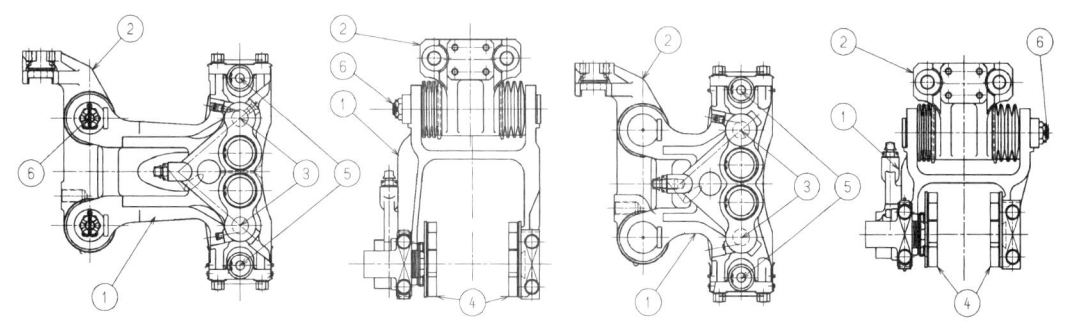

（b）T 车轮制动盘　　　　　　　（c）T 车轴制动盘

图 3.40 制动锁紧装置基本构成

锁紧制动装置的基本构成要素有：本体①、支持架（支撑）②、油压汽缸③、制动闸片④、间隙调整装置⑤、支持销（导环）⑥。

（2）锁紧制动装置的动作。

锁紧制动装置动作中或者实施制动后不得用手触碰，否则可能发生夹手、烫伤等人身伤害事故。

锁紧制动装置由支持架和本体组成，用两根支持销来连接。加压制动时，因油压汽缸的作用，汽缸侧制动闸片先触抵制动盘面，继而在反作用下本体滑动支持销，汽缸反向侧制动闸片也压抵制动盘面，即产生制动力。

支持销部分由球面轴承及稳定橡胶支持，吸收制动盘面与本体之间的倾斜，从而起到防止闸片偏磨耗、制动力的稳定化及防振作用如图 3.41 所示。

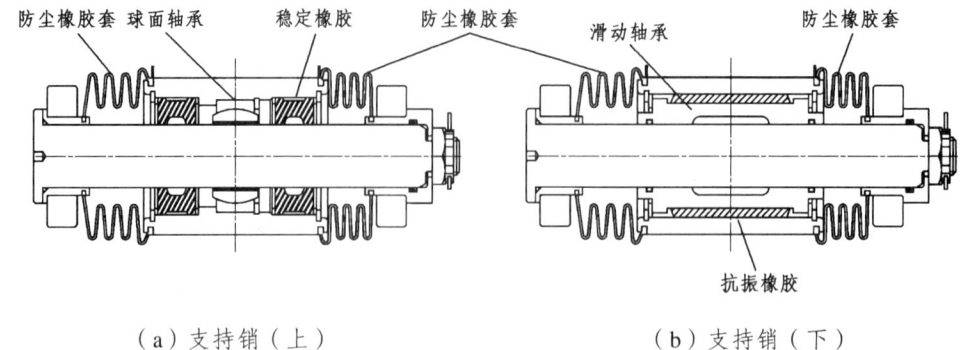

(a) 支持销(上)　　　　　　　　(b) 支持销(下)

图 3.41　锁紧制动装置结构图

图 3.42 所示为自动间隙调整装置兼闸片复位机构。为防止因闸片磨耗引起闸片和盘片的间隙变大，设定了自动间隙调整装置。闸片一旦磨耗，调节活塞内的自由缓冲弹簧和连杆之间因油压汽缸的作用而产生滑动，压力消除时的复位量则保持一定。

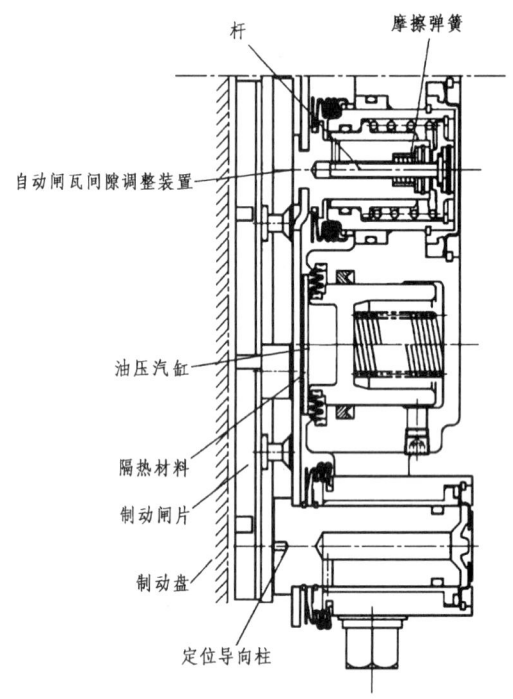

图 3.42　自动间隙调整装置兼闸片复位机构

油压汽缸的复位机构由复位弹簧来限制，油压汽缸的复位量始终保持一定。

液压即便消除，汽缸侧闸片则仍保持着与制动盘面的接触，但由于制动力盘板表面的凸凹、振动，本体滑动支持销部使其移动至不发生打滑的位置。在此位置由稳定橡胶来进行固定，汽缸侧、反向汽缸侧同时产生间隙。

4. 踏面清扫装置

为去除车轮踏面的污垢及油渍，保持稳定的黏着性能，防止车轮擦伤，动车组加装了踏面清扫装置。该装置安装在制动钳的上部，采用活塞式，在制动时将研磨装置压在车轮踏面上开始工作，如图 3.43 所示。

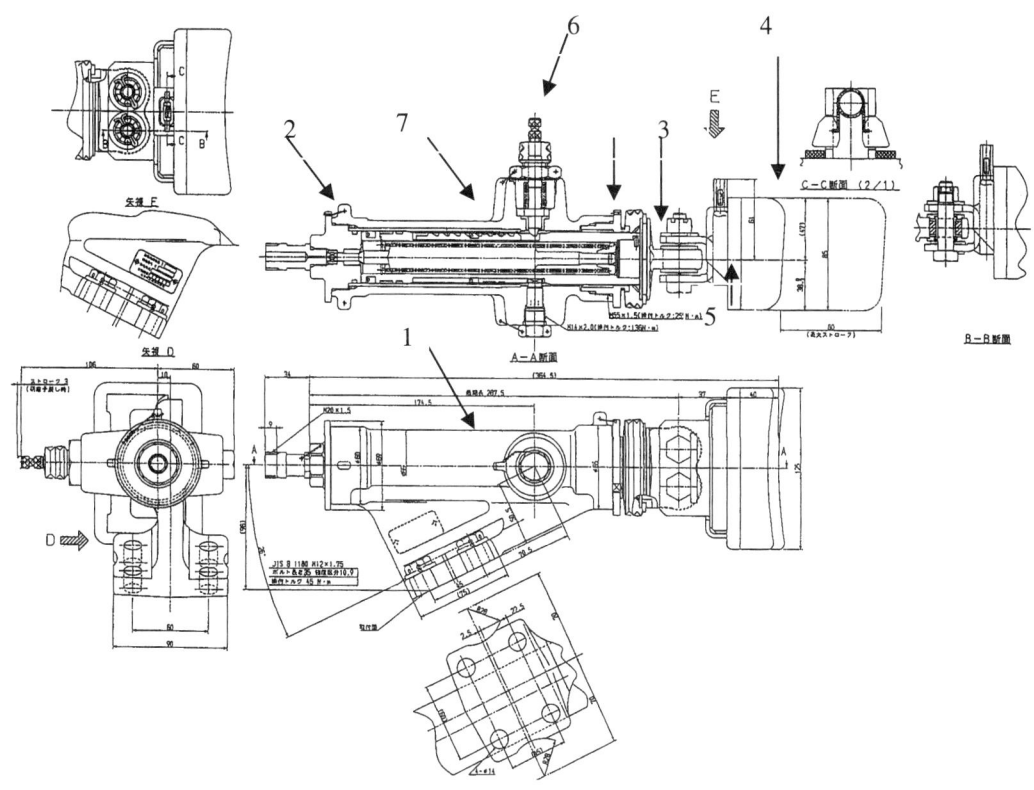

图 3.43 踏面清扫装置

1—缸体；2—缸盖；3—活塞杆；4—研磨装置；5—研磨装置支架；6—止动销；7—止动销支架

（1）规格及基本结构。

踏面清扫装置的主要参数如下，其基本结构如图 3.44 所示。

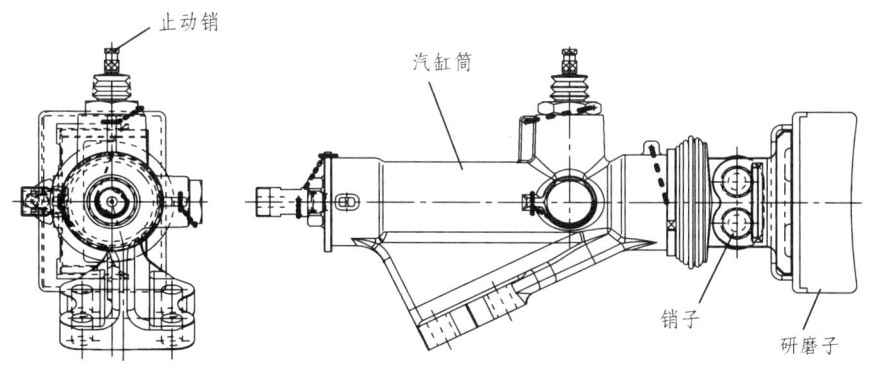

图 3.44 踏面清扫装置基本结构

形式：直动型。

汽缸尺寸：$\phi 40$ mm。

面积：12.57 cm^2。

使用空气压力：0.49~0.59 MPa。

最大行程：80 mm。

研磨子厚度：40 mm（有效磨耗余量为30 mm）。

（2）踏面清扫装置的动作过程。

踏面清扫装置由4根螺栓固定在转向架的托架上。

通过连接器进行加压后，活塞连杆被顶出，装置在活塞头端的研磨子就触抵车轮的踏面。

压力去除后，在复位弹簧作用下，活塞杆及研磨子被拉回。与研磨子座结合的销子由防振橡胶支持，吸收车轮的倾斜，以此来达到防止研磨子偏磨耗和缓解振动的目的。

止动销式间隙调整装置：研磨子、车轮的踏面一旦磨耗，止动销座（安装在活塞连杆的槽内）的凸起则会抬起由弹簧抵压的止动销并使之超越，由此使研磨子与车轮踏面的间隙保持在大约15~23 mm的范围内。若箱室内残留有空气，需将止动销拉出2~3次进行排气。

5. 排障器

为排除轨道上的道砟（碎石）等大小障碍物，在转向架上设置了排障器，更大的障碍物由车体的排障器排除。排障装置由安配臂、排障板支架、排障板等构成（见图3.45）。由于排障装置安装在轴箱的下面，因此应具备足够的强度，即使承受较大的振动也不易发生破损。应能够配合车轮直径、调节排障板的高度。在轴箱保持水平的状态下，排障板下端与钢轨面的高度可调节为大约10 mm。

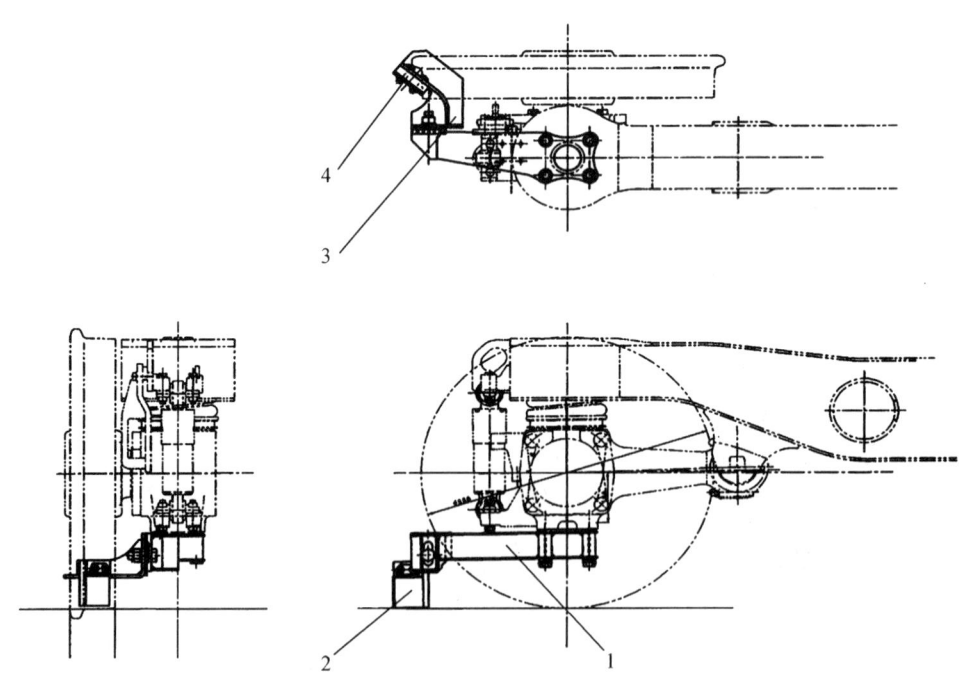

图3.45 排障器结构组成

1—安配臂；2、4—排障板；3—排障板支架

第三节　CRH1 型动车组转向架

CRH1 型动车组转向架是以瑞典的 Regina 型动车组所用的 AM96 转向架为原型进行设计，并通过青岛 BSP 公司技术消化，在国内制造生产的动车组转向架。其在轮对、轴箱、一系悬挂装置、二系悬挂装置、齿轮箱和牵引装置、制动装置等各部件上均采用了成熟的技术，这就确保了它在高速列车要求的速度和载荷方面，符合 UIC518 规定的运行品质和高可靠性等要求。

CRH1 型动车组由 5 辆动车和 3 辆拖车组成，安装有 10 个动车转向架和 6 个拖车转向架，如图 3.46 所示。

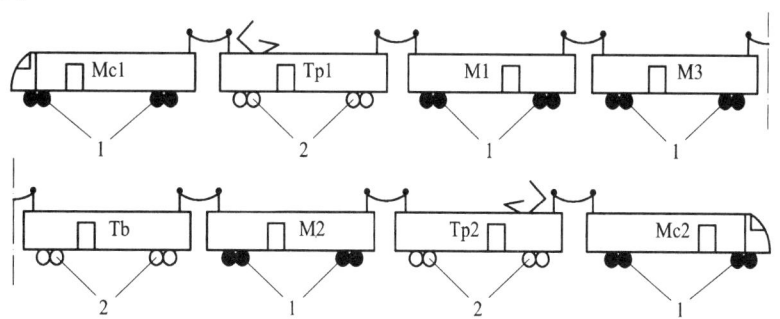

图 3.46　CRH1 型动车组的转向架

1—动车转向架；2—拖车转向架

动车转向架主要设备有：2 个牵引电机驱动轴；每轴有 2 个装于车轮上的制动盘（轮盘）；制动单元装于端梁上；信号系统和排障器（仅安装在 Mc1 及 Mc2 车的转向架）。

拖车转向架主要设备有：每轴装有 3 个轴盘制动盘；制动单元装于横梁上；分相区天线（仅安装在部分转向架）。

拖车转向架和动车转向架都有相同的一系和二系悬挂系统，转向架构架也相似，但拖车转向架上没有端梁。

图 3.47 所示为动车组转向架车轮和轴的编号及其编组车辆的 A 位端、B 位端和右侧、左

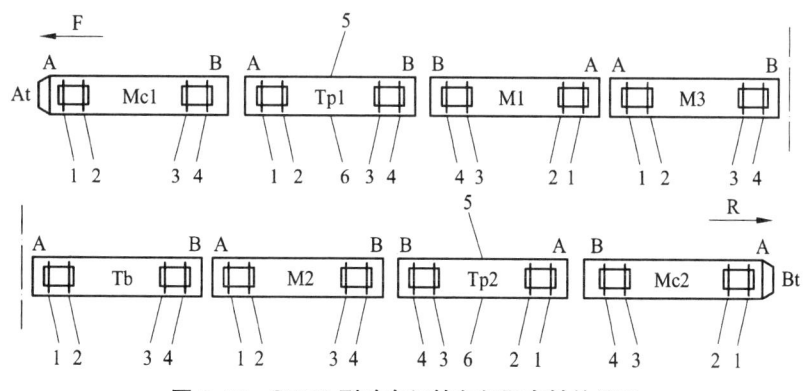

图 3.47　CRH1 型动车组转向架及车轴的编号

1—轴 1（转向架 1A 位端）；2—轴 2（转向架 1B 位端）；3—轴 3（转向架 2B 位端）；4—轴 4（转向架 2A 位端）；
5—列车右侧；6—列车左侧；A—车辆 A 位端；B—车辆 B 位端；At—列车 A 位端；
Bt—列车 B 位端；F—正向行进；R—返回（逆向行进）

侧示意图。转向架车轮和轴的编号起始端为 B 位端。转向架 1 的 A 位端和 B 位端朝向车辆的 A 位端和 B 位端，转向架 2 则旋转 180°，方向相反。

列车运行方向规定如下：

当在 Mc1 车驾驶室驾驶列车向前行进时，视为列车正向行进。

当在 Mc2 车驾驶室驾驶列车向前行进时，视为列车返回（逆向行进）。

一、基本组成及技术参数

（一）结构概要

动车组每节车厢下有 2 个转向架，动车下是动车转向架，拖车下是拖车转向架。转向架为两轴无摇枕"H"形构架，一系悬挂为钢弹簧转臂定位，二系悬挂采用空气弹簧，并采用 LMA 型磨耗型车轮踏面。动车转向架由构架、轮对轴箱、牵引装置、基础制动装置、二系悬挂装置、牵引电机、驱动装置组成。动车转向架上设有 2 个轮盘制动装置，每台动车转向架有 2 根动力轴，电机采用架悬方式以降低簧下质量，改善动力学性能。拖车转向架组成结构基本与动车转向架一致，但没有牵引电机和驱动装置，拖车转向架上每根轴设有 3 个制动盘。

动车转向架与拖车转向架结构总装图如图 3.48 和图 3.49 所示。

动车转向架和拖车转向架均包含以下主要部件：轮对和轴箱；一系弹簧悬挂；转向架构架；二系弹簧悬挂（空气弹簧）；牵引杆；抗蛇行减振器；抗侧滚扭杆；空气制动装置（拖车转向架上为 2×3 个轴盘制动盘，直径为 640 mm；动车转向架上为 2×2 个轮盘制动盘）。

动车转向架上还安装有其他设备：牵引电机、齿轮箱、联轴节。

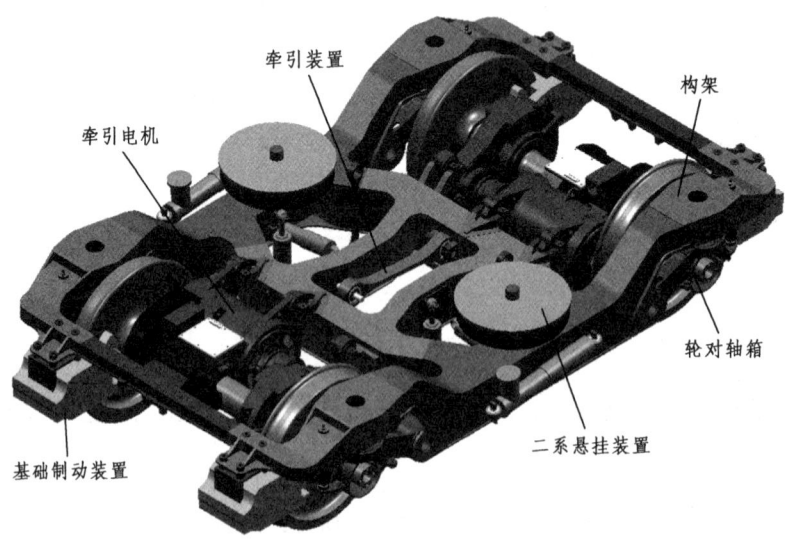

图 3.48 CRH1 型动车组动车转向架总图

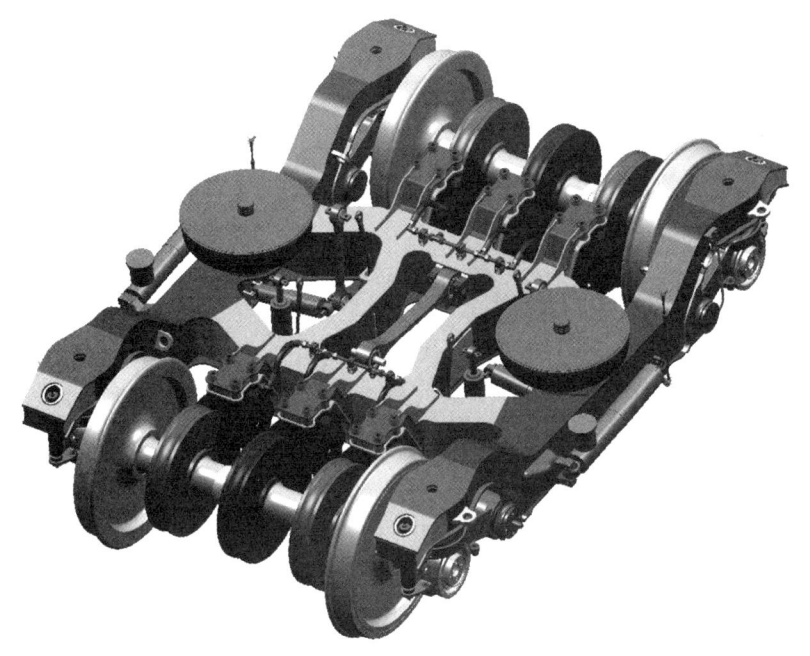

图 3.49　CRH1 型动车组拖车转向架总图

（二）主要技术参数

轴距：2 700 mm。

轮径：915 mm（835 mm 磨耗到限）。

车轴：UIC A4T 型空心车轴。

轴颈中心距：2 070 mm。

空气弹簧横向间距：1 860 mm。

空气弹簧上承台面距轨面高：945 mm。

动车转向架质量：≈8.2 t。

拖车转向架质量：≈6.3 t。

正常运行速度：200 km/h。

最大速度：220 km/h。

最大试验速度：250 km/h。

二、主要部件组成及性能

（一）构架组成

无论是动车转向架还是拖车转向架，均采用由铸件和钢板组装成传统的"H"形构架形式。转向架构架主要由侧梁组成、横梁组成、纵向辅助梁、空气弹簧支撑梁、定位臂和齿轮传动装置座等组成，侧梁的中部为凹形。动车转向架构架和拖车转向架构架可通过安装托架实现互换性。转向架构架在焊接组装后应进行退火处理。图 3.50 和图 3.51 分别示出了动车转向架构架、拖车转向架构架组成。

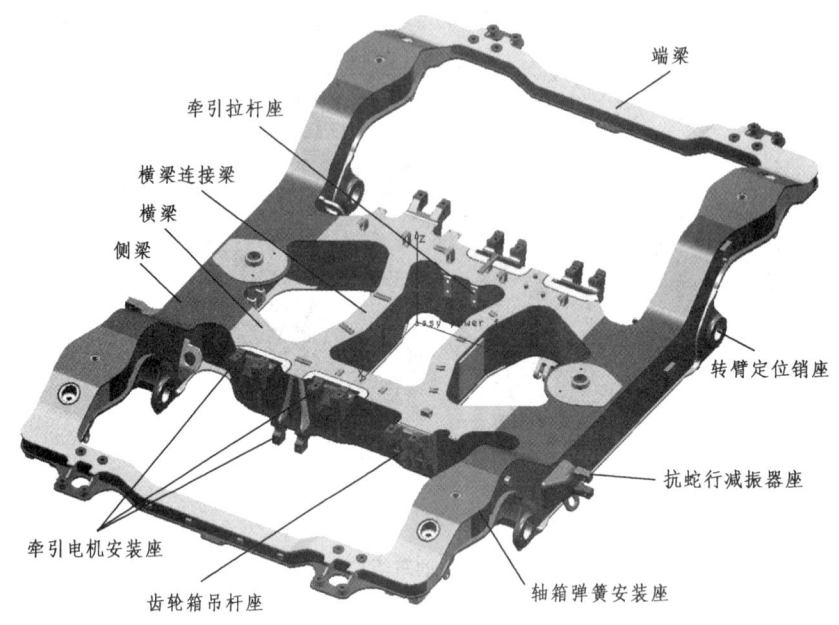

(a) 正面

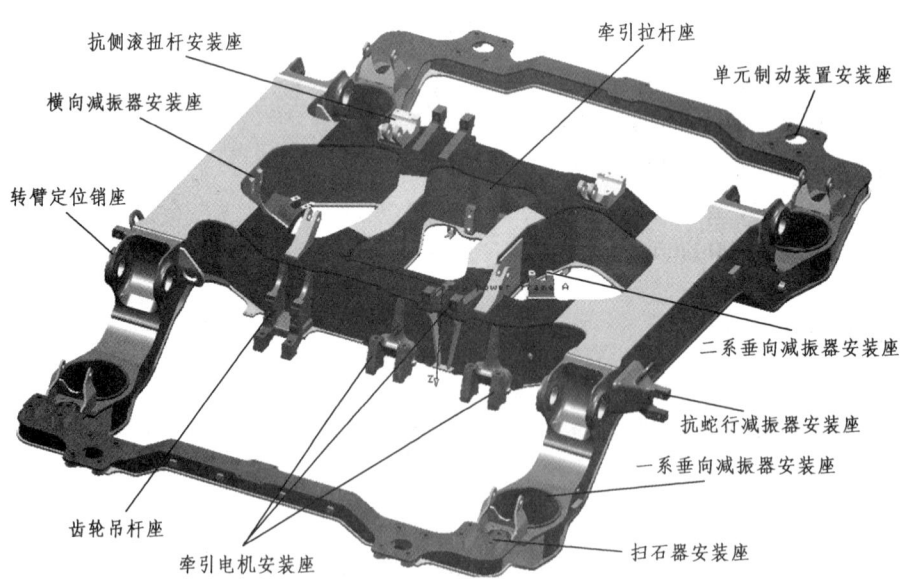

(b) 反面

图 3.50 动车转向架构架组成

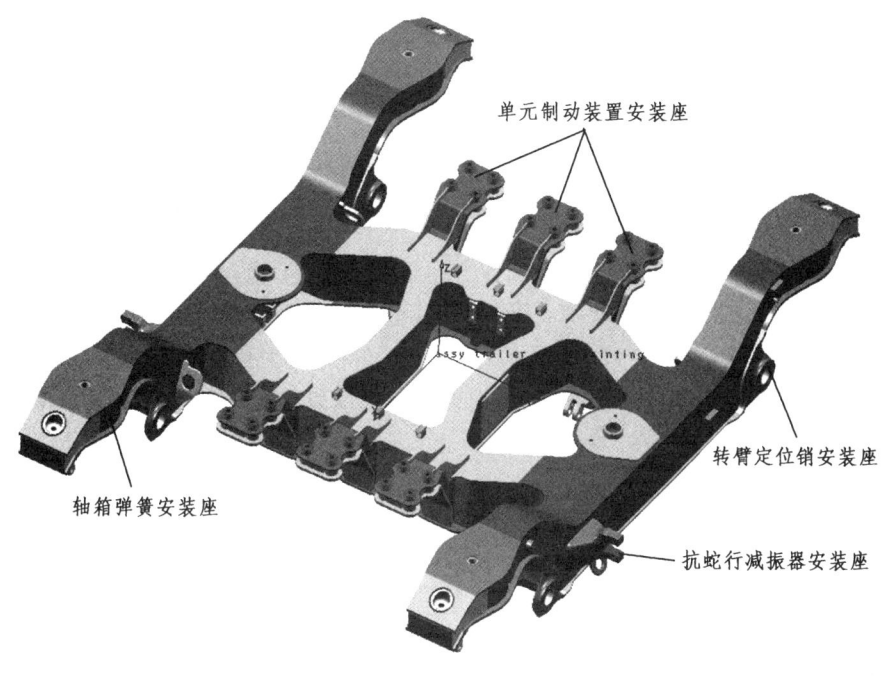

(a)正面

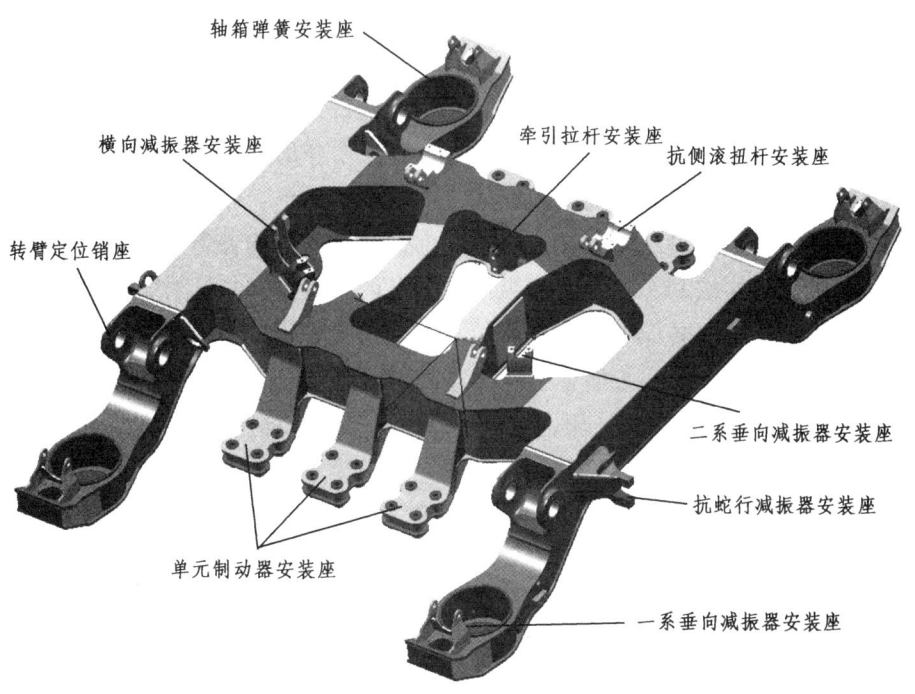

(b)反面

图3.51 拖车转向架构架组成

动车转向架为两端带端梁的框形构架,拖车转向架为"H"形构架,使用的材料为钢板（EN 10025）和铸件（ISO 3755）。

111

构架主要由以下部件组成：

（1）2个侧梁结构。提供空气弹簧的支撑，连接抗蛇行减振器和横向减振器，组装一系转臂托架。

（2）2个横梁结构。动车转向架横梁是牵引电机安装支架，同时也是齿轮箱反应杆支架；拖车转向架横梁是闸瓦托吊座安装支架。两种转向架的横梁均是牵引杆、架车点以及垂向减振器和抗侧滚扭杆安装支架。

（3）2个连接横梁的纵向辅助梁。安装横向减振器；构架的4个端部（如可能应采用铸件）；安装一系弹簧和减振器。

（4）2个缓冲端梁（仅动车转向架）。安装单元制动机和排障器（排障器只用于Mc车A端转向架上）。

（5）其他（如可能应使用铸件）。转向架构架上还有上一系减振器支架、一系套管支架、电机和齿轮箱（只用于动车转向架）、抗蛇行减振器和ARB支架。

（二）轴箱定位装置

CRH1型动车组的轴箱定位装置为转臂式（见图3.52和图3.53）。一系悬挂圆弹簧置于转臂安装座上，螺旋弹簧下端安装在一系转臂上，上端套在转向架构架侧架端部的弹簧套里面，承受构架传来的载荷，并把载荷传递到轴箱上。转臂一端通过橡胶节点安装在侧架上。转臂橡胶弹性节点装有一个柱形套，只允许垂向运动。弹性节点用锥形套和锥形销贯通轴套的方式安装在转向架构架上。销和轴套用螺丝钉紧固在构架上。橡胶定位结点参数的选取既要考虑列车在直线上的高速运行稳定性，又要考虑列车的曲线通过性能。因此，最终参数的确定是考虑运行稳定性与曲线通过性之间的折中。转臂另一端则通过橡胶元件固定在轴箱上，轴箱再通过轴承安装在车轴端部，这样的结构使得轴箱相对于构架只能做垂向移动，可以达到构架和车轴之间的纵向和横向的刚度要求。同时，转臂下方的底部压板装在轴箱下，如果抬起转向架，可以使轮对随着抬起。转臂上的凸台下装有伸出的止挡管阻止转臂与构架间的运动，止挡管用螺栓连接到转向架构架上。

轴箱垂向减振器安装在轴箱外侧，在构架端部和转臂之间。转向架轴箱上还装有用于不同功能的轴箱装置（见图3.53）。主要有炭刷装置（保护接地或牵引回流）、速度传感器（WSP、LKJ1和LKJ2）、ATP速度传感器和轴温报警装置。

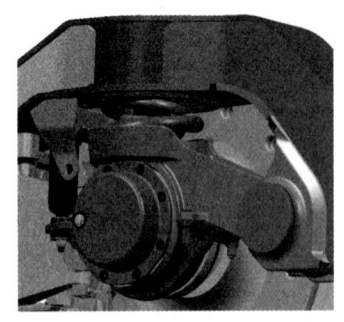

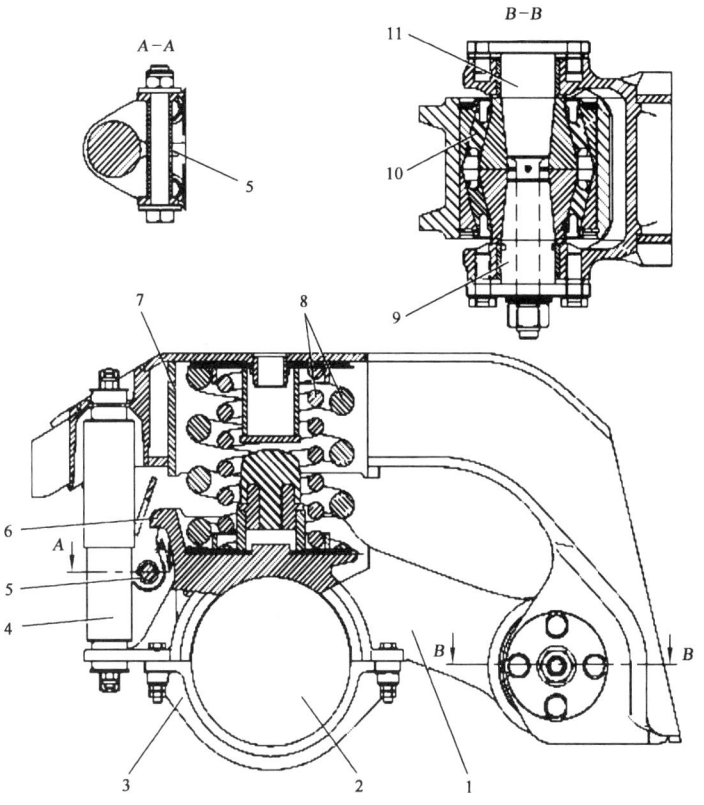

图3.52 轴箱定位装置

1—定位转臂（包括弹簧座）；2—轴箱；3—底部压板；4—垂向减振器；5—止挡管；6—转臂凸台；
7—弹簧套；8—螺旋弹簧；9—锥形套；10—柱形橡胶套；11—锥形销

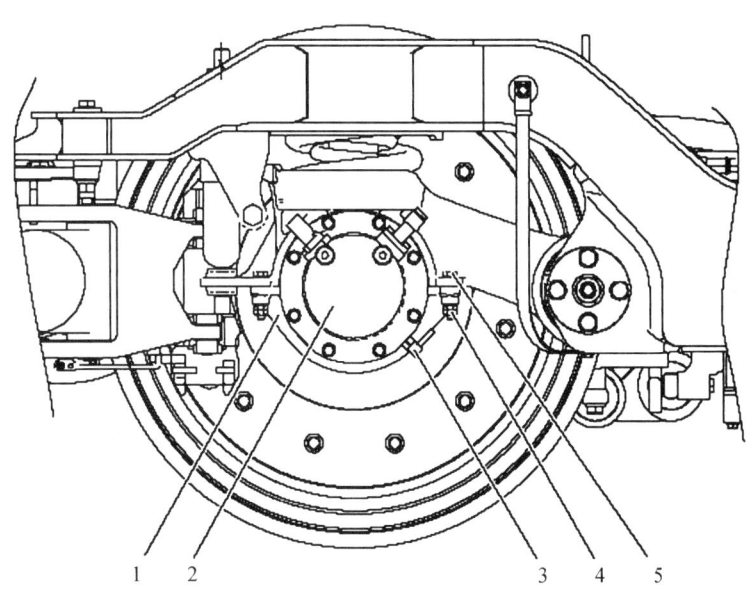

（a）动力轮

1—夹持架；2—轴箱；3—轴温报警器；4—螺母（M14）与弹簧垫圈；5—螺钉（M14）

113

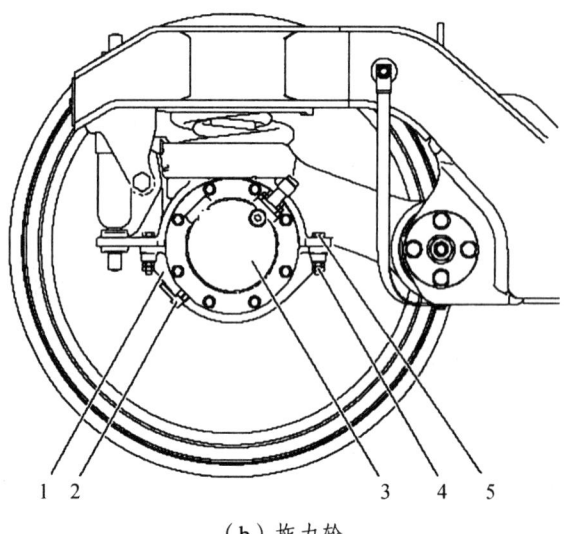

（b）拖力轮

1—固定支架；2—轴温探测传感器；3—轴箱；4—螺母和弹簧垫圈；5—螺钉（M14）

图 3.53 轮对轴箱辅助装置

转臂式轴箱定位装置的特点是：无磨耗，利于维护；能实现不同的纵向和横向定位刚度，从而有效地抑制转向架的蛇行运动，满足车辆横向运动性能的要求；由于转臂式是单侧式，轴箱弹簧又布置在轴箱顶部，所以可将轴箱油压减振器设置在另一侧（靠近构架侧梁外端部分），既便于减振器的安装，又可缩短构架长度。

（三）轮对组成

轮对的设计应能够承受大的轴重，符合相关规范的要求。轮对为空心车轴，按照欧洲标准 EN 13104（动车）和 EN 13103（拖车）进行设计，设有相应的轮座和制动盘座。带有拆卸用注油孔的整体式车轮，其车轮材质为 ER9，车轮寿命为 150 万千米，车轮内侧距为 1 353 mm。动车制动盘为轮盘，每轮对 2 组；拖车为轴盘，每轮对 3 组。车轮踏面采用 LMA 型踏面。

图 3.54 分别示出了动力轮对和拖力轮对的组成。图 3.55 分别示出了动力车轮和拖力车轮图。

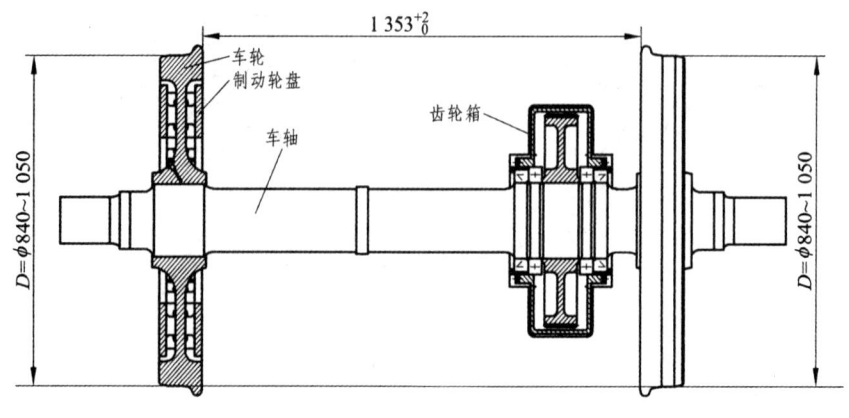

（a）动力轮对

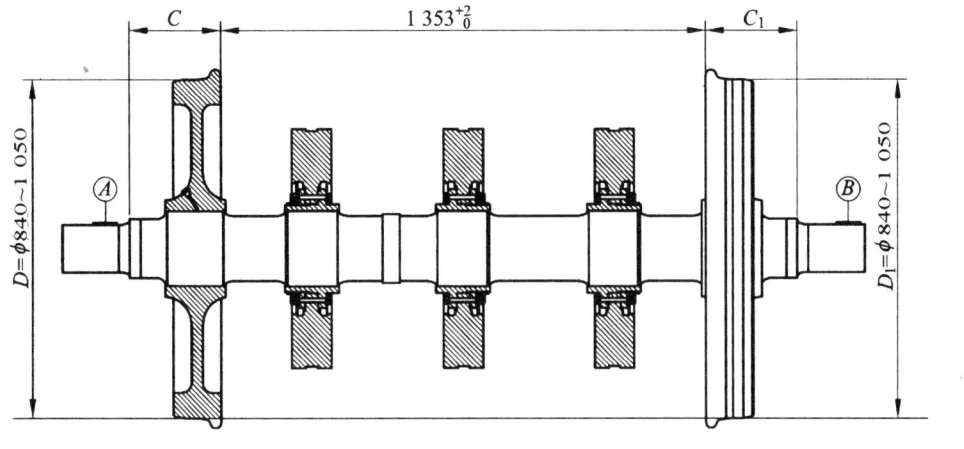

(b)拖力轮对

图 3.54 轮对组成

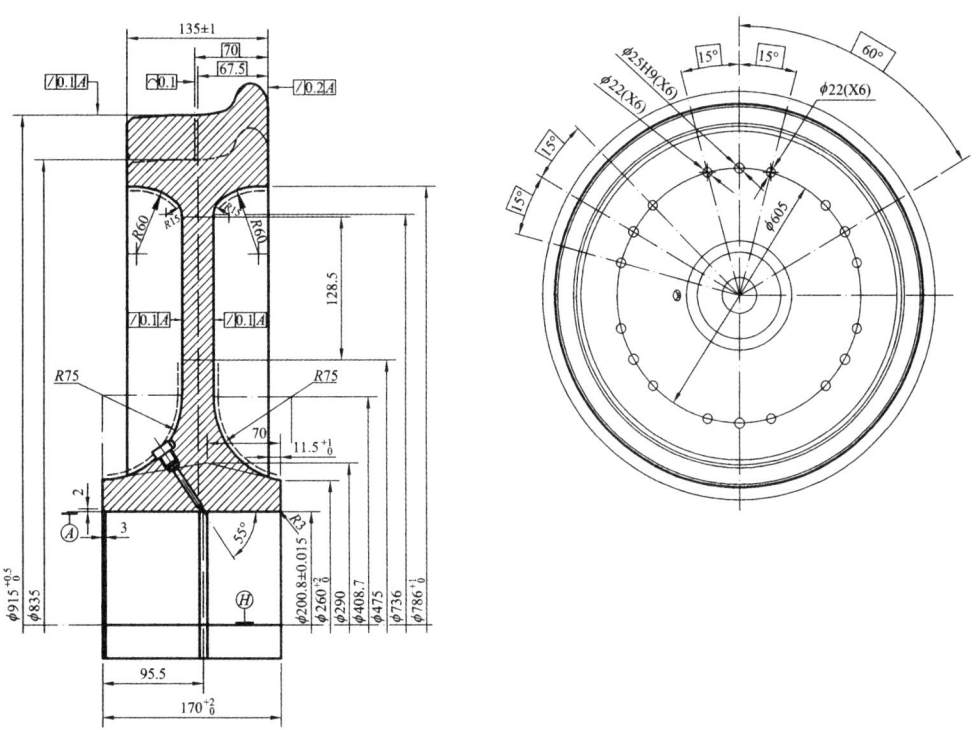

(a)动力车轮

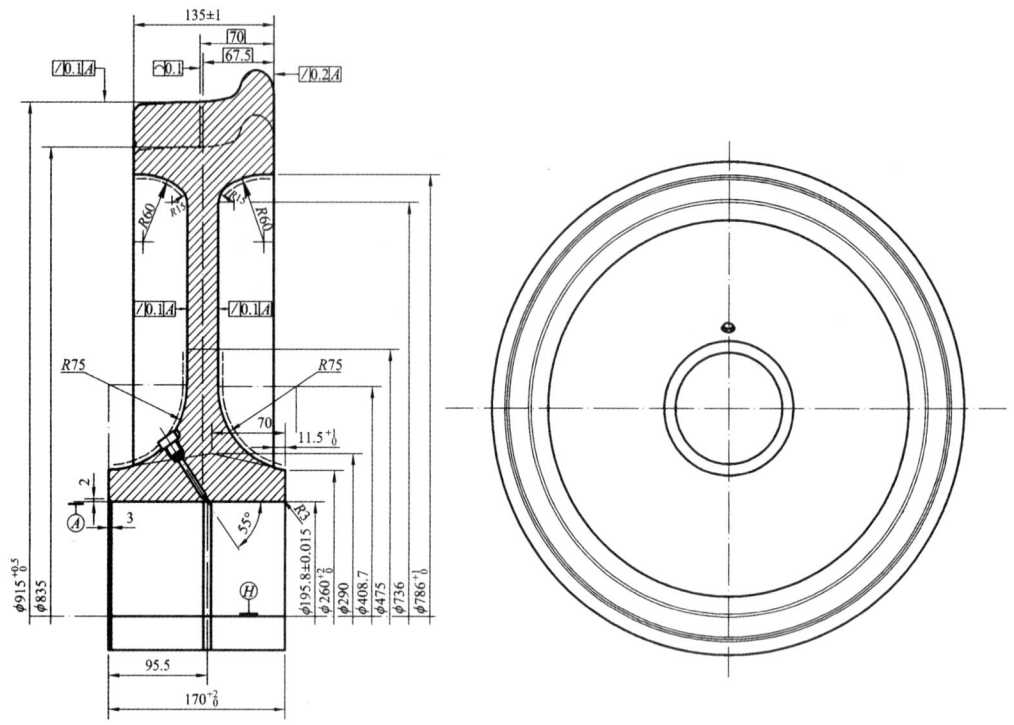

（b）拖力车轮

图 3.55 车轮图

轮对组装过程采用热压装配整体车轮工艺方法。动力轮对采用热压装配齿轮，拖力轮对则采用热压装配制动盘的工艺方法。图 3.56 所示为动力轮对与拖力轮对组装图。

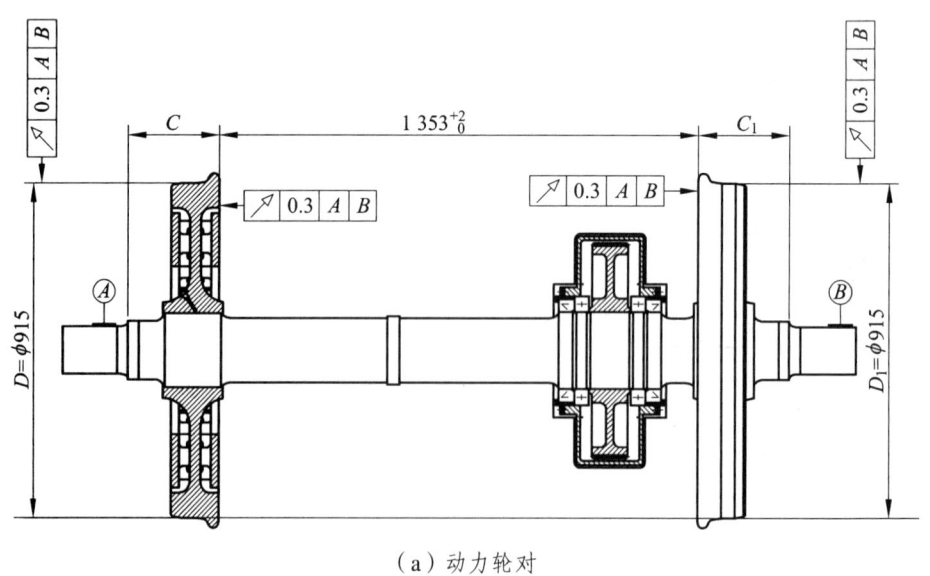

（a）动力轮对

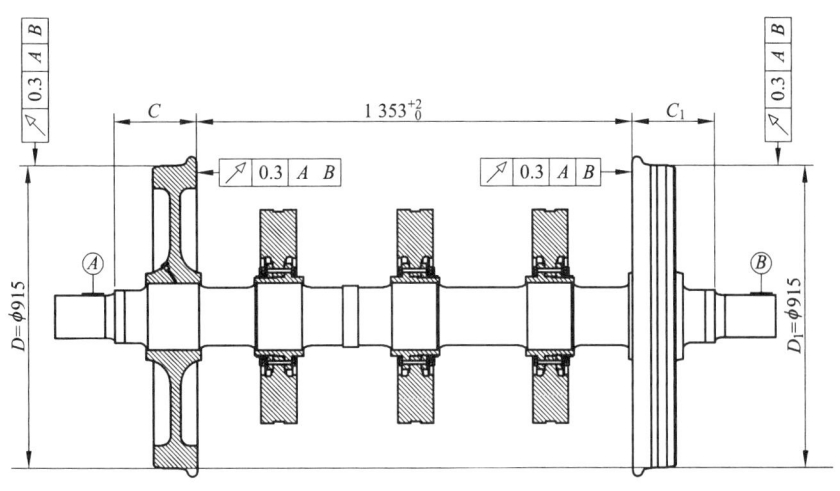

（b）拖力轮对

图 3.56　轮对组装图

（四）轴箱和轴承

轴箱的装配图如图 3.57 所示，图 3.58 则清楚地示意出了轴箱中各零件之间的关系。

轴箱几何形状按照 EN12080 设计，轴箱设计寿命根据 ISO 281 计算得出为 329 万千米。轴承采用 TBU130 密封圆锥滚子轴承。

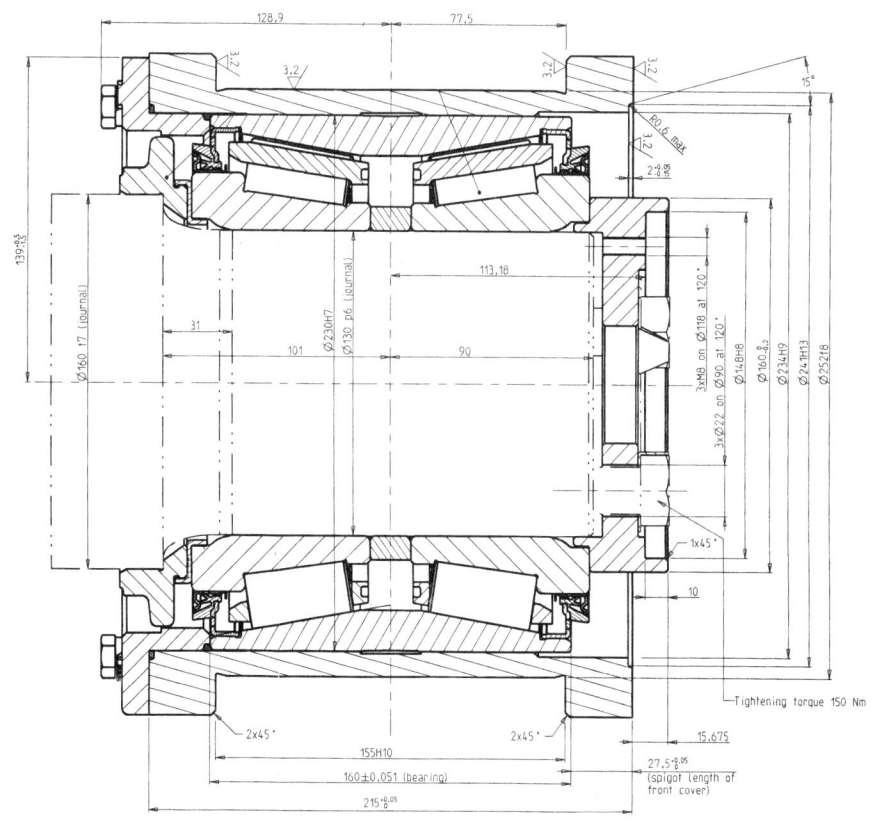

图 3.57　轴箱组成

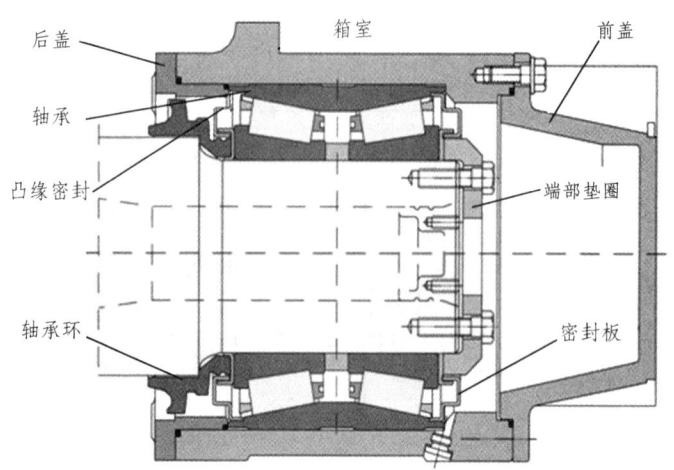

图 3.58 轴箱装配示意图

（五）空气弹簧悬挂装置组成

车体通过空气弹簧落在转向架构架上，每个转向架有两个空气弹簧。空气弹簧悬挂组成装置包括空气胶囊、橡胶堆、高度调整阀、差压阀等。图 3.59 所示为空气弹簧结构组成，图 3.60 所示为空气弹簧装置系统图。

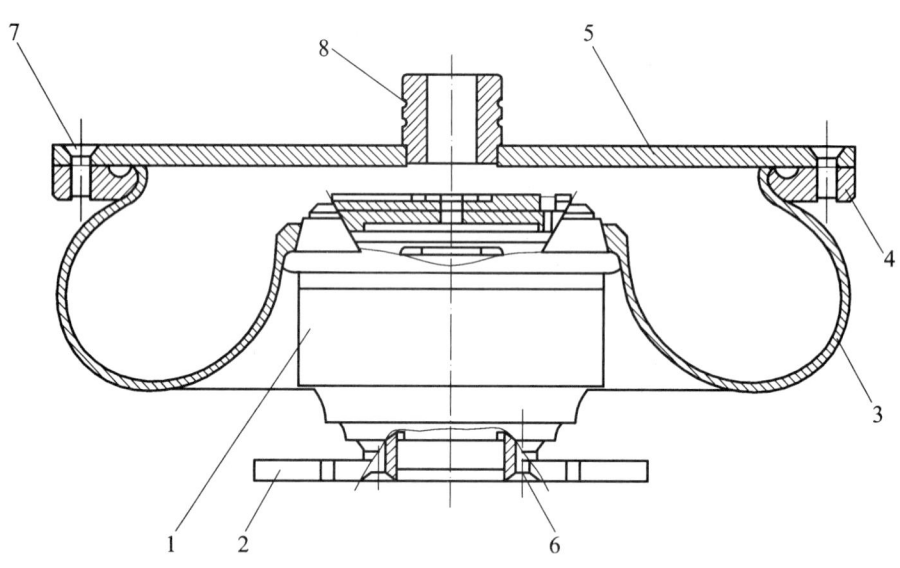

图 3.59 空气弹簧结构组成

1—紧急弹簧；2—底板；3—气囊；4—气囊环；5—顶板；6—螺钉 M10；7—螺钉 M16；8—O 形环

空气弹簧在转向架和车体之间应提供合适的垂向、横向和旋转位移，以达到要求的运行品质。空气弹簧与车体上的附加空气室相连，确保了低耦合频率。

对橡胶堆的要求主要是：在空气弹簧装置处于无气状态下，符合稳定性和安全性要求；在所有载荷范围内，保持正确的垂向刚度，一旦空气弹簧因某种原因无法充气时，应使悬挂装置达到基本的性能要求；当空气弹簧无气时，车辆运行速度不应该受到影响限制，一旦运行结束,转向架应立刻得到修理。当然,在无气时,舒适度会变差。

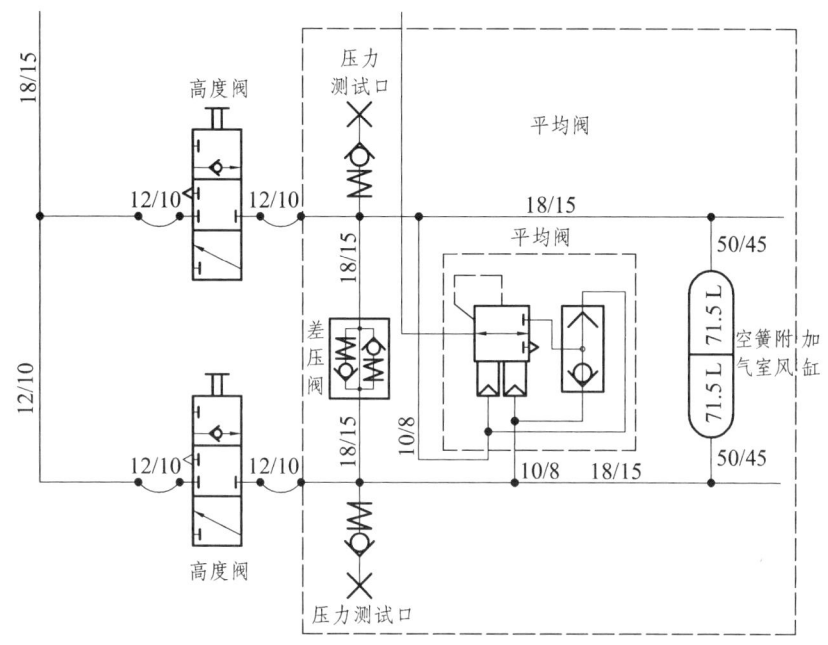

图 3.60 空气弹簧装置系统图

1. 溢流阀

空气弹簧中的溢流阀可以阻止供风系统压力低于 670 kPa 的空气进入空气弹簧中。通往空气弹簧设备的供风口处有一个截止阀,可以关闭通往空气弹簧系统的空气供给。它可以在空气弹簧气囊出现故障时,限制通往气囊的气流。

2. 高度调整阀

在装有空气弹簧的车辆上,由于车体载荷的变化,车体和转向架之间的距离将产生变化。自动高度调整阀的作用是检测出这种相对变位,自动调整空气弹簧内的空气量,从而持续保持空气弹簧的高度不变。

每一空气弹簧分别由各自的高度调整阀控制,此阀相当于载荷感应阀,可调节载荷状态下的空气压力和车体位移。其主要作用是:

(1)保持车地板相对于相连的转向架构架的高度基本不变。

(2)在某一空气弹簧或者控制系统(4 个控制点)出现故障时,控制两个空气弹簧间的高差。

(3)在高度阀出现故障,或者拆卸转向架的时候,机械安全装置应该可以防止气囊的垂向移动。

高度调整阀使用一个机械臂控制车辆的高度,通过向气囊供应或排出气流保持车辆处于设定的高度。高度调整阀的安装位置应易于调整。图 3.61(a)示出了高度调整阀及安装位置,图 3.61(b)为安装在转向架侧梁外侧的高度调整阀实物照片。

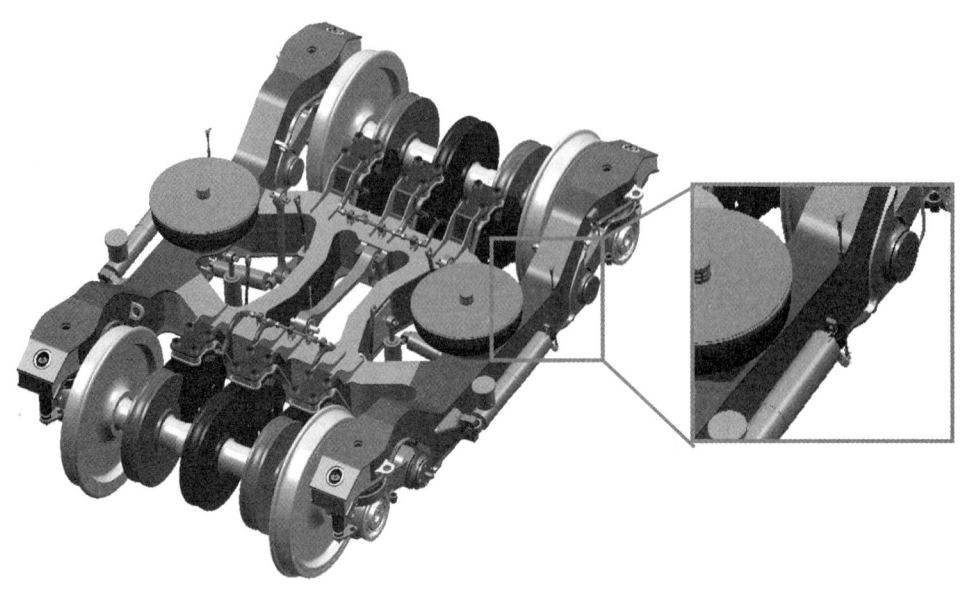

（a）高度调整阀及安装位置

（b）高度调整阀照片

图 3.61　高度调节阀

3. 差压阀

每个转向架均应在 2 个空气弹簧中间安装一个双向止回阀，以避免空气弹簧故障时车辆发生倾斜。设定值应当为 250 kPa。同时，在高度调整阀出现故障，或者拆卸转向架的时候，差压阀可以防止气囊的垂向移动。

4. 平均阀

平均阀可以在转向架内生成来自 2 个空气弹簧的平均压力。然后，平均压力被输送到制动控制系统中，从而根据车辆中的荷载等级对制动力予以校正。

（六）抗蛇行减振器和抗侧滚扭杆装置

抗蛇行减振器和抗侧滚扭杆装置连接在转向架和车体之间，用以控制车辆过度的摇摆和侧滚。

抗侧滚扭杆中应装橡胶元件，以提供一个抗磨损的支承，并将传递到车体的噪声和振动降到最低。抗侧滚扭杆主要由扭杆和扭臂、连杆及支承座三部分组成，如图 3.62 所示。

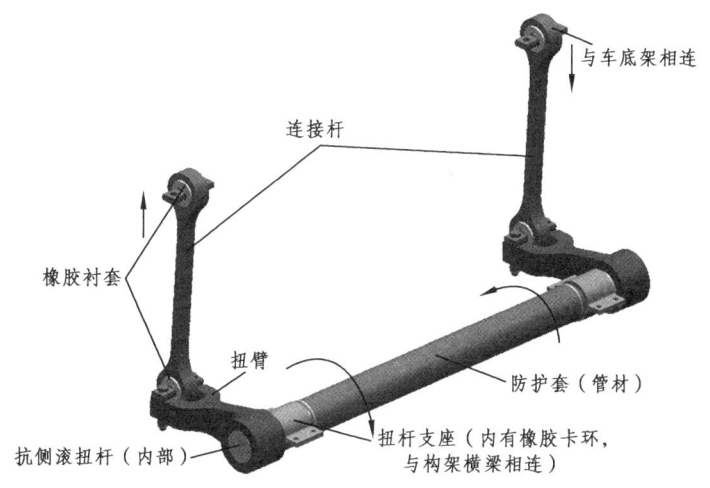

（a）结构示意图

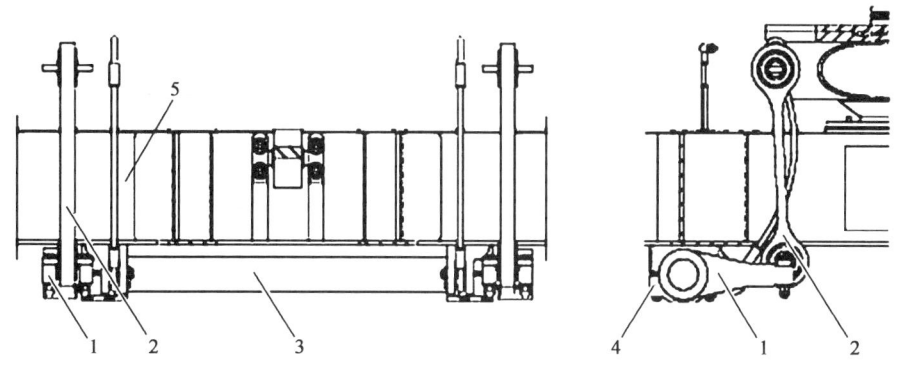

（b）在转向架上的安装

图 3.62　抗侧滚扭杆装置

1—扭臂；2—连接杆；3—带碎石保护的扭轴（内部为扭轴，外部为防护套）；
4—扭杆座；5—构架横梁

扭杆和扭臂是主要的受力件，使用过程中扭杆发生扭转而产生反扭矩，从而抵抗车辆侧滚。连杆将扭杆与车体相连接，连杆两头是销轴和轴承。支承座应能满足所有方向的转动。

（七）二系垂向和横向减振器

为减轻转向架向车体传递的振动，二系悬挂系统设有垂向和横向减振器。减振器在转向架上的布置如图 3.63 所示。

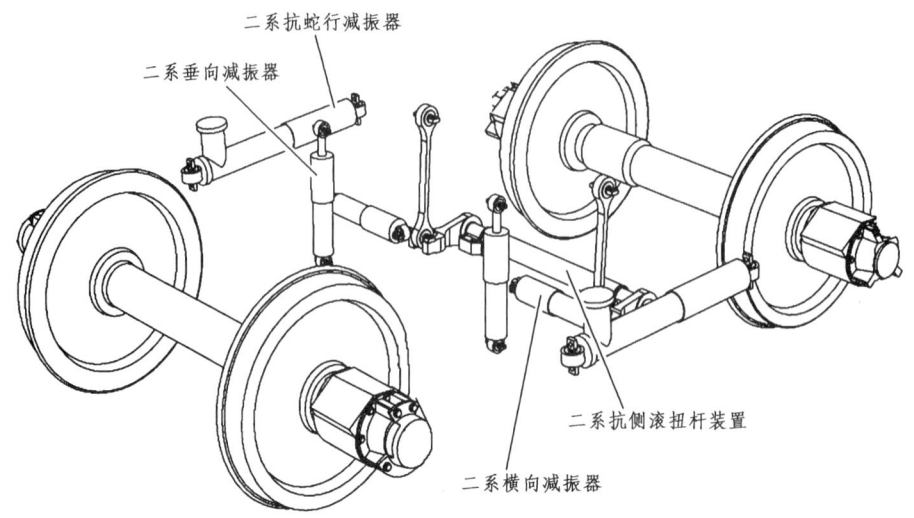

图 3.63　二系悬挂装置中的减振器和抗侧滚扭杆

车辆上采用的减振器和弹簧一起构成弹性悬挂装置。弹簧主要起缓冲作用，以缓和来自轨道的冲击和振动的激扰力。而减振器的作用是减小振动，它的作用力总是与运动的方向相反，起着阻止振动的作用。通常减振器有变机械能为热能的功能，减振阻力的方式和数值的大小，将直接影响车体振动性能。

两个垂向液压减振器确保垂向减振，这两个液压减振器位于转向架两侧，并连接到车体上。

两个横向液压减振器确保横向减振，这两个液压减振器位于侧架和车体之间，这两个减振器沿着转向架的横向轴对齐。

（八）安全吊索

安全吊索可防止转向架与车体垂向分离。每个转向架有 4 根吊索，吊索装在转向架横梁和车体枕梁之间。图 3.64 所示为安全吊索位置。

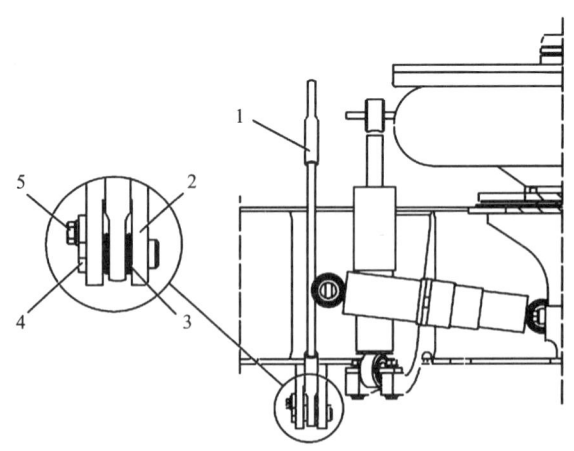

图 3.64　安全吊索

1—吊索；2—安装座；3—O 形圈；4—螺栓；5—螺钉（M12）和垫片

（九）牵引拉杆

牵引拉杆位于转向架中部，在转向架与车体之间传递牵引力和制动力。牵引拉杆装在转向架上，车体采用吸收振动的球形轴套。轴和牵引拉杆座将轴套固定在转向架和车体上。由于牵引拉杆座的配置不同，应装配精确，不应混淆或装反。球形轴套可确保车体和转向架之间的移动，所以，在存在纵向刚性时，转向架可在车体下方转动。牵引拉杆装置如图3.65所示。

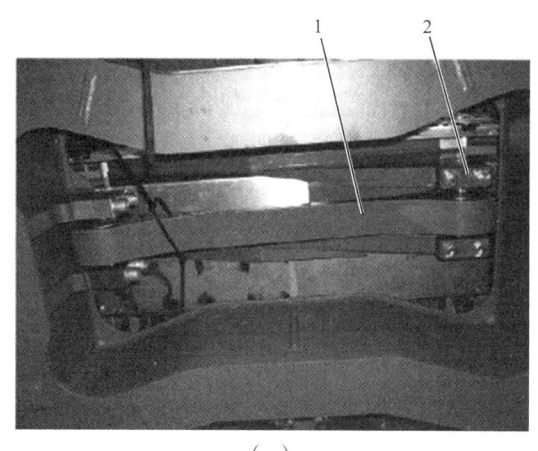

（a）

1—牵引拉杆；2—牵引拉杆座紧固螺母

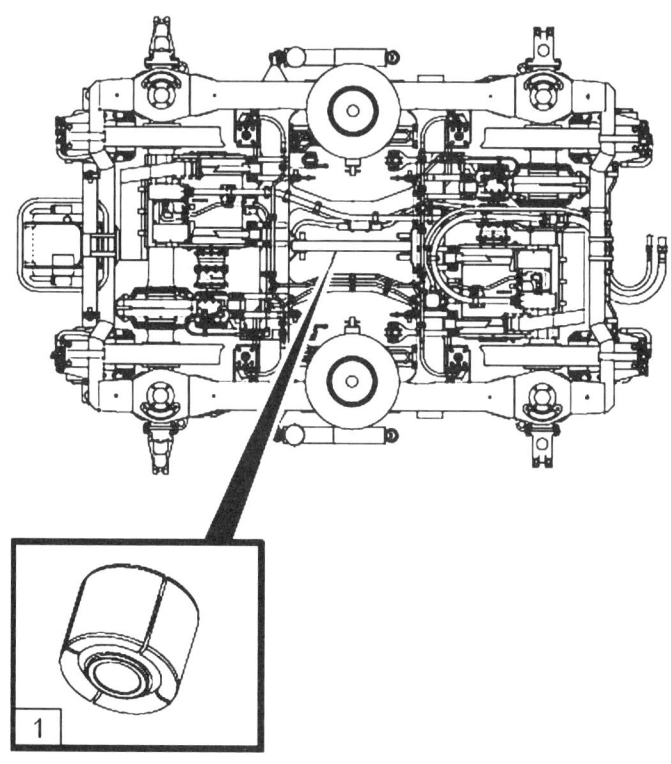

（b）牵引杆轴套

图3.65 牵引拉杆装置

（十）横向缓冲止挡装置

当二系悬挂内的液压减振器不足以阻止车体横向运动时，车体横向运动由一个改进的橡胶止挡机械阻止，以防止转向架和车体上的金属部件相互碰撞。这两个横向止挡装在车体支架上，碰撞表面为转向架中心构件。

（十一）齿轮箱驱动传动装置组成

驱动系统由交流电机、带有反应杆的齿轮箱和齿轮联轴器组成。牵引电机弹性安装在转向架构架上，齿轮传动装置安装在车轴上并通过反应杆与转向架构架相连，反应杆采用弹性垫安装在支座上。弹性支座对系统的动态和静态负荷均可适应。牵引电机与齿轮传动装置间采用柔性联轴器来连接，柔性联轴器将牵引电机的转矩传递到齿轮装置，并使电机和齿轮的径向和轴向运动互相协调。

机械驱动系统为电机提供一个低的振动环境，它具有较低的弹性质量。电机在转向架上的安装非常简便。

所有支承点都装有橡胶衬垫，以便减少振动和扭力的波动。该系统设计中的重点是：高可用性；长的维修间隔时间；低的噪声和振动；高可维护性；经过验证的成熟设计。

电机驱动齿轮传动装置系统如图3.66所示。

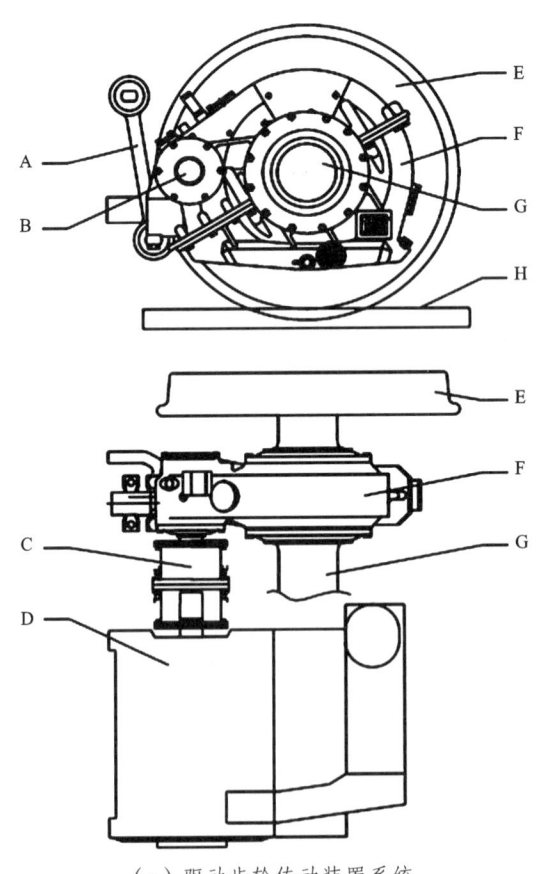

(a) 驱动齿轮传动装置系统

A—反应杆；B—小齿轮轴；C—联轴器；D—牵引电机；E—车轮；F—齿轮箱；G—轮轴；H—上轨面

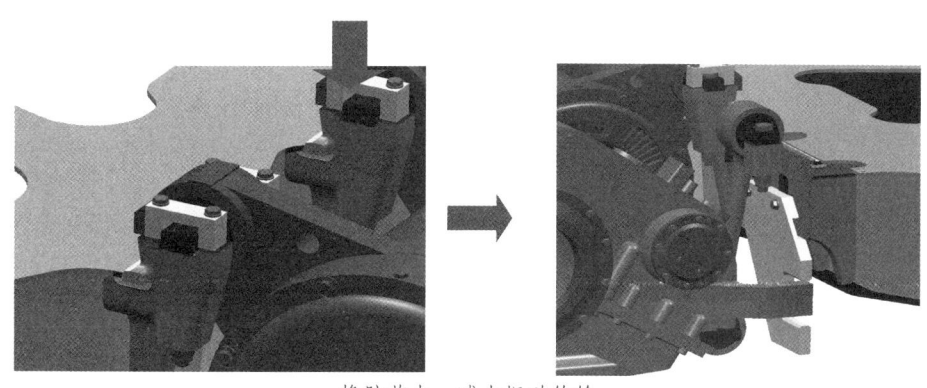

橡胶节点→减少振动传输

（b）变速箱装置

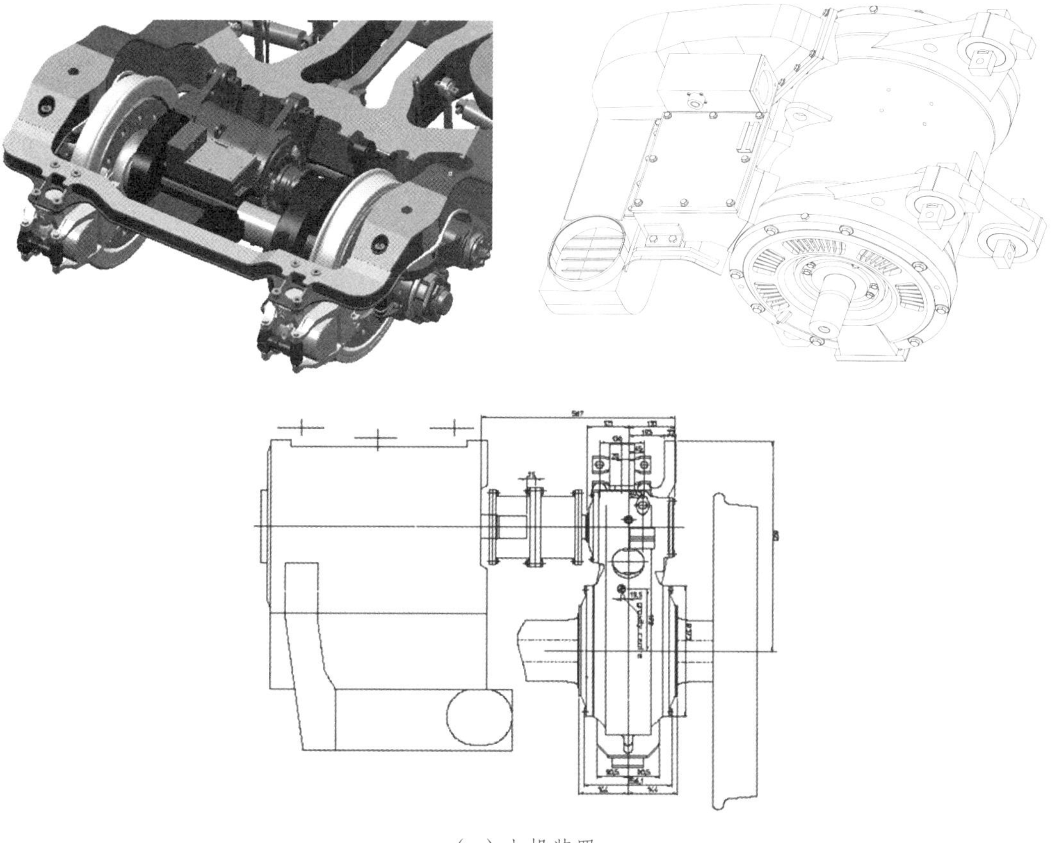

图 3.66 电机齿轮箱驱动传动装置

（c）电机装置

1. 牵引电机

每个动车转向架有 2 个牵引电机，牵引电机通过 3 个柱形抗振吸收轴套，用螺栓连接在转向架构架上，即所谓的背负悬挂。

（1）牵引电机完全悬挂在转向架构架的橡胶枢轴上：提供低的弹性振动；将转向架构架与任何电机不平衡力的输入隔离开。

（2）部分齿轮装置耦合到车轴上：齿轮装置通过滚柱轴承安装在车轴上；在驱动电机和

齿轮装置之间通过弹性齿式联轴节传递力；齿轮装置的小齿轮安装在车轴上。

（3）齿轮装置与构架之间的反应杆可避免齿轮箱的旋转。

2. 齿轮箱装置

齿轮箱通过滚动轴承安装在车轴上，牵引电机和轴箱之间通过弹性齿形联轴节传递力，如图3.67所示。齿轮箱齿轮速比为3.72，轴向距离为355 mm，质量为325 kg，由Watteeuw公司提供。

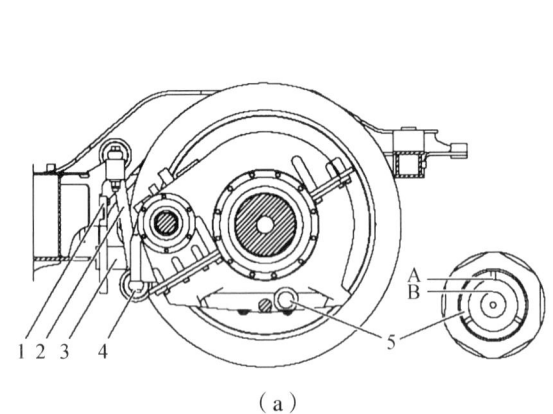

（a）

1—防掉落支架；2—齿轮箱杆；3—齿轮箱吊耳；4—齿轮箱下杆接头；5—油位表玻璃；A—最高油位；B—最低油位

（b）

1—螺栓与螺母（M10）；2—联轴节；3—电机；4—齿轮

图3.67 齿轮箱及联轴节

齿轮箱将转矩从牵引电机传递到轮轴并将电机的轴转速降低到适合于轮轴旋转的水平。齿轮箱用作牵引电机与驱动轴之间的减速器，它将功率从电机传至轮轴。再生制动时，齿轮箱可将功率从轮对传至电机。

齿轮箱的外壳通过一个反应杆连接于转向架构架。

齿轮箱符合DIN 3961-3963标准中的6级精度，其疲劳强度按DIN 3990标准计算。

齿轮箱里有一根小齿轮轴，它与一个直接安装在驱动轴上的齿轮相啮合（单级减速齿轮）。

齿轮具有螺旋状的齿，它们经过硬化热处理且其工作表面经过磨削，能在电机与车轴之间进行平滑而稳定的动力传递。

这些齿轮安装在一个用球墨铸铁制作的壳体中。该壳体是传动装置的一个结构件，它承受着由齿轮负荷产生的力，并为轮轴与转向架构架之间的转矩反应提供了一个连接。

为安装便利，将齿轮箱壳体从轴中心线分开，边缘结合处采用专用的高拉伸强度螺栓进行固定。

检查盖位于齿轮对的齿轮外壳上半部以及后面外壳下半部。

齿轮箱壳体由直接安装在轮轴上的锥形滚柱轴承支承。小齿轮轴位于齿轮箱中，由两个柱形滚珠轴承和四个点接触滚珠轴承支承。

小齿轮轴和驱动轴的轴承采用迷宫式密封结构。每个迷宫结构上有一个通向齿轮箱集油槽的回油孔。

转矩反应杆的两端各有一个弹性连接。使用两个穿过两个凸耳的高强度螺栓将反应杆与齿轮箱连接。

齿轮箱有一个延伸部分，用来防止在反应杆连接发生故障时下齿轮箱出现转动。转向架构架上有一个对应支座用于连接反应杆。

齿轮箱通过油浴进行润滑。齿轮箱内有一些收集槽将油加到小齿轮轴和主轴轴承上。

通过一个位于齿轮箱壳体下半部分侧面透视镜可以检查油位。一个磁性排油塞位于齿轮外壳的中央，另一个磁性塞位置便于用来为齿轮箱加油。

CRH1 型动车组车轴齿轮箱主要技术数据见表 3.7。

表 3.7 齿轮箱主要技术数据

传动比	89/243.71
螺旋角	18°
法向模数	355 mm
中心距	6.0 mm
质量（整个传动装置）	约 330 kg

3. 机械传动装置

联轴器由相似的两部分组成，通过螺栓将两部分上的凸缘紧固在一起而形成一个整体。其中的一半与电机轴通过热缩方法相连接，另一半则与齿轮箱的输出轴相连接。联轴器中心处有注油孔，用于在安装和拆卸时注油。

每个半联轴器由一个与齿轮相连的内毂和一个带内齿的法兰齿轮构成。

内毂安装在一个具有过盈配合的锥形轴上，其上具有特殊形状的鼓形轮齿使互相配合的法兰齿轮在传动中能自由转动。

为能允许内毂与法兰齿轮之间存在角度偏差，轮齿上具有一个完全对准时的初始侧向间隙。

法兰齿轮利用一些高强度螺栓和一些使用时需以力矩扳手上紧的自锁螺母进行连接。

每个半联轴器都加有 240 mL Klüberlub BE41-1501 作为初始油脂。借助一种密封结构，这些油脂能保留在联轴器的齿中。联轴器基本结构如图 3.68 所示。

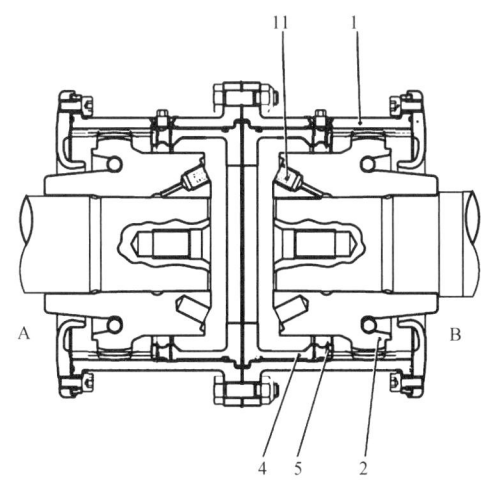

图 3.68 联轴器

1—环形齿轮；2—齿轮壳；4—中心隔板；5—缓冲圈；11—注油孔；A—电机侧；B—齿轮箱侧

4. 反应杆

反应杆安装在转向架构架与齿轮箱之间,用于承受作用在齿轮箱上的扭矩载荷,其基本结构如图 3.69 所示。

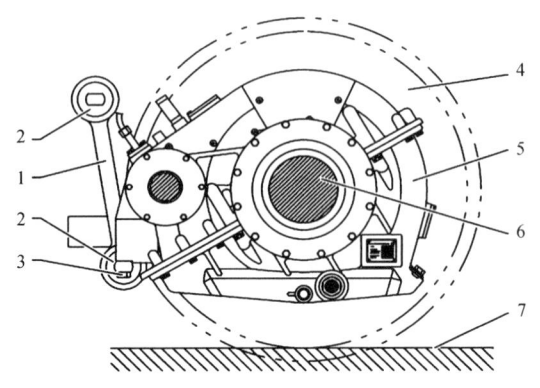

图 3.69 反应杆

1—反应杆；2—Spherolastic 轴承；3—六角帽螺钉；4—车轮；5—齿轮箱；6—车轴；7—轨道面

通过合理设计,反应杆能承受运转中出现的各种负荷,其中包括由牵引和制动引起的负荷、转矩振动和由牵引电机短路引起的转矩振动。反应杆的出现使传动装置能承受在驱动中由轮-轨接触引入轮对的机械振动。

如果轮对与转向架构架之间有了相对运动,反应杆上的橡胶衬垫使安装在齿轮箱上的轮轴能产生一个与轮轴位移一致的运动,从而不会影响其他部件。

5. 速度传感器

在齿轮箱中,小齿轮轴上装有一个速度传感器齿轮,用于测量电机实际转速。

速度传感器齿轮的主要技术参数包括：80 个齿；采用铁磁材料制造；采用模数为 2 的渐开线齿形；径向传感最小齿宽为 12 mm；偏心率 < 0.2 mm；侧向偏移 < 0.2 mm。

速度传感器径向安装在速度传感器齿轮上,其边缘平行于该齿轮。传感器与该齿轮之间的间隙为 1.0 ± 0.5 mm。

6. 电机冷却风道

冷却风机的空气路经车体冷却风道至转向架对电机进行冷却,车体与牵引电机冷却管道之间由橡胶气囊连接（见图 3.70）。

图 3.70 橡胶气囊

（十二）制动装置

CRH1型动车组的制动装置由克诺尔（Knorr）公司提供，主要包括常用制动和停放制动。停放制动是指在停车状态下的制动。

1. 动车转向架基础制动装置

动车转向架的每个车轴有2个单元制动机。动车转向架基础制动单元包括三种类型：无停放制动、有停放制动和有放车制动加紧急缓解遥控制动装置。制动盘为轮盘形摩擦制动，制动盘成对地安装在车轮辐板两侧，为铸钢制作的环形部件，并配有冷却片。它们都用螺钉安装在车轮的两面。制动单元安装在转向架构架的缓冲端梁上。图3.71~图3.74分别为三种类型的动车制动单元。

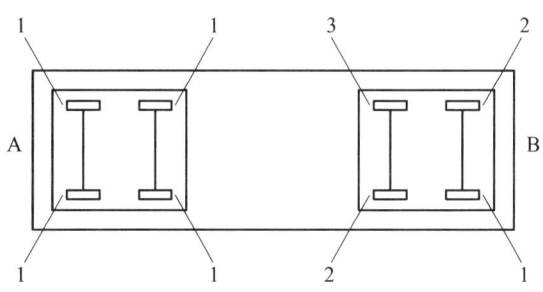

图3.71 三种类型的动车制动单元

1—没有停放制动的制动单元；2—带有停放制动的制动单元；3—带有停放制动和遥控的制动单元；
A—车辆的A位端；B—车辆的B位端

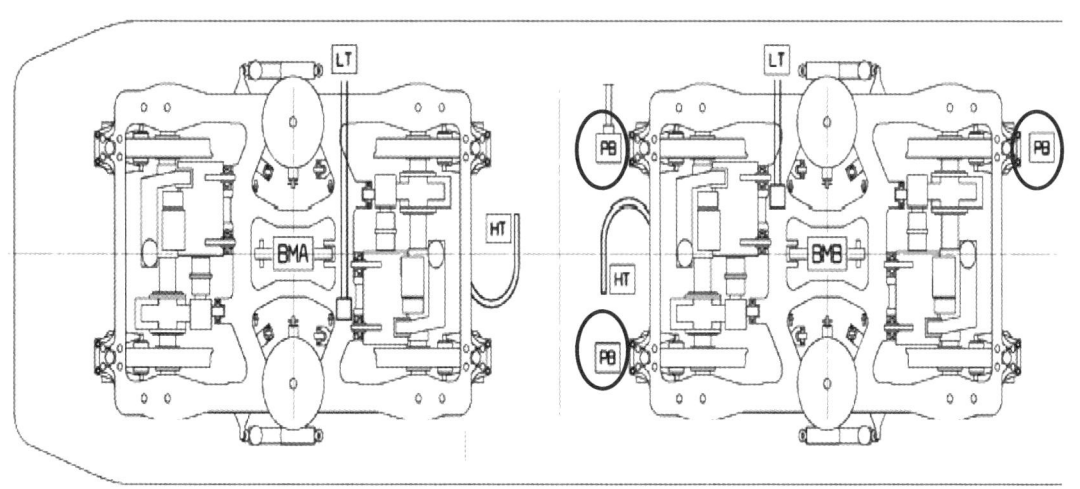

图3.72 动车的3个停放制动装置

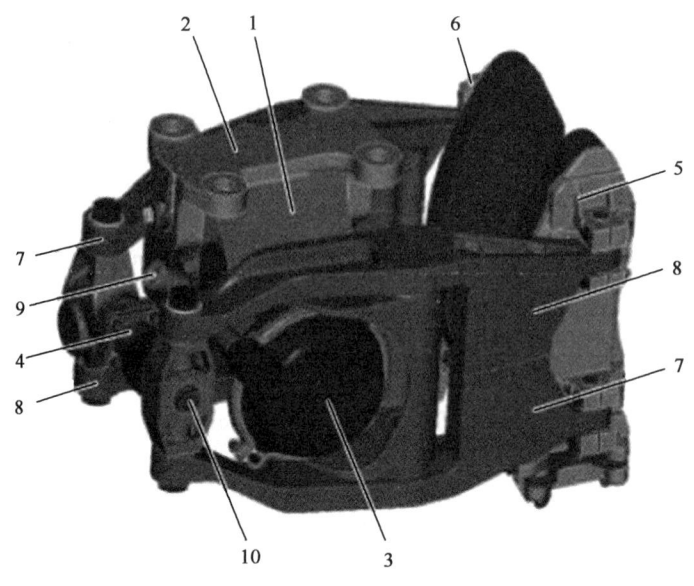

图 3.73　无停放制动装置的制动单元

1—外壳；2—安装架；3—薄膜汽缸；4—自动闸瓦间隙调整装置；5、6—制动闸片托；
7、8—控制臂；9—压缩空气接口；10—复位螺钉

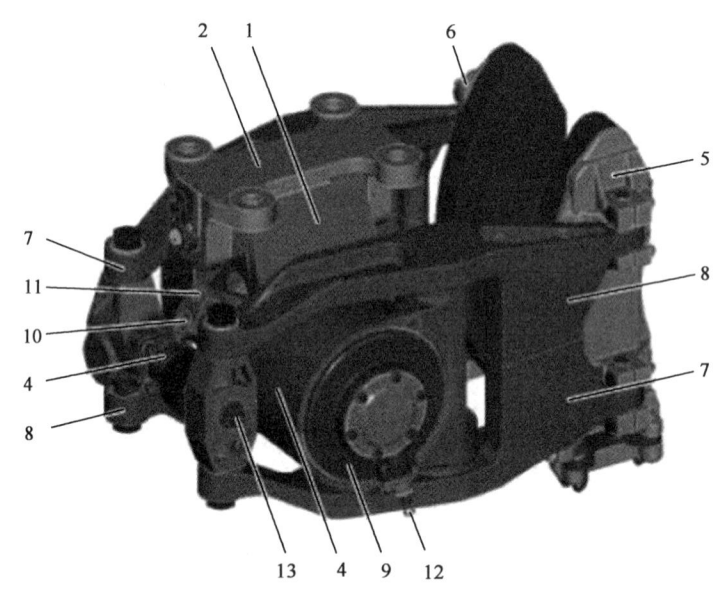

图 3.74　带停放制动装置的制动单元

1—外壳；2—安装架；3—停车制动器的一体式薄膜汽缸；4—自调节机构；5、6—制动闸片托；
7、8—控制臂；9—停车制动器的一体式悬挂控制单元；10—盘式制动器的压缩空气口；
11—停车制动器的压缩空气口；12—停车制动器的紧急释放机构；
13—自调节复位螺钉

　　三种类型的制动单元在列车运行中施行制动和缓解时，其动作是相同的。当压缩空气进入汽缸，活塞杆利用偏心轮驱动杠杆使制动闸片移向制动盘。制动闸片与制动盘接触并产生摩擦力而形成制动力，同时将机械游间调节为自动模式。当压缩空气从汽缸内排出，回弹弹簧拉回活塞杆，制动闸片从制动盘上移开，制动得到缓解。

带停放制动的制动单元有一个带有停放制动背压缸及弹簧激活的控制装置。弹簧装置的制动力来自预拉弹簧，在施行停放制动时，背压缸排气、弹簧拉伸，使制动闸片一直处在与制动盘接触的状态，即使供气停止制动力也能一直保持。为了缓解停放制动，需要向背压缸充气，背压缸动作压缩弹簧，使制动闸片从制动盘上移开，制动得到缓解。

制动闸片和制动盘之间的游隙，采用自动调节装置进行调节。

图 3.75 所示为制动单元在转向架端梁上的安装情况。图 3.76 和图 3.77 分别示出了空气管路及轮对制动盘的安装方式。

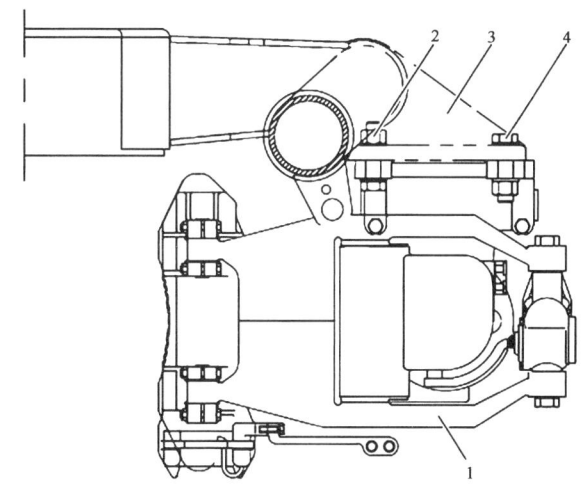

图 3.75 动车转向架制动单元的安装

1—制动单元；2—从下面安装的螺钉 M20；3—动车转向架构架；4—从上方安装的螺钉 M20

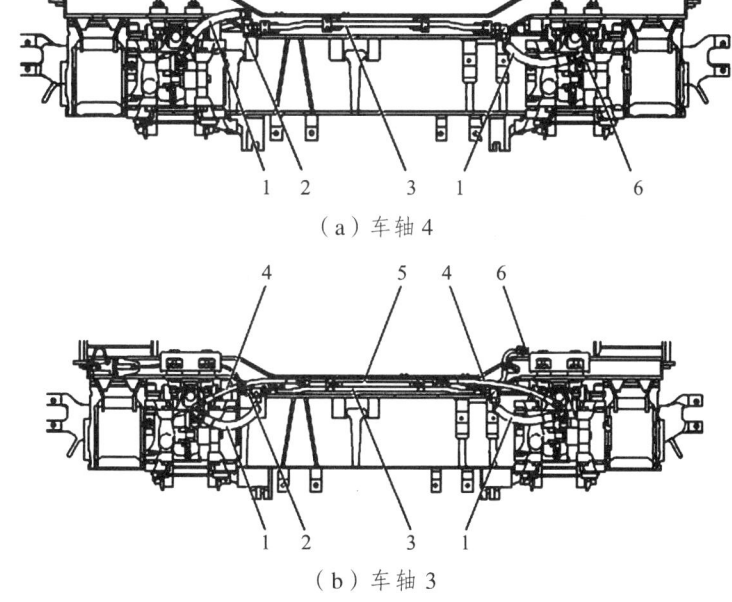

图 3.76 动车转向架中压缩空气管路

1—常用制动压缩空气软管；2—车体软管连接（常用制动）；3—常用制动压缩空气管路；
4—停放制动压缩空气软管；5—停放制动压缩空气管路；6—车体软管连接（停放制动）

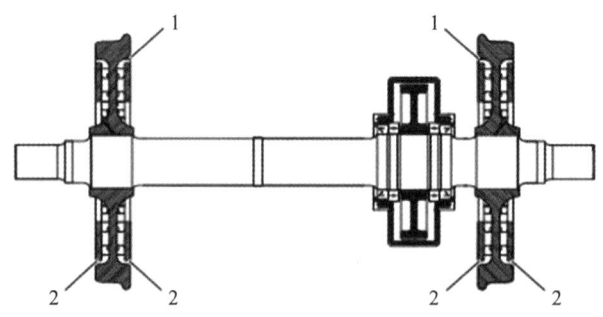

图 3.77 动力轮对制动盘

1—车轮；2—制动盘

2. 拖车转向架基础制动装置

拖车转向架制动单元没有停放制动。制动盘为轴盘式，每根车轴有 3 个制动盘，制动盘的直径为 640 mm，通过轮毂固定到车轴，并分为两部分，以便在更换制动盘时无需拆卸相关件。制动单元装在转向架构架的横梁上，如图 3.78 所示。

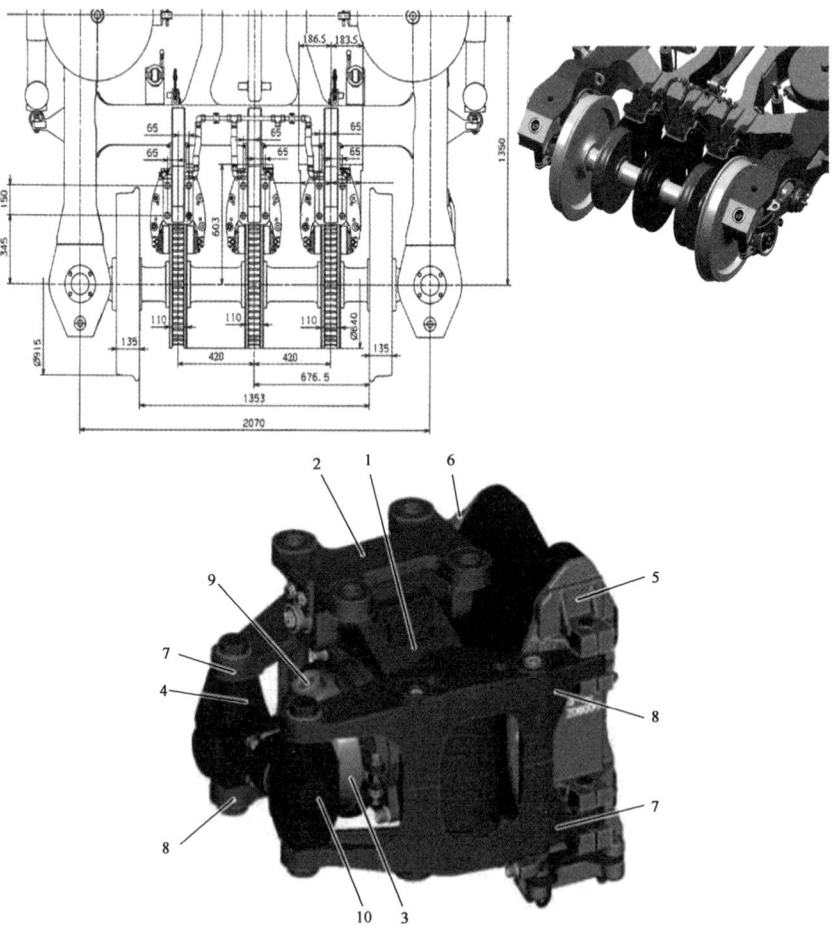

图 3.78 拖车转向架制动装置

1—外壳；2—安装架；3—薄膜汽缸（制动缸）；4—自调节机构；5、6—制动闸片托；
7、8—控制臂；9—制动盘的压缩空气口；10—自调节复位螺钉

（十三）安全和速度检测

1. 系统组成

CRH1 型动车组转向架上安装了用于多个系统的速度传感器。传感器在各个转向架上的布置如图 3.79~图 3.86 所示。

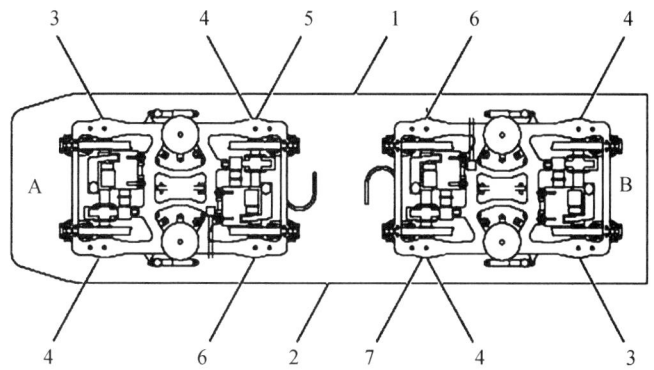

图 3.79　Mc1 车转向架上的传感器布置

1—车右侧；2—车左侧；3—保护性接地电刷装置；4—车轮防滑装置（WSP）速度传感器；
5—LKJ2 速度传感器；6—ATP 速度传感器；7—LKJ1 速度传感器；
A—车辆 A 位端；B—车辆 B 位端

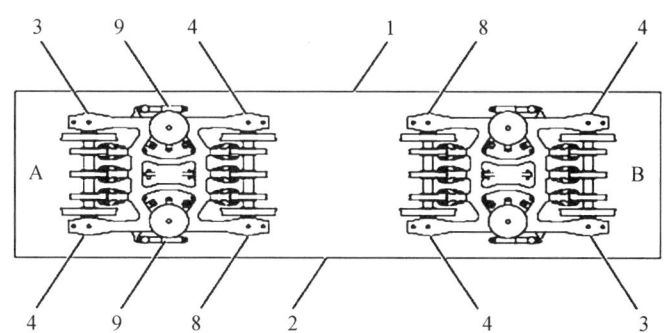

图 3.80　Tp1 车转向架上的传感器布置

1—拖车右侧；2—拖车左侧；3—保护性接地电刷装置；4—车轮防滑装置（WSP）速度传感器；8—回流装置；
9—分相检测装置；A—拖车 A 位端；B—拖车 B 位端

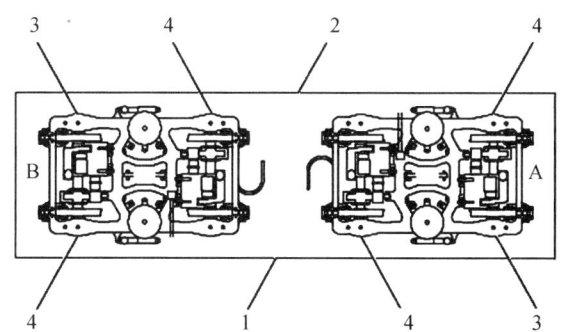

图 3.81　M1 车转向架上的传感器布置

1—动车右侧；2—动车左侧；3—保护性接地电刷装置；4—车轮防滑装置（WSP）速度传感器；
A—动车 A 位端；B—动车 B 位端

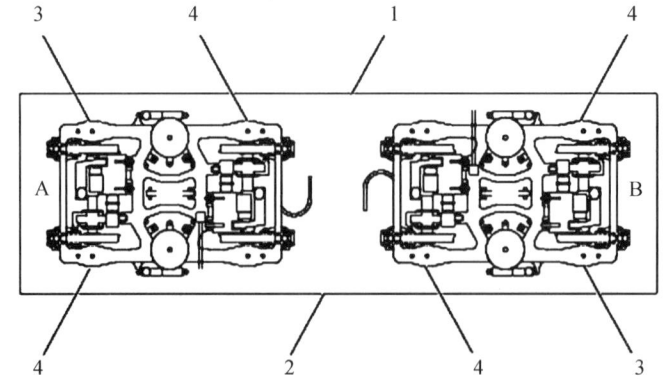

图 3.82　M3 车转向架上的传感器布置

1—动车右侧；2—动车左侧；3—保护性接地电刷装置；4—车轮防滑装置（WSP）速度传感器；
A—动车 A 位端；B—动车 B 位端

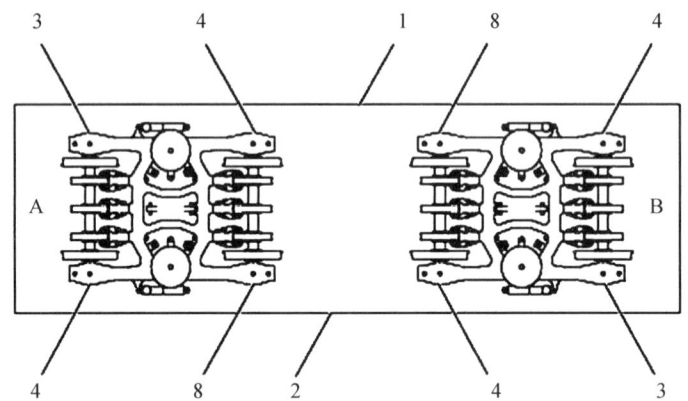

图 3.83　Tb 车转向架上的传感器布置

1—拖车右侧；2—拖车左侧；3—保护性接地电刷装置；4—车轮防滑装置（WSP）速度传感器；8—回流装置；
A—拖车 A 位端；B—拖车 B 位端

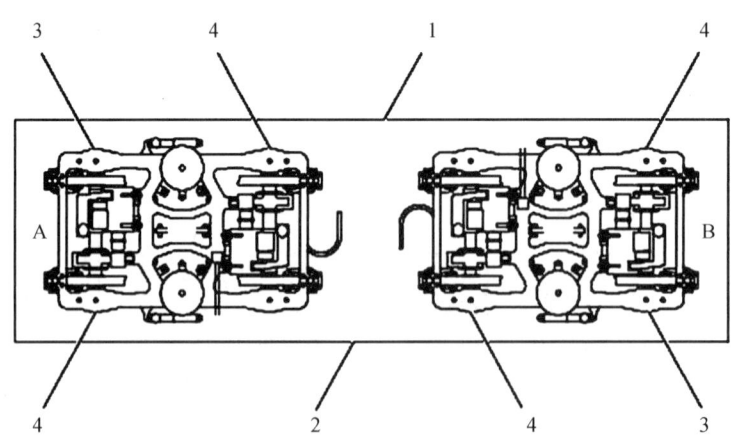

图 3.84　M2 车转向架上的传感器布置

1—动车右侧；2—动车左侧；3—保护性接地电刷装置；4—车轮防滑装置（WSP）速度传感器；
A—动车 A 位端；B—动车 B 位端

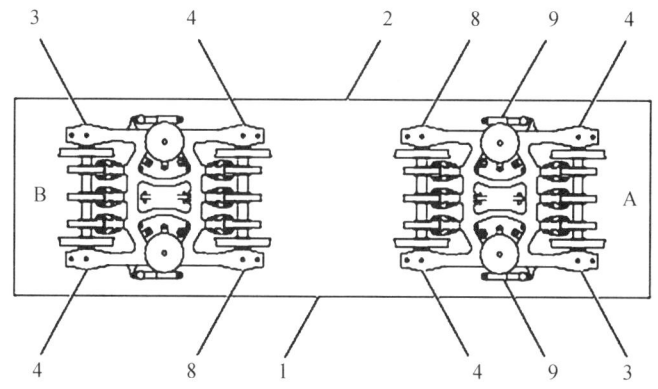

图 3.85　Tp2 车转向架上的传感器布置

1—拖车右侧；2—拖车左侧；3—保护性接地电刷装置；4—车轮防滑装置（WSP）速度传感器；
8—回流装置；9—分相检测装置；A—拖车 A 位端；B—拖车 B 位端

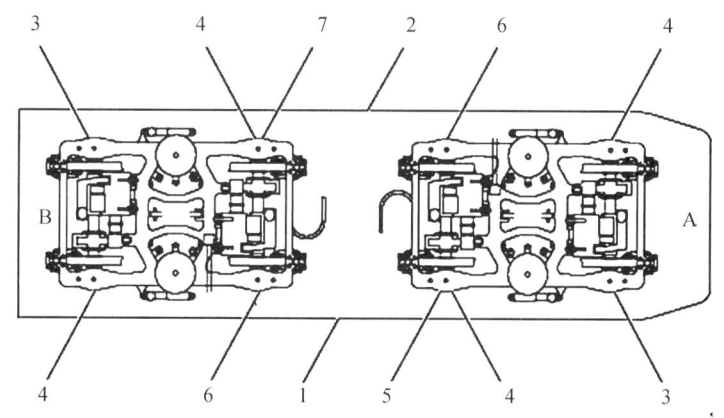

图 3.86　Mc2 车转向架上的传感器布置

1—动车右侧；2—动车左侧；3—保护性接地电刷装置；4—车轮防滑装置（WSP）速度传感器；
5—LKJ2 速度传感器；6—ATP 速度传感器；7—LKJ1 速度传感器；
A—动车 A 位端；B—动车 B 位端

2. 速度传感器

CRH1 型动车组制动系统中的车轮防滑装置采用的是 WSP 速度传感器。

CRH1 型动车组采用了两套 ASP 系统，一套是日立 ASJ 系统，一套是国产的 LKJ2000 系统。因此，对应有两套速度传感器。与 ASJ 系统对应的是 ATP 传感器，与 LKJ2000 系统对应的是 LKJ1 和 LKJ2 传感器。

（1）WSP 和 LKJ 速度传感器。

WSP 速度传感器是车轮防滑装置的速度传感器，每根轴上均装有一个。

LKJ 速度传感器是 LKJ2000 型监控记录装置的速度传感器，安装在 Mc 车的 2、3 轴上，其中 2 轴上装 LKJ2，3 轴上装 LKJ1。实际上是与该轴上的 WSP 共用一个传感器。

图 3.87 所示为传感器安装示意图。

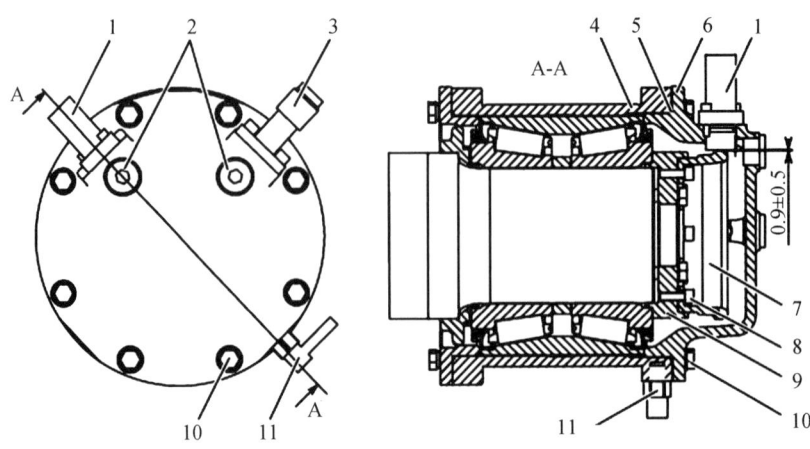

图 3.87　WSP 和 LKJ 速度传感器

1—速度传感器 LKJ1 或 LKJ2；2—塞子；3—速度传感器 WSP；4—轴箱；5—O 形圈；
6—轴箱盖；7—齿轮；8—螺钉（M8×25）和防松垫圈；9—端面垫圈；
10—螺钉（M10×30）和垫圈；11—轴温探测器

（2）ATP 速度传感器。

ATP 速度传感器也安装在 Mc 车的 2、3 轴上，不过是装在没有安装 WSP 传感器的另一端的轴箱端部（见图 3.88）。

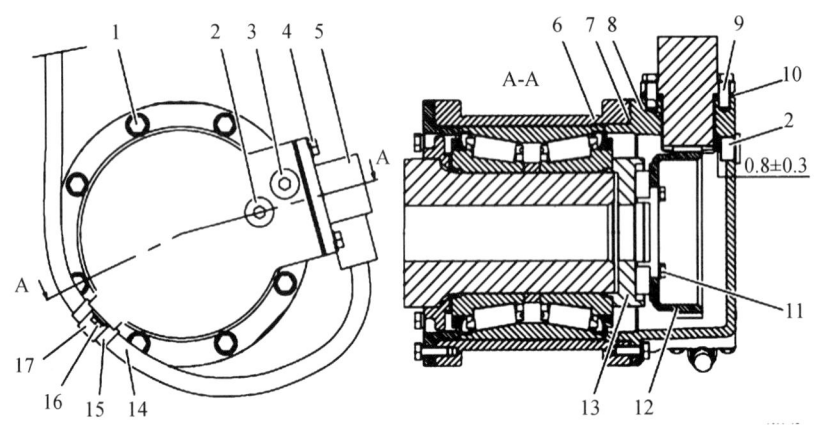

图 3.88　ATP 速度传感器

1—螺钉（M10×30）和垫圈；2、3—塞子；4—螺钉（M10×30）和垫圈；5—速度传感器；6—轴箱；
7—O 形圈；8—轴箱盖；9—并联销；10—可剥型垫片；11—螺钉（M8×40）和垫圈；12—齿轮；
13—端面垫圈；14—电缆；15—胶布；16—螺钉（M8×12）和垫圈；17—电缆夹

（十四）接地装置

1. 回流电刷装置

在 Tp1 车、Tp2 车和 Tb 车的每个转向架中均有一个回流装置，电流通过此装置从电力线返回至轨道。从车体接出的电缆通过接线端子和电刷装置相连（见图 3.89～图 3.91）。

接地装置中有一个接地刷，以确保车体和转向架与铁轨之间的良好接地。

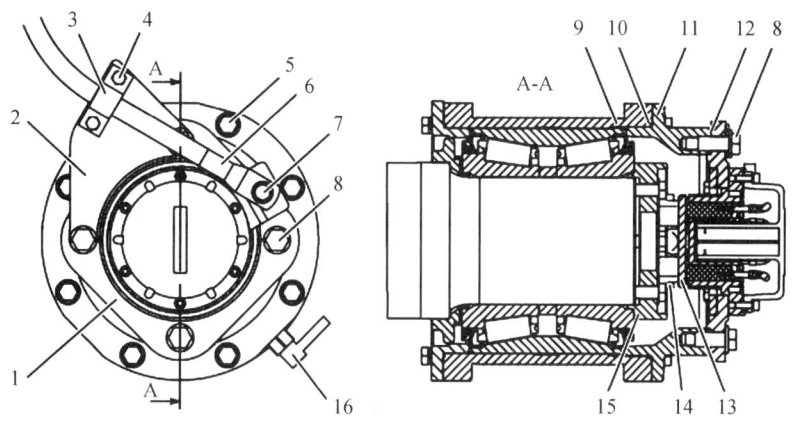

图 3.89 回流电刷装置

1—回流装置；2—电缆架；3—电缆夹；4—螺钉（M8×25）、垫圈和自锁螺母；5—螺钉（M10×30）和垫圈；6—电缆；7—螺钉（M10×20）和垫圈；8—螺钉（M14×35）和垫圈；9—轴箱；10—O形圈；11—轴箱盖；12—方形平垫圈；13—接触盘；14—螺钉（M8×25）和垫圈；15—端面垫圈；16—轴温探测器

图 3.90 车体至转向架上的接地线

图 3.91 转向架上回流电刷的接线

2. 保护性接地电刷

所有转向架的 1、4 车轴均装有车体保护性接地电刷装置，连接在车体上的电缆通过电缆接套与电刷装置相连。

（十五）过分相检测装置

Tp1 车和 Tp2 车 A 位端转向架上装有 2 个过分相检测装置。过分相检测装置安装在转向架侧架底面上，位于高度控制阀调节杆下方，如图 3.92 所示。

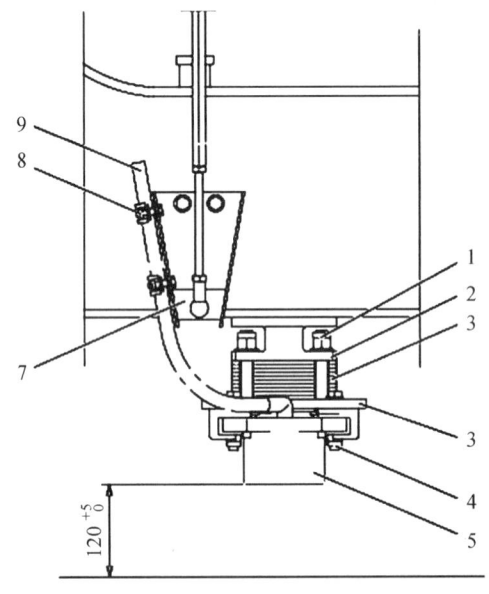

（a）示意图

（b）照片

图 3.92 过分相检测装置示意图与照片

1—螺栓接头（M16）；2—转向架构架上的支架；3—垫片；4—天线支架；5—螺栓接头（M12）；
6—天线；7—装置固定螺钉；8—管夹；9—天线电缆

（十六）轨道清障器

CRH1型动车组两个端部转向架上各装有一个轨道清障器（仅安装在Mc1和Mc2动车转向架上，见图3.93），用来防止轨道有异物而导致的出现脱轨现象。

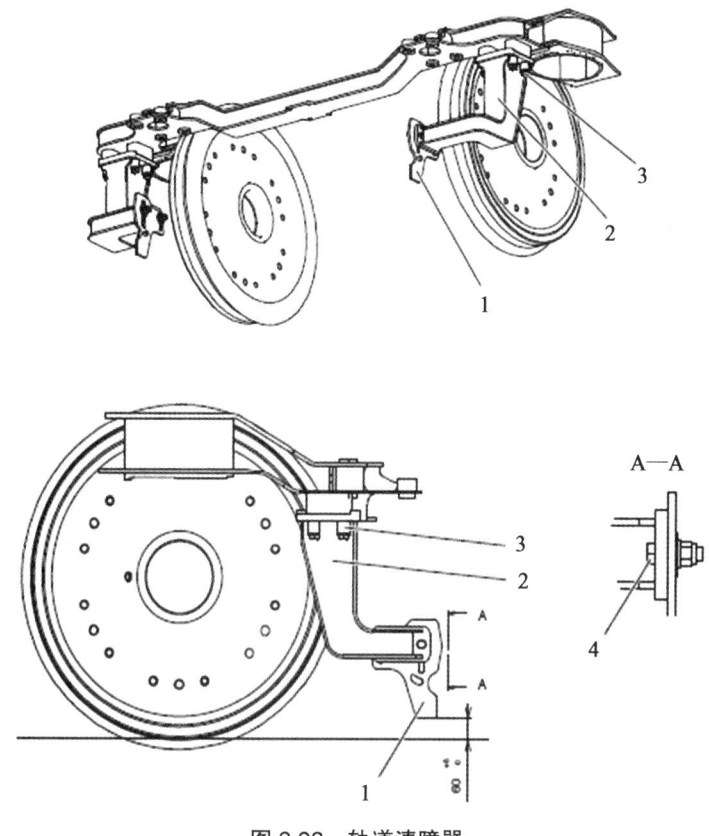

图3.93 轨道清障器

1—轨道清障器；2—轨道清障器臂；3—螺栓接头M20（螺丝钉、垫片和管子）；
4—螺栓接头M16（螺丝钉、垫片和螺母）

轨道清障器通过螺栓接头固定在转向架构架上，即使螺栓接头失效，它的两个紧固线也可以起到固定作用。轨道清障器的下部是一块可调节的板，用螺栓接头紧固至轨道清障器臂上。

（十七）转向架的布线

（1）车轴端部接地装置：安装在动车转向架的车轴上。

（2）速度传感器：安装在所有的车轴上，为安装在车体上的WSP控制系统提供转速信息。

（3）日立速度传感器：使用一种特定的齿轮装置。

（4）LKJ2000速度传感器：使用与WSP一样的齿轮装置。

（5）轴温报警传感器：系统应与列车的TCMS相连，相关信息应显示在司机室的IDU上。具体布线方式如图3.94~图3.96所示。

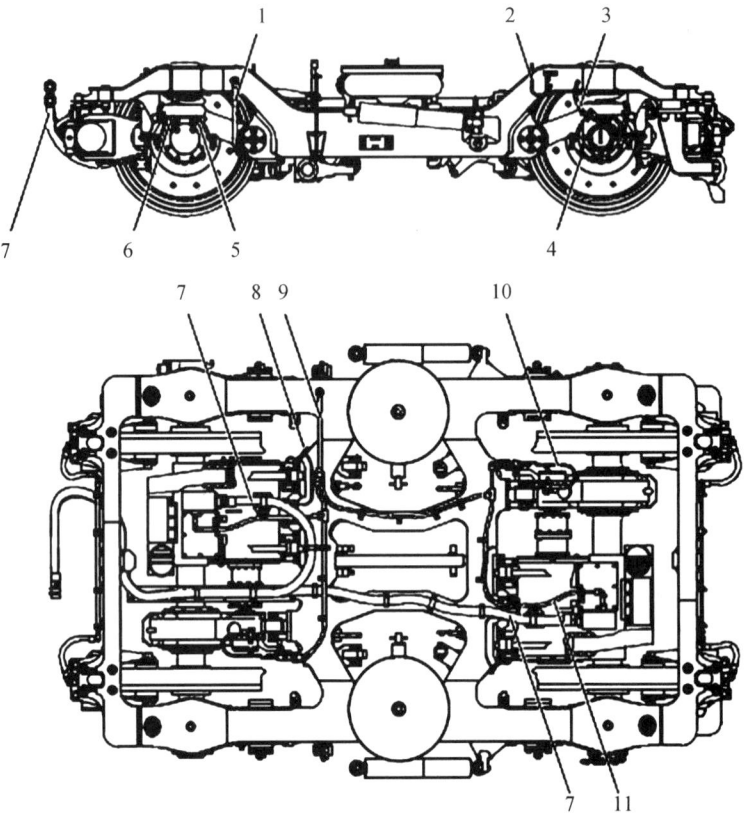

图 3.94 动车转向架轴温报警传感器分布图

1—接地电缆一系转臂-转向架构架（黄色/绿色）；2—接地电缆转向架-车体（黄色/绿色）；3—接地碳刷接地电缆；
4—轴温报警电缆；5—速度传感器电缆（WSP）；6—速度传感器电缆（LKJ1 或者 LKJ2）；
7—牵引电机（三相供电）；8—接地电缆牵引电机-转向架构架（黄色/绿色）；
9—至车体的通用信号电缆；10—齿轮箱速度传感器信号电缆；
11—牵引电机温度传感器信号电缆

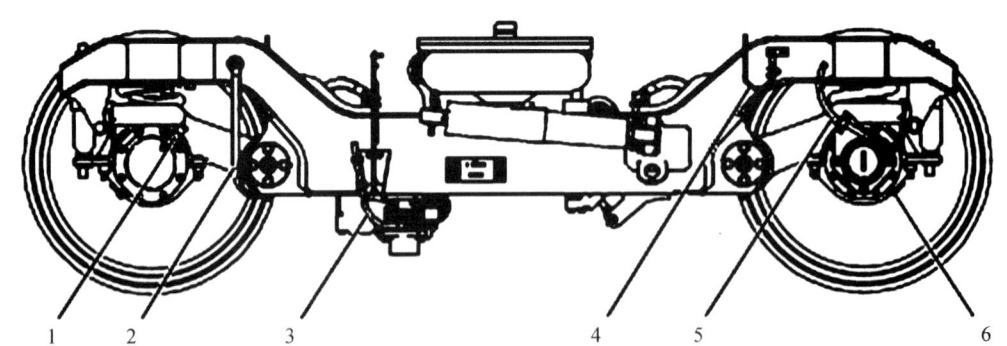

图 3.95 拖车转向架轴温报警传感器分布图

1—速度传感器电缆（WSP）；2—一系转臂-转向架构架接地电缆（黄色/绿色）；
3—过分相地感器（Tp1 和 Tp2 车的转向架）；4—转向架-车体接地电缆（黄色/绿色）；
5—回流装置电缆；6—轴温报警电缆

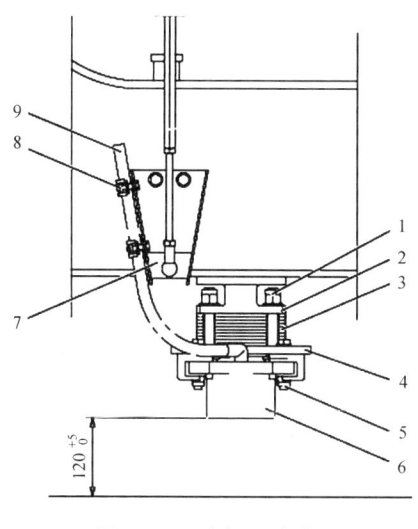

图 3.96 分相区布线

1—螺栓接头（M16）；2—转向架构架上的支架；3—垫片；4—地感器支架；5—螺栓接头（M12）；
6—地感器；7—装置固定螺钉；8—管夹；9—天线电缆

第四节 CRH5 型动车组转向架

一、概 要

CRH5 型动车组每列 8 辆编组，如图 3.97 所示，采取"五动三拖"的编组构成。其所用转向架包括动力转向架和非动力转向架两种形式，其中动力转向架有 3 种类型（简称 M，其制造图纸代号分别为 AX30499、AX109567 与 AX30500），非动力转向架有 2 种类型（简称 T，图纸代号分别为 AX30513 与 AX30514）。

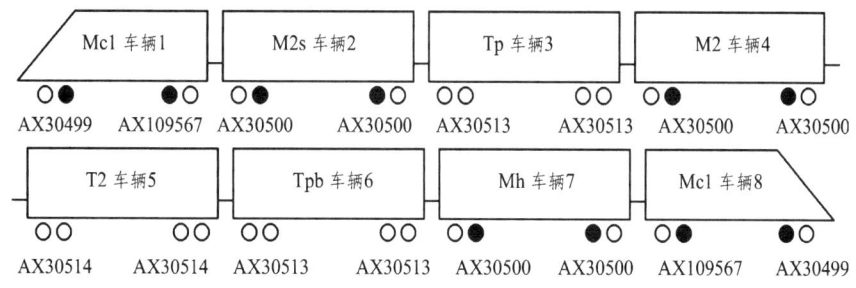

图 3.97 CRH5 型动车组转向架编组示意图

●动力转向架　○非动力转向架

CRH5 型动车组转向架是在 TAV-S104 转向架基础上改进设计的。TAV-S104 转向架由阿尔斯通公司于 2002 年设计，应用于西班牙 Lanzaderas 动车组上。该转向架源于意大利 ETR 系列摆式动车组转向架，并经长春轨道客车股份公司改进而来。与 TAV-S104 转向架相比，CRH5 型动车组转向架主要是将二系悬挂由钢弹簧改为空气弹簧；为适应国内的线路，轮对内侧距由 1 360 mm 改为 1 353 mm；车轮踏面形式经重新设计后采用 XP55 型车轮踏面。

CRH5 型动车组转向架一系悬挂装置采用拉杆轴箱定位方式，二系悬挂系统由上枕梁、空气弹簧系统、抗侧滚扭杆、二系横向减振器、二系垂向减振器、抗蛇行减振器、防过充装置、横向挡和牵引装置等组成；传动装置由齿轮箱、万向轴、安全装置和体悬式电机组成，转向架与车体间采用"Z"字形双牵引装置传递牵引力和制动力；基础制动采用轴盘制动。

CRH5 型动车组其动力转向架与非动力转向架的主要区别是：

（1）动力转向架有 1 根动力轴和 1 根非动力轴，而非动力转向架有 2 根非动力轴，动力轴上装有 2 个制动轴盘和 1 组齿轮箱。

（2）非动力轴上装有 3 个制动轴盘。

（3）动力转向架构架比非动力转向架构架在横梁上多了一个齿轮箱拉杆座。

二、主要技术参数

CRH5 型动车组转向架主要技术参数见表 3.8。

表 3.8 CRH5 型动车组转向架主要技术参数

设计使用寿命/年	30
最高试验速度/（km/h）	250
运行速度/（km/h）	200
轨距/mm	1 435
最大轴重/t	17
轴距/mm	2 700
新（旧）车轮尺寸/mm	890（810）
轮对内侧距/mm	1 353±1
车轮踏面	XP55
最小曲线半径/m（速度 v<5 km/h）	100（单车调行）
	145（连挂）
最小曲线半径/m（v<40 km/h）	160
200 km/h 的线路曲线半径/m	2 200
制动盘尺寸/材料（mm/钢）	ϕ640
每个动力轴/非动力轴的制动盘数量	2/3
车辆平稳性指标 W	乘客<2.5，司机室<3.5
弹簧形式	一系螺旋钢弹簧
	二系空气弹簧
轴承形式	SKF-TBU ϕ130×ϕ230×160 圆锥滚子轴承组
轴箱轮对定位方式	拉杆定位
弹性定位节点刚度（MN/m）/每轴箱	纵向：13.734
	横向：4.990
转向架制动形式	轴盘制动
转向架外形尺寸（长×宽×高）/mm	3 740×2 853×1 050（动力）
	3 740×2 834×1 050（非动力）
转向架质量/kg	8 060（动力）
	7 660（非动力）
空气弹簧横向跨距/mm	2 000

三、动力转向架（M）

CRH5 型动车组中的动车（第 1、2、4、7、8 号车）分别装用了制造图纸代号为 AX30499、AX109567 和 AX30500 的三种 M 转向架，其中第 1、8 号车所装用的图纸代号为 AX30499 与 AX109567 转向架，其轴端布置有轴温传感器、ATP/LKJ2000 速度传感器以及接地回流装置。另外，AX30499 型转向架的前端安装了轮缘润滑装置和扫石器。在 2、4、7 号车所装用的图纸代号为 AX30500 转向架安装有加速度传感器。

动力转向架主要部件为焊接构架组成、一系悬挂及轮对轴箱定位装置、二系悬挂及牵引装置、抗侧滚扭杆装置、上枕梁、驱动装置（齿轮箱、万向轴等）、停放储能制动装置、基础制动装置、轴温报警装置与接地回流装置、撒砂器和 ATP 信号接收系统与轮缘润滑系统（列车头尾部动力转向架）等。

AX30500 型动力转向架的基本情况如图 3.98 所示。

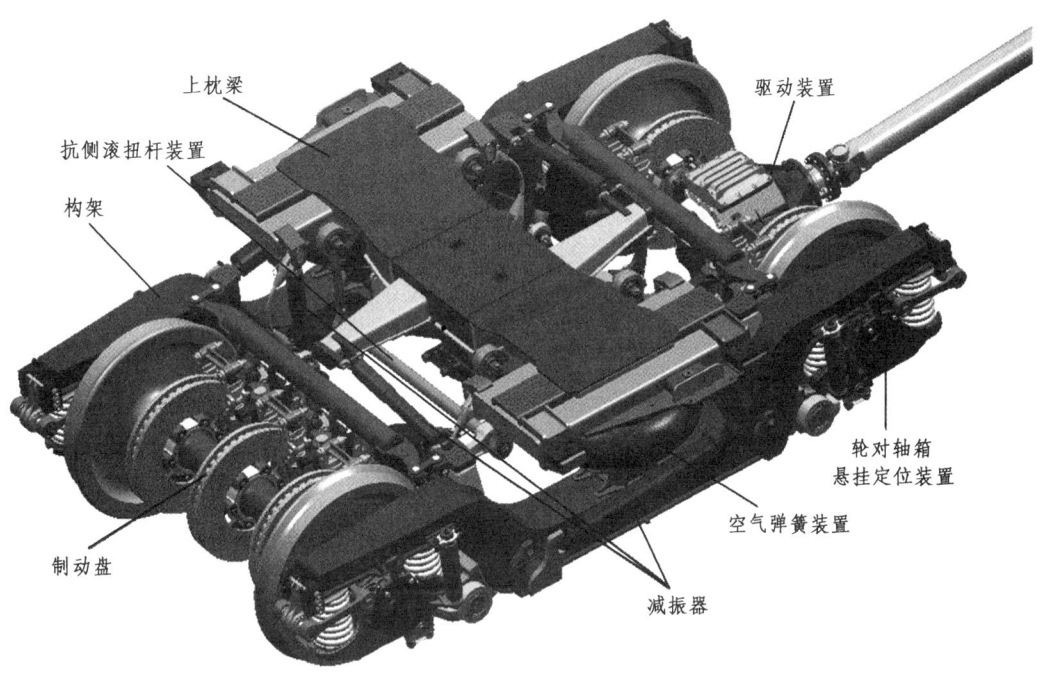

图 3.98 动力转向架

四、非动力转向架（T）

CRH5 型动车组中的非动车（第 3、5、6 号车）分别装用了图纸代号为 AX30513 和 AX30514 的两种 T 转向架，其中第 3、6 号车装用 T 车转向架 AX30513，第 5 号车装用 T 车转向架 AX30514。该转向架主要部件包括钢结构焊接构架组成、一系悬挂及轮对轴箱定位装置、二系悬挂及牵引装置、抗侧滚扭杆装置、上枕梁、停放储能制动装置、基础制动装置、轴温报警装置、接地回流装置和速度传感器装置等。

AX30513 型非动力转向架的基本情况如图 3.99 所示。

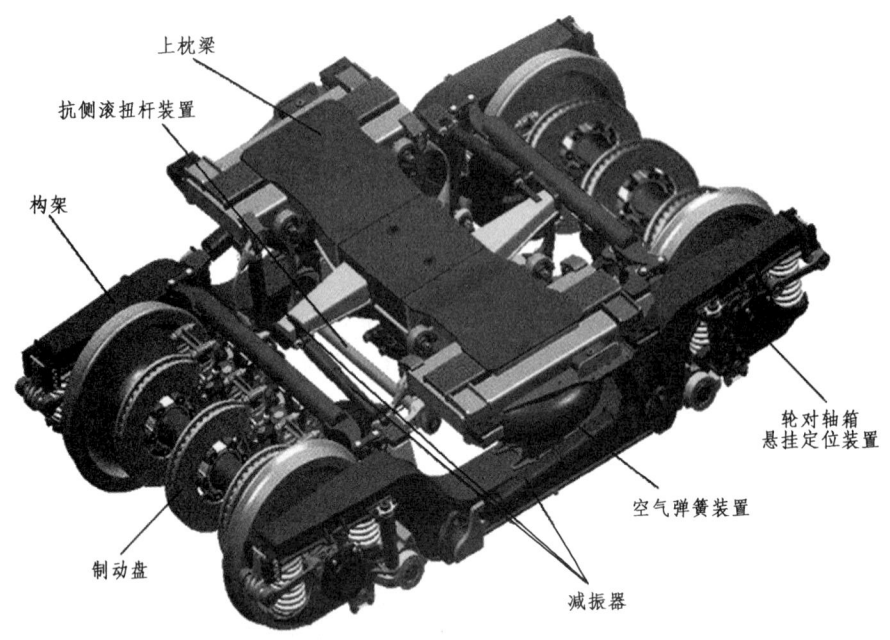

图 3.99 非动力转向架

五、主要部件组成及性能

（一）构架组成

1. 构架主体结构

构架（见图 3.100）由 2 个侧梁和 2 个横梁组焊为"H"形箱形结构。侧梁由 6 块钢板焊接而成下凹"U"形结构，分别为侧梁上盖板、侧梁下盖板、外侧立板和 3 块内侧立板，钢板材质为 S355J2G3。侧梁上焊有拉杆定位座、一系垂向减振器座、二系横向减振器、一系弹簧定位座、二系空气弹簧定位座、横向缓冲器座、轴箱起吊吊座、制动横梁座等。横梁为

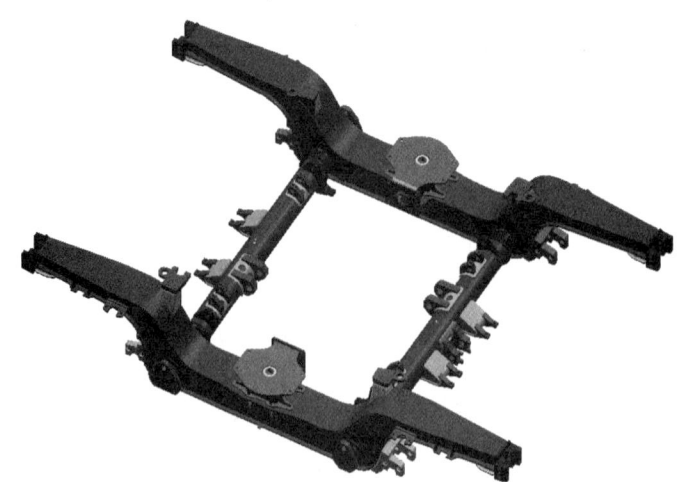

图 3.100 动力转向架构架组成

无缝钢管，外径为 168.3 mm，壁厚 14.2 mm，材质为 S355J2H。横梁上焊有制动横梁座、牵引拉杆座、抗侧滚扭杆座、防过充钢丝绳安装座、齿轮箱拉杆座等。

构架用钢板材质为 S355J2G3，型材材质为 S355J2H，这些材料均符合 UNI EN 10025 标准中非合金结构钢标准。焊接在构架上的重要座（定位座、弹簧座等）均采用质量可靠的锻件加工而成，材质均为 S355J2G3。侧梁和构架在焊接后和进一步加工之前，需进行热处理以消除焊接内应力。

2. 动力与非动力转向架构架组成比较

CRH5 型转向架共有两种构架组成形式，即动力转向架构架组成和非动力转向架构架组成。为了实现模块化设计，两种构架组成的主体结构尽可能通用。与非动力转向架构架组成相比，动力转向架构架组成多出了齿轮箱吊座、砂箱座等驱动和辅助设备安装座，如图 3.101 所示。

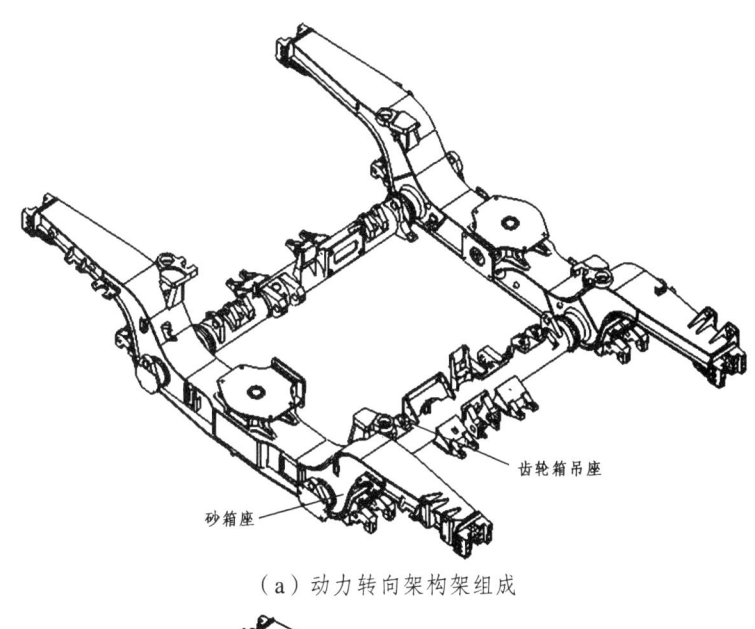

（a）动力转向架构架组成

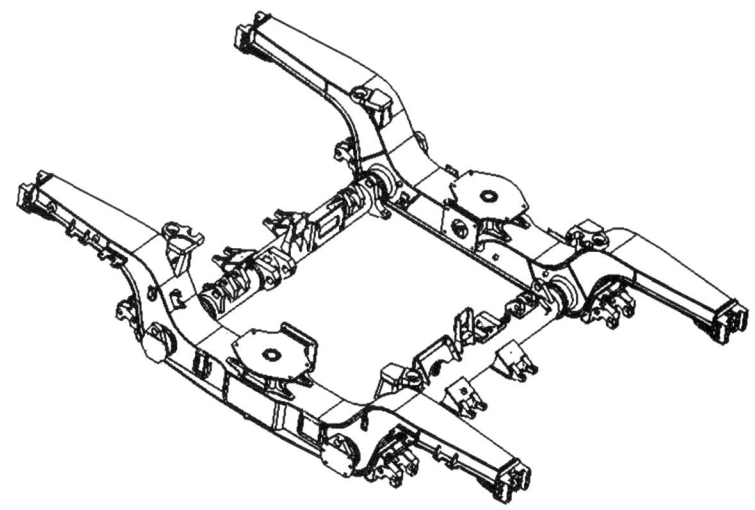

（b）非动力转向架构架组成

图 3.101 动力与非动力转向架构架组成比较

3. 侧梁组成

侧梁承载主体结构采用钢板焊接成封闭箱体，上下盖板和外侧立板采用 12 mm 的钢板整体压型，内侧立板为一块 12 mm 和两块 10 mm 的钢板与横侧梁连接座拼接而成。为了提高横梁、侧梁连接处的承载能力，该部位采用整体模锻技术，设计了锻造横侧梁连接座。侧梁主体承载结构上焊接有定位座、空气弹簧定位座、横向挡座、横向减振器座和制动横梁座等，如图 3.102 所示。

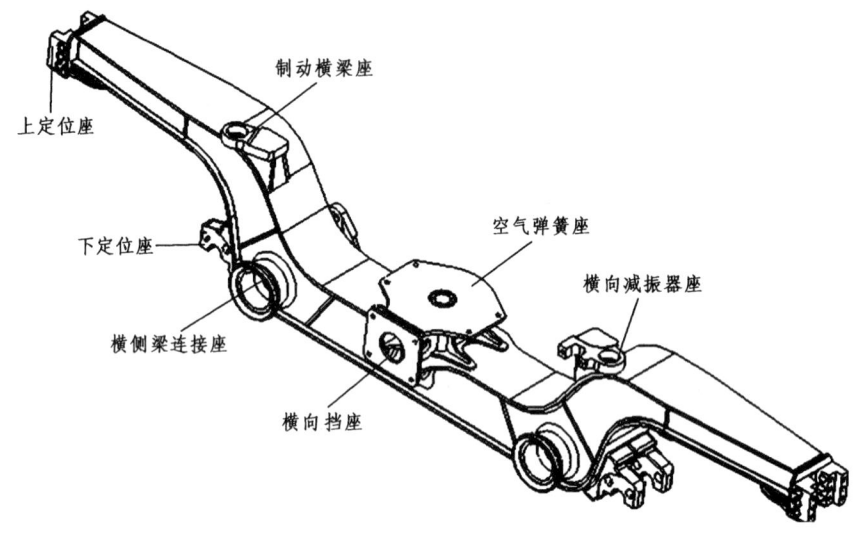

（a）侧梁组成

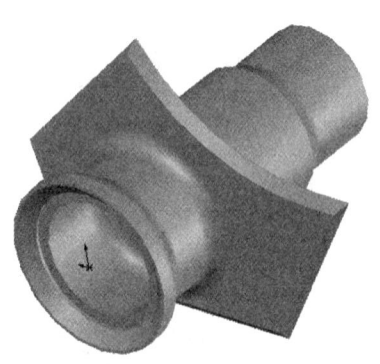

（b）横侧梁连接座

图 3.102　侧梁组成及其整体式横侧梁连接座示意图

4. 横梁组成

横梁组成分前端横梁组成和后端横梁组成两种，均采用无缝钢管型材，管材规格 ϕ168.3 mm × 14.2 mm，材质为 S355J2H 钢管。两横梁分别与两侧的横侧梁连接座圆管焊接。

动力转向架与非动力转向架横梁上均焊接有制动吊座、牵引拉杆座和扭杆座，不同之处仅在于动力转向架构架的后端横梁组成上还焊接有一个齿轮箱吊座，如图 3.103 所示。

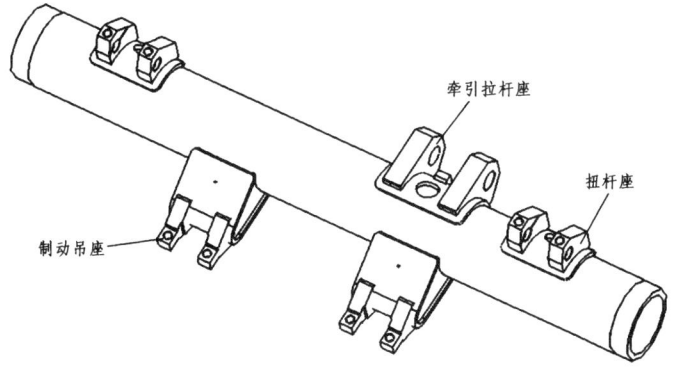

（a）前端横梁组成

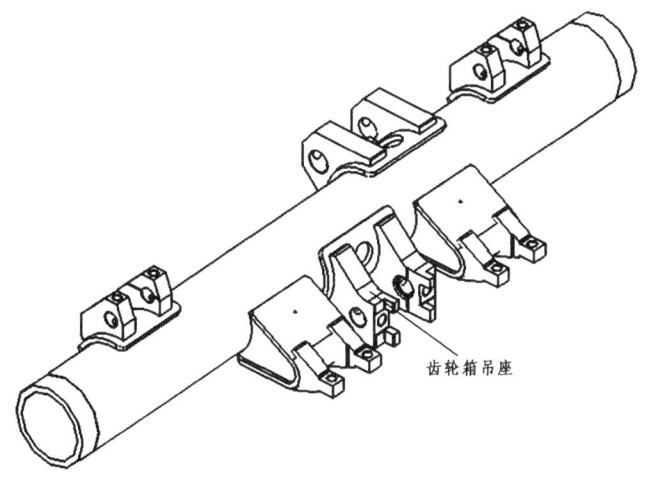

（b）后端横梁组成

图 3.103 动力转向架构架横梁组成

5. 制动横梁

动力转向架与非动力转向架的制动横梁区别仅在动力轴侧，这是由动力轴上的制动盘数与非动力轴不同引起的。制动横梁结构如图 3.104 所示。

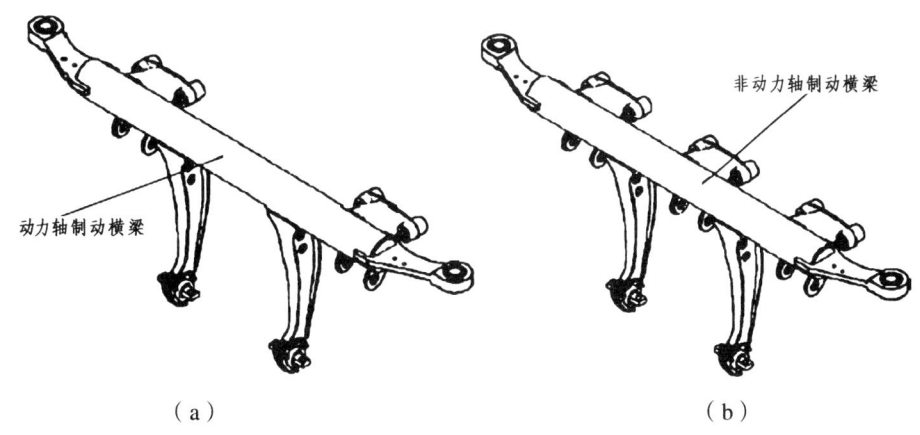

图 3.104 制动横梁

6. 构架吊座

动力构架组成和非动力构架组成中含有多种吊座结构,为保证吊座以及吊座与构架主体的连接强度,牵引拉杆座、扭杆座和齿轮箱吊座均采用了加装补强板后整体焊接结构。轴箱内、外侧定位座为模锻成型结构,为避免在吊座上直接攻丝造成螺纹损伤后无法修复的情况和紧固件的螺纹强度匹配,无法使用普通螺母的吊座均采用了销形螺母的方案。各吊座结构如图 3.105 所示。

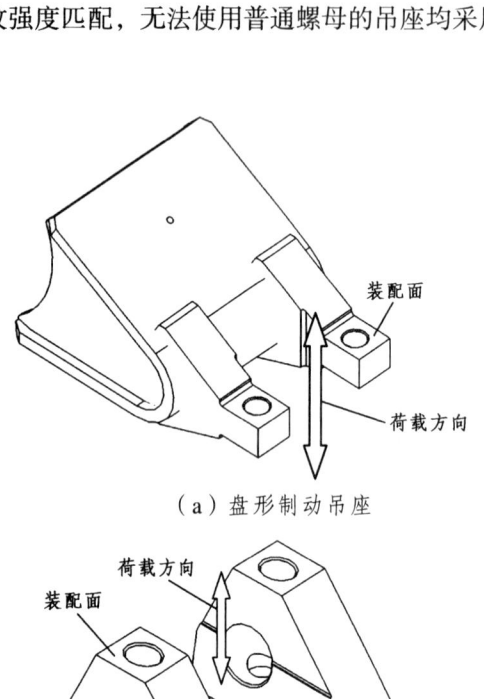

(a) 盘形制动吊座

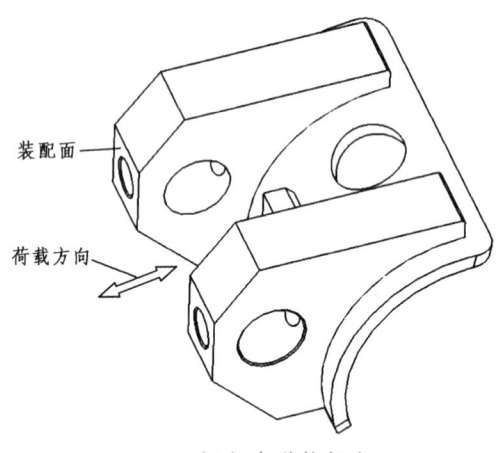

(b) 牵引拉杆座

(c) 抗侧滚扭杆座

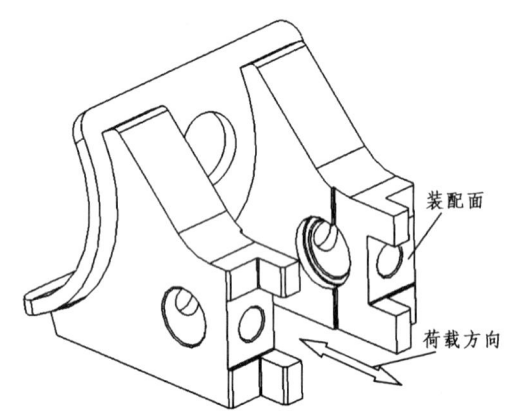

(d) 齿轮箱吊座(仅动车转向架构架有)

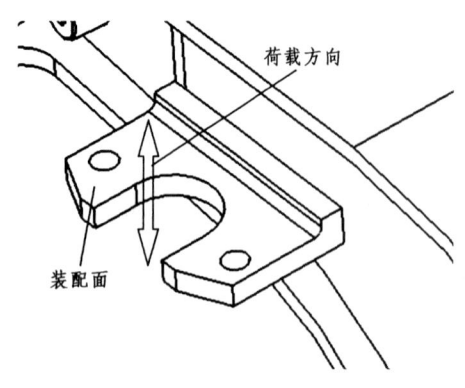

(e) 一系垂向减振器座

(f) 二系垂向减振器座

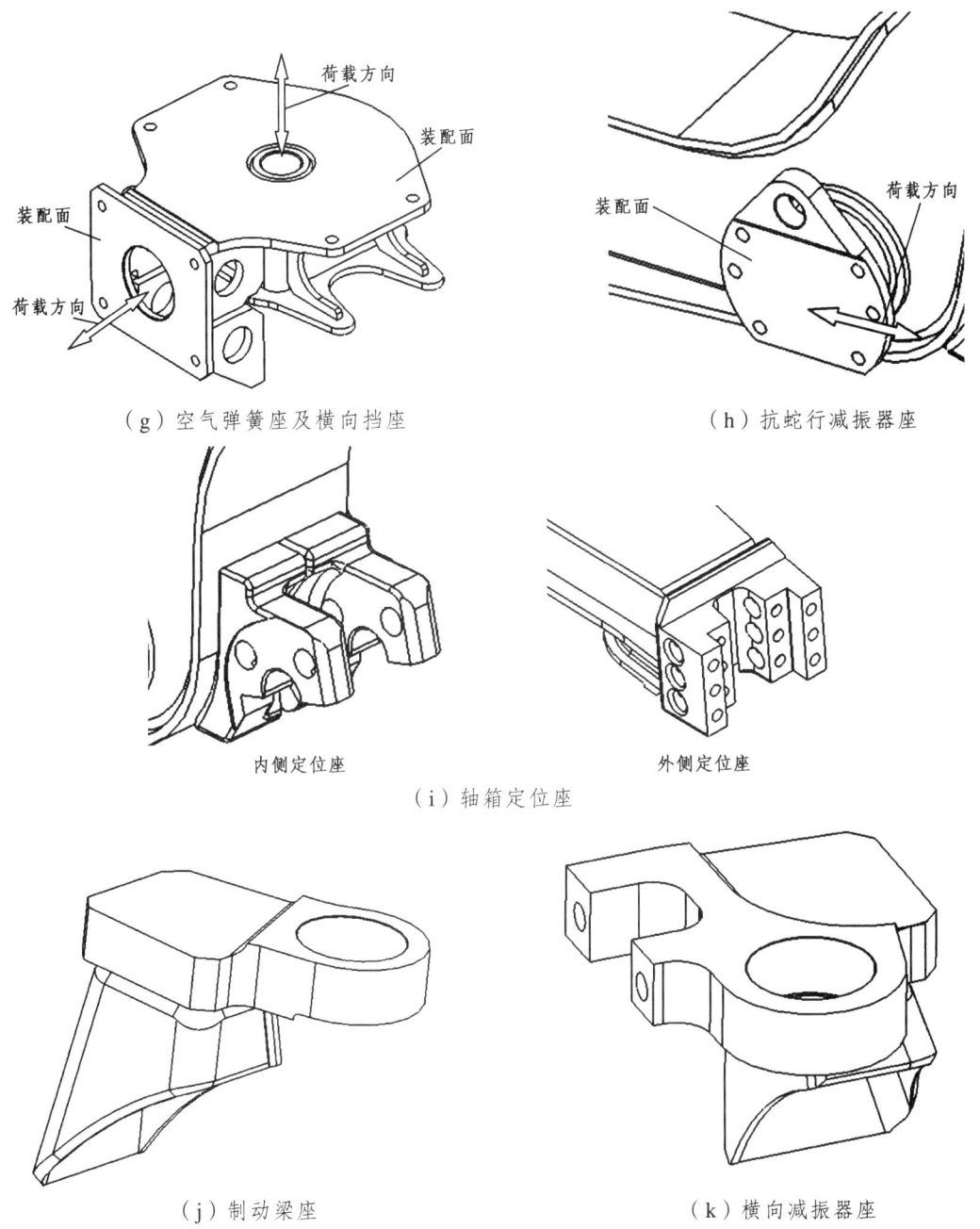

(g)空气弹簧座及横向挡座　　(h)抗蛇行减振器座

(i)轴箱定位座

(j)制动梁座　　(k)横向减振器座

图 3.105　各吊座结构图

(二)轮对组成

轮对组成包括动力轮对组成和非动力轮对组成。动力轮对组成安装在动力转向架上,包含一个动力轮对轴箱装置和一个非动力轮对轴箱装置;非动力轮对组成安装在非动力转向架上,包括两个非动力轮对轴箱装置。动力轮对轴箱装置和非动力轮对轴箱装置的主要区别是:动力轮对轴箱装置采用动车车轴,车轴上安装有 1 个齿轮箱组成和 2 个制动盘,而非动力轮对轴箱装置采用非动力车轴,车轴上安装有 3 个制动盘,如图 3.106 和图 3.107 所示。

图 3.106　动力轮对轴箱装置

图 3.107　非动力轮对轴箱装置

动力、非动力轮对轴箱装置均由轮对（包括车轮和车轴）、轴箱及轴承等部分组成。车轴为空心车轴，中空直径为 65 mm，材质为 30NiCrMoV12；车轮采用整体车轮，材质为 R8T，可磨耗半径为 40 mm；每个轴箱配备一个 SKF-TBU 圆锥滚子轴承组。

1. 车　轮

CRH5 型动车组转向架车轮（见图 3.108）与 TAV-S104、SM3、ETR460、ETR470、ETR480 车轮为同一类型，整体车轮所用材质为符合 UIC 标准的 R8T，车轮直径为 890 mm。

车轮几何参数见表 3.9。

表 3.9　车轮几何参数

项　目	参　数
新车轮的滚动圆直径	890 mm
磨耗到限的车轮的滚动圆直径	810 mm
轮辋宽度	135 mm
踏面形式	XP55
轮毂装配直径	192 mm
轮毂宽度	180 mm
整体车轮的最大质量	≤311 kg

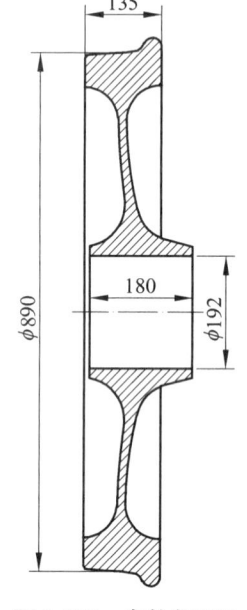
图 3.108　车轮断面图

2. 车　轴

轮对组成中，车轴分为动力车轴和非动力车轴。车轴为空心轴，中空直径为 65 mm，材质与 TAV-S104、ICT、SM3、ETR460、ETR470、ETR480 相同，为 30NiCrMoV12 钢，依据 UNI 6787-71 标准加工制造（UNI6787-71：用于铁路轮对的、具有高疲劳强度和韧性特性的、调质的特殊合金钢锻造轴）。车轴可以通过孔探针进行无损检测。

动力转向架上有 1 根动力车轴和 1 根非动力车轴，非动力转向架上 2 根均为非动力车轴。在动力转向架上，非动力车轴装在转向架的外端，动力轴装在转向架的内端，接受悬在车体上的电机通过万向轴传来的动力。

动力车轴由轴箱轴承座、轮座、2 个制动盘座、齿轮轴承座和轴身组成，总长 2 180 mm，如图 3.109（a）所示；非动力车轴由轴箱轴承座、轮座、3 个制动盘座和轴身组成，总长 2 180 mm，如图 3.109（b）所示。

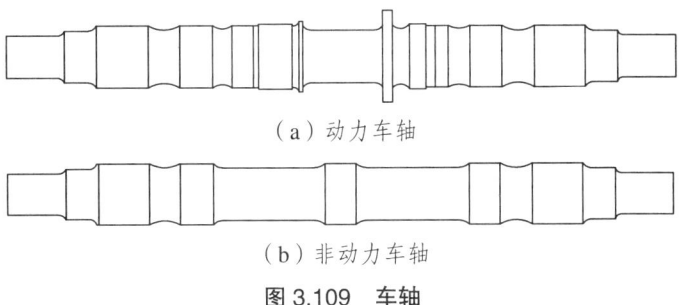

图 3.109　车轴

（三）轴箱组成

轴箱采用 SKF 公司产品，轴箱上设有上、下拉杆座和垂向减振器座。轴箱为铸造件，材质为球墨铸铁，符合 EN-GJS-400-18-LT（EN 1563）标准。轴箱上内、外侧弹簧到车轴中心的距离分别为 234 mm 和 275 mm，这一结构与转向架轴端整体结构布置有关。轴箱上安装有轴温传感器，部分轴端安装有速度传感器。

轴箱轴承采用 SKF 公司产品，类型与 TAV-S104、ICT、SM3、ETR460、ETR470、ETR480 使用的轴承相同，为圆锥滚子轴承 TBU$\phi 130 \times \phi 230 \times 160$，采用带聚酰胺笼子的内置传感器，设计执行 EN 12082 标准，润滑符合 prEN 12081 标准，型号为 BT2-8545B。大修周期为每 125 万千米，替换周期应为 250 万千米。

轴箱组成如图 3.110 所示，轴箱体结构如图 3.111 所示。

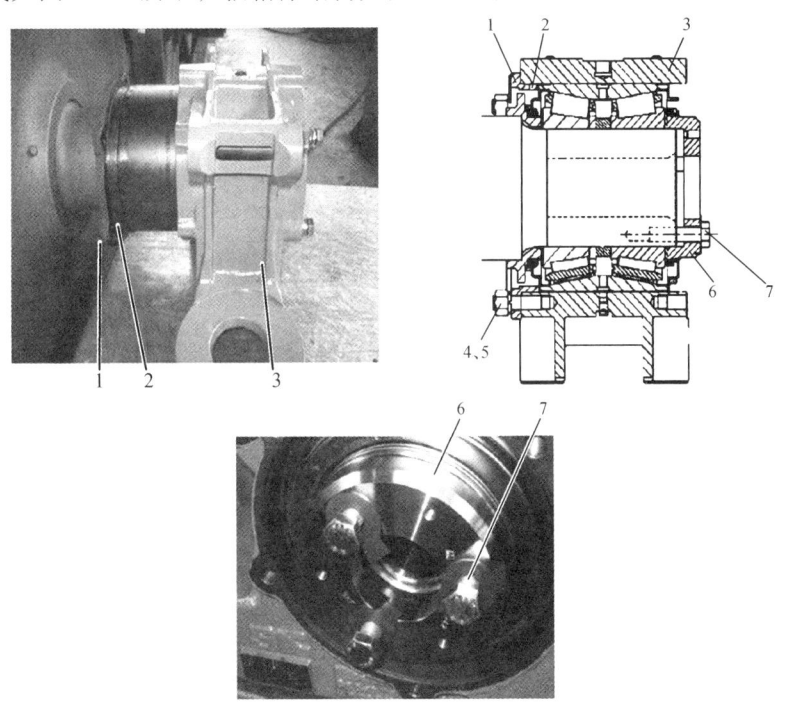

图 3.110　轴箱组成

1—后部挡圈；2—O 形圈；3—轴箱体；4、5—螺栓、螺母、垫片；6—压盖；7—螺栓、垫片

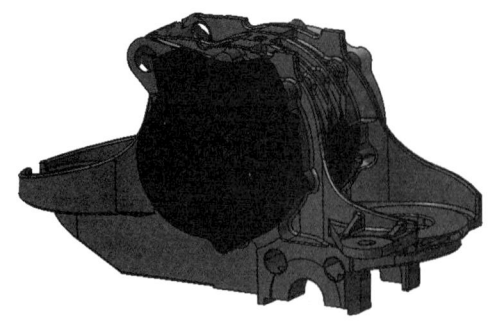

(a)前端　　　　　　　　　(b)后端

图 3.111　轴箱体结构

(四)一系悬挂轴箱定位装置

一系悬挂装置采用拉杆式轴箱定位结构。一系悬挂系统由 2 组螺旋钢弹簧、一系垂向减振器和定位装置组成。箱体与构架间的连接通过在不同高度、端部有弹性节点的纵向拉杆组实现(双拉杆轴箱定位结构)。上下拉杆的刚度、钢弹簧的刚度和垂向减振器的参数根据动力学计算进行了优化选择,以减少和缓冲由于线路的不平顺引起的对构架的激扰。

1. 弹　簧

(1)弹簧组成单元。

弹簧组成包括内圈弹簧、外圈弹簧、上定位板、下定位板、弹性垫、调整垫等零件(见图 3.112)。CRH5 型动车组一系轴箱弹簧分为外侧和内侧弹簧,其中外侧弹簧安装高度为 275.5 mm,内侧弹簧安装高度为 266.5 mm,两者之间的高度差由调整垫片调节,垫片厚度为 9 mm,如图 3.113 所示。

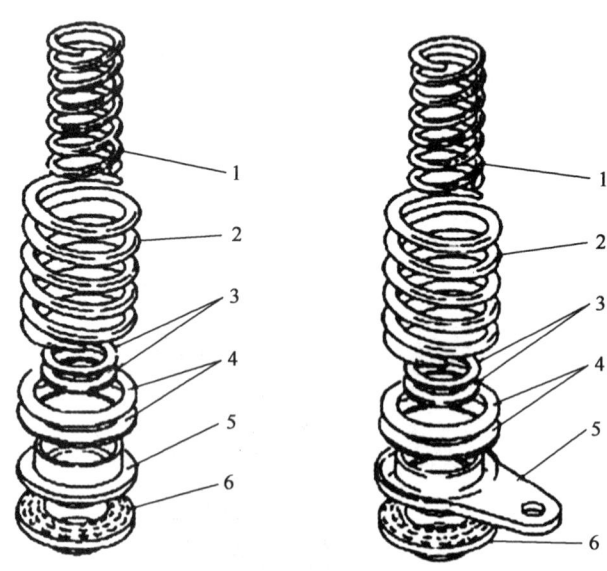

图 3.112　一系悬挂弹簧组成

1—内圈弹簧;2—外圈弹簧;3、4—调整垫;5—定位板;6—弹性垫

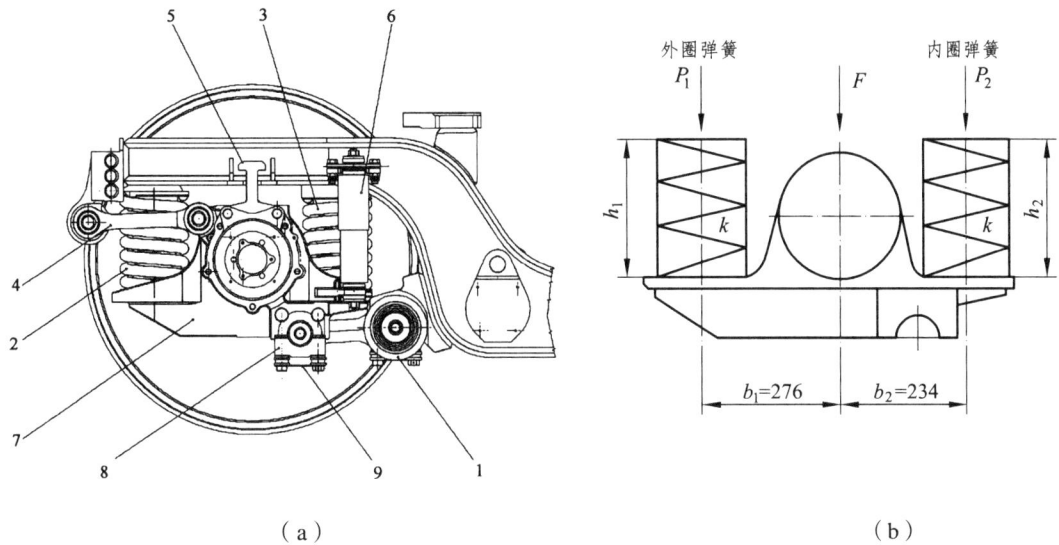

1—下拉杆组件；2—外部弹簧组；3—内部弹簧组；4—上拉（推）杆；
5—垂向止挡连杆；6—减振器；7—轴箱；8—连接杆挡块

$h_1 = 275.5$ mm；$h_2 = 266.5$ mm；$\Delta = h_1 - h_2 = 9$ mm

图 3.113 内、外侧弹簧安装高度示意图

（2）弹簧类型。

根据车体质量的不同，螺旋钢弹簧分为 R 型（重型）和 F 型（轻型）。其中，R 型安装在 Mc2、Ms2、Tp、M2、Tpb、Mh、Mc1 上，F 型安装在 T2 车上。R 型和 F 型具有相同的弹簧座和内圈弹簧，区别在于外圈弹簧不同，如图 3.114 和图 3.115 所示。

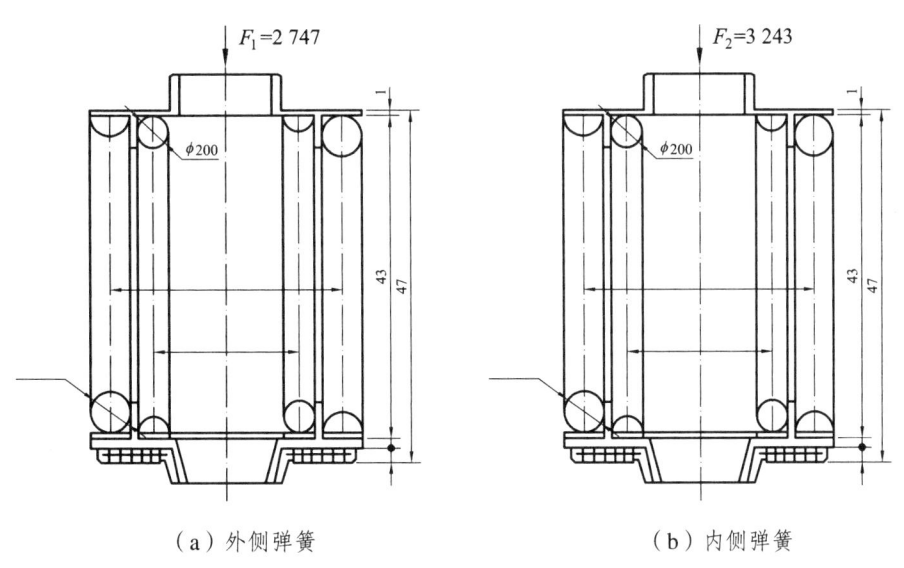

（a）外侧弹簧　　　　　　　　　　（b）内侧弹簧

图 3.114 R 型弹簧组

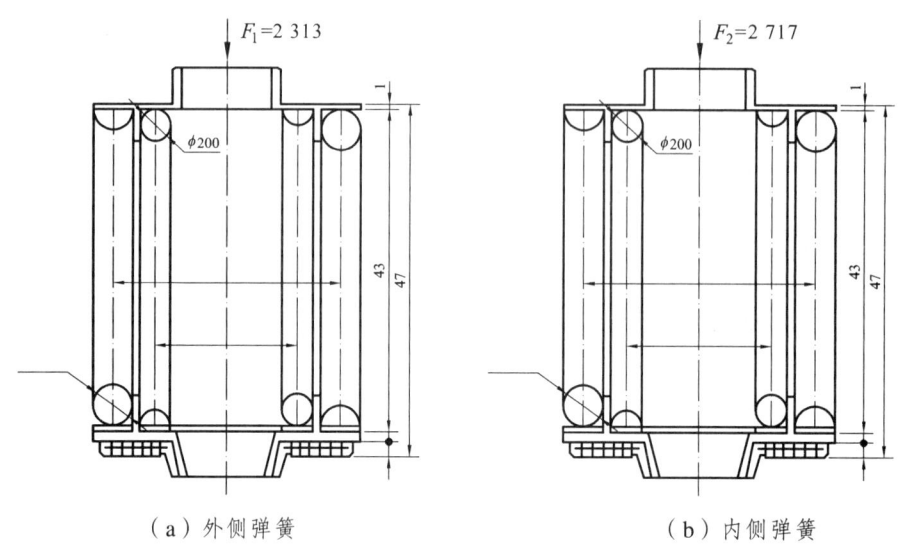

（a）外侧弹簧　　　　　　　　　（b）内侧弹簧

图 3.115　F 型弹簧组

两组双圈螺旋钢弹簧尺寸，需符合 EN13906 标准关于弹簧允许的理论压力和允许的疲劳极限相关数值。

2. 减振器

为减小来自钢轨的振动，在轴箱体和构架间还加装了一系垂向减振器，其设计使用寿命不少于 60 万千米。在整个使用寿命期间，减振器阻尼特性的偏差不应超过 30%。

根据车型的不同，一系减振器的参数也有所差异，以使车辆具有良好的平稳性。

3. 轮对轴箱定位装置

一系悬挂装置采用拉杆式轴箱定位，如图 3.116 所示。拉杆可以容许轴箱与构架在上、下方向有较大的相对位移，拉杆两端均设有橡胶节点，以实现轴箱和构架之间横向与纵向弹性定位，定位刚度见表 3.10。

表 3.10　轴箱定位橡胶节点刚度　　　　　　　　kN/mm

定位刚度	纵向	横向
重车	14.39	5.54
轻车	14.22	5.37

拉杆分上拉杆与下拉杆组件。上拉杆组件由两根拉杆组成，每根拉杆两端均装有弹性节点，组成平行四杆机构，主要承担轴箱纵向弹性定位；下拉杆组件为叉形，三弹性节点，主要承担轴箱横向定位和辅助上拉杆承担纵向定位。下、上拉杆组成如图 3.116 和图 3.117 所示。

拉杆中的橡胶节点刚度决定了一系悬挂的定位刚度。一系悬挂纵、横定位刚度匹配与否，对转向架的临界速度、直线和曲线的动力学性能均有显著的影响。

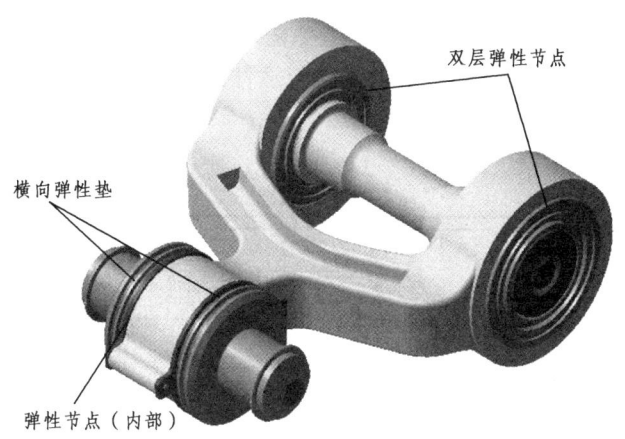

图 3.116 下拉杆组成

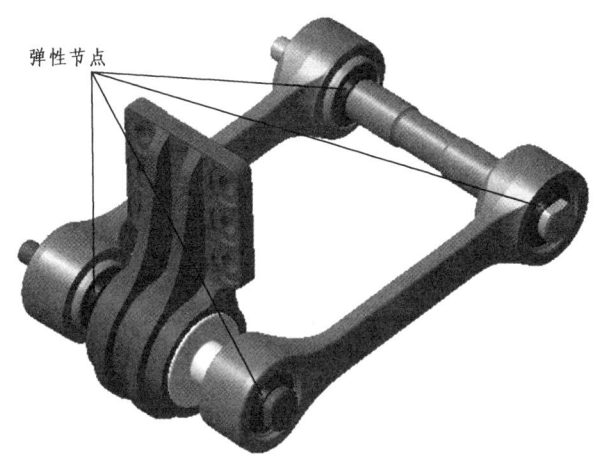

图 3.117 上拉杆组成

（五）二系中央悬挂装置

二系悬挂装置主要部件包括空气弹簧组成、上枕梁、牵引装置、抗侧滚扭杆等。每个转向架有 2 个空气弹簧坐落在侧梁上，空气弹簧上设有上枕梁，上枕梁采用焊接结构，四角与车体连接。上枕梁与构架间牵引装置采用"Z"字形双牵引杆。每个转向架有 2 套抗侧滚扭杆装置、2 个二系垂向减振器、2 个二系横向减振器和 2 个抗蛇行减振器，其中二系垂向减振器和二系横向减振器根据车型不同所设参数不同，从而使车辆获得较高的乘坐舒适性。

1. 空气弹簧组成

空气弹簧系统由 2 个空气弹簧、2 个高度阀、压差阀和 2 个附加空气室通过管路连接而成，是转向架构架与上枕梁之间的悬挂装置。空气弹簧系统可确保车辆保持高度不变。

（1）空气弹簧。

弹簧悬挂装置的性能是影响车辆运行品质的重要因素之一。空气弹簧能使车辆获得良好的垂向和横向性能。如图 3.118 所示，空气弹簧由胶囊与橡胶堆组成，胶囊与橡胶堆串联工作，通过对两个部件的优化，可以获得较高的乘坐舒适性。在正常工况下（充气状态），橡胶堆有助于胶囊适应转向架的转动，如果胶囊失效，橡胶堆将独立工作，此时上盖下表面与橡胶堆顶部的磨耗板接触。磨耗板采用特殊制造工艺以确保获得较低的摩擦系数（0.08～0.12）。该系统刚度小，可以使车辆在获得较高的乘坐舒适性同时，悬挂系统仍然能够安全地进行工作，不会影响到车辆的运行速度。

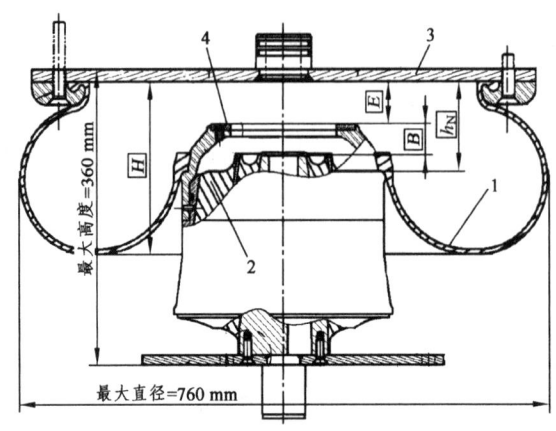

图 3.118　空气弹簧组成

1—胶囊；2—橡胶堆组成；3—上盖板组成；4—摩擦板组成

上盖板组成通过上盖心轴与上枕梁的定位圈和附加空气室相通，下板组成与构架上的空气弹簧座相连，如图 3.119 所示。

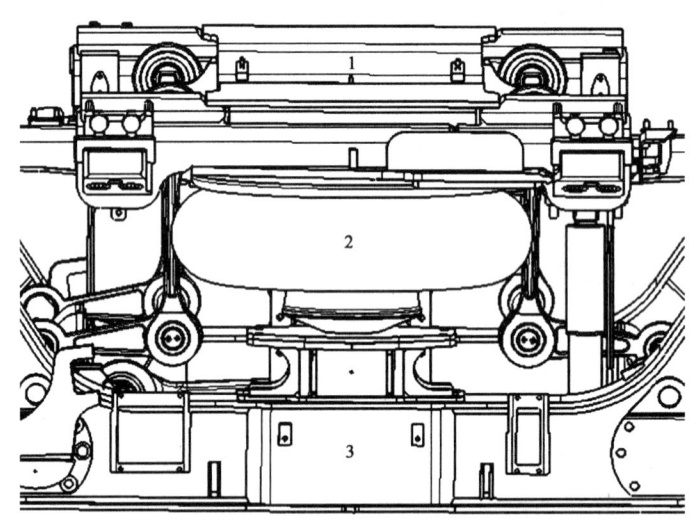

图 3.119　空气弹簧在转向架上的位置

1—车体；2—空气弹簧；3—构架

（2）高度阀。

高度阀主要用于维持车体在不同静载荷下都与轨面保持一定的高度；在直线上运行时，车辆在正常振动情况下不发生进、排气作用；在车辆通过曲线时，如果车体倾斜程度超过无感区后，转向架左右两侧的高度控制阀分别产生进、排气的不同作用，从而减少车辆的倾斜。

高度阀组成主要包括高度阀座、高度阀、连杆和下座等部件，如图 3.120 所示。

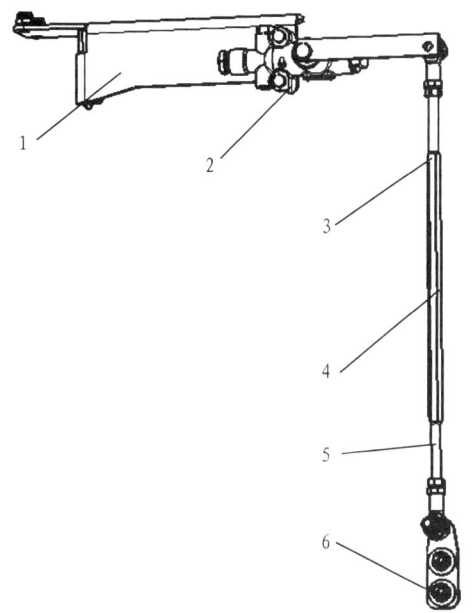

图 3.120 高度阀组成

1—高度阀座；2—高度阀；3—右杆端部；4—杆；5—左杆端部；6—下座组成

高度控制阀的主体采用螺钉固定在高度阀座位置 1 上，阀座与上枕梁相连，而该阀的阀杆利用一个铰接在转向架构架上的连杆连接在转向架构架位置 2 上。高度阀在转向架上的位置如图 3.121 所示。

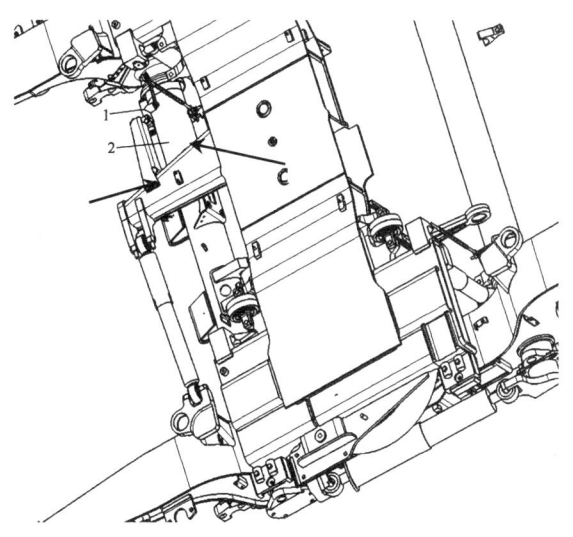

图 3.121 高度阀在转向架上的位置

1—高度阀；2—构架横梁

（3）差压阀。

差压阀用于保证一个转向架两侧空气弹簧的内压之差不超过行车安全规定的某一定值。若超出时，差压阀将自动连通左右两侧的空气弹簧，使压差维持在定值以下。因此，差压阀在空气弹簧悬挂系统装置中起保证安全的作用。

一般差压阀的压差值为 0.08~0.12 MPa。如图 3.122 所示，差压阀通过差压阀座与上枕梁相连。

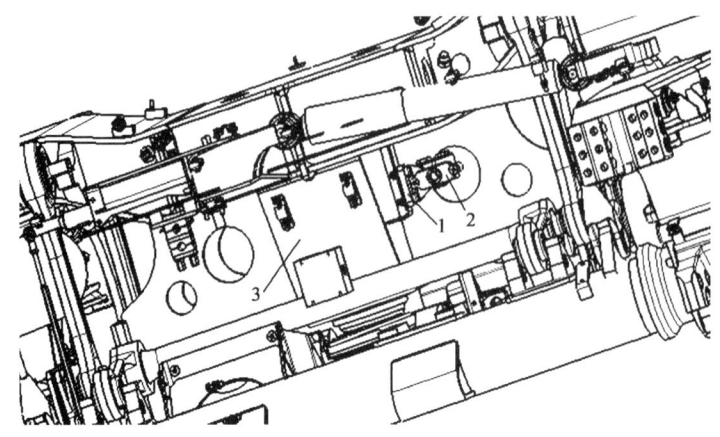

图 3.122　差压阀在转向架上的位置

1—差压阀座；2—差压阀；3—枕梁

（4）二系减振器。

① 抗蛇行减振器。

为抑制高速车辆的蛇行运动，在车体与转向架之间设有抗蛇行运动回转阻尼装置。理论计算和运行实践均证明，这是非常有效的重要措施之一。抗蛇行减振器每个转向架 2 个，抗蛇行减振器大端通过抗蛇行减振器上支座与上枕梁相连，小端通过抗蛇行减振器下支座与构架相连，如图 3.123 所示。

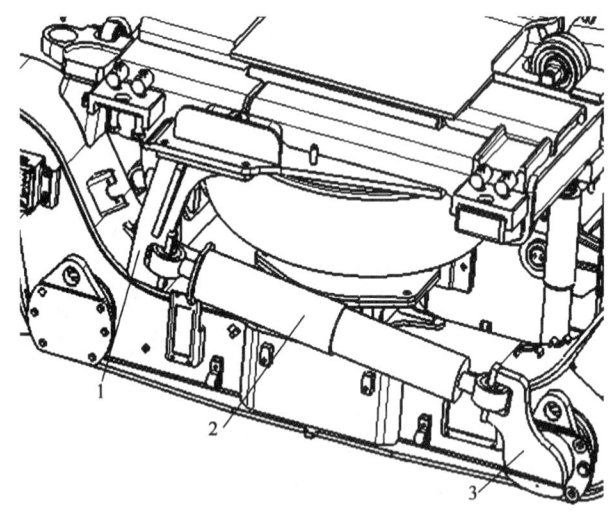

图 3.123　抗蛇行减振器在转向架上的位置

1—上支座；2—抗蛇行减振器；3—下支座

② 二系横向减振器。

该型减振器用于控制车体相对于转向架之间的横向运动，即横摆及摇头运动。二系横向减振器每个转向架有 2 个，二系横向减振器通过上支座与上枕梁相连，通过下支座与构架相连，如图 3.124 所示。

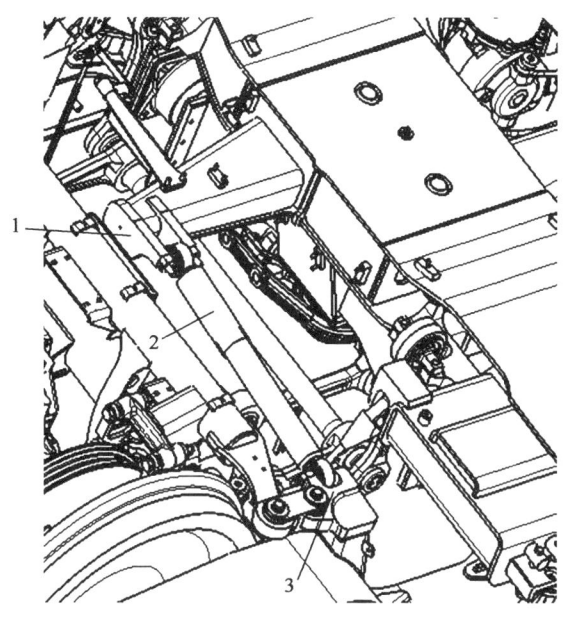

图 3.124 二系横向减振器在转向架上的位置

1—上支座；2—二系横向减振器；3—下支座

③ 二系垂向减振器。

该型减振器用于控制车体相对于转向架之间的垂向运动，即点头和沉浮运动。二系垂向减振器每个转向架有 2 个，对角安装。二系垂向减振器大端通过上支座与上枕梁相连，小端通过下支座与构架相连，如图 3.125 所示。

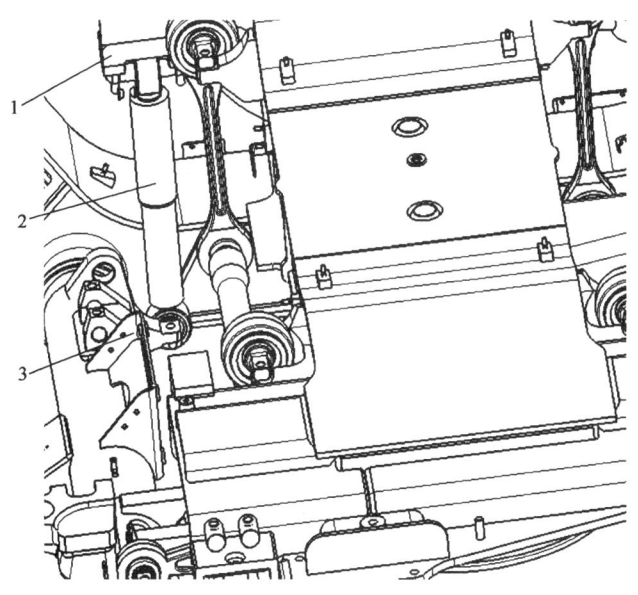

图 3.125 二系垂向减振器在转向架上的位置

1—上支座；2—二系垂向减振器；3—下支座

2. 上枕梁车体转向架连接

上枕梁由钢板焊接成箱形结构，主要承受和传递车体与转向架力，其内腔同时作为二系悬挂空气弹簧气动系统的两个辅助气室。为满足作为二系悬挂空气弹簧气动系统的辅助气室的要求,该箱形截面必须气密性良好,需进行特殊的气密性试验。上枕梁的结构按照 EN 12663 标准进行设计,强度检验按照 ERRI B12 RP17 标准进行计算校核。

上枕梁通过支座与车体连接,通过空气弹簧、牵引装置与构架相连,二系垂向减振器、抗侧滚扭杆、二系横向减振器、抗蛇行减振器等都通过相应的支座与上枕梁和构架相连。此外,上枕梁上的安全钢丝绳对二系悬挂垂向上限位置起限定作用,如图 3.126 所示。

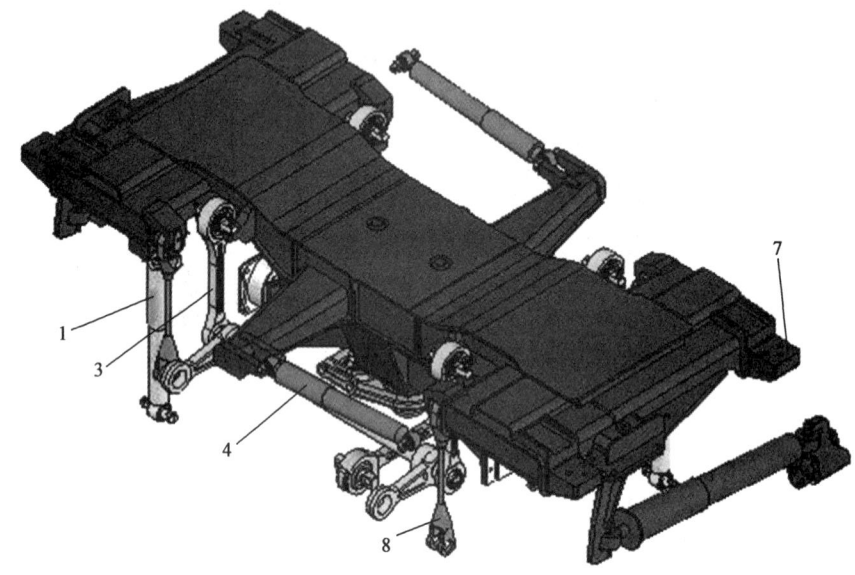

(a)俯视图

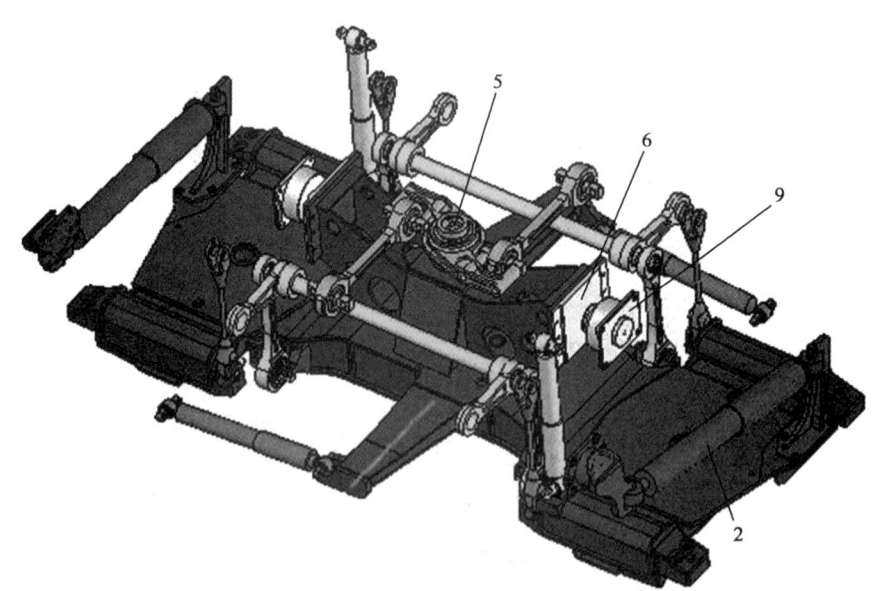

(b)仰视图

图 3.126 二系垂向减振器在转向架上的位置

1—二系垂向减振器;2—抗蛇行减振器;3—抗侧滚扭杆;4—二系横向减振器;
5—"Z"字形牵引中心销;6—横向挡板;7—与车体连接支座;8—钢丝绳;9—横向弹性侧挡

3. 牵引装置

车体与转向架间采用双牵引杆的牵引装置传递牵引力和制动力。牵引装置呈"Z"字形连接，由一个均衡梁、2个带有弹性关节牵引杆组成，均衡梁为锻铝件，如图 3.127 所示。

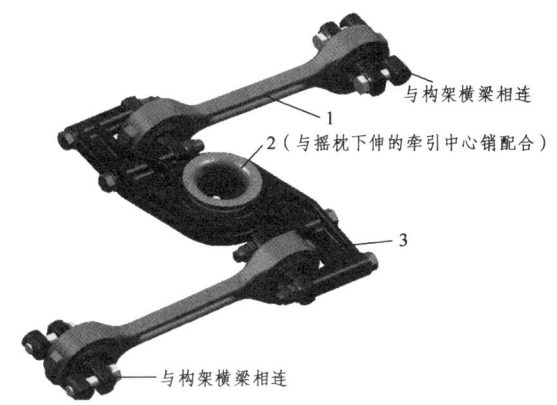

图 3.127 牵引装置

1—牵引杆；2—中央牵引销孔；3—牵引梁（均衡梁）

牵引装置通过牵引梁传递构架和上枕梁之间的牵引力和制动力。牵引梁上装有调整垫和牵引拉杆，调整垫装在上枕梁中心销上，如图 3.128 所示。由于部件布置像字母 Z，所以称之为"Z"字形。

牵引拉杆通过弹性节点和螺栓连接到构架上，牵引梁通过锥形衬套和螺栓连接到上枕梁上。

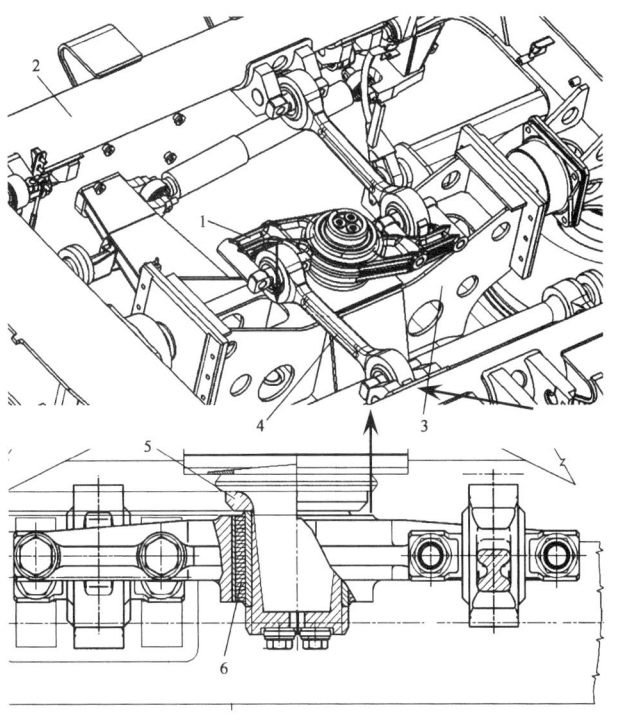

图 3.128 牵引装置与构架、上枕梁的连接

1—牵引梁；2—传递构架；3—上枕梁；4—牵引拉杆；5—调整垫；6—锥形衬套

4. 抗侧滚扭杆

抗侧滚扭杆由扭杆、2 个扭臂和 2 个吊杆组成（见图 3.129），连接在构架横梁和上枕梁间，主要作用是提高车辆的柔度系数，减小车辆曲线运行时车体的侧滚角。CRH5 型动车组的柔度系数 S 是按小于 0.25 设计的，每个转向架装有 2 套抗侧滚扭杆，2 套抗侧滚扭杆的刚度为 2.56 MN·m/rad，等效刚度为 1.82 MN·m/rad。抗侧滚扭杆疲劳试验执行 EN 13906-1 标准，该疲劳试验的目的是验证抗侧滚扭杆的材料是否符合 EN 13906-1 标准定义的疲劳特性，疲劳试验次数为 200 万次。

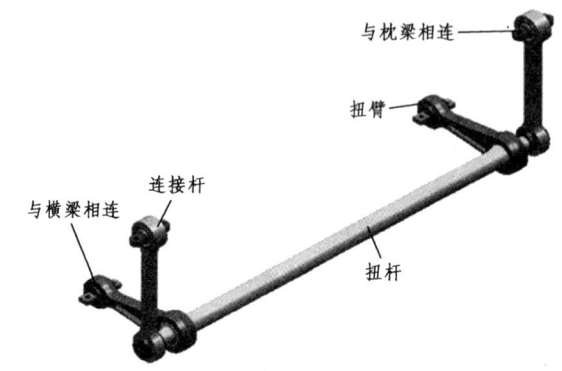

图 3.129 抗侧滚扭杆装置

抗侧滚扭杆通过吊杆与上枕梁相连，通过扭臂与构架相连，以达到限制车体侧滚的目的，如图 3.130 所示。

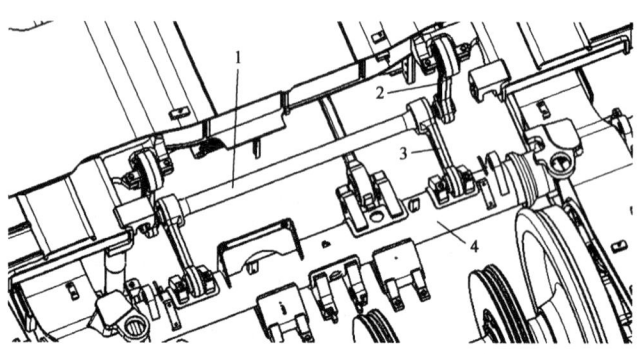

图 3.130 抗侧滚扭杆在转向架上的位置

1—扭杆；2—连接杆；3—扭臂；4—横梁

（六）机械传动装置

机械传动装置仅动力转向架有，由齿轮箱、万向轴、安全装置和电机组成，减速齿轮安装在动力车轴上通过万向轴和安全装置与电机相连，如图 3.131 所示。

为改善转向架动力学性能，在转向架设计过程中，特别关注了质量分配的最优化以及纵向面和横向面惯性的最小化，尽可能地把所有的质量都分配在二系悬挂系统上，使簧下质量和簧间质量达到最小化。

CRH5 型动车组将牵引电机悬挂在车体底架上，与将电机安装在构架上相比，大大降低了簧下质量和簧间质量。通过最小化簧下质量和簧间质量，可有效地改善转向架的高速直线运行性能。

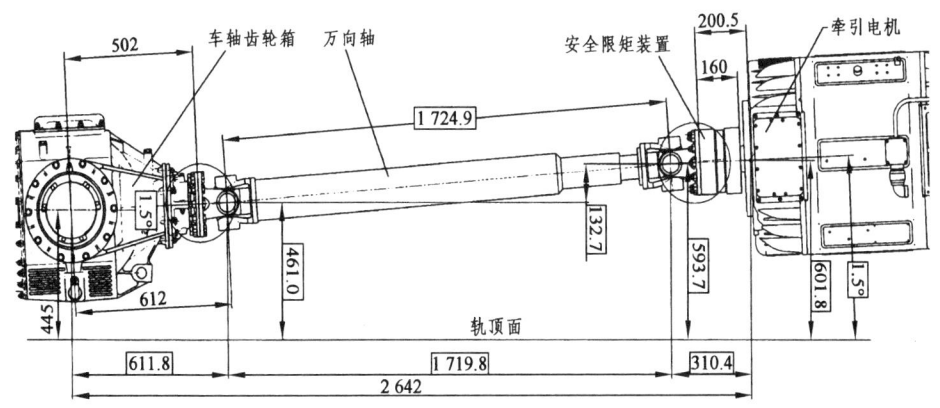

图 3.131 机械传动装置

电机体悬结构的设计还可提高牵引电机的可靠性和可维护性：一是容易从侧面和底下接触到电机；二是每个转向架只需配一个电机；三是无需将转向架从车体上拆除就可以很容易地将牵引电机卸下。

各动力转向架装有一台直接装在轴上的锥齿轮箱。该齿轮箱由牵引电机驱动，用万向轴连接齿轮箱和电机。万向轴转速约为 3 600 r/min，质量仅为 95 kg。

1. 齿轮箱

CRH5 型动车组转向架齿轮箱方案、结构和材料同 TAV-S104、ICT、SM3、ETR460、ETR470、ETR480 列车，齿轮箱基本结构如图 3.132 和图 3.133 所示。该结构是传统经典结

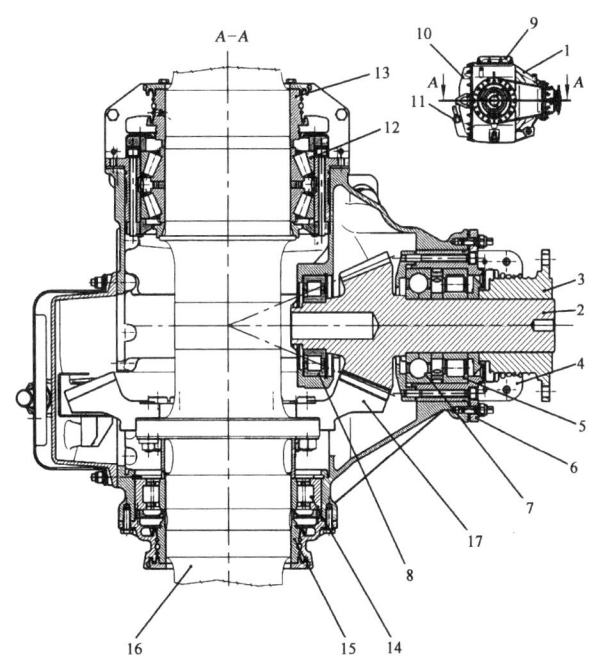

图 3.132 齿轮箱基本结构

1—齿轮箱；2—带有圆锥小齿轮的轴；3—输入法兰；4—小齿轮的盖组件；5、8、14—圆柱滚子轴承；
6—小齿轮上的轴承衬套；7—球轴承；9—上盖组件；10—后盖组件；11—油位传感器；12—圆锥
滚子轴承；13—锥形轴承锁定环；15—圆柱轴承锁定环；16—车轴；17—锥齿轮输出件

图 3.133　齿轮箱三维结构

构,应用在不同的转向架上时,仅需更改传动比。CRH5 型动车组转向架齿轮的传动比为 2.5。小齿轮输入轴的轴承配置为 2 套单列圆柱滚子轴承和 1 套四点接触球轴承。四点接触球轴承作为推力轴承,只承受轴向力不承受径向力。减速箱轮对上的轴承配置为一套单列圆柱滚子轴承和一对圆锥滚子轴承。圆锥滚子轴承面对面配置,除承担径向载荷外,还作轴向推力轴承用,安装中,应当特别注意轴向间隙(0.22~0.33)的调整,以保证轴承的良好运行。润滑方式为油飞溅润滑。减速齿轮箱还配有油位观察传感器以检查油位,其信号传输到 TCMS(列车控制和监控系统)。

齿轮箱伞齿轮的技术参数见表 3.11,齿轮及其在动轴上的位置如图 3.134 所示。

表 3.11　齿轮箱内锥齿轮技术参数

技术描述	小齿轮	大齿轮
齿轮类型	Gleason(格里森)	
齿轮供应商	ZF	
齿　数	22	55
传动比	2.5	
模　数	9.2	
压力角	20°	
螺旋角	30°	
接触面宽度/mm	82	
节圆直径/mm	202.4	506
齿顶圆直径/mm	221	509.3
螺旋方向	左	右

图 3.134　大齿轮及其在动轴上的位置

2. **安全装置**

安全装置的作用是当齿轮箱或电机发生故障产生过大扭矩时，对万向轴起保护作用，即当扭矩大于 17.5 kN·m 时安全装置卸载。安全装置结构如图 3.135 所示。

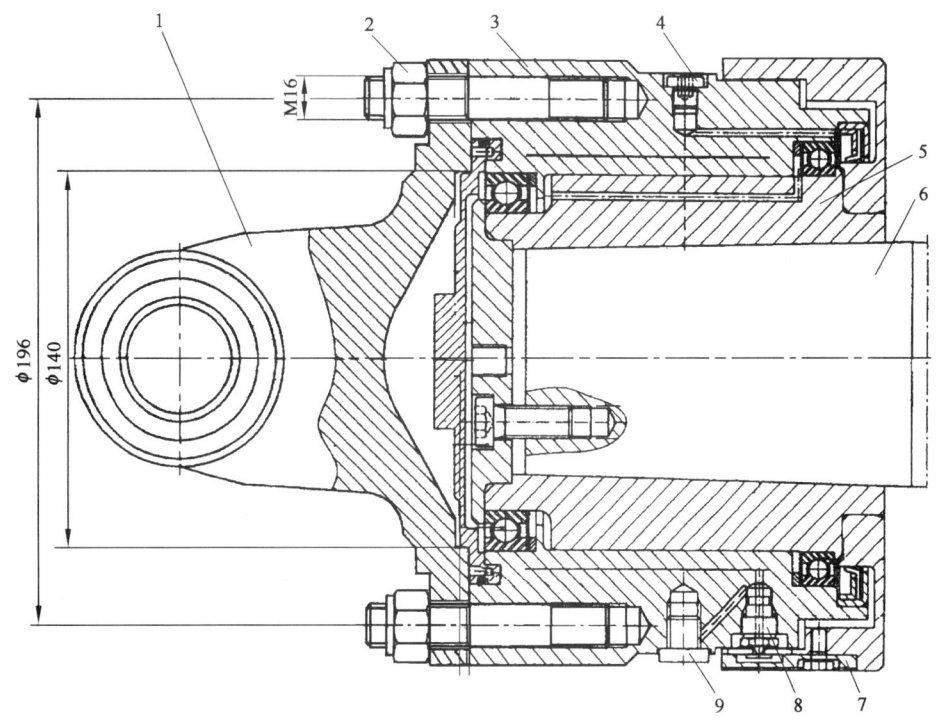

图 3.135　安全装置结构

1—连接法兰（与万向轴相连）；2—螺柱螺母；3—毂；4—润滑油塞；5—锥形套管；
6—电机输出轴；7—剪切管封盖；8—剪切管；9—保护螺塞

（七）基础制动装置

基础制动采用轴盘制动，所有轴上都安装有直径 640 mm、厚度为 80 mm 的通风筋式铸钢制动盘,如图 3.136 所示。其中动力车轴上 2 个,非动力车轴上 3 个。

图 3.136 轴式制动盘

各制动盘的制动缸和制夹钳均为传统形式,所有制动夹钳都带有内置式自动闸片间隙调整器。制动闸片为粉末冶金型,设计最大允许温度为 600℃。制动夹钳吊座 1 焊在转向架制动横梁 2 上。制动横梁通过关节轴承 3、水平摆杆与构架构成四杆机构,可实现制动夹钳跟随轮对横向随动。横梁中部有 2 个支撑杆 4 与构架的横梁连接,如图 3.137 所示。

图 3.137 制动夹钳及其与转向架的连接

制动缸(每盘一个)为 8″类型,每轴有一个制动缸带有由内置弹簧控制的停放制动功能,缓解压力大约为 420 kPa,其制动力能保证正常载荷下的列车在 30‰ 坡度上保持静止。带停放制动器的制动缸还配有机械缓解装置。如果空气压力不足,可以使用远距离控制达到缓解停放制动的目的。

（八）辅助装置

辅助装置包括轮缘润滑装置、扫石器、横向不稳定检测系统、撒砂装置、速度传感器等。

（1）轮缘润滑装置。

安装在每列车两端的前转向架上，该系统可按照列车运行方向、预定的时间间隔和列车时速启动。润滑油属于生物可降解型白色植物油。

（2）撒砂装置。

所有动轴安装带加热装置的撒砂设备，根据列车的运行方向触发撒砂器，如图 3.138 所示。

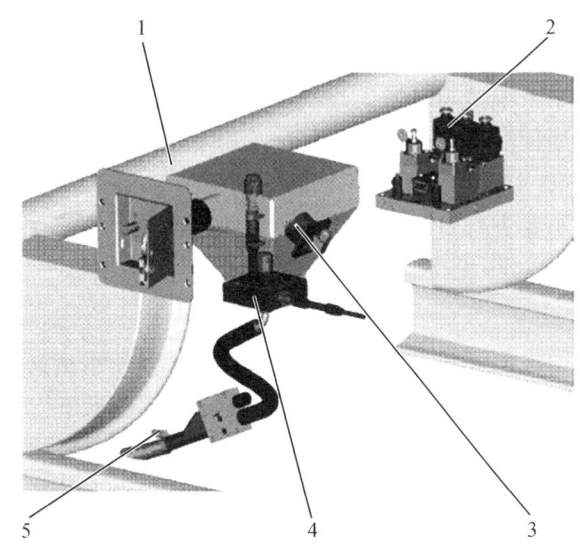

图 3.138 撒砂装置在转向架上的位置

1—砂箱；2—辅助控制单元；3—砂位指示仪 SK；4—上砂装置 SDN14-1；5—砂管加热装置 SHR

（3）扫石器装置。

仅列车端部转向架上有设置，每列车装 2 套扫石器。

（4）横向不稳定检测（蛇行检测）系统。

在转向架构架处加装横向加速度传感器，测量到的值经主机处理，判定转向架是否具有横向稳定性。如果计算出转向架构架在轴箱处的横向加速度超过 8.0 m/s^2，且大于 6 个循环，则可判定转向架是不稳定的。该装置仅装在第一列车上，每个转向架上都安装一个带有加速度计的传感器箱。

（5）防滑脉冲传感器。

转向架轴箱装有的防滑脉冲传感器，可将信号传输至电子微处理器控制的防滑设备。

六、转向架检修、维护与寿命管理

为了保证动车组的良好状态以及运行的安全、可靠，提高动车组的运用效率，必须做好动车组的保养与维修工作。

（一）维修范围

维修可分为预防性（或常规）维修及更正性（或非常规）维修。

1. 预防性维修范围

预防性维修是指维修人员对整个动车组进行的一系列常规维修作业。所有维修作业是为了将组件、零件或部件维持在正常的工作状态下，通过日常检查诊断对故障进行预防。这些作业涉及小时数或里程数的运行，包括：

（1）每天行车结束时检查动车组（目测）。

（2）日常巡检，如加油或水（加满）、换油、润滑、调整等。

（3）定期更换作业。

（4）定期检查，根据检查结果决定是否进行零件更换。

（5）动车组系统及子系统的一般性大修。

预防性维修包括短期预防性维修（每 30 000 km 及其整倍数公里进行一次作业）和周期性大修（每 1 200 000 km 一次）。

行车 30 000 km 时主要进行目测和功能检查作业，事实上维修作业（也包括更换原料）的基本频率为每运行 60 000 km 一次。

2. 更正性维修范围

更正性维修是非定期维修或非日常性维修，其目的是使动车组运行正常。设备出现故障时可进行干预性维修，以恢复部件、子系统或系统的正常工作状态。故障类别通常是设备故障，较少情况（未计在成本中）下是由于人为毁坏或由动车组设备操作不当引起的故障。

为尽量减少列车故障次数，更正性维修可通过更换部分子系统或 LRU 进行。LRU 是指线路更换设备：一级维修中可更换的最少部件。LRU 可以包括几种部件。

维修作业可在停放动车组的运用检修基地（车辆段）进行，也可以在车间进行。车间中有对动车组的主要子系统进行大修所需的必要设备。

停车库可进行以下维修作业：

（1）每天结束时检查列车（目测）。

（2）驾驶员提出的事故检测（动车组修检或使用新部件更换故障部件/LRU）。

（3）短期预防性维修（每 30 000 km 和 60 000 km）。

（4）更换消耗品（如制动垫、油等）。

（5）加油。

（6）外部清洗。

（7）内部清洗。

（8）车轮镟修。

（9）卫生间废水清理。

（10）水箱加水。

车间可进行以下维修作业：

（1）周期性大型维修（每 1 200 000 km）。

（2）车轮镟修。

（3）修理损坏部件（如对动车组进行 LRU 更换，无须送回给生产商）。

（二）修理和更换时间

表 3.12 中列出了一些设备/LRU 以及更换和修理这些设备的技术停机时间，这也是修理和更换的最长时间。对于两种类型的动车组，以下列出的停机时间都是适用的，并将在项目进行期间进行检查。

表3.12 设备/LRU 及更换和修理时间

设备/LRU	最长修理时间/h	标准工具
车体侧窗（极度损坏）	3.00	真空吸盘
驾驶室挡风玻璃	5.00	夹具
动车转向架、拖车转向架	4.00	转向架下降或同步提升千斤顶、架空吊车
动车轮对、拖车轮对	2.50	落轮对设备
空气制动压缩机	2.00	叉车
牵引变流器	3.00	叉车
受电弓	2.00	吊车
牵引电机	6.50	落轮对设备
主断路器（DJ）	4.50	架空吊车
主变压器	12.00	叉车
中低压设备	4.25	叉车
乘客车厢塞拉门	2.00	—
卫生间系统	10.00	—
HVAC 压缩机	7.00	
HVAC 套包	2.50	架空吊车

注：假设上述维修作业在一个配有维修固定编组动车组所需的所有设施的维修基地进行，车轮、轴承和制动盘的寿命周期是指"潜在寿命"。

（三）主要部件维修寿命管理

车轮磨损量（如轮毂磨耗、轮箍几何形状改变、轮缘变薄等）受很多因素影响，并不完全取决于车辆，还与线路（钢轨材料、钢轨外形、几何形状、曲线半径、轨距过宽、钢轨磨耗、线路不平顺等）和轮轨力（轴重、横向力、纵向力）等有关。根据来自欧洲国家"Pendolino"整套设备的使用和车轮镟轮要求的考虑（包括减小直径以得到正确的轮缘几何外形和降低不圆度），车轮的平均"等效"磨耗量小于 2 mm/100 000 km。

在实际运营条件下，认为车轮具有 1 250 000 km 的"潜在寿命"；滑动轴承、制动盘、齿轮传动机构具有 2 500 000 km 的"潜在寿命"；车轮镟轮周期大于 120 000 km。

维修分为四个等级：

（1）等级 1：日常清洁。
（2）等级 2：检验与检查。

(3)等级3:预防性维修(有时间要求)。
(4)等级4:大修(改进性)。

第五节 CRH380A型动车组转向架

中车青岛四方生产的速度350 km/h动车组动车转向架型号为SWMB-400,拖车转向架型号为SWTB-400。动车转向架和拖车转向架的主要结构基本一致,均为无摇枕转向架采用H形构架、无摇枕、空心轴轮对、铝合金轴箱体及前盖和铸铝齿轮箱结构。

一、基本组成及技术参数

(一)结构概要

动车转向架主要由构架、轮对组装、轴箱装置、一系悬挂、二系悬挂、牵引驱动装置、基础制动装置和踏面清扫装置等8部分组成,分别装用于动车组的第2~7号车,具体结构如图3.139所示。

图 3.139 动车转向架

拖车转向架可分为中间转向架和端部转向架两类,两者结构基本相同,只是端部转向架上装有排障器。中间转向架主要由构架、轮对组装、轴箱装置、一系悬挂、二系悬挂、基础制动装置、踏面清扫装置和速度传感器安装等8部分组成,具体结构如图3.140所示。拖车转向架分别装用于动车组的第1和8号车。

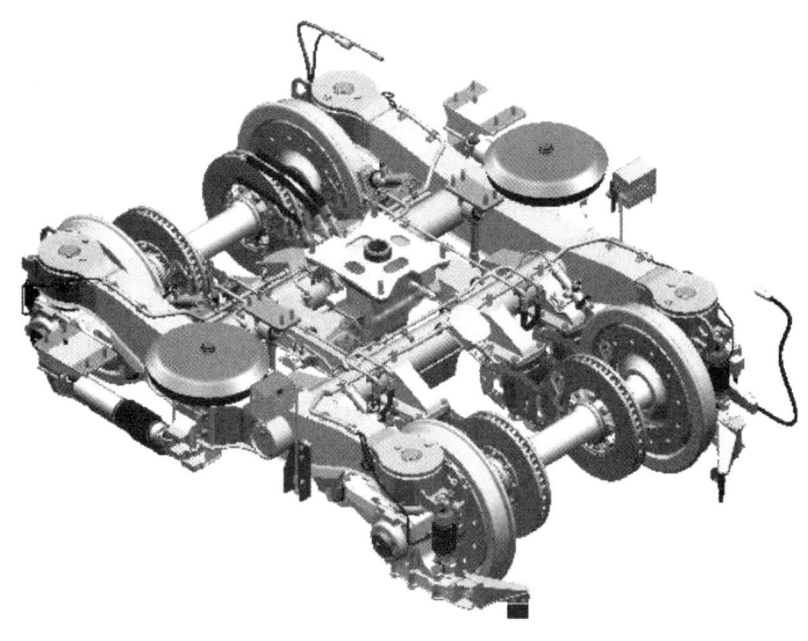

图 3.140 动车转向架

(二)主要技术参数

CRH380A 型动车组转向架主要技术参数见表 3.13。

表 3.13 CRH380 型动车组转向架主要技术参数

项 目	转向架形式	
	动车转向架 SWMB-400	拖车转向架 SWTB-400
转向架质量	7.265 t	端部车(不带清扫装置)6.52 t 端部车(带清扫装置)6.54 t
国家轴距	2 500 mm	
车轮直径	新轮 860 mm(最小使用直径 790 mm)	
轴承中心间距	2 000 mm	
转向架最大长度	3416 mm	一般转向架 3 416 mm 车头转向架 3 566 mm
转向架最大宽度 空气弹簧左右间隔	3102 mm(两空气弹簧最大横向距离) 2 460 mm	
空气弹簧有效直径	520 mm	
驱动方式	平行挠性齿轮连轴节, 1 级减速齿轮方式	—
齿轮比	2.379	—
轴箱轴承	130 自密封圆锥滚珠轴承	
制动方式 制动夹钳装置	空气制动,轮盘方式 RZKK Type18	空气动,轮盘与轴盘并用方式 RZKK Type12
制动倍率	8.46	
闸片	浮动式粉末冶金闸片	
轴箱定位方式	转臂式(轴梁式)轮对轴箱定位	

二、主要部件组成及作用

（一）构架组成

构架为钢板焊接结构，主体框架呈 H 形，由两侧梁、横梁、纵向连接梁、空气弹簧支承梁及其他焊接附件构成。侧梁为箱形断面，横梁采用无缝钢管型材。

1. 侧　梁

动车转向架和拖车转向架的构架侧梁为同一结构。其材质为用于焊接结构的耐候钢板，牌号为 SMA490BW。侧梁端部轴箱弹簧筒，使与侧梁主体相连接的断面形成柔滑面，以此达到减缓应力集中的目标。

2. 横　梁

采用与侧梁相同牌号的耐候管材。侧面设有空气弹簧座，其内腔为空气弹簧用的辅助空气室。另外，只有辅助空气室部分为密封结构。动车转向架的横梁上焊有由用于焊接结构的压形钢板制成的牵引电机吊座、齿轮箱吊座、轮盘制动吊座等。靠车端方向的牵引电机座还兼作牵引装置的单牵引拉杆座。

用于拖车转向架的横梁上焊有由压形钢板焊接制成的制动吊座，轮盘制动吊座等。与动车转向架一样，近车端处为单拉杆座。

制动吊座——用于动车转向架的仅有轮盘制动吊座，用于拖车转向架的除用于轮盘的制动吊座外还有轴盘制动吊座。

动车转向架、拖车转向架靠近车端的横梁上焊有由压形钢板制成抗侧滚扭杆安装座。

（二）轮对组成

1. 车　轮

为检修探伤操作方便及减轻质量，车轮采用了合金钢空心车轴。车轮直径为 860 mm，辐板两侧装有制动盘。动车转向架和拖车转向架用车轮可以互换。车轮材质为 ER8，踏面形状为 LMA 磨耗型踏面。制动采用盘式制动。动车转向架采用轮盘方式，拖车转向架采用轮盘和轴盘并用方式。

2. 车　轴

为减轻簧下质量，采用了 $\phi 60$ mm 的直线镗削空心车轴。为了防止镗削轴内面生锈，轴内喷涂防锈剂，在轴的两端部安装有尼龙制的插头；为了防止被缓慢地拔出，内置有孔用弹簧挡圈。车轴端面上进行 C4 倒角，车轮修正时，使用专用的中心顶尖。

轮对组装主要包括车轮、车轴、制动盘（轮盘和轴盘）、齿轮箱及轴承等。轮对分为动力轮对（M 轮对）和拖车轮对（T 轮对），M 轮对一侧安装齿轮箱装置，而 T 轮对则代之以两套轴盘。此外，T 轮对因轴端安装不同速度传感器齿轮而略显差异。轮对组成后，需逐个进行动平衡试验，超出 50 kg·cm 限度时，需对两侧车轮及制动盘的组装相位角进行调整。

（三）轴箱和轴承

1. 轴箱体

轴箱体、后盖由锻压铝合金制造，前盖由铸造铝合金制成，以此来达到减重目的。轴箱体组成分为轴箱体和压盖两部分，轴箱体和压盖之间夹有橡胶定位节点，装配后以组件形式安装在转向架的构架上。

前盖一般用来安装速度传感器。速度传感器种类有 AG37、AG43、GEL247Y（或其他类型）三种，三者之间无互换性。后盖设有迷宫式结构以防止雨水及尘埃等的侵入。前盖上设有车轮踏面修正（镟削）时使用的橡胶盖。橡胶盖上有吸潮器，吸潮器能防止因轴承温度上升而引起的压力增加及防止漏油。

另外，各种车轴箱体的侧面设置有对轴箱轴承状态进行监视的轴承温度传感器。当轴承温度达到一定值以上时，温度保险丝就熔断并发出轴温异常报警。

2. 轴箱轴承

轴箱使用自密封式的双列圆锥滚子轴承（油脂润滑方式），以此来减轻重量和降低维修的频度。

同一轮对上必须使用同一品牌的 RCT 轴承单元，为了便于管理同一列车应该使用同一品牌的 RCT 轴承单元。但是在特殊情况下，同一个转向架上的两条轮对上可使用不同品牌的 RCT 轴承单元，此时必须做好安装记录。

轴箱轴承为外径 240 mm，内径 130 mm 的自密封式双列圆锥滚子轴承。轴承单元的结构如图 3.141 所示。轴承由外圈内圈组合件、通孔、油封、前盖、后盖、隔板构成，是内部封入油脂的自密封型轴承单元。

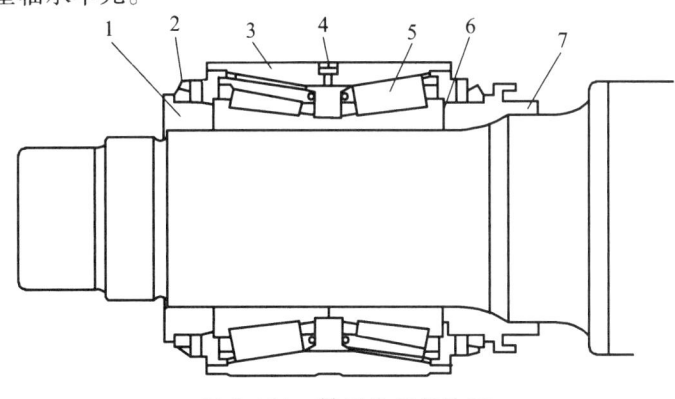

图 3.141　轴承单元结构图

1—前盖；2—油封（密封装置）；3—外圈；4—通孔；5—滚子；6—隔板；7—后盖

（四）轴箱定位装置

轴箱定位装置采用了转臂式定位方式，转臂方式由定位转臂与定位节点及轴箱弹簧（螺旋弹簧）、一系垂向减振器、防振橡胶、弹簧夹板（上、下）等构成。定位节点提供适当的纵向、横向定位刚度。垂向的载荷由轴箱弹簧全部承担。

1. 轴箱弹簧装置

轴箱体的上部，安装了轴箱弹簧（双圈螺旋弹簧组）。动车转向架和拖车转向架通用轴箱弹簧。轴箱弹簧外安装了防雪和防尘的防雪罩。左转向架构架的端部，用螺栓连接着用于整体转向架起吊连接轮轴和转向架构架的轮对提吊装置。

2. 一系垂向减振器

为了减少垂向的高频波振动，在转向架构架与轴箱体之间，安装了一系垂向减振器。减振器型号为 VD42090-1。一系垂向减振器伴随转向架的振动而进行伸缩，根据活塞运动速度产生相应的阻尼力。

（五）制动装置

转向架制动装置采用气动式夹钳、浮动式闸片（ISOBAR）的盘式制动方式。该结构可使制动力更为均匀，有效地减少热斑、颤振。

夹钳装置的种类分为用于动车转向架的"M 车轮盘制动夹钳 RZKK Type18"，用于拖车转向架的轮盘制动夹钳和轴盘制动夹钳，既"T 车制动夹钳 RZKK Type12"。因动车转向架和拖车转向架的制动盘所需的制动力不同，所以夹钳气缸的直径也不同。

动车转向架与拖车转向架用的制动闸片是相同的，制动闸片型号为Ⅱ48487/17105。

（六）踏面清扫装置

踏面清扫装置由 4 根螺栓固定在转向架构架上的制动夹钳支持架上。通过连接器加压后，活塞杆被顶出，装置在活塞头端的闸瓦（研磨子）就触抵车轮的踏面。缓解时，在复位弹簧作用下，活塞杆及闸瓦复位。研磨头托架的连接销由防振橡胶支撑，吸收车轮的倾斜，以防止研磨头的偏磨耗并减轻振动。踏面清扫装置的基本结构如图 3.142 所示。

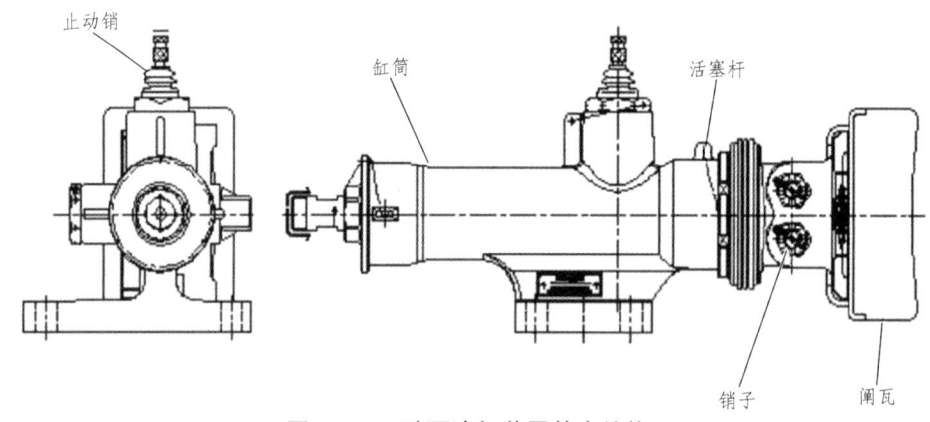

图 3.142　踏面清扫装置基本结构

闸瓦（研磨子）和车轮的踏面受到磨耗后，止动销座（安装在活塞杆的槽内）的顶部将弹簧压住的止动销推起并越过它，由此使闸瓦（研磨子）与车轮踏面的间隙保持在大约 15～22 mm。缸内残留空气的情况下，须将止动销拉出 2～3 次进行排气。

（七）车体悬挂装置

转向架支撑车体的装置，由非线性空气弹簧、牵引装置、半主动横向减振器、抗蛇行减振器、抗侧滚扭杆装置等构成。另外，通过牵引装置将转向架的牵引力传递到车体。由于是无摇枕转向架，通过抗蛇行减振器提供转向架回转力矩。为了弥补空气弹簧垂向刚度下降导致抗侧滚刚度降低，加装了抗侧滚扭杆装置。

1. 空气弹簧

350 km/h 速度级动车组（8 辆编组）转向架空气弹簧能在列车直线通过时柔和调节，并且在列车曲线通过时缓和因超速离心力导致的撞击,是一种协调式"非线性空气弹簧"。

空气弹簧是为无摇枕转向架而开发的,确保前后(即转向架)方向的大变位量。非线性空气弹簧具备的水平方向的性能要求:

(1)直线行驶时,左右刚性低。

(2)曲线行驶时,防止超速离心力导致的撞击。

水平方向的非线性特性是通过设置限制橡胶堆左右方向运动的机械制动装置(内止挡),当达到规定的左右位移水平时开始停止橡胶堆的左右方向变形,使橡胶堆刚体化来实现的。空气弹簧左右方向的非线性特性,提升了列车在高速行驶状态下通过曲线时的乘坐舒适度。

空气弹簧(见图 3.143)在结构上有如下特点:

空气弹簧采用自密封方式,通过充入内压,使上盖板以及下盖板的密封部位(截头圆锥形)紧贴空气囊的密封以保持气密性。因此空气弹簧零件数目少并易于维修。

空气弹簧上进气口(锥形状)与车体(车体下面的进气口)连接。空气弹簧无气时,焊接在上盖板下面的不锈钢滑动板和黏接在下盖板上面的聚四氟乙烯制的摩擦板之间产生滑动,从而降低回转摩擦力矩。空气弹簧上盖板、下盖板以及橡胶堆夹层金属使用铝合金材料,从而实现了轻量化。

为提高高速状态下列车通过曲线时的乘坐舒适度,实现左右方向的弹簧常量的非线性化,在积层橡胶与下面板之间安设机械止动装置的结构(内止挡)。

由于非线性空气弹簧左右方向具有非线性特点,因此将防止转向架误搭载专用的定位销安设在橡胶堆的下面。

橡胶囊是被内部空气压压入上盖板和下盖板的密封部的自密封类型。空簧的有效直径为 527 mm,节流孔为固定节流孔。

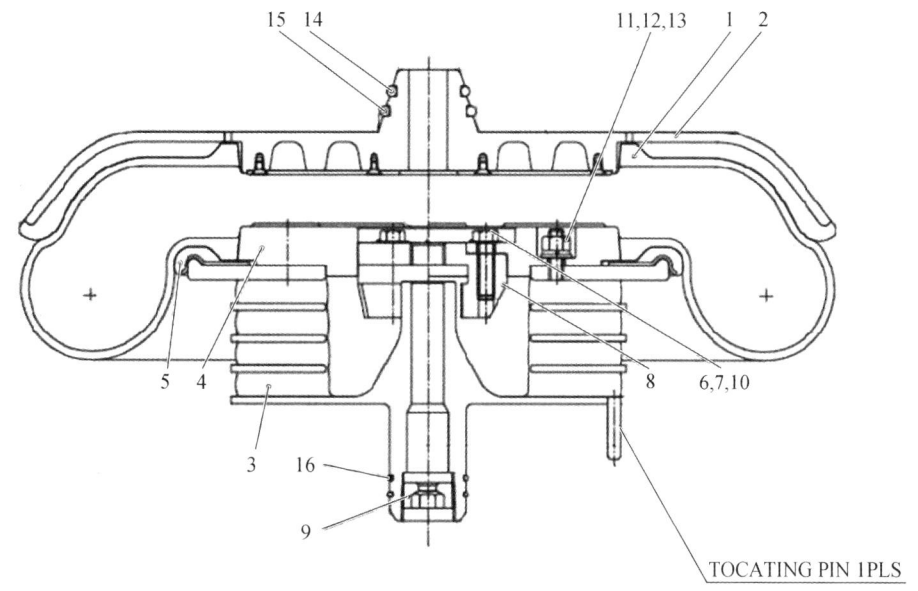

图 3.143 空气弹簧构成零件

1—橡胶囊;2—上盖板;3—橡胶堆;4—下盖板;5—橡胶座;6—止转垫片;7—止转垫片;8—内止挡;
9—可更换节流孔;10—六角螺栓(M12×1.75-40);11—六角螺母(M12×1.75);12—垫圈;
13—弹性垫圈;14—O 形圈 P50A;15—O 形圈 P60;16—O 形圈 G55

2. 牵引装置

牵引装置安装在车体上的中心销和转向架构架的牵引拉杆座上,单连杆牵引装置的结构如图 3.144 所示。牵引拉杆组成两端带有橡胶节点,是传递牵引力的装置。

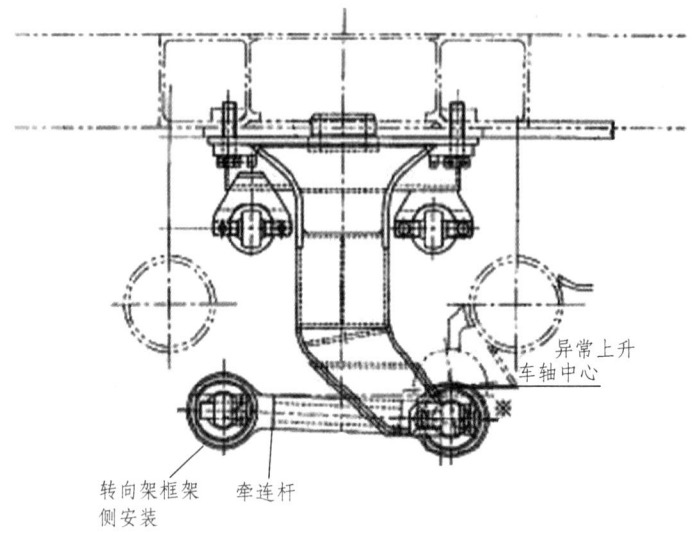

图 3.144 牵引装置(单连杆)

3. 横向止挡

为了限制车体横向移动量,在牵引装置上设置横向止挡,单侧间隙为(40+2)mm(见图 3.145)。如果空气弹簧产生缺陷,作为异常上升情况下的防过冲设计,当车体上升 70 mm 时,牵引拉杆端头与动车构架横梁上垂向止挡(单侧,牵引拉杆与中心销相连一侧)接触,能够防止空簧异常上升。

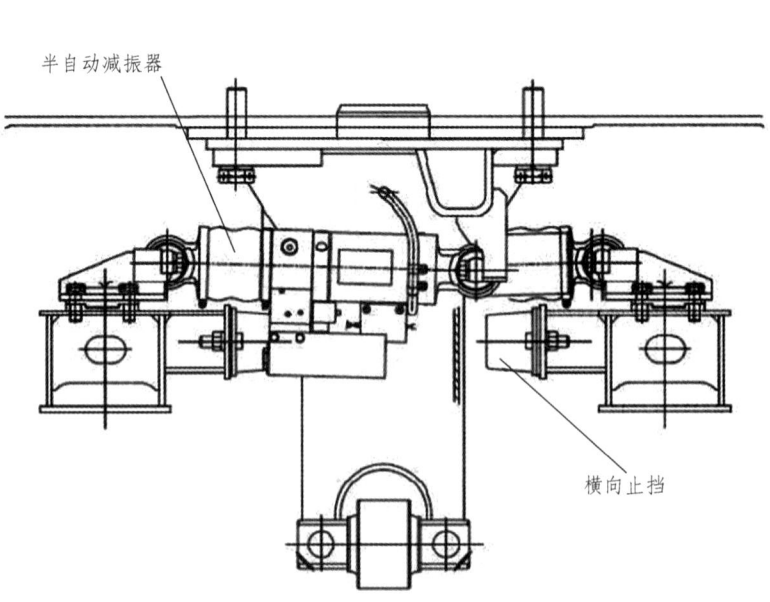

图 3.145 牵引装置(横向减振器及横向止挡)

4. 半主动横向减振器

为了改善动车组的振动性能，提高乘坐舒适度，在每辆车车体和转向架之间安装了半主动横向减振器，安装位置在中心销和转向架构架的纵向梁之间。

半主动横向减振器是根据"天棚"原理，通过检测车体横向加速度由控制装置来按照所需的阻尼力调整减振器的阻尼参数，实际上是一种可变阻尼的减高，易于实现，一旦控制环节有故障时可以进行切除。

5. 抗蛇行减振器

抗蛇行减振器是为了得到稳定的转向架回转力矩和抑制蛇行的装置，作用在转向架的回转方向（摇头方向）上，抑制转向架的蛇行运动和车体摇摆，装备在车体与转向架构架之间。作为确保高速运行稳定性的最重要零件之一，保养时有必要充分进行阻尼特性确认。另外，安装在车体上时必须放空空气。

6. 自动高度调整装置

自动高度调整装置一般安装在车辆的车体和转向架之间，它根据载重的变化自动调整空气弹簧的内压，维持车体在不同载重下都与轨面保持一定高度。

另外，由于用自动高度调整阀来保持车体距轨面高度稳定，使弹簧非常柔软，结合空气弹簧的振动特性，能够得到非常舒适的乘车体验。

由空气弹簧储风缸向空气弹簧的供气，自动高度调整阀安装在车体上。自动高度调整阀的型号为LV5B-2，动作的特性：动作延迟时间（3±1）s，无感区（10±1）mm。为了使自动高度调整阀耐寒、耐雪，安装有加热器及保温箱。另外，为了强化车体与转向架之间的绝缘，在调整杆的部分插入硬质尼龙的绝缘板。

7. 差压阀

差压阀安装在空气弹簧的左、右附加空气室之间，在左、右空气弹簧产生超过规定压力差的情况下，使高压侧的空气向低压侧流动，可防止车体的异常倾斜及降低左右的轮重不平衡，设定差压为（150±20）kPa[(1.5±0.2)kgf/cm]。差压阀的型号为DP5。

车辆正常状态下，同一转向架上左、右空气弹簧不会发生车体过度倾斜而产生的压力差，差压阀不工作。如果一侧空气弹簧泄气，左、右空气弹簧会产生较大压力差，这种压力如果在差压阀的设定值以上，打开由阀弹簧保持的阀，从压力高的空气弹簧向压力低的空气弹簧充气，防止车体的倾斜。

8. 抗侧滚扭杆装置

抗侧滚扭杆装置是当仅靠空气弹簧的垂向刚度依然不能满足车辆所要求的侧滚刚度要求时而发挥作用的装置。为了提高乘坐舒适度而降低空气弹簧的垂向刚度，同时侧滚刚度也随之降低；而有了本装置就可以提高侧滚刚度。

抗侧滚扭杆装置的原理是在转向架上安装扭杆，通过杆端轴承和缓冲橡胶用连接杆与车体结合。当车体发生侧滚时，与连接杆连接的扭杆产生扭转变形，因扭转变形而产生对抗侧滚的抵抗力（复原力），从而起到抑制侧滚的作用。

（八）驱动装置

1. 齿轮装置

齿轮装置（见图3.146）的作用是对主电动机的高速旋转进行减速，并将动力传递给车轴。

它由齿轮箱、大齿轮、小齿轮、轴承、悬吊装置、通气装置、接地装置、油位表构成。由于齿轮箱采用了铝合金材质制造，在组装、分解及搬运时尤其要特别小心处理，不要施加高载荷（通过杠杆式起钉器支撑齿轮装置等）。

齿轮箱为一体化部件，小齿轮轴可以通过拆卸轴承压件盖等整个取出。但只要不从车轴加油压，大齿轮就不可能拆下。

小齿轮主电动机侧为了防止漏油，除了采用迷宫式密封圈结构分别设置为水密封和油密封外，还装备了通气装置，以减小因温度变化而引起的齿轮箱内的压力变化，防止漏油。

为了确保接地，同时为了防止各轴承的电腐蚀，接地装置设置在齿轮箱的主电动机侧，使用弹簧压紧接地装置的电刷，用导线与车体的端子进行连接。

磁铁栓是通过磁铁来收集齿轮箱内的金属磨耗粉等的装置。

悬吊装置是把齿轮箱固定在转向架构架上的部件，在齿轮箱和转向架构架的电机吊座分别通过缓冲橡胶进行安装。

2. 联轴节

齿轮型联轴节是将轴箱弹簧上的主电动机侧的电机轴和轴箱弹簧下齿轮箱的小齿轮轴连接起来，准许两者有相对运动同时能传递动力。

联轴节与电机轴端、齿轮装置小齿轮轴端采用1:50锥度配合，采用油压装拆，通过特殊螺栓、螺母将两半联轴节紧固在一起。小齿轮的齿端加工成适当的曲面，并且外筒的齿轮长度加长之后，容许轴向位移和角位移。结构上允许的静态最大位移值为径向±16.5 mm，轴向±12 mm，使转向架弹簧的弯曲变化及轮轴的横向、纵向移动而产生的两轴相对位移有充分的自由度。

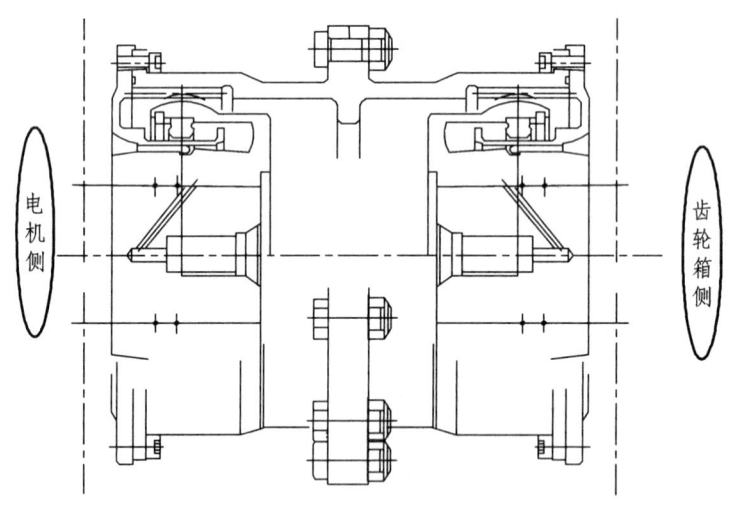

图 3.146　齿轮装置

小　结

本章第一节阐述了高速动车组转向架的主要特点、特色及主要类型。

高速动车组转向架具有高速运行的适应性、良好的乘坐舒适性、结构简单、轻量化、方便维修及防脱轨的安全性等特点及相应的技术特色。

　　高速动车组转向架的分类主要体现在轴箱定位的方式上，常见的定位方式有弹簧式、拉板式、拉杆式、导框式、转臂式等。CRH1型、CRH2型动车组转向架采用的是转臂式轴箱定位方式，CRH5型动车组转向架采用了拉杆式轴箱定位方式。

　　本章第二、三、四节详细阐述了CRH2型、CRH1型及CRH5型动车组转向架的结构、性能及维修概况，分别从构架组成、轮对组成、二系悬挂及牵引装置、驱动系统组成、基础制动组成等方面叙述了其结构特点、技术特色等内容。

　　本章第五节介绍了由中车青岛四方生产CRH380A型动车组转向架。SWMB-400为速度350 km/h动车组动车转向架型号，SWTB-400为拖车转向架型号。动车转向架和拖车转向架的主要结构基本一致，均为采用H型构架、无摇枕、空心轴轮对、铝合金轴箱体及前盖和铸铝齿轮箱结构的无摇枕转向架。

思考与练习题

1. 简述动车组转向架的主要特点。
2. 简述动车组转向架的主要技术特色。
3. 简述动车组转向架的主要类型。
4. 简述动车组转向架的构架组成。
5. 简述动车组转向架的轮对组成。
6. 简述动车组转向架轴箱定位装置的结构组成及其特点。
7. 简述动车组转向架二系悬挂装置的结构组成及其特点。
8. 简述动车组转向架牵引装置的结构组成及其特点。
9. 简述动车组转向架驱动系统的结构组成及其特点。
10. 简述动车组转向架基础制动装置的结构组成及其特点。
11. 简述CRH380A型动车组转向架的基本结构。

第四章　动车组制动

制动装置是列车运行的安全保障体系之一，是铁道机车车辆必不可少的组成部分。随着列车速度特别是高速动车组速度的提高，对制动机的性能要求越来越高。本章介绍了列车制动的基本知识，并从典型的德国克诺尔（Knorr）模拟式电-空制动装置入手，详细介绍了微机控制直通式电空制动机的组成和工作原理，最后在此基础上介绍了我国 CRH 系列动车组的制动装置。本章主要内容包括：列车制动的基本方法；高速列车对制动的要求；克诺尔直通式电空制动机的构造和工作原理；CRH2 动车组制动系统的组成和工作原理；CRH1 动车组制动系统的基本情况；CRH380 动车组制动系统简介。

第一节　高速列车制动的基本要求及制动方式

一、列车制动系统的作用和基本组成

所谓制动是指能够人为地产生列车减速力并控制这个力的大小，从而控制列车减速或阻止其加速运行的过程。制动力是指制动过程中所形成的可以人为控制的列车减速力，而制动系统是指能够产生可控的列车减速力的装置或系统。列车的运行速度与其牵引功率有关，但也受其制动能力的限制。列车的制动能力是指制动系统能使其在规定的制动距离内安全停车的能力，与列车的运行安全直接相关。

从能量的角度，制动过程是一个能量的转移过程，是将列车运行具有的动能通过人为控制转变成其他形式的能量。因此，列车的制动过程必须具备两个基本条件：一是实现能量转换；二是控制能量转换。制动系统是指用以实现和控制列车动能转换的装置或系统。

制动装置包括两个部分：制动控制装置和制动执行装置。制动控制装置由制动信号发生与传输装置和制动控制装置组成，有制动机和手制动机等。制动执行装置就是基础制动装置，主要有闸瓦制动装置与盘形制动装置等，其控制关系如图 4.1 所示。

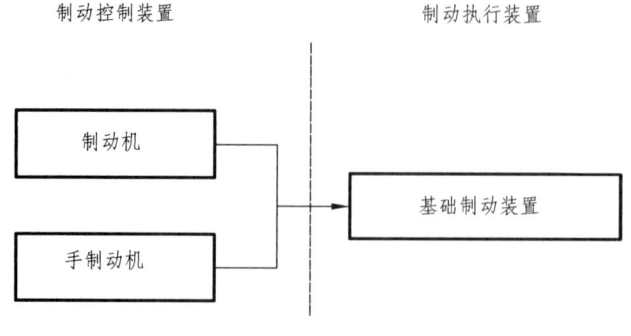

图 4.1　制动装置控制关系

二、高速列车对制动装置的基本要求

一般地，高速列车采用动车组模式运行，其运行速度高，具有的动能大。要保障列车安全调速或准点停车，必须解决列车动能的快速转移和消耗问题。列车的启动、加速过程，必须具有强大的牵引动力，使列车获得巨大的运动动能。相比较而言，制动过程却是将列车运行的巨大动能在规定的距离内消耗或转移成其他形式的能量。因此，列车制动装置必须提供足够大的制动功率。常规的黏着制动依靠车轮与钢轨之间的黏着力提供制动力，制动力的大小受到轮轨之间黏着的限制，并且轮轨之间的黏着系数随着列车运行速度的提高而显著下降。高速动车组制动难度更大，从而决定了高速动车组制动系统的性能和组成与普通旅客列车制动系统不同。高速动车组必须装备高效率和高安全性的制动系统，以便为列车正常运行提供调速和制动停车的有效保障，并在意外故障或其他必要情况下具有尽可能短的制动距离。对于高速列车而言，为了保障高速列车的安全、正点运行，其制动系统必须满足以下条件：

1. 安全性高

动车组制动系统能够在需要时，及时、反复地提供所需的制动力，制动系统的制动能力强，反应速度快，并具有相当高的安全性。采用电控、直通或微机控制电气指令式等灵敏而迅速的系统，使制动系统的反应更为迅速，减少列车的制动空走距离、缩短制动距离。

2. 可靠性高

（1）采用"故障导向安全"机构，在制动系统发生故障时，能向安全方向动作，保障列车安全。如高速动车组设有空气制动、微机控制的电空制动和计算机网络三种制动控制方式。在正常运行情况下，由计算机网络控制并传递全列车各车辆的制动信息。当该控制系统发生故障时，能自动转为电空制动作用。在电气故障或电空制动故障时，可以依靠纯空气制动来保证不良状态下的制动距离。

此外，在高速动车组微机控制的制动过程中需要有大量的信息输入、数字运算和输出指令，为防止微机系统故障引发列车安全问题，在指令系统设计时，要考虑相应的可靠性措施。

（2）容易操作。非熟练操作者也能可靠地实现列车制动系统的功能操作，从而防止因误操作而影响安全。

3. 舒适性好

高速动车组制动作用的时间和减速度远大于普通列车，因此，必须采取相应措施来适应列车制动平均减速度、最大减速度和纵向冲动方面的要求，以提高旅客乘坐的舒适度。

4. 控制准确

采用微机控制等先进的控制技术，使复合制动系统不同形式的制动力达到最佳组合，准确地提供列车所需制动力。由于车辆之间制动力差别小，制动作用发生趋于一致，从而可减少车辆之间的纵向动力作用。

5. 防滑措施

列车高速运行时，轮轨之间的黏着系数急剧下降，容易产生制动打滑现象，引起车轮踏面擦伤。因此，高速列车一般都应采用防滑措施，主要有：按照速度控制制动力的大小、采用高性能的防滑装置、采用非黏着制动方式等。

6. 维修性好

制动部件集成安装，便于维修，并尽量减少磨耗件，以降低维修工作量和维修成本。在制动系统出现故障时，微机系统能够进行故障的诊断、报警和故障信息的储存等。

7. 制动装置轻量化

采用模块化设计，制动部件尽可能小型轻量化，以降低制动系统的质量。

三、高速列车制动的基本方式

要改变运动物体的运动状态，必须对它施加外力。列车的制动过程就是要改变列车的运动状态，这样，人为地使列车减速或阻止其加速的外力称为制动力。根据列车制动时动能转移方式、制动力获取方式或制动源动力的不同，列车制动可进行以下分类：

（一）按列车动能转移方式分类

列车动能的转移方式可以分为两类：一是摩擦制动方式，即动能通过摩擦副的摩擦转变为热能，然后消散于大气中；二是动力制动方式，即把动能通过发电机转化为电能，然后将电能从车上转移出去。

1. 摩擦制动

摩擦制动将列车的动能通过摩擦转变为热能，常用的有闸瓦制动和盘形制动。当采用压缩空气作为制动的原动力时，称作空气制动；采用液压提供制动的原动力时，称作液压制动。在现代高速列车的制动系统中还有轨道电磁制动等方式。

（1）闸瓦制动，又称为踏面制动，它是最常用的一种制动方式，如图 4.2 所示。制动时闸瓦压紧车轮，轮、闸瓦间发生摩擦，列车的动能大部分通过轮、闸瓦间的摩擦变成热能，经车轮与闸瓦逸散到大气中去。

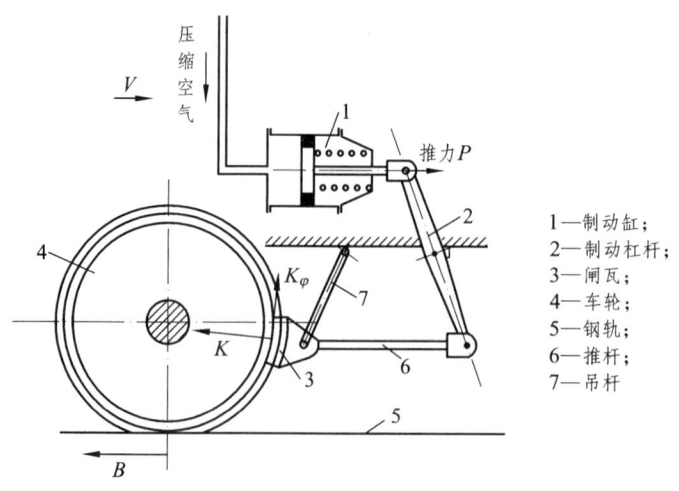

图 4.2　闸瓦制动

在闸瓦与车轮这一对摩擦副中，车轮由于主要承担着车辆的走行功能，因此其材料不能随意改变。要改善闸瓦制动的性能，只能改变闸瓦材料。早期的闸瓦材料主要是铸铁，为了改善摩擦性能和增加耐磨性，后来又采用了合成闸瓦，但合成闸瓦的导热性较差，因此目前多采用导热性能良好，且具有较好的摩擦性能和耐磨性能的粉末冶金闸瓦。

在闸瓦制动中，动能转化为热能的能力大，但热能消散于大气中的能力相对较小。当要求的制动功率较大时，有可能产生的热量来不及散于大气，而在闸瓦与车轮踏面积聚，使它们的温度升高，严重的甚至会导致闸瓦熔化（铸铁闸瓦）和车轮轮毂松弛、踏面产生裂纹等。因此，在采用闸瓦制动时，对制动功率要有限制。

（2）图4.3所示为盘形制动，有轴盘式和轮盘式之分，一般拖车采用轴盘式盘形制动装置。一根车轴上装有约3个制动盘，制动时，制动缸通过制动夹钳使闸片夹紧制动盘，闸片与制动盘间产生摩擦，把列车的动能转变为热能，热能通过制动盘与闸片散于大气中。当动车轮对采用盘形制动时，由于轮对中间安装有牵引电机等设备，制动盘安装困难，所以采用轮盘式盘形制动装置。

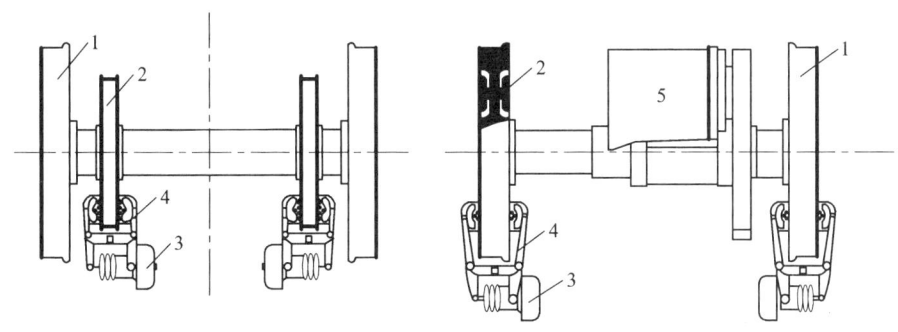

图 4.3 盘形制动

1—轮对；2—制动盘；3—单元制动缸；4—制动夹钳；5—牵引电机

盘形制动的优点是能双向选择摩擦副，可以得到比闸瓦制动大得多的制动功率和更优良的制动性能。

（3）轨道电磁制动也叫磁轨制动，如图4.4所示。在转向架构架侧梁下安装有电磁铁，电磁铁下设有磨耗板，制动时，通过升降风缸将电磁铁放下，使磨耗板吸住钢轨，列车的动能通过磨耗板与钢轨的摩擦转化为热能，然后经钢轨和磨耗板最终散于大气中。轨道电磁制动能得到较大的、不依赖于轮轨黏着状态的制动力，因此常被高速列车用作紧急制动时的一种补充制动手段。

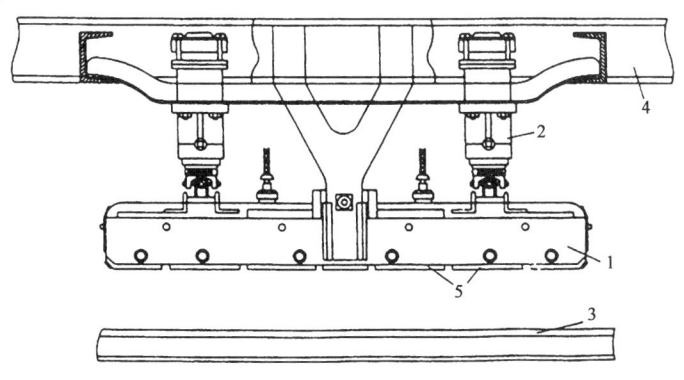

图 4.4 磁轨制动

1—电磁铁；2—升降风缸；3—钢轨；4—转向架构架侧梁；5—磨耗板

2. 动力制动

动力制动在制动时将牵引电机变为发电机，把列车动能转化为电能，因此，也称电制动。根据对产生电能的不同处理方式形成了不同方式的动力制动，主要有电阻制动和再生制动两种。

（1）电阻制动。将发电机发出的电能加于制动电阻器，使电阻器发热，即电能转变为热能。电阻器上的热能靠风扇强迫通风而散于大气中。电阻制动一般能提供较稳定的制动力，但需要安装体积较大的电阻箱。目前我国的内燃、电力机车上普遍安装有电阻制动装置。

（2）再生制动。列车制动时，通过电路的转换，把牵引电机转变为发电机工况，利用列车的运动惯性驱动发电机工作，从而把列车的动能转化为电能，再将电能反馈回电网提供给其他列车使用或蓄存起来。显然这种方式既能节约能源，又能减少制动时对环境的污染，并且基本上无磨耗，因此这是一种新型的、理想的制动方式。随着计算机控制技术的快速发展，该制动方式被广泛运用于高速列车和城市轨道交通车辆上。

（二）按制动力获取方式分类

1. 黏着制动

制动时，车轮与钢轨之间有 3 种可能的状态：

（1）纯滚动状态。车轮与钢轨的接触点无相对滑动，车轮在钢轨上做纯滚动。这时，车轮与闸瓦之间为动摩擦，车轮与钢轨之间为静摩擦，车轮与钢轨之间可能实现的最大制动力是轮轨之间的最大静摩擦力。这是一种难以实现的理想状态。

（2）滑行状态。车轮在钢轨上滑行，这时车轮与钢轨之间的动摩擦力为列车制动力，这是一种必须避免的事故状态。由于动摩擦系数远小于静摩擦系数，因此一旦发生这种工况，制动力将大大减小，制动距离会延长；同时车轮在钢轨上长距离滑行，将导致车轮踏面的擦伤，危及行车安全。

（3）黏着状态。列车制动时，车轮与钢轨的接触处即非静止，亦非滑动，车轮在钢轨上滚动的同时又有滑动的趋势，这种状态称为黏着状态。黏着状态下车轮与钢轨间的最大水平作用力称为黏着力。制动时，可能实现的最大制动力不会超过黏着力。黏着力与轮轨间垂直载荷的比值，称为黏着系数。依靠黏着滚动的车轮与钢轨黏着点之间的黏着力来实现车辆的制动称为黏着制动。黏着制动时，为了能得到较大的制动力，需要具有较高的黏着系数。然而，黏着系数受列车运行速度、气候条件、轮轨表面状态以及有否采取增黏措施等诸多因素的影响，是一个有很大离散性的参数。所以目前尚未有黏着系数的理论公式，各国都分别用大量的试验来得到经验公式，比如日本东海道新干线的黏着系数公式为：

$$\Psi = 27.2/(v+85) \quad （干燥表面） \tag{4.1}$$

$$\Psi = 13.6/(v+85) \quad （潮湿表面） \tag{4.2}$$

式中：v 为列车运行速度，单位是 km/h。

我国铁道科学研究院在进行了大量的试验研究后，提出了我国干线列车（速度 120 km/h 以下）的黏着系数公式：

$$\Psi = 0.062\,4 + 45.6/(v+260) \quad （干燥表面） \tag{4.3}$$

$$\Psi = 0.040\,5 + 13.55/(v+120) \quad （潮湿表面） \tag{4.4}$$

式中：v 为列车运行速度，单位是 km/h。

2. 非黏着制动（黏着外制动）

列车制动时，制动力的提供不依靠轮轨之间的黏着力，而由其他方式提供，制动力的大小不受黏着力限制，这种制动方式称为非黏着制动。非黏着制动的制动力不从轮轨之间获取，因而它可以得到较大的制动力。

显然，在上面曾经介绍的制动方式中，闸瓦制动、踏面制动、电阻制动和再生制动均属于黏着制动，而磁轨制动则属于非黏着制动。

（三）按制动原动力分类

目前列车所采用的制动方式中，制动的原动力主要有压缩空气和电磁力。以压缩空气为源动力的制动方式称为空气制动方式，简称气制动，如闸瓦制动、盘形制动等。以电磁力为源动力的制动方式称为电气制动方式，简称电制动，动力制动及轨道电磁制动等均为电制动方式。

四、制动控制系统

制动控制系统是制动系统在司机或其他控制装置（如 ATC 等）的控制下，产生、传递制动信号，并对各种制动方式进行制动力分配、协调的部分。目前的制动控制系统主要有空气制动控制系统和电制动控制系统两大类。当以压力空气（压缩空气）作为制动信号传递和制动力控制的介质时，该制动系统称为空气制动控制系统，又称为空气制动机。以电气信号来传递制动信号的制动控制系统，则称为电气指令式制动控制系统。

（一）空气制动机

空气制动机按其作用原理的不同，可分为直通空气制动机、自动空气制动机和直通自动空气制动机。

1. 直通空气制动机

（1）工作原理（见图 4.5）。

空气压缩机 1 将压缩空气储入总风缸 2 内，经总风缸管 3 至制动阀 4。制动阀手柄有 3 个不同位置：缓解位、保压位和制动位。手柄在缓解位时，列车管 5 内的压缩空气经制动阀 EX（Exhaust）口 11 排向大气；手柄位于保压位时，制动阀保持总风缸管、列车管和 DC 口各不相通；手柄位于制动位时，总风缸管压缩空气经制动阀流向列车管。

① 制动位。

司机要实行制动时，首先将手柄置于制动位，总风缸的压缩空气经制动阀进入列车管。列车管是一根贯通整个列车、两端封闭死的管路，压力空气由列车管进入各个车辆的制动缸 6，压缩空气推动制动缸活塞 9 产生推力，通过制动缸活塞杆带动基础制动装置 7，使闸瓦 10 压紧车轮 12 产生制动作用。制动力的大小取决于制动缸内压缩空气的压力，由制动阀手柄在制动位放置时间的长短决定。

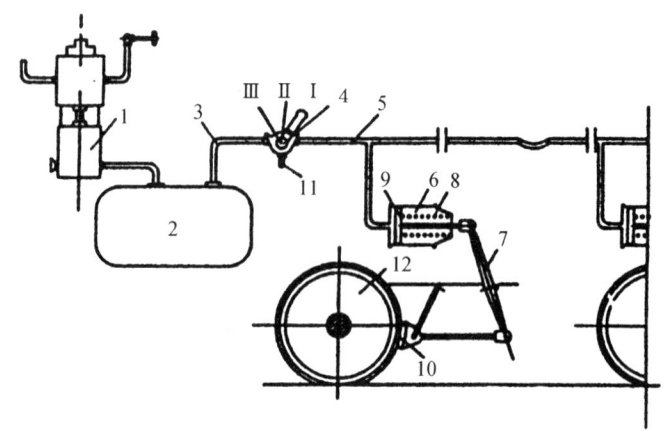

图 4.5 直通空气制动机工作原理

Ⅰ—缓解位；Ⅱ—保压位；Ⅲ—制动位；1—空气压缩机；2—总风缸；3—总风缸管；4—制动阀；5—列车管；
6—制动缸；7—基础制动装置；8—制动缸缓解弹簧；9—制动缸活塞；
10—闸瓦；11—制动阀 EX 口；12—车轮

② 缓解位。

要缓解时，司机将制动阀手柄置于缓解位，各车辆制动缸内的压缩空气经列车管从制动阀 EX 口排入大气。手柄在缓解位放置时间足够长，则制动缸压力可降为 0。此时制动缸活塞借助于制动缸缓解弹簧的复原力回到缓解位，闸瓦离开车轮，车辆缓解。

③ 保压位。

制动阀手柄放在保压位时，可保持制动缸内压力不变。当司机将手柄在制动位与保压位之间来回操纵，或在缓解位与保压位之间来回操纵时，制动缸压力能分阶段的上升或下降，即实现阶段制动或阶段缓解。

（2）直通空气制动机的特点。

① 列车管增压制动、减压缓解，列车分离时不能自动停车。

② 能实现阶段缓解和阶段制动。

③ 制动力大小靠制动阀手柄在制动位放置时间的长短决定，因此控制不太精确。

④ 制动时，全列车制动缸的压缩空气都由总风缸供给；缓解时，各制动缸的压缩空气都经制动阀排气口排入大气。因此前后车辆的制动和缓解一致性较差。

2. 自动空气制动机

（1）工作原理（见图 4.6）。

自动空气制动机在直通空气制动机的基础上增加了 3 个部件：在总风缸 2 与制动阀 4 之间增加了给气阀 15；在每节车辆的列车管 5 与制动缸 6 之间增加了三通阀 13 和副风缸 14。给气阀的作用是限定列车管定压（人为规定的列车管压力），即无论总风缸压力多高，给气阀出口的压力总保持在一设定的值。

自动空气制动机的制动阀同样也有缓解、保压和制动 3 个作用位置，但内部通路与直通空气制动机的制动阀有所不同。在缓解位时，它连通给气阀与列车管的通路；在制动位时，它使列车管与制动阀上的 EX 口相通，列车管压缩空气经它排向大气；在保压位时则保持各路不通。

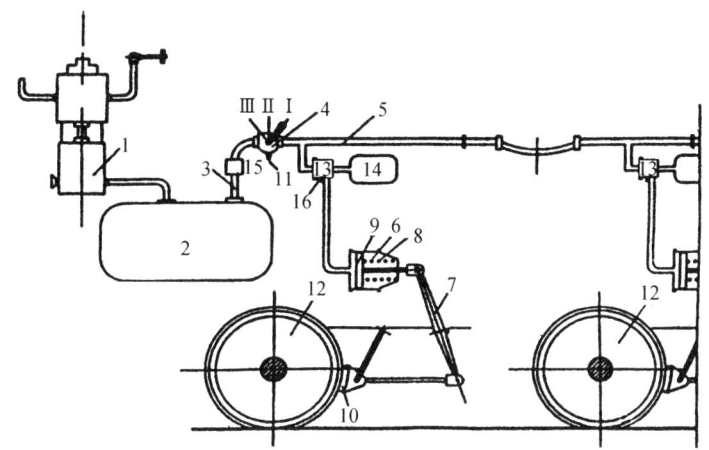

图 4.6 自动空气制动机工作原理

Ⅰ—缓解位；Ⅱ—保压位；Ⅲ—制动位；1—空气压缩机；2—总风缸；3—总风缸管；4—制动阀；5—列车管；
6—制动缸；7—基础制动装置；8—制动缸缓解弹簧；9—制动缸活塞；10—闸瓦；11—制动阀 EX 口；
12—车轮；13—三通阀；14—副风缸；15—给气阀；16—三通阀排气口

制动阀手柄放在缓解位时，总风缸中的压缩空气经给气阀、制动阀送到列车管，然后通过列车管送到各车辆的三通阀，经三通阀使副风缸充气。如此时制动缸中有压缩空气，则经三通阀排气口 16 排入大气。列车运行时，制动阀手柄一般处于此位，直至副风缸充至列车管定压值。

制动阀手柄放在制动位时，列车管中的压缩空气经制动阀 EX 口排向大气。列车管的减压信号传至各车辆的三通阀时，三通阀动作，副风缸内的压缩空气经三通阀充向制动缸，制动缸活塞推出，使空气制动执行机构动作，列车制动。

由此可见，自动空气制动机是依靠列车管中压缩空气的压力变化来传递制动或缓解的信号，列车管增压时缓解，列车管减压时制动。而三通阀是制动缸制动或缓解的控制部件。

（2）三通阀工作原理（见图 4.7）。

三通阀因与列车管、副风缸及制动缸相通而得名。根据列车管压力的变化，三通阀有 3 个基本位置。

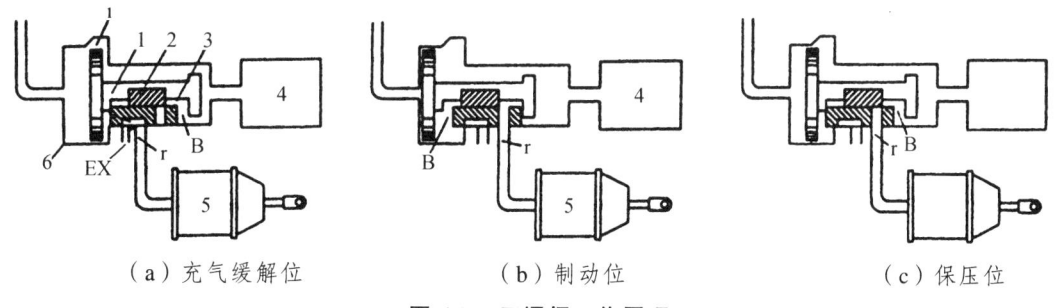

（a）充气缓解位　　　　（b）制动位　　　　（c）保压位

图 4.7 三通阀工作原理

1—三通阀活塞及活塞杆；2—节制阀；3—滑阀；4—副风缸；5—制动缸；6—三通阀；
i—充气沟；B—间隙；r—滑阀座制动缸孔

① 充气缓解位。

列车管压力增加时，在三通阀活塞两侧形成压差，三通阀活塞及活塞杆带动节制阀及滑阀一起移至右侧端位，这时充气沟 i 露出，三通阀内形成以下两条通路：

a. 列车管→充气沟→滑阀室→副风缸。

b. 制动缸→滑阀座制动缸孔→滑阀底面槽→三通阀 EX 口→大气。

第 a 条通路为充气通路，第 b 条通路为缓解通路，即所谓充气是指向副风缸充气，缓解是指制动缸缓解。副风缸内压力可一直充至与列车管的压力相等，即达到列车管定压，制动缸缓解后的最终压力为零。

② 制动位。

制动时，司机将制动阀手柄置于制动位，列车管内的压缩空气经制动阀排气减压。三通阀活塞左侧压力下降，右侧副风缸压力大于左侧。当两侧压差较小时，不足以推动活塞，副风缸的压缩空气有通过充气沟逆流的现象，但由于列车管压力下降较快，活塞两侧的压差仍继续增加。压差达到足以克服活塞及节制阀的阻力时，活塞及活塞杆带动节制阀向左移一间隙距离，使活塞杆与滑阀之间的间隙置于前部，活塞遮断充气沟，副风缸压缩空气停止逆流，滑阀上的通孔上端开放，与副风缸相通。随着列车管压力的继续下降，活塞两侧压差加大到能够克服滑阀与滑阀座之间的摩擦力时，活塞带动滑阀左移至极端位，滑阀切断制动缸通大气的通路，同时滑阀通孔下端与滑阀座制动缸孔对准，形成副风缸向制动缸的充气通路。如果三通阀一直保持这一位置，最终将使副风缸压力与制动缸压力平衡。

③ 保压位。

在列车管减压到一定值后，司机将制动阀手柄移至保压位，列车管停止减压。三通阀活塞左侧压力不再下降，但三通阀活塞仍处于左极端的制动位，因此副风缸压缩空气继续充向制动缸，活塞右侧的压力继续下降。当右侧副风缸压力稍低于左侧列车管压力，两侧压差达到能克服活塞和节制阀的阻力时，活塞将带着节制阀向右移一间隙距离，使滑阀与活塞杆之间的间隙位于后端，同时节制阀遮断副风缸向制动缸的充气通路，副风缸压力不再下降。由于此时活塞两侧压差较小，不足以克服滑阀与滑阀座之间的摩擦力，所以活塞位于此位不再移动，制动缸保压。

当司机将制动阀手柄在制动位和保压位来回扳动时，列车管压力反复地减压—保压，三通阀则反复处于制动位—保压位，而制动缸压力则不断的升压—保压—升压—保压，直至制动缸压力与副风缸压力平衡为止，即自动制动机具有阶段制动作用。但由于自动制动机三通阀结构的限制，它无法实现阶段缓解，而只能一次缓解（又称轻易缓解）。

（3）自动制动机的特点。

① 列车管减压制动、增压缓解，列车分离时能自动制动停车。

② 由于制动缸的风源与排气口离制动缸较近，其制动与缓解不再通过制动阀进行，因此制动与缓解一致性较直通制动机好，列车纵向冲动较小，适合于较长编组的列车。

③ 有阶段制动及一次缓解性能。

3. 直通自动空气制动机

（1）工作原理（见图 4.8）。

直通自动空气制动机与自动空气制动机在组成上基本相同，只增加一个定压风缸 13。但其三通阀的结构和原理与自动空气制动机的三通阀有较大的区别，自动空气制动机三通阀的主控机构是靠列车管与副风缸两者压力的差别与平衡来动作的,即为二压力机构阀;而直通自动空气制动机三通阀的主控机构由大小两个活塞组成,它的动作是由制动缸压力活塞 20 上侧的制动缸压力、主活塞 21 上下两侧的列车管压力和定压风缸 13 的压力三者的差别与平衡来控制的,因此它属于三压力机构阀,具有几种作用工况。

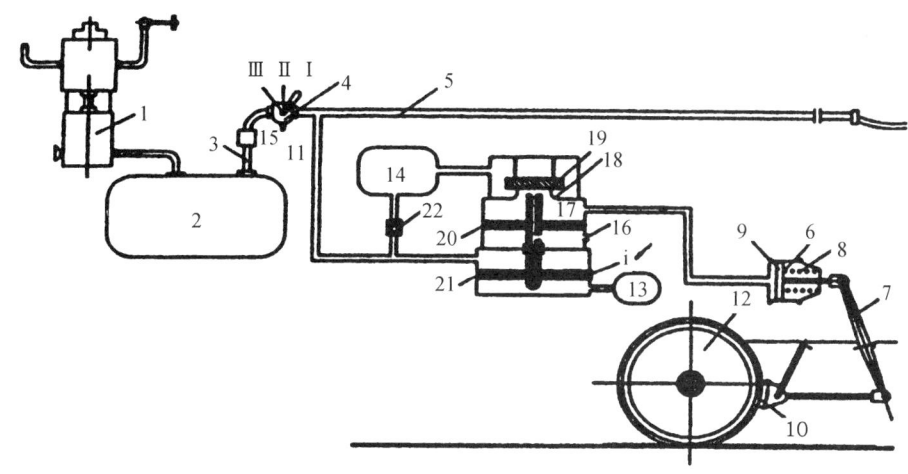

图 4.8　直通自动空气制动机工作原理

1—空气压缩机;2—总风缸;3—总风缸管;4—制动阀;5—列车管;6—制动缸;7—基础制动装置;
8—制动缸缓解弹簧;9—制动缸活塞;10—闸瓦;11—制动阀 EX 口;12—车轮;13—定压风缸;
14—副风缸;15—给气阀;16—三通阀排气口;17—排气阀口;18—进气阀口;
19—进排气阀;20—制动缸压力活塞;21—主活塞;22—单向阀;i—充气沟;
Ⅰ—缓解位;Ⅱ—保压位;Ⅲ—制动位

① 充气缓解位。

将制动阀 4 置于缓解位Ⅰ,总风缸 2 的压缩空气经给气阀 15 和制动阀 4 充向列车管 5,再经列车管通向各车辆的三通阀主活塞上侧,活塞在列车管压力作用下下移,形成下列两条通路:

a. 列车管压缩空气→主活塞上侧→充气沟 i→主活塞下侧→定压风缸。

b. 制动缸 6 的压缩空气→制动缸压力活塞上侧→排气阀口 17→活塞杆中心孔→制动缸压力活塞下侧→三通阀排气口 16。

上述第 b 条通路在初充气时,由于制动缸内无压缩空气而没有排气现象。

在充气缓解位时,定压风缸充气,制动缸缓解。而副风缸 14 只要其压力低于列车管压力,在单向阀 22 作用下列车管会自动地向其补充压缩空气,并不受作用位置的限制。

② 制动位。

制动阀手柄置于制动位Ⅲ,列车管以一定的减压速度减压,定压风缸的压缩空气来不及通过充气沟逆流,主活塞上下两侧形成压差,主活塞上移。首先排气阀口 17 顶住进排气阀 19,关闭了制动缸与大气之间的通路。同时,充气沟被主活塞遮断,主活塞两侧压差进一步加大,主活塞克服进排气阀弹簧压力顶开进排气阀,形成副风缸通过进气阀口 18 向制动缸充气的通路,同时制动缸压力也作用在制动缸压力活塞上侧。

③ 制动中立位。

制动阀手柄置于保压位Ⅱ,列车管停止减压。这时主活塞上侧压力停止下降,但三通阀仍处于制动位，副风缸继续向制动缸充气，即制动缸压力活塞上侧压力继续增加。当制动缸压力作用在制动缸压力活塞上侧产生的向下力，加上进排气阀弹簧的伸张力，再加上主活塞上侧列车管压力作用下产生的向下力，上述 3 个向下的力之和稍稍大于定压风缸压力作用在主活塞下侧产生的向上力时，进排气阀 19 压着排气阀口 17，使活塞稍稍下移，直至进排气阀紧贴进气阀口 18 切断副风缸向制动缸的充气通路。这时由于排气阀口 17 仍紧贴进排气阀 19，所以制动缸处于保压状态，三通阀处于制动中立位。

若司机将制动阀手柄在制动位、中立位来回扳动，三通阀将反复处于制动位与制动中立位，即得到阶段制动。

④ 缓解中立位。

制动后施行充气缓解，当列车管压力尚未充至定压时，司机将制动阀手柄置于中立位，列车管停止增压。由于主活塞上侧列车管压力仍小于定压风缸的压力（基本上仍保持列车管定压），因此当制动缸压力减至一定值时，作用在活塞上的列车管、制动缸和定压风缸三者压力使向上的压力略大于向下的压力，活塞上移，排气阀口 17 关闭。但由于向上的力较小，所以不足以顶开进排气阀 19，制动缸保压，三通阀处于缓解中立位。

在列车管充至定压前，反复使列车管处于增压—保压状态，就能实现阶段缓解，当列车管最终充至定压，制动缸就彻底缓解完毕。

（2）直通自动空气制动机的特点。

① 具有阶段制动和阶段缓解，同时，列车管要充到定压，制动缸才能完全缓解。

② 具有制动力不衰减性。即在制动中立位或缓解中立位时，当制动缸压力因漏泄等原因而下降时，三通阀能自动地给予补充压缩空气，保证制动缸压力保持原值。

（二）电气指令式制动控制系统

随着列车速度的提高，在单位时间内司机对列车运行状态的调整操作相应增加，列车的制动调速也不例外，司机使用制动机的时间间隔相应缩短。虽然与直通空气制动机相比，自动空气制动机或直通自动空气制动机使列车在制动和缓解时的一致性有了很大提高，但由于司机发出的制动指令是靠列车管内的压力变化来传递的，它的指令传递速度受空气波速的限制，也就是说其极限速度为 340 m/s，从而造成前后车辆制动和缓解的不一致及空走距离过长。电信号的传递速度比空气波速快得多，采用电信号来传递制动和缓解指令的制动控制系统称为电气指令式制动控制系统。相对于空气制动机来说，电气指令式制动控制的主要优点是全列车制动和缓解的一致性好，因此制动和缓解的纵向冲动小、空走距离短。

当列车的制动方式仅为以压缩空气作为制动源动力的空气制动方式时，往往采用电磁空气制动机。电磁空气制动机在各车辆都设有制动、缓解电磁阀，它们通过设置于驾驶室的制动控制器（电空制动控制器）进行励磁、消磁，从而控制列车的制动或缓解。

几十年来，随着电气技术的发展，电气指令式制动控制技术也在不断地改进，如今可以实现多种制动方式融合，也就是复合制动系统被广泛地应用于高速动车组上，见表 4.1。可以看出，高速动车组的制动方式除了空气制动方式外，一般还有动力制动方式或其他电气制动方式。列车制动控制系统必须能较好地协调各种制动方式制动力的大小和施加时机，因而所采用的电气指令式制动控制系统也较复杂。现代高速列车制动系统已经逐渐发展为集机械、电子计算机、通信等技术为一体的复杂系统。

表 4.1　现代高速动车组制动及其控制系统状况

国别	车型	最高速度/(km/h)	编组	制动控制	备用制动	动车制动方式	拖车制动方式
日本	500 系	300	16MT	数字式电气指令直通式	简单电空直通式	再生+轮盘（2）	—
日本	700 系	300	12M4T	数字式电气指令直通式	简单电空直通式	再生+轮盘（2）	轮盘（2）+涡流盘（1）
日本	E2-1000	（270）300	6M2T	数字式电气指令直通式	简单电空直通式	再生+轮盘（2）	轮盘（2）+轴盘（2）
法国	TGV-2N	300	2M8T	模拟式电气指令直通式	空气制动	再生+轮盘（2）	轴盘（4）
法国	AGV	350	12M8T	模拟式电气指令直通式	空气制动	再生+电阻+轮盘（2）	轴盘（2）+涡流轨（2）
德国	ICE3	330	4M4T	模拟式电气指令直通式	空气制动	再生+轮盘（2）	轴盘（2）+涡流轨（2）
德国	ICE350E	350	4M4T	模拟式电气指令直通式	空气制动	再生+电阻+轮盘（2）	轴盘（3）
西班牙	Talgo350	350	1M12T	模拟式电气指令直通式	空气制动	再生+电阻+轮盘（2）+轴盘（1）	轴盘（4）

注：M——动车；T——拖车。

第二节　高速动车组制动控制系统的基本原理

一、高速动车组制动控制系统组成

目前高速动车组普遍采用直通式电空制动机。直通式电空制动机分为电磁直通式和电气指令式。在 20 世纪 70 年代以前，一般都是采用电磁直通式电空制动机，如日本新干线 0 系高速动车组就采用了电磁直通式电空制动机。这种制动机的制动指令通过电磁直通控制器、列车管和电磁阀来传递。80 年代以来，电子技术和微机技术发展迅速，各国高速列车相继开发了电气指令式电空制动机，其制动控制部分主要是微机控制的电空制动控制系统。该制动系统不仅缩短了列车制动空走时间，而且还包含复合制动方式控制、空重车调整、制动模式控制、监控信息处理和显示等功能，可适应 ATP、APC 和 ATO 列车自动控制功能，甚至可适应最新的列车控制信息管理系统（TIS）的要求。

微机控制的电空制动控制系统是由电气控制部分和空气控制部分组成的。电气控制部分包括制动控制器、微机控制系统和安全联锁装置；空气控制部分包括制动电磁阀、缓解阀、紧急制动电磁阀、强迫缓解电磁阀、切换阀、荷重传感器、EP 传感器、空重车压力平衡阀、紧急限压阀、制动缸压力中继阀、总风缸及电空制动压力开关、电空转换电磁阀等。该控制系统可以操纵两套子系统，一套是正常制动情况下所采用的微机控制的直通式电空制动系统，这是一种以动力制动为优先的动力制动、空气制动、非黏着制动的复合制动系统；另一套是在电空制动失效的情况下所使用的自动空气制动系统。

二、电空制动系统控制基本原理

高速动车组电空制动系统分成三级控制,即网络控制、电空制动控制和空气制动控制。其中,网络控制是以网络传输控制指令,实现 ATP 列车控制的;电空制动控制是用贯穿全列车的电空制动电缆来传输控制指令及电制动力的模拟指令的;空气制动控制是以列车管的空气压力来传输控制指令的。这三种控制的安全级别以空气制动最高,电空制动次之,网络制动最低;而其指挥级别以网络控制最高,电空制动控制次之,空气制动最低。

整个系统按照不同的工况,由司机制动控制器或 ATC 发出指令,控制其中的相应组成部分动作,实现所要求的功能。制动系统的工况主要有:常用制动工况、紧急制动工况、备用制动工况、非常制动工况等。

主要电空制动部件的控制关系如图 4.9 所示。

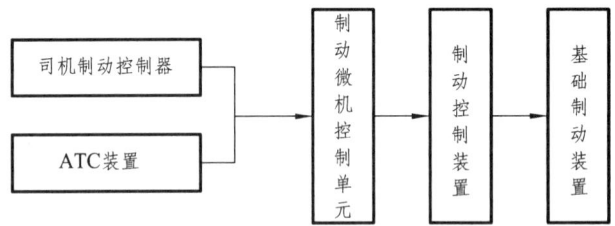

图 4.9 电空制动部件的控制关系

三、电空制动系统的功能

根据现代高速动车组运行的需要,微机控制电空制动系统主要实现的控制功能有:速度控制、空气压力控制和故障监控。

1. 速度控制

(1)列车限速。

将实际的列车运行速度与 ATC 信号的允许速度进行比较,当列车实际速度大于允许速度时,控制系统发出制动指令,使列车产生制动作用而减速。列车速度降低到允许速度以下时,制动解除。

(2)制动力控制。

为了使列车高速运行时的制动力适应轮轨间黏着力的变化,防止车轮滑行,设有制动力随黏着状态而变化的控制功能。随着列车速度的提高,黏着系数下降,轮轨黏着力降低,这时按照黏着力—速度特性曲线来决定制动力的大小。

(3)制动电阻阻值控制。

在有电阻制动的高速动车组中,如果接到制动指令后再按照运行速度调节电阻值,需要花费较长的时间。所以,应该具有相应的控制电路,根据列车的运行速度自动设定主电阻器的电阻值。

2. 空气压力控制

(1)空气制动控制。

在高速动车组的空气制动系统中,车辆的制动风缸将压缩空气供给中继阀、紧急电磁阀和电空转换阀。电空转换阀将压缩空气的压力调整为与制动指令相应的值,该空气压力作为控制压力用于控制中继阀。中继阀根据电空转换阀输出的空气压力指令动作,将相应压力值的压缩空气充入制动缸,产生制动作用。如果是液压制动,中继阀将压缩空气送至增压缸。增压缸将空气压力转变为放大的液压以控制制动闸片的压力。

另外,当车辆设备发生故障或司机操作紧急制动时,紧急电磁阀失电而动作,经由紧急电磁阀的总风缸压力空气被直接充至中继阀,此时中继阀与常用制动一样动作,将具有相应压力的压缩空气送进制动缸。但从整个过程来看,从制动指令的获得至制动缸充气产生制动作用,与常用制动相比,时间更短、速度更快。

(2)增压缸空气压力控制。

制动控制系统根据制动指令、速度和载重计算出来的制动力,减去电制动的反馈量后,得到实际需要的空气制动力。再将此力转换为电空转换阀(EP阀)的电流,由EP阀产生相应的空气压力,并将此压力作为中继阀的控制压力,中继阀动作,形成增压缸的空气压力。

(3)增黏控制。

在采用增黏颗粒的高速动车组上,为确保增黏颗粒压在车轮踏面上,需进行增黏控制。总风缸出来的压缩空气(如800~900 kPa)经调压器变为固定压力的空气(如500 kPa)。在接收到增黏动作指令后,电磁阀动作,压力空气使控制增黏的活塞推出,增黏颗粒以上述固定压力压在车轮踏面上,产生增黏作用。

3. 故障监控

故障监控功能在司机制动控制器给出了制动指令,但没有产生所期待的制动力时,可实现切断牵引动力,同时强制产生制动作用,使列车停止运行。

(1)制动力不足监控。

当制动指令发出后(如4 s),如果制动电流或增压缸空气压力达不到规定值,则认为制动力不足。在这种情况下,列车产生紧急制动作用。

(2)制动不缓解监控。

为了防止在制动不缓解的状态下运行,设有在制动缓解条件下,确认增压缸空气压力的监控。出现无制动指令和无紧急制动指令而增压缸的空气压力超过规定值的情况,均被判定为增压缸空气压力不缓解,包括不缓解在内的安全状态,均通过指示灯在操纵台上显示。

第三节 克诺尔电空制动机的基本组成和工作原理

以下是德国克诺尔(Knorr)制动机公司生产的一种模拟式电空制动装置,它是一套最典型的微机控制直通式电空制动机,该装置的控制精度高、动作可靠、技术先进,是现代计算机及控制技术的结晶,目前被广泛地使用在世界各国的动车组上。该制动装置通过列车总线贯通整个列车,形成连续回路;采用电控制空气、空气再控制空气的控制方式;制动的电指令是利用脉冲宽度调制,能进行无级控制。

空气制动部分主要由风源及管路系统、控制部分和执行部分3个主要部分组成。控制部分是制动装置的核心,由带有防滑控制的制动微机控制单元ECU(B05/G02)、制动控制单元BCU(B06)、空气控制屏(Z01,部分阀类的集中安装屏)等组成。

一、制动控制单元 BCU（B06）

1. 制动控制单元的组成与控制关系

制动控制单元 BCU 是空气制动的核心，主要由模拟转换阀 a、紧急电磁阀 e、称重阀 c、中继阀 d、载荷压力传感器 f（将载荷压力 T 转换成相应的电信号传输给 ECU）、压力开关 h 等元件组成。制动控制单元采用模块化设计，所有的元件都安装在一个铝合金集成板上。这样设计的主要目的是便于从车上拆卸和更换制动控制单元，维修检查或大修时不会影响车辆的运用。图 4.10 所示为 BCU 各部件的气路简图。

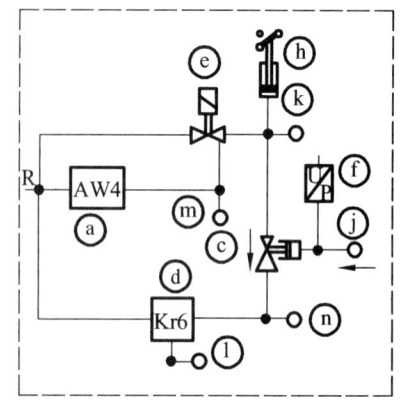

图 4.10 制动控制单元气路图

a—模拟转换阀；e—紧急电磁阀；c—称重阀；
d—中继阀；f—载荷压力传感器；h—压力开关；
j、k、l、m、n—压力测试接口

在气路板上装了一些测试口（图 4.10 中 j、k、l、m、n），因此要测量各个控制压力和制动缸压力，只要在这块气路板上测试即可，从而便于安装、测试和维护。

BCU 的作用是将 ECU 发出的制动指令电信号通过模拟转换阀转换成与之成比例的预控制压力 CV，这个预控制压力是成线性变化的，同时，也受到称重阀和防冲动检测装置的检测和限制，再通过中继阀，沟通制动主风缸 B04 与制动缸的通路，并控制进入制动缸的压力，最后使制动缸 C01 和 C03 获得符合制动指令的空气制动压力。

制动控制单元的工作原理为：

当压力空气从制动主风缸 B04 进入制动控制单元 B06 后，分成三路，一路进入紧急阀，一路进入模拟转换阀，另一路进入均衡阀。整个制动控制单元犹如一个放大器，其气路流程如图 4.11 所示。

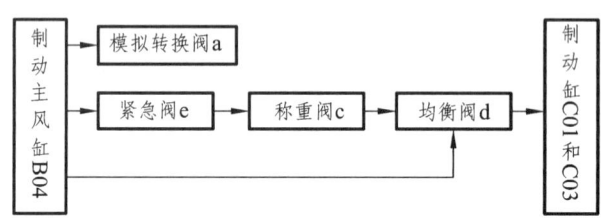

图 4.11 制动控制单元气路流程图

2. 模拟转换阀

（1）结构。

模拟转换阀是由一个电磁进气阀、一个电磁排气阀及一个气电转换器组成的。

（2）作用原理。

当制动微机控制单元接收到上位微机的制动指令时，让进气阀的励磁线圈得电励磁，进气阀克服弹簧力，压开阀芯，打开进气阀，使制动主风缸的压缩空气通过打开的进气阀进入输出端，作为预控制压力 CV1 输出。CV1 一路送向紧急阀，一路送向气电转换器和排气阀。气电转换器将该压力信号转换成相对应的电信号，并馈送回制动微机控制单元。制动微机控制单元将此信号与制动指令决定的对应值比较，当小于制动指令时，则继续开放进气阀口；

当大于制动指令信号时，则关闭进气阀并打开排气阀，直到预控制压力 CV1 增高或降低到制动指令的要求为止。此时进气阀和排气阀同时处于关闭状态。这时，进、排气阀的阀口开度由励磁线圈获得电流的大小决定，而励磁电流大小决定于制动指令。

3. 紧急阀

紧急阀是一个电磁阀控制的二位三通阀，它的三个阀口分别通制动主风缸（A1）、模拟转换阀输出口（A2）及称重阀输入口（A3）。它主要由空心阀、阀座、弹簧、活塞、活塞杆和电磁阀组成。其中空心阀还起到阀口的作用，而活塞杆顶部做成阀口结构。

在常用制动时，紧急阀的电磁阀得电励磁，阀芯吸起，打开下阀口，由 A4 输入的控制压力空气送入活塞右侧，推动活塞、活塞杆和空心阀左移。一方面关闭制动主风缸 A1，另一方面开放模拟转换阀通路 A2 与称重阀 A3 通路。这时由模拟转换阀输出的预控制压力 CV1，便可通过紧急阀输出到称重阀。

当预控制压力 CV1 经过紧急阀时，由于阀的通道阻力使预控制压力略有下降，这个从紧急阀输出的预控制压力称为 CV2。同样，CV2 压力空气也是通过气路板内部管道进入称重阀的。

在紧急制动时，紧急阀失电，其电磁阀不励磁，电磁阀阀芯在其反力弹簧作用下，关闭下阀口，切断控制用压力空气的通路（A4），活塞右方气室压力空气经电磁阀上阀口排入大气。于是，空心阀在阀弹簧作用下右移，关闭模拟转换阀 A2，而活塞杆在活塞杆弹簧作用下同时右移，顶部离开空心阀，打开制动主风缸通路 A1 与称重阀 A3 通路，制动主风缸压力空气越过模拟转换阀而直接进入称重阀。

4. 称重阀

称重阀为杠杆膜板式结构，它能根据车辆载重的变化（即根据乘客的多少）自动调整车辆的最大制动力。称重阀主要由负载指令部、压力调整部和杠杆部组成。

（1）结构。

① 负载指令部：由主动活塞（活塞）、主动活塞膜板、从动活塞、K 形密封圈及调整弹簧、调整螺钉等部分组成。

② 压力调整部：由橡胶夹心阀、均衡活塞、空心阀杆、阀座、调整弹簧和调整螺钉等组成。

③ 杠杆部：由杠杆、支点滚轮和调整螺钉组成。

（2）作用原理。

与负载质量成比例的空气压力信号（空气弹簧压力）T 输入到主动活塞的上部，将主动活塞向下推，活塞杆顶在杠杆上，使杠杆左端下降而右端上升，绕支点转动。同时右侧压力调整弹簧的向上作用力，也推动杠杆右端上升，从而使空心阀杆向上运动，推开夹心阀，开放充气阀口。由紧急阀来的预控制压力 CV2 经充气阀座，成为预控制压力 CV3 输出到均衡阀。同时该压力送到均衡活塞上方，当均衡活塞上方空气压力和下方空心顶杆压力（即杠杆力和调整弹簧力之和）平衡时，夹心阀在夹心阀弹簧作用下关闭，停止向均衡阀供风。

当乘客减少时，空气弹簧压力 T 下降，均衡活塞上方的空气压力大于下方顶杆推力。于是均衡活塞下移，空心阀杆离开夹心阀，CV3 压力空气经空心阀杆阀口排向大气，直到均衡活塞上下方压力重新平衡，均衡活塞重新上移，关闭排气阀口。

当空气弹簧压力很低，甚至破损而无压力时，从动活塞向上的作用力不足以平衡调整弹簧的力，由两个调整弹簧的作用力使称重阀输出压力保持一定的值。

由于克诺尔模拟制动机的模拟转换阀输出的预控制压力是受微处理机控制的，而微处理机的制动指令是根据车辆的负载、车速和制动要求而给出的，因此，在常用制动中称重阀几乎不起作用，仅起预防作用，以防模拟转换阀控制失灵。其主要作用是发生在紧急制动时，由于紧急制动时预控制压力是从制动主风缸直接经紧急阀到达称重阀的，中间没有经过模拟转换阀的控制，而紧急阀也仅仅作为通路的选择，不起控制空气压力大小的作用。所以，在紧急制动时，预控制压力只受到称重阀的限制，即制动主风缸空气压力经称重阀限制后作为最大的预控制压力输出。

同样，预控制压力 CV2 流经称重阀时，也受到阀的通道阻力，压力有所下降，成为预控制压力 CV3 并通过管路板进入均衡阀。

5. 均衡阀

克诺尔模拟制动机的空气制动装置是一个间接控制的直通式制动机。即由制动控制单元 BCU 控制预控制压力，再由均衡阀（也称中继阀）根据预控制压力的大小控制车辆制动缸的充风和排风作用，即均衡阀起到"放大"的作用。

（1）结构。

均衡阀由带橡胶阀面的空心导向杆、膜板活塞（即均衡活塞）、进、排气阀座、弹簧等部分组成。

（2）作用原理。

由 D2 孔进入均衡阀的预控制压力 CV3，推动具有膜板的活塞（均衡活塞）上移，首先关闭了通向制动缸的排气阀 V2，然后进一步打开进气阀 V1，使制动主风缸来的压力空气经接口 R 进入均衡阀，再经打开的进气阀 V1、接口 C 充入制动缸，使制动缸压力上升，闸瓦压向车轮，列车产生制动作用。同时，该压力经节流孔 D1 充入均衡活塞上方，平衡下侧压力，当上下侧压力平衡时，均衡活塞回到平衡位置，导向杆在弹簧压力作用下重新关闭充气口 V1，制动缸压力停止上升。

从上述可知，均衡阀能迅速地进行大流量的充、排气。大流量压力空气的压力变化是随预控制压力 CV3 的变化而变化的，并且相互间的压力传递比为 1：1，即制动缸压力与 CV3 相等，从而实现了小流量压力空气控制大流量压力空气的作用。

同样,模拟转换阀接到微处理机发出的缓解指令后,将其排气阀打开,使预控制压力 CV1、CV2、CV3 均通过此阀向大气排出。由于 CV3 压力空气排出，均衡阀活塞在其上方制动缸压力空气作用下下移，于是均衡阀中的进气阀关闭，排气阀打开，使各制动缸的压力空气经开启的排气阀排出，列车得到缓解。

二、空气控制屏

空气控制屏是一些阀类元件的集中安装屏,这些元件都安装在一块铝合金的气路板上,犹如电子分立元件安装在印刷线路板上一样,便于安装、调试与维修。

空气控制屏的主要组成元件（见图 4.12）及其功能如下：

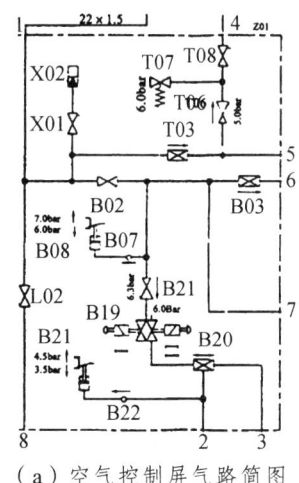 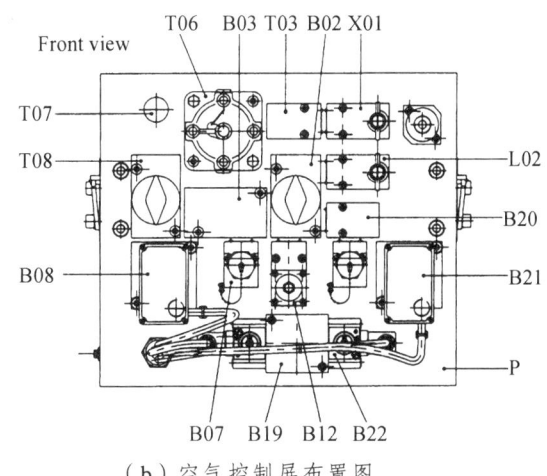

(a) 空气控制屏气路简图　　　　(b) 空气控制屏布置图

图 4.12　空气控制屏的组成

1. 制动控制元件

B02——截断塞门，可用来切除制动系统管路与主风管的通路，便于测试与检修。

B03——止回阀，防止制动系统管路的压力空气逆流。

B07——压力测试点，从此处可以得到主风管压力。

B08——压力开关，用于监视主风管压力，当主风管压力低于 600 kPa 时，列车将自动实施紧急制动且牵引封锁；当主风管压力高于 700 kPa 时，列车解除牵引封锁。

B12——减压阀，将主风管压力空气减压至 630 kPa。

B19——脉冲阀，用于控制停放制动的施加与缓解。

B20——双向阀，防止常用制动与停放制动同时施加时而造成制动力过大。

B21——压力开关，用于控制停放制动指示灯的动作，当压力低于 350 kPa 时，停放制动指示灯（蓝灯）亮，表示停放制动已施加；当压力高于 450 kPa 时，停放制动指示灯（蓝灯）灭，表示停放制动已缓解。

B22——压力测试点，从此处可以得到停放制动的压力。

2. 车门控制元件

T03——止回阀，防止车门控制系统管路的压力空气逆流。

T06——减压阀，将主风管压力空气减压至 350 kPa，供车门控制系统用。

T07——安全阀，防止车门控制系统压力过大。

T08——截断塞门，可用来切除车门控制系统管路与主风管的通路，便于测试与检修。

3. 空气弹簧控制元件

L02——截断塞门，可用来切除空气弹簧控制系统管路与主风管的通路，便于测试与检修。

4. 车间外接供气元件

X01——截断塞门，可用来切除车间外接供气管路与主风管的通路。

X02——车间外接供气快速接头。

空气控制屏 Z01 与外接设备的接口是：接口 1_与主风管相连；接口 2_与踏面单元制动器的弹簧制动缸相连；接口 3_与踏面单元制动器的制动缸相连；接口 4_通往门控设备及空调；接口 5_与门控风缸 T04 相连；接口 6_与制动主风缸 B04 相连；接口 7_通往防滑阀 G01 的控

制管路；接口 8_通往空气弹簧。

三、制动微处理机控制单元

制动控制系统有一个用于控制电空制动和防止车轮滑行控制的微处理机，常称为制动微机控制单元（ECU），它是空气制动管理控制的核心。制动实施时，它接收各种与制动有关的信号（如制动指令值 PWM 信号、电制动实际值信号、载荷信号等），计算出一个当时所需空气制动力的制动指令，并将其输出给 BCU。同时 ECU 还实时监控每根轴的转速，一旦任一轮对发生滑行，能迅速向该轮轴的防滑阀（G01）发出指令，沟通制动缸与大气的通路，使制动缸迅速排气，从而解除该轮对的滑行现象，实现 ECU 对各轮对滑行的单独保护控制。此外，制动微处理机控制系统还具有本车的控制系统故障自诊断功能和故障储存功能。

制动微处理机控制系统对每一辆车都是独立的。

ECU 的外形成单层机箱结构形式，共装有 13 块标准的 19"3U 印刷电路板，分别是：SV 板为电源板；SSI 板为信号的输入/输出；EPA 板为电气模拟信号的输入；AA 板为模拟信号的输出；AD 板为模拟信号与数字信号的转换；AE 板为模拟输入信号的处理；DI 板为故障诊断；CP 板为中央处理器 CPU 板；COM 板为通信板；GE 板为速度传感器输入信号的处理；VA 板（2 块）为防滑控制板；T 板为瞬态保护板，主要是速度传感器、防滑阀信号的输入与输出。其中，SV 板、SSI 板、EPA 板、AA 板和 T 板通过 Harting 接插件与外部电路连接。

ECU 实现了与列车制动相关的各项功能，包括：制动力的计算和分配、保压制动的触发、快速制动指令、制动指令值 PWM 信号、载荷压力信号、跃升元件触发器、冲击极限、防滑控制等。

1. 电空制动控制系统

整个制动装置的控制采用二级控制，简述为"电控制空气，空气再控制空气"。即为"电子控制单元"控制"气路控制单元"，控制空气再控制执行空气。电空制动控制系统方框图如图 4.13 所示。下面简述图中输入信号的功能。

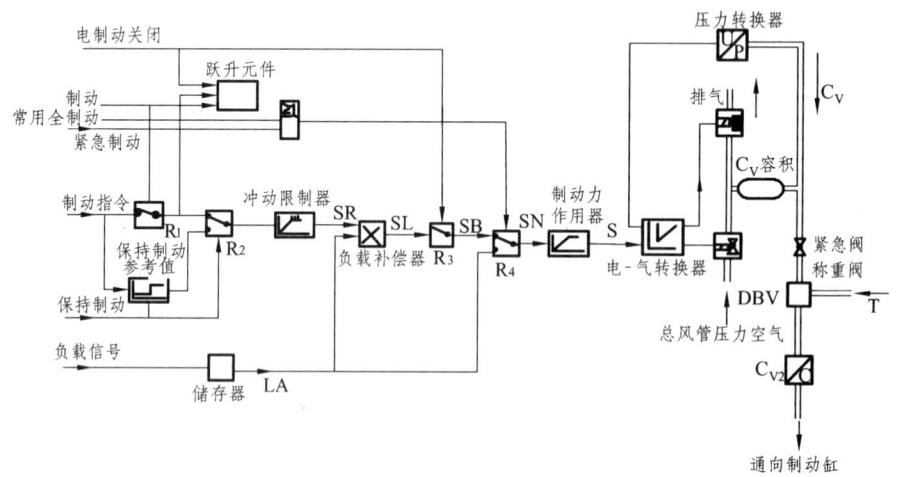

图 4.13 电空制动控制系统方框图

（1）制动指令：此指令是微机根据变速制动要求，即司机施行制动的百分比（全常用制动为 100%）所下达的指令。它可以是各种形式的信号，如模拟电流、七级数字信号等。广州、上海地铁车辆所使用的是最常用的脉宽调制信号。

（2）制动信号：这是制动指令的一个辅助信号，它表示运行的列车即将要制动。

（3）负载信号：这个信号来自空气弹簧。由空气弹簧空气压力通过电-气转换器转换成电信号。此信号以客室车门关闭时的储存信号为准。

（4）电制动关闭信号：此信号为信息信号，它的出现就意味着空气制动要立即替补即将消失的电制动。

（5）紧急制动信号：这是一个安全保护信号，它可以跳过电子制动控制系统，直接驱动制动控制单元 BCU 中的紧急阀动作，从而实施紧急制动。

（6）保持制动（停车制动）：这个信号能防止车辆在停车前的冲动，能使车辆平稳地停止。他的功能分下列三个阶段实施。

① 第一阶段。当列车车速低于 10 km/h 时，保持制动开始接受摩擦制动力，而电制动逐步消失。在保持制动出现后，电制动的减小延迟 0.3 s。动车和拖车的摩擦制动力只可达到制动指令的 70%。

② 第二阶段。当车速低于 4 km/h 时，一个小于制动指令的保持制动级开始实施，即瞬时地将制动缸压力降低。这个保持制动的级取决于制动指令。这个制动级与时间有关，由停车检测根据最初的状态来决定的。

③ 第三阶段。由停车检测和保持制动信号共同产生一个固定的停车制动级，这个固定的制动级经过负载的修正且与制动指令无关。

停车制动的制动级只能随保持制动信号的消除而消除。

2. 电空制动控制原理

当微处理机根据制动要求而发出制动指令时，伴随着也出现制动信号，此信号使开关线路 R_1 导通，这样，制动指令就能通过 R_1 和 R_2 到达冲动限制器，以让其检测减速度的变化率是否过大。通过冲动限制器后的制动指令立即又到达负载补偿器，此补偿器实际就是一个负载检测器。它根据负载信号储存器中所储存的负载大小，检测制动指令的大小，然后将检测调整好的指令送至开关线路 R_3。为了防止制动力过大，R_3 只有当电制动关闭信号触发下才导通，否则是断开的。通过 R_3 的指令又被送至制动力作用器（这里的制动力还是电信号），中途还经过 R_4。制动力作用器将指令信号转化为制动力。为了缩短空走时间。制动力作用器的初始阶段有一段陡峭的线段，然后再转向较平坦斜线平稳的上升，直至达到指令要求。从作用器出来的电信号被送至电-气转换器。这个转换器将电信号转换成控制电流，再由这个控制电流去控制制动单元 BCU 中的模拟转换阀，并且接收模拟转换阀反馈回来的电信号，从而进一步调整控制电流，这就完成了微处理机对 BCU 的控制。在这过程中，电-气转换器并没有真正将电信号（弱电）转换成控制空气压力，而是控制 BCU 中的模拟转换阀。当然，在列车速度低于 4 km/h 时，制动指令将被保持制动的级（与制动指令相对应）所替代。

当列车需要施行常用全制动（即 100%制动指令）和紧急制动时，最大常用制动信号或紧急制动信号可触发一个旁路或门电路，使它输出一个高电平来驱动开关电路 R_4。制动作用器直接接收负载储存器的信号，从而大大缩短信号传输时间，并使电-气转换器工作。

需要补充说明的是：制动作用器初始阶段有一段陡峭线段，这是由于跃升元件所导致的。跃升元件是一个非稳态触发器，它可由电制动关闭信号、制动信号及制动指令信号中的任意一个信号将其触发，使它输出一个高电平。同样，这高电平也可使旁路或门电路触发输出一个高电平，从而使 R_4 动作，导致负载作用器直接接收负载信号，产生一段陡峭的线段。

3. 防滑控制系统

防滑系统是制动控制系统的一部分，牵引微机控制单元 DCU（用于电制动）和制动微机控制单元 ECU（用于空气制动）均有独立的防滑控制系统，在常用制动、快速制动和紧急制动状态下，防滑控制系统均处于激活状态。下面介绍制动微机控制单元 ECU 的组成和工作原理。防滑系统由防滑电磁阀（G01）、控制中央处理器（G02）、速度传感器（G03.1，G03.2）和测速齿轮（G04）等部件组成。

在每根车轴上都设有一个对应的防滑电磁阀 G01（也称排放阀），它们由 ECU 防滑系统所控制。当某一轮对上的车轮的制动力过大而使车轮滑行时，防滑系统所控制的、与该轮对对应的防滑电磁阀 G01 迅速沟通制动缸与大气的通路，使制动缸迅速排气，从而解除了该车轮的滑行现象。该系统通过 G03.1、G04、G05 始终监视着同一辆车上 4 个轮对的转速，并对应着 4 个对应的防滑电磁阀 G01。防滑系统有一安全回路，当防滑阀被激活动作超过一定时间（如 5 s）时，安全回路起作用，取消防滑控制，并产生一故障信号。

防滑系统用于车轮与钢轨黏着不良时，对制动力进行控制。它有防止车轮即将抱死；避免滑动；最佳地利用黏着，以获得最短的制动距离的功能。

防滑系统控制车轮的线速度。当黏着不良时，列车的速度和车轮的速度之间将产生一个速度差。防滑系统就是应用这个量对防滑电磁阀 G01 进行控制从而达到控制车辆的滑行和减速度。

列车启动后，防滑系统就对每个轮对的速度不断进行检测，然后形成一个参考速度以取代列车真实速度，并用防滑电磁阀 G01 来控制车辆的滑行和减速度。利用速度传感器测得的轮对的速度和减速度与设定的标准相比较，并与防滑电磁阀的实际指令形成一个筛选矩阵。

滑动标准值 $V_1 \cdots V_n$ 与某一个相关的参考速度有关，车轮轮径变化的范围内提供一个滑动区域带，而选择的减速度是确定的。当车轮在黏着不良的区域内，防滑系统要能有效地减小制动力，在这种情况下筛选矩阵可产生一个相对于防滑电磁阀 G01 的某一个实际指令（即使电磁阀励磁排气的指令），这样就使相应轴的制动力减小，而其轴速度上升。当轴速度经过一段时间上升到矩阵的另一个开启元素（包含另一个实际指令）时，电磁阀失电，则制动力将会增加。

当选择的矩阵元素刚好在参考速度以下的波谷时，则是滑动最小。

由于轮对踏面加工直径和磨耗的差别，轮对的线速度有相差，所以在防滑系统中设置了人工的轮径调整装置。这个装置就是 5 个开关，利用这些开关分合的不同位置，将车轮直径分成 32 挡（3 mm 为一挡）。将每辆车的 1 位轴调整到它的规定标准，而其他轴也将会根据轴端的速度传感器传出的速度信号进行自动调整。

参考速度是在牵引时取 4 根轴中的最大速度，在制动时则取最小速度，然后让其余 3 根轴的速度与其比较，以确定牵引时的空转和制动时滑行，从而防滑控制系统将分别切断牵引回路的电源和打开制动缸的排气阀，以分别消除空转和滑行现象。

第四节 CRH2 型动车组制动系统

CRH2 型动车组采用微机控制直通电空制动系统。动车装有牵引电动机，可以采用电制动，也可以采用气制动；拖车采用气制动。整列车实行电制动优先原则，当列车速度较高时，实施电制动；而当列车速度较低时，实施气制动。制动过程中，电制动停止工作、出现故障或制动力不足时,由气制动力补充。这是一套动力制动和空气制动的复合制动方式。

该制动系统还有一套备用自动空气制动系统。正常运用过程中,使用微机控制直通电空制动系统,只有在微机控制直通电空制动系统出现重大故障或因其他原因而不能使用或者动车组与使用自动空气制动机的机车车辆连挂时,才使用备用空气制动系统。

一、CRH2 型动车组制动系统组成

CRH2 型动车组微机控制制动系统包括电控部分和空气部分,其车上布置如图 4.14 所示。其中,制动控制装置包括制动微机控制单元和制动控制单元;电控部分包括司机制动控制器、制动微机控制单元;空气部分包括制动控制单元、空气压缩机、空气干燥器和基础制动装置等。

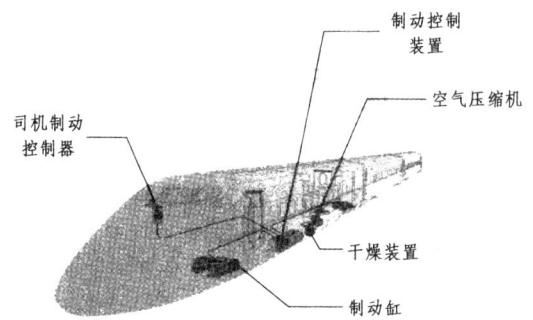

图 4.14 CRH2 型动车组制动系统布置图

CRH2 型动车组带驾驶室车辆制动系统配管图如图 4.15 所示。

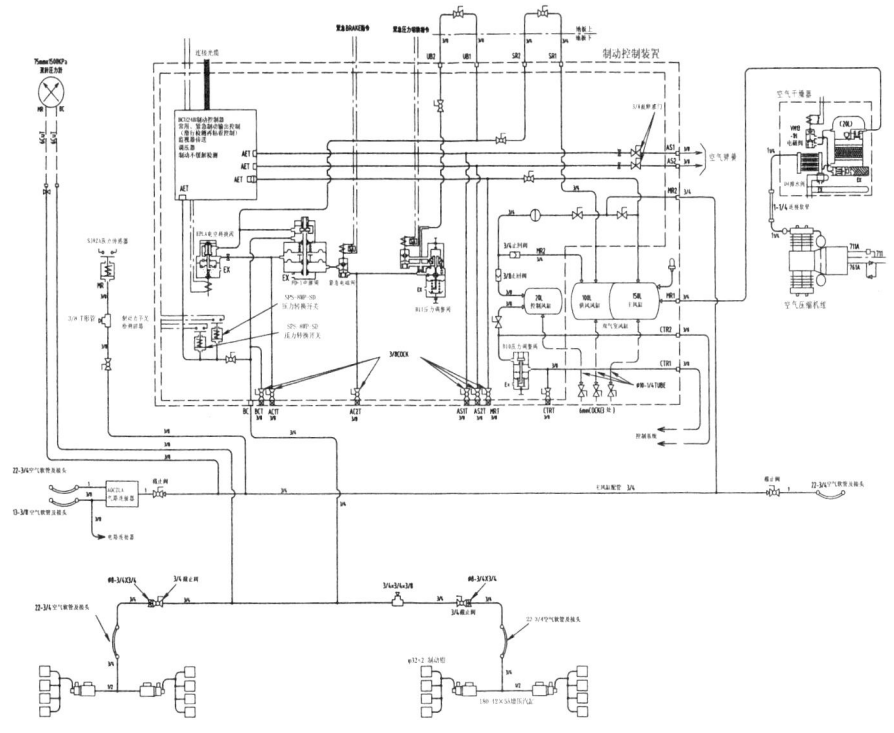

图 4.15 车辆制动系统配管图

二、CRH2 型动车组制动系统的工作原理

CRH2 型动车组制动系统由司机制动控制器或 ATC 系统控制。司机制动控制器安装在驾驶室内的操纵台上,有运转位、7 个常用制动位和 1 个紧急制动位;ATC 系统感应器安装在第一转向架前端下侧。CRH2 型动车组制动系统工作过程是:非自动驾驶模式下,司机制动控制器的操作通过指令转换器转换成电信号,经过列车总线传递给车辆微机系统;车辆微机系统解释指令以后,把制动指令传递给制动微机控制单元;制动微机控制单元根据指令和相关参数进行计算,再根据计算结果发出相应的指令给制动控制单元;制动控制单元的气动部件根据指令动作,形成控制压力,从而控制制动缸的压力变化,如图 4.16 所示。其中气动部件由总风缸通过总风管供给压力空气。

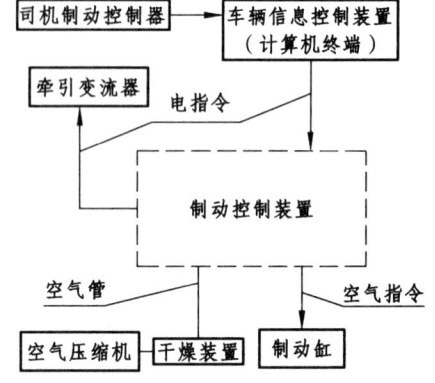

图 4.16 车辆电空制动系统工作原理图

随着列车速度上升,轮轨之间的黏着系数下降。为了防止制动时发生滑行和更好地利用轮轨之间的黏着力,CRH2 型动车组电空制动系统设置了随着列车速度变化而改变制动力大小的速度-黏着模式控制。该模式是以雨天为前提的黏着试验为基础设置的,所以列车制动时可以保证在规定的距离停车,不致滑行。

三、CRH2 型动车组制动系统的主要特点

CRH2 型动车组制动系统采用电气指令式、微机控制直通式电空制动机,其主要技术特点为:

(1)制动力由动车的再生制动和各车的电气指令式空气制动组成。
(2)具有速度-黏着的模式控制。
(3)具有随负重自动调整制动力的控制。
(4)具有防止车轮滑行的保护控制。
(5)具有以 1 辆动车、1 辆拖车为单元的充分利用动车再生制动力,减少拖车气制动力的延迟控制,并当在再生制动力不足时由气制动补充。
(6)具有与车载列车运行速度控制系统的接口,实施安全制动。
(7)具有故障诊断及相关列车信息保存功能。

四、CRH2 型动车组制动系统的主要技术指标

(1)全列动车组在平直道定员载荷下紧急制动距离:200 km/h 时不超过 1 720 m,160 km/h 时不超过 1 070 m。
(2)基础制动传动效率达 95%以上。
(3)闸片平均摩擦系数为 0.25。

（4）正常使用时总风管风压保持在 780～880 kPa 的范围内。总风管压力充风时：由 0 升至 880 kPa 的时间为 250.3 s；由 780 kPa 升至 880 kPa 的时间为 28.5 s。

（5）快速制动空走时间在 2.3 s 以下；ATP 空走时间在 3.5 s 以下。

五、CRH2 型动车组制动系统的制动模式

1. 常用制动

（1）1M1T 控制单位的延迟控制，在制动初速度为 75 km/h 以上时，由动车的再生制动负担拖车部分的制动力；在 65 km/h 以下切换成为单独控制。

（2）常用制动时，制动系统根据载荷大小自动调整制动力，载荷信号通过空气弹簧的压力信号来获取。

2. 快速制动

在手动制动操作及闭塞区间无法减速至设定速度时，根据 ATP 指令动作，具备常用制动 1.5 倍的制动力。

3. 紧急制动

在列车分离、主风管压力降低或操作杆取出时动作，此时制动力不随负荷变化。

4. 耐雪制动

在降雪时，为了防止冰雪进入制动盘和闸瓦之间，以让闸瓦无间隙轻微接触制动盘，制动缸压力设定为 40±20 kPa，此压力设定值可以通过制动控制器进行调整。

5. 辅助制动

以制动控制装置异常、制动指令线路断线以及救援等情况下使用为目的。通过操作驾驶台的设定开关及各单元（Tc 车）的配电盘开关进行动作，但制动力为一定数值，与速度无关，与常用、快速制动不同。

6. 停车制动

（1）不设置停车制动。

（2）8 辆编组的动车组在异常情况下有必要在 30‰ 的斜坡上停车时，在最上方前 3 轴的 6 个车轮处安装铁靴。

六、制动控制单元

CRH2 型动车组制动控制单元结构如图 4.17 所示，气动部件主要有电空转换阀、中继阀、调压阀、增压缸等。

CRH2 型动车组制动控制单元的组成阀（如电空转换阀和中继阀）、塞门等集成安装在铝合金安装板上，以便于维护和检修。

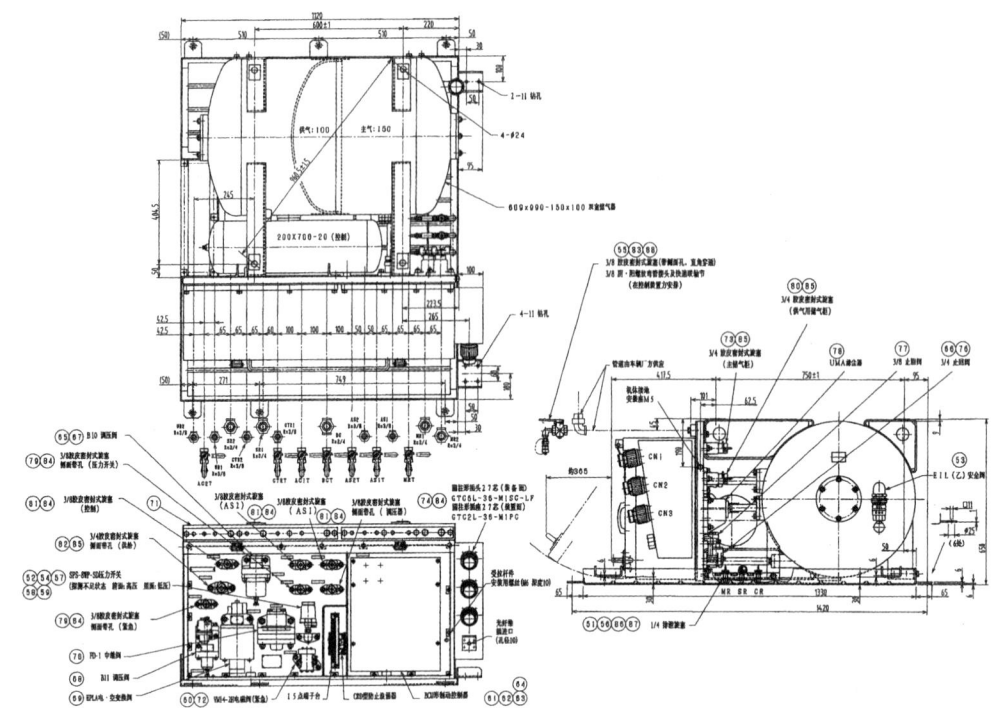

图 4.17 制动控制单元

1. 电空转换阀

CRH2 型动车组制动系统采用了 EPLA 型电空转换阀,如图 4.18 所示。它是一种控制阀,是该制动系统非常关键的部件,其作用是把制动微机控制单元的电流指令变换为空气压力指

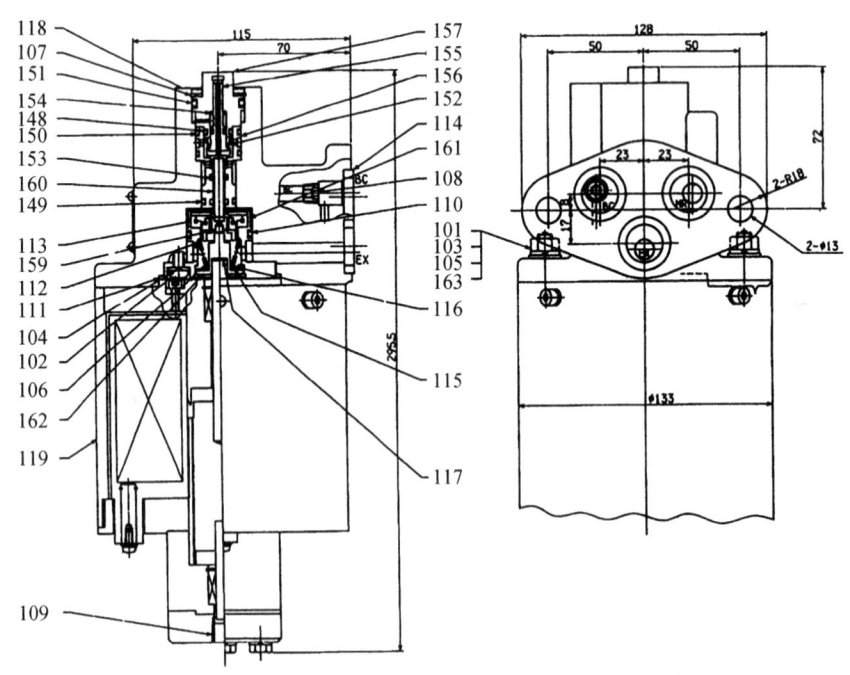

图 4.18 电空转换阀

令，从而控制中继阀的供、排气。通过空气压力能实现连续无级调控。该电空转换阀主要由电磁线圈、铁芯、供气阀和排气阀等构成。代表指令的电流通过电磁线圈时，产生磁场，继而铁芯动作，通过顶杆打开供气阀，总风通过供气阀形成控制压力空气，此为制动状态。同时，压力空气通过缩孔到达电空转换阀的膜板室，形成与铁芯相反的作用力。当空气压力与铁芯顶开供气阀的作用力平衡时，供气阀自动关闭，形成保压状态。如若减小指令电流，电磁线圈产生的磁场减弱，铁芯顶力减少，膜板随铁芯移动，排气阀口打开，控制压力经排气口排出，形成缓解状态。

由此可见，通过电磁线圈中的电流大小可以控制空气压力的大小，即可以任意设定控制压力。

电空转换阀的主要参数是：最高使用压力为 880 kPa；最高输出压力为 685 kPa；输入电流为 0~650 mA；线圈电阻为 26.6 Ω。

2. 中继阀

CRH2 型动车组制动系统采用 FD-1 型中继阀，如图 4.19 所示。该阀体的上盖部装有供气阀部，由供气阀和供气阀弹簧构成。供气阀由供气阀弹簧压在阀体的供气阀座上，并接触阀体的底盖以及活塞的 3 个 O 形环，以支承供、排气阀杆。

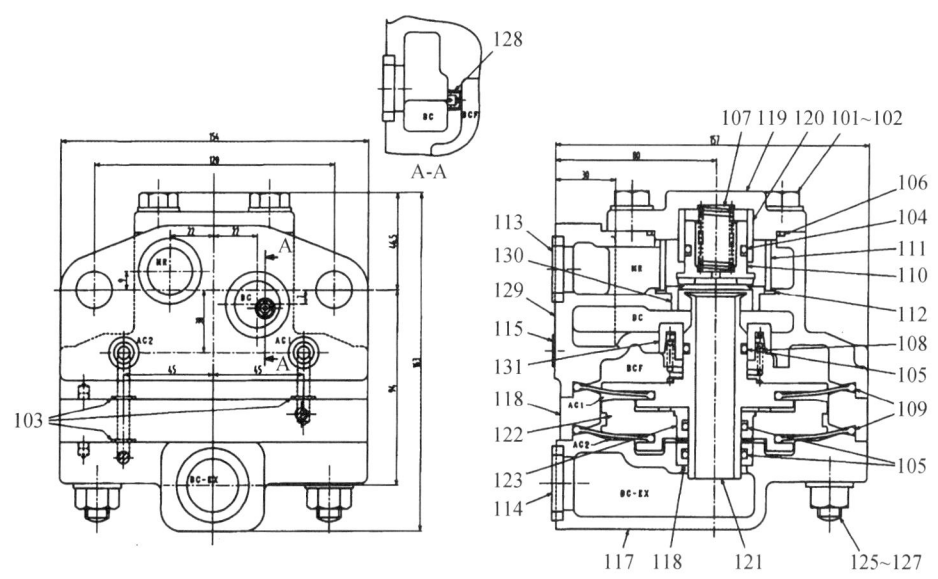

图 4.19 中继阀

上膜板上下分别为工作压力和供气阀提供的二次压力，下膜板上下为工作压力（AC1、AC2）。两个膜板的有效面积相同，具有高位优先功能。由于两侧存在压力差（工作压力，即高位优先压力和二次压力），使供、排气阀杆移动，从而实现供气阀的开关以及二次压力供给和排放。

3. 调压阀

CRH2 型动车组使用有 B10 型和 B11 型两种调压阀，如图 4.20 所示。

（1）B10 调压阀。大体上可分为供气阀部、排气阀部和调压阀部。供气阀和排气阀为完全平衡式。为提高灵敏度，采用尖端渐开的供气阀座、供气阀和弹簧。排气阀部也使用尖端渐开的供、排气阀杆和膜板，调压部由弹簧、弹簧托和调节螺杆构成。

（2）B11 调压阀。B11 调压阀是一种附带电磁阀的调压阀，它可通过电磁指令根据需要输出两种不同的定压。

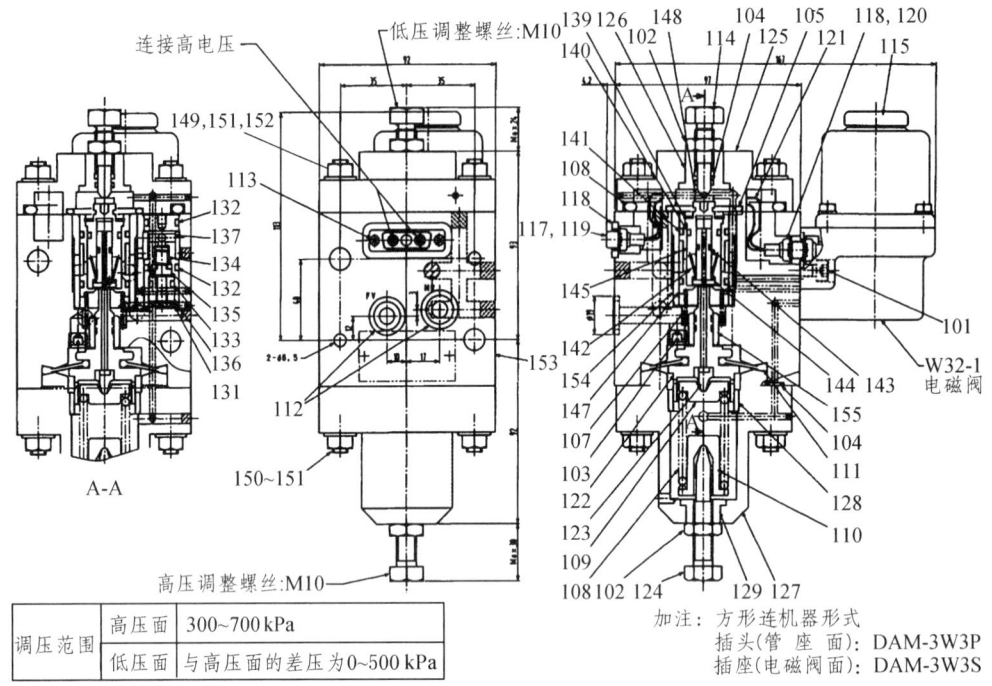

图 4.20 调压阀

对调压阀的压力进行调整时，先调整高压，再调整低压。调整方法如下：

（1）调整高压。

VM32 型电磁阀消磁后，放松高压调整螺丝用的固定螺母，旋转高压调整螺丝即可进行调整（升压：顺时针方向；降压：逆时针方向）。调好后，用紧固螺母紧固。

（2）调整低压。

VM32 型电磁阀励磁后，放松低压调整螺丝用的固定螺母，旋转高压调整螺丝，即可进行调整（升压：顺时针方向；降压：逆时针方向）。调好后，用紧固螺母紧固。

（3）调压范围。

高压：300～700 kPa。

低压：0～500 kPa（与高压的压差）。

4．增压缸

CRH2 型动车组采用 180-42×55 型增压缸，该增压缸由汽缸、油压部和 PC1S 压力控制阀（防滑阀部）构成，如图 4.21 所示。

（1）增压缸部。

从制动缸管经过制动控制装置的压力空气，再经 PC1S 压力控制阀进入汽缸，推动活塞，将活塞杆压入油缸。活塞杆上的油孔通过垫圈，油缸内的油液受压移动，直至油压达到平衡汽缸内的压力（约 18 倍）。油缸内的油液推开柱塞并进入盘形制动装置。此时，供给阀弹簧受到油的压力处于关闭状态。随着活塞的移动，行程标尺也逐渐伸出，在外部即可读取活塞的行程数值。

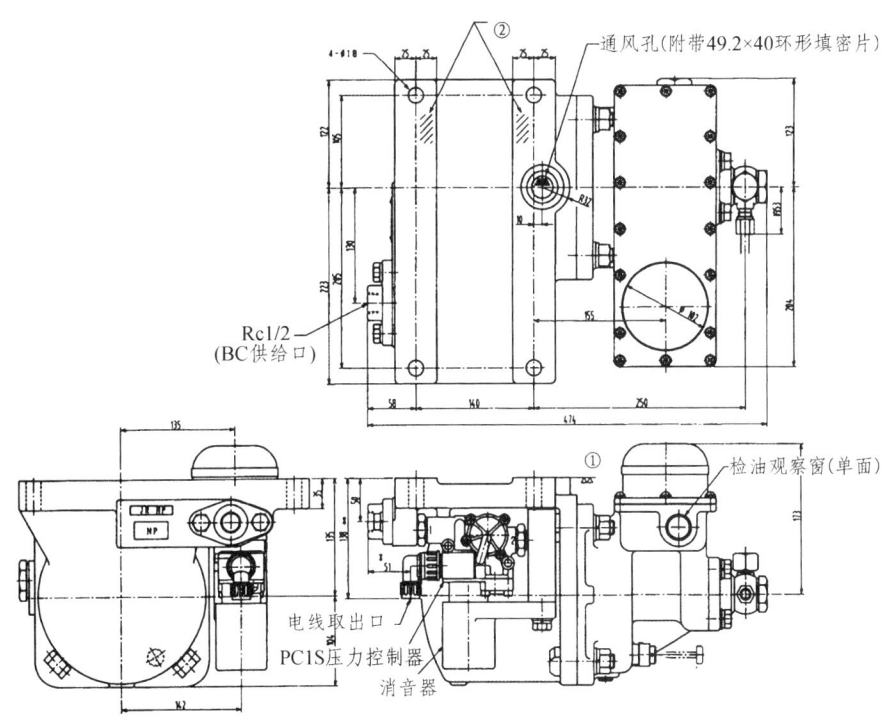

图 4.21 增压缸

①—装配对面的光洁度应施加▽▽加工；②—装配座面、螺栓孔、锪孔面应涂敷洗用涂料（1次）、黄色铬酸锌涂料（1次），无须涂敷面漆

当制动力减小时，活塞后退，同时，油缸内的活塞杆退回原位，缸内压力急剧下降，而盘形制动装置内的油压升高。当压力大于弹簧弹力时，止回阀座带着止回阀一起脱离接触面，油液由止回阀座周围流回油缸，直至与弹簧的弹力平衡。

当盘形制动装置内的油压与弹簧力平衡时，油液停止回流，止回阀也回到阀座上，盘形制动器内可保持约 49～98 kPa 的残压，以防从垫圈和接头等处的间隙漏气形成气泡。

若盘形制动装置发生回油延迟，或由于装置的调隙结构又动作，油缸活塞的 0 点偏移等原因，活塞杆后退，当油缸内的压力低于储油器内油压时，供给阀即打开且开始补油。

当制动作用完全消失时，油液经汽缸附近两个甩油垫之间的挡圈和活塞杆端部的油孔，回流到储油器。活塞退回到缓解位，弹簧动作使行程标尺上的压力消除并退回弹簧室。

（2）PC1S 压力控制阀（防滑阀部）。

① 无滑行时。

未接收到检测滑行器的信号时，保持阀、排气阀都在 OFF 位而处于制动状态。BC 压力空气进入 IN 口（进气口），并由 IN 口经排气阀面的电磁阀进入排气阀部的隔板背压室 d 而使排气阀部的隔板关闭，a 室压力空气靠自身压力推开保持阀部的隔板进入 OUT 口（排气孔），此时，BC 压力空气由 IN 口供至 OUT 口。

② 有滑行时。

a. 缓解作用。

接到缓解指令时保持阀、排气阀均励磁，处于缓解位。

保持阀励磁，截断 IN 口和 OUT 口，也截断 IN 口供给的 BC 压力；另一方面，排气阀励磁,通过OUT口和EX口,制动缸内的BC压力空气急剧排出。

b. 保压作用。

由于接收到保压指令,保持阀保持励磁状态,只有排气阀消磁,装置处于保压位。排气阀消磁就会截断OUT口和EX口,制动缸内的BC压力空气停止排放。另一方面,保持阀继续励磁,BC压力空气被截断而不会由IN口进入。因此,制动缸内的压力空气的量不变,再次施行制动时可迅速动作,且结构上不致过于降低制动缸的压力。

c. 制动作用。

接收制动指令后保持阀消磁,处于制动位。此时,制动缸的排气通路关闭,保持阀消磁时,BC压力空气流经IN口和OUT口,再从IN口供给到OUT口,同时,制动缸内的压力空气恢复发生滑行前的压力。

七、基础制动装置

CRH2型动车组基础制动装置的结构如图4.22所示(M车转向架用侧钳盘式制动器)。

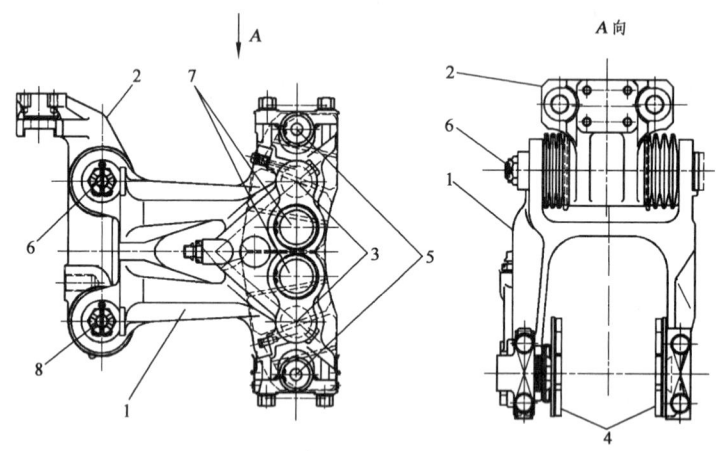

图4.22 M车转向架用侧钳盘式制动器

1—卡钳本体;2—安装座;3—液压制动缸;4—闸片;5—闸片托导柱;6—支持栓销(上);
7—闸瓦间隙自动调整装置;8—支持栓销(下)

盘形制动的基础制动装置分为M车转向架侧钳盘式制动器、T车转向架侧钳盘式制动器和T车转向架轴钳盘式制动器3种,但尽量实现部件的通用化,它们的制动缸缸径分别为45 mm、32 mm和32 mm。

(一)M车转向架用侧钳盘式制动器

(1)制动盘的外径为720 mm、组装厚度为133 mm(车轮宽度-2 mm),有效磨耗余量为2 mm。

(2)制动闸片为烧结合金制,但不含铅,平均摩擦系数不低于0.25,有效磨耗余量为6 mm。

(二)T车转向架用侧钳盘式制动器

(1)制动盘有效磨耗余量为5 mm,其余情况与M车转向架用侧钳盘式制动器情况相同。

（2）制动闸片的有效磨耗余量为 14 mm，其余与 M 车转向架用侧钳盘式制动器情况相同。

（三）T 车转向架用轴钳盘式制动器

（1）制动盘外径为 670 mm、组装厚度为 97 mm、有效磨耗余量为 5 mm。
（2）制动闸片与 T 车转向架用侧钳盘式制动器的情况完全相同。

八、电制动系统

电制动是在制动时将牵引电机转变为发电机，使列车的运动动能转化为电能的形式，主要有电阻制动和再生制动两种。

（一）CRH2 型动车组电制动系统组成

CRH2 型动车组电制动系统的组成与牵引系统一致，包括受电弓、牵引变压器、牵引变流器及牵引电机等部分。

（二）CRH2 型动车组电制动工作原理

CRH2 型动车组牵引电动机是三相异步感应式电动机，制动时通过电路转换而转变为发电机运行工况。列车的惯性运动驱动发电机工作，这时，发电机转子与定子之间的电磁力，形成列车的制动力。

第五节 CRH1 型动车组制动系统

CRH1 型动车组制动系统采用直通式电空制动空气和再生联合的复合制动。优先利用动力车的再生制动，并辅助拖车的空气制动，从而减轻列车摩擦制动的负荷，以实现安全、可靠、高效、低耗高速制动。该制动系统的制动方式转换由微机系统控制。当司机通过司机操控台上的控制器发出制动指令时，制动信号首先到达列车计算机系统。列车计算机系统根据列车速度、减速度要求及轮轨黏着状态等，确定动力制动及空气制动的功率及两者的分配。

CRH1 型动车组直通式电空制动系统由控制器、空气压缩机、干燥器、制动控制装置、制动缸及相关的电气和空气管路组成。制动系统工作原理如图 4.23 所示。

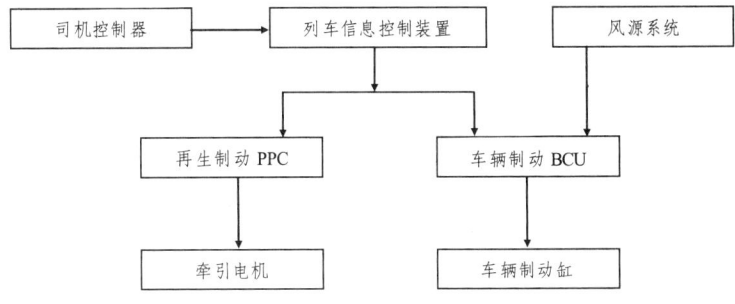

图 4.23 制动系统工作原理示意图

一、列车制动模式

1. 常用制动

常用制动是正常情况下对列车进行调速或停车的一种方法,采用再生动力制动和空气摩擦制动两种方式相结合,优先采用动力制动以减少制动磨损。常用制动可以通过以下方式实施:司机使用主控控制手柄、自动速度控制系统、ATP 系统、救援回送车辆。

主控 VCU 按照所需的制动力要求和车重进行制动计算,然后按照动力制动优先的原则将制动力在动力制动和摩擦制动之间分配。在动力制动力不足的情况下,由摩擦制动进行补偿。

2. 紧急制动

采用摩擦制动形式,在主控控制器的指令下也可使用动力制动。

从司机操控台有两种启动方式:由主控控制器手柄控制,可实施全部摩擦制动和动力制动;由于紧急停止按钮被按下,实施全部摩擦制动。

当乘客拉动紧急制动手柄时,列车启动常用制动。这时,紧急通话单元被启动,司机和乘客可以进行语音通话。司机可以取消这种制动,否则,动力制动将被抑制(以避免车轮损坏),保持完全摩擦制动。

当列车探测到与安全相关的情况并要求紧急制动时,无须司机或乘客操作,紧急制动就会被启动。有以下几种情况会导致这种制动:DSD、ATP、TC CCU 故障(停止继电器)、来自牵引车辆的指令(牵引面板压力开关)、主风缸压力低。这些情况的共同点在于它们都是通过继电器断开正常通电的紧急制动回路,这样就独立于计算机控制之外。紧急制动阀的供电被切断,除了车轮防滑保护(WSP)之外,还采用无电子控制的完全摩擦制动。

3. 停放制动和保持制动

停放制动是在所选用的制动盘上施加摩擦制动,可由司机操控台上的按钮实施控制。

如果主风缸的压力降至低于 380 kPa,停放制动会自动实施。这时,列车不能被驱动。如果是因为压力开关出现故障,可以使用司机室内机柜的开关进行超越控制。

只要列车处于静止状态,保持制动会自动实施。它采用摩擦制动,能保持列车停于高达 30‰ 的斜坡上。保持制动可由司机操控台上的按钮进行暂时抑制。

4. 防冰制动

在寒冷的冬季,通过摩擦制动力加热制动盘和制动闸片,以防止制动盘和制动闸片受冰雪影响而降低摩擦系数,为随时可能出现的制动作用做好准备。防冰制动时,每车施加 15 kN,保持 30 s,一个接一个依序进行。在此期间,IDU 会显示信息以提示司机。

二、制动系统组成及布置

制动系统的设备除牵引(救援回送)面板置于司机室内可以由司机操作和监控外,其他设备全部悬挂于车下。

1. 司机室内设备

司机室内在右手侧机柜的底部有牵引(救援回送)面板、司机操控台上有主控制器手柄和功能按钮、某些控制操作的 IDU 状态显示菜单等，如图 4.24 所示。

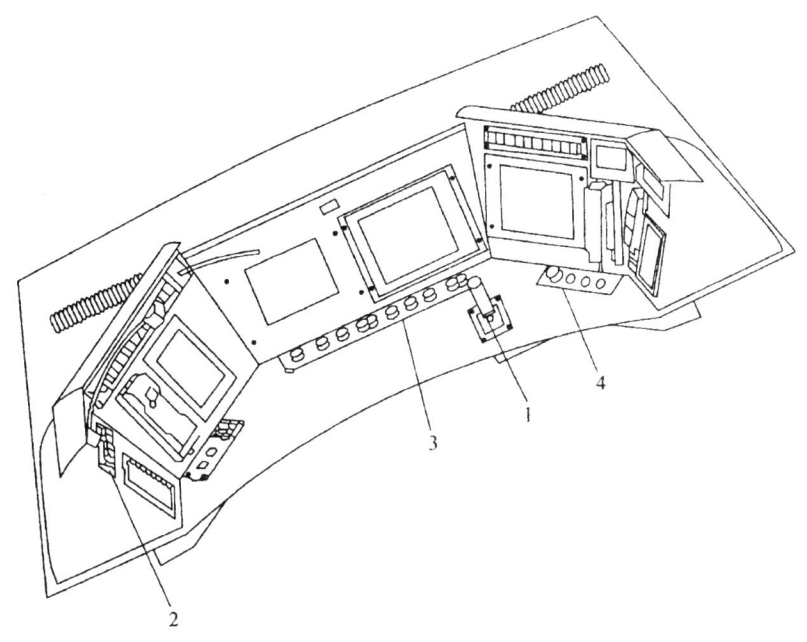

图 4.24 司机操控台上的制动设备

1—主控制器手柄；2—面板 B1，停放/保持制动按钮；3—面板 A1，乘客紧急制动显示灯；
4—面板 C2，紧急停车按钮

正常运行时，主控制器手柄从空挡向后为常用制动区，分为 7 个步幅，制动力逐步增加。动力制动和摩擦制动之间的制动力分配或转换，由 TCMS 计算机系统自动完成。将手柄拉过步幅 7 后即可实施紧急制动。主控制器手柄操控位置如图 4.25 所示；司机操控台上的按钮和指示器，如图 4.26 所示。

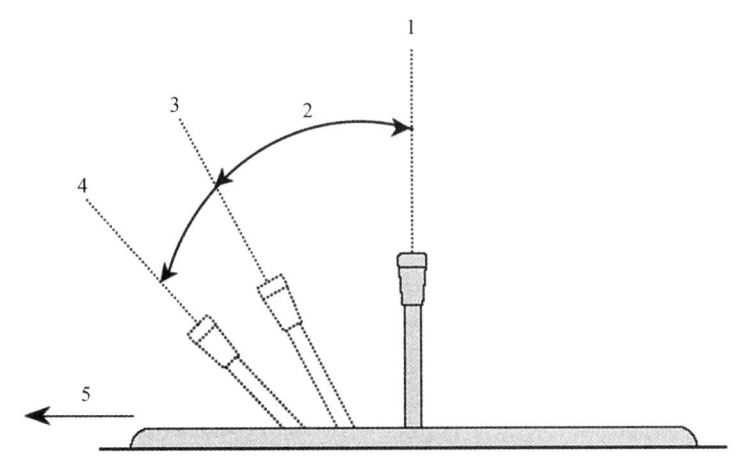

图 4.25 主控制器手柄位置

1—空挡（"0"）；2—7 个制动步幅；3—全部常用制动；
4—紧急制动；5—朝司机方向

211

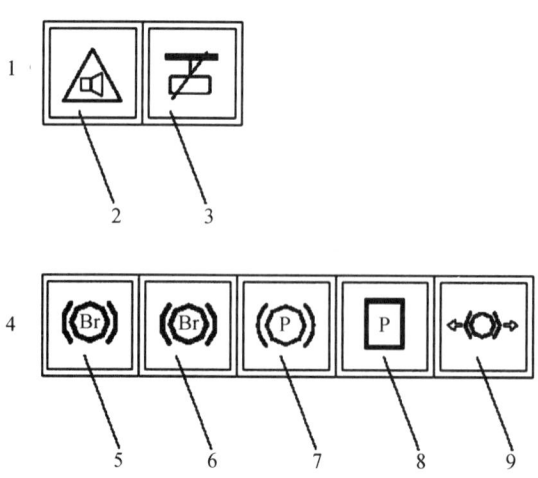

图 4.26 司机操控台制动按钮

1—A1 面板按钮；2—紧急通话；3—暂停乘客紧急制动；4—B1 面板按钮；5—启动制动测试；
6—制动测试指示灯；7—启动停放制动；8—停放模式被启动（指示灯）；9—保持制动暂停

2. 底架设备

每车都有一个制动模块，悬挂于车辆底架上。制动模块是一个模块化单元，包括制动计算机、安装于面板上的电空控制设备和一个储风缸。

制动计算机执行本地控制，列车级的控制由 TCMS 系统执行。电空控制设备将计算机指令转换成气压信号，对制动设备进行控制，CRH1 型动力组制动系统控制设备分布如图 4.27 所示。

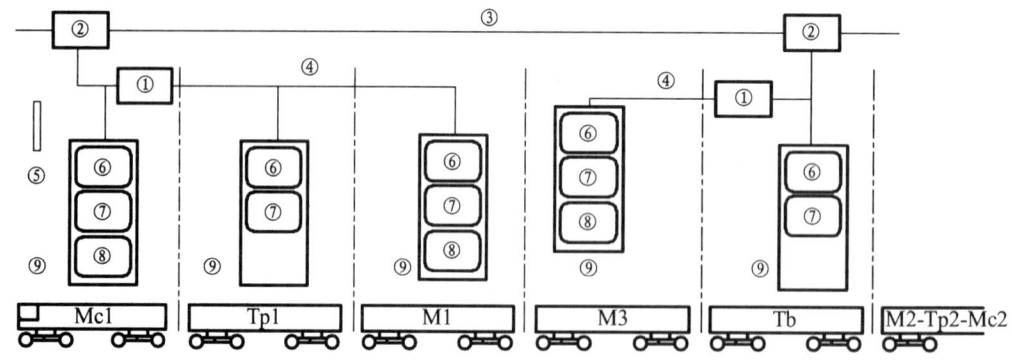

图 4.27 制动系统控制设备

1—TC CCU（TCMS 系统）；2—GW（TCMS 系统）；3—WTB 通信总线；4—MVB 通信总线；5—牵引面板；
6—制动计算机；7—制动面板；8—停放制动面板；9—制动模块

3. 转向架设备

转向架设备中包括摩擦制动单元、制动盘和速度传感器。

盘形制动装置有两种形式，一个不带停放制动，另一个带有弹簧停放制动。盘形制动装置通过制动缸控制制动钳夹紧力，从而控制摩擦制动力的大小。

摩擦常用制动由气压控制，而停放制动则由弹簧启动，由气压缓解，因此一旦气压缺失，就存在安全危险。动力常用制动是采用将牵引电机作为发电机的方式实现的。

速度传感器用于给制动计算机的车轮防滑控制系统提供车轮旋转输入信号。

第六节　CRH380A 型动车组制动系统

一、概要

车辆的制动是采用再生制动的电气指令式空气制动装置。6M2T 的编组构成中对 T 车使用全机械制动方式，基础制动 M 车、T 车均采用气动卡钳盘式制动装置。

另外，为降低闸瓦磨损可进行延迟控制。延迟控制是指制动力优先让 M 车（再生制动）负担，降低 T 车自车的制动力的方式。本列车将 2M1T 或单独 M 车（4 或 5 号车）作为控制单位进行延迟控制。

再生制动和空气制动的切换根据电空协调控制，由制动控制器判断所需要的制动力，当再生制动力不足时，用空气制动来进行补足。另外，为了使被机车救援成为可能，T1、T2 车上装载了能把救援机车 BP 管的 BP 压力指令转换成电气指令的救援转换装置。

二、制动功能类别

制动功能类别有常用、快速、紧急、辅助以及耐雪制动功能。

（1）常用制动力分为 1~7 N，进行延迟控制。延迟时，将 M 车产生的多余制动力从 T 车上减去，为编组确保必要的制动力。另外，具备随载荷变化调整制动力的功能，无论车辆的质量如何，都可保持一定减速度的控制。

（2）快速制动在手动制动操作或 ATP 指令动作时实施。

（3）紧急制动是在列车分离、MR 压力下降、手柄"拔出位"动作。紧急制动不具备随载荷变化调整制动力的功能。

（4）辅助制动是为在制动控制器不良、制动指令线断线、救援等使用目的而设的。通过操作驾驶台的设定开关以及各个单元（T 车）的配电盘开关来进行工作，制动力保持一定，与速度无关，和常用、快速制动不同。因为制动控制器（BCU）还对电动空气压缩机、开闭车门速度等进行控制，即便是在使用辅助制动时，制动控制装置的电源也不能切断。

（5）耐雪制动是为了防止降雪时制动盘和闸瓦之间进雪，轻轻压紧闸瓦，以封闭闸片和制动盘之间的间隙为目的而装备的。在速度 110 km/h 以下，耐雪制动是通过操作耐雪制动开关和司机制动控制器手柄来运行的。BC 压力设定在（60±20）kPa，通过制动控制器的开关操作可进行设定值的变更。

三、制动控制装置

（一）制动的类别

制动控制装置是制动控制器、空气制动相关阀门以及储气缸的组合单元，整体悬挂在车辆地板下面。根据制动类别常用制动、快速制动、紧急制动和耐雪制动,进行不同的控制。

1. 常用、快速制动控制

常用、快速制动控制装置上内置的制动控制器,接受光传输以及指令线所发的常用制动或快速制动指令,根据运算速度、空气弹簧压力、再生制动力等各项因素,算出必要的空气制动力后以电流控制方法来输出必要的空气制动力。从制动控制器上的电流输出到 EPLA 电空变换阀后,被变换成空气压力,然后供给到 FD-1 中继阀的上面膜板室。在 FD-1 中继阀放大容量后,将压力空气供给增压气缸。

2. 紧急制动控制

常时加压的紧急制动指令线在无加压时,VM32-2 立即发出动作而把 B11 调压阀的压力供给于 FD-1 中继阀下面的膜板室,FD-1 在中继阀放大容量后,将压力空气供给到增压气缸。

B11 调压阀有两级控制区域,分别是速度超过 250 km/h 的高速区域和 250 km/h 以下的低速区域。在高速区域,压力切换指令线加压,装配在 B11 调压阀的 VM32-2 电磁阀动作输出低压;在低速区域压力切换指令线不加压,B11 调压阀将输出高压。

3. 耐雪制动控制

制动控制器接收到耐雪制动指令后,在判断制动条件和速度条件的基础上,用电流控制方式输出封闭闸片和圆盘之间空隙所需的空气压力。采用与常用、快速制动相同的空气控制,将压力空气供给增压气缸。

(二)辅助制动装置

本装置是在指令系统机器不能使用时,或因某种故障引起通常的制动系统不能使用时使用。制动指令是电气指令式的,辅助制动也是根据电压的电气指令式。

(三)主要构成

1. 制动控制器

本装置是安装在制动控制装置内,采用微处理器进行数据演算处理。将从司机室所发来的制动指令,经过中央处理装置和传输终端,通过光缆接收后,根据各车辆的载荷信号和速度信息运算出所要的制动力,进行电制动及空气制动的控制。另外,还与再生制动的协调控制,采用部分负担 T 车制动力的延迟控制方式。延迟控制是指对于 T 车所需制动力的一部分或者全部以 M 车的再生制动力来负担,负担不了的部分由空气制动来补足的控制。

此外,还具有滑行控制功能。对于空气制动的滑行,通过滑行控制阀来控制各轴的动作。对电制动的滑行,由电制动模式进行滑行轴的重新黏着控制。本装置还跟传输终端之间互相进行信息的传输,能实时输出各种控制数据。

2. EPLA 电空变换阀

本阀也属于控制阀的一种,其作用是把制动控制器所发来的电流指令变换为空气压力,而控制向中继阀供给、排气的工作压力。该阀能实现连续且无级地控制空气压力。

本阀由电磁铁部和供气、排气部构成。电磁铁线圈接通时，产生吸引力放开供气阀，供给压力空气。同时，压力空气返回到电空变换阀的膜板室，当压力与电磁阀的吸引力平衡时会关闭供气阀。因此，能以通过电磁铁线圈电流的大小来控制电磁阀吸合力的大小，即可以任意设定空气压力。

3. FD-1 中继（转）阀

FD-1 中继阀的作用是根据 EPLA 电空变换阀所发来的预控制压力来控制制动缸（或增压缸）的空气压力，使其与 EPLA 电空变换阀所发来的预控制压力相等。

当 EPLA 电空变换阀所发来的预控制压力升高时，供排气阀杆上移打开供气阀。一次压力空气（供风风缸压缩空气）经供气阀和阀体的供气阀开口后充入制动缸，使其压力升高。当预控制压力降低时供排气阀柱下移，制动缸压力空气经供排气阀内的通路排大气，风压降低。当制动缸压力与 EPLA 电空变换阀所发来的预控制压力相等时，各个阀口关闭，制动缸保压。FD-1 中继阀实际就起了一个流量放大的作用。

4. B10B 压力调整阀

调压阀也称减压阀，是通过调节将进口压力减至某一需要的出口压力，并使出口压力自动保持稳定的阀门。

供气刚开始时，调整弹簧顶开供气阀杆使供气阀打开，风源的压力空气经供排气阀杆与供气阀座的间隙，向出口侧供气，直到空气压力与调整弹簧的弹簧力平衡。如果因任何原因使出口侧压力降低，供排气阀杆顶开供气阀，补充压力空气直至压力重新达到平衡。当二次压力过高时，膜板上部压力升高，膜板压力压缩弹簧，压力空气经供排气阀杆中间的通路排大气而进行使其压力降低，直至与弹簧力相平衡为止。

5. B11 压力调整阀

B11 调压阀是一种附带电磁阀的调压阀，它可通过电磁指令根据需要输出两种不同的定压。

① 高压输出功能：VM32 型电磁阀消磁后其阀箱被压下在最低位置，输出侧的压力保持在高位。

② 低压输出功能：VM32 型电磁阀励磁后处于排气状态，阀箱被阀箱弹簧压下，直至碰到低压调整螺丝，这时输出侧的压力保持在低位。

小 结

本章主要介绍了列车制动力获取的基本方法、高速列车对制动的基本要求以及高速列车的制动措施，详细介绍了一种典型的克诺尔直通式电空制动机的结构及工作原理、CRH2 型动车组采用的微机控制直通式电空制动系统的组成、控制原理和各组成阀的工作过程，并简单介绍了 CRH1 型动车组制动系统的制动模式、组成及制动设备布置，以及 CRH380A 型动车组制动系统基本结构、类型及原理。学习本章的目的在于掌握以 CRH2 型动车组制动系统为代表的直通式电空制动系统的组成和工作原理，对高速列车制动及相关技术有初步的认识。

思考与练习题

1. 什么是制动？从能量的角度如何理解列车制动过程？
2. 与一般的列车制动比较，高速列车制动有何不同？
3. 适用于高速列车的制动方式有哪些？
4. 什么是复合制动？为什么要采用复合制动？采用复合制动应当具备哪些条件？
5. 什么是空气制动机、电空制动机、直通式电空制动机？
6. 简述克诺尔直通式电空制动机的基本组成及工作原理。
7. 简述 CRH2 型动车组制动系统的组成、基本工作过程。
8. CRH2 型动车组有哪些制动模式？其作用是什么？
9. CRH2 型动车组制动控制单元中，电空转换阀、中继阀的作用是什么？它们是如何工作的？
10. 如何对 CRH2 型动车组制动控制单元中的调压阀进行压力调整？
11. 简述 CRH1 型动车组制动系统的基本组成及设备布置情况。
12. CRH1 型动车组有哪些制动模式？其作用是什么？
13. 简述 CRH1 型动车组制动系统工作原理。
14. 说一说你对高速动车组制动系统的认识。
15. 查找相关资料，对国内动车组的制动系统进行对比。

第五章 动车组连接装置

本章在讨论动车组连接装置的三大组成部分——车钩、缓冲器及风挡的基本作用、性能要求、结构组成及原理的基础上，较为详细地介绍了 CRH1 型和 CRH2 型动车组连接装置的功能、结构特点，操作使用方法与注意事项。体现了理论与实践的结合，突出了现场岗位的技能需要。

动车组连接装置通常包括车钩缓冲装置、电气与风管连接器及风挡装置等。

一、动车组对车钩的性能要求

车钩缓冲装置是动车组最基本的也是最重要的部件之一，它是用来连接各车辆使之彼此保持一定的距离，并且传递和缓和动车组在运行过程中及在调车过程中产生的纵向力及冲击力。

1. 间　隙

目前世界各国的动产组普遍采用密接式车钩，使两车钩连接面的纵向间隙小于 2 mm，上下、左右偏移也很小，这为提高列车的运行平稳性和电气线路、风管路的自动对接提供了保证。

2. 载　荷

车钩缓冲装置在列车中起传递纵向力的作用，应具有足够的强度和刚度。高速列车对零部件的安全可靠性要求更高：动力集中式动车组车钩的压缩载荷要求不小于 1 500 kN，拉伸载荷要求不小于 1 000 kN；动力分散式动车组车钩的压缩载荷及拉伸载荷都要求不小于 1 000 kN。

3. 自动摘挂与定位

高速列车为了保证列车的密封性能普遍采用密封式风挡，并为了减小列车运行阻力将封住车体下部；同时高速客车的密接式风挡等附件占用了车端的有限空间，也为风管、电器连接系统的安装和连挂带来不方便。因此，密接式钩缓装置必须实现自动连挂和分解，手动功能仅限于在自动功能失灵的特殊情况下使用；电器和风管的自动连接或手动整体连接要求车钩有自导向入位功能，且入位后各接头之间的相对位置要比较准确。

二、动车组对缓冲器性能的要求

缓冲器的作用是用来缓和列车在运行中由于启动、制动及调车作业时车辆相互碰撞而引起的纵向冲击和振动。缓冲器有耗散车辆之间冲击和振动的功能，从而减轻其对车体结构的破坏作用，提高列车运行的平稳性。决定缓冲器特性的主要参数是：缓冲器的行程、最大作用力、容量、初压力及能量吸收率等。

1. 行　程

缓冲器受力后产生的最大变形量称为行程。此时弹性元件处于全压缩状态，即使再加大外力,变形量也不再增加。缓冲器的行程不应太小,如行程太小,则速度变化率(加速度)太大,就近似于没有缓冲器。但缓冲器的行程也不能太大,行程太大则可能会影响的列车的纵向动力学性能。通常车钩缓冲器的行程为数十毫米到 100 mm 之间。

2. **最大作用力**

缓冲器产生最大变形量时所对应的作用外力。缓冲器最大作用力要比车体容许的载荷要小,否则当发生超限载荷时,车体将发生永久变形而损坏。动车组的缓冲器最大作用力通常为 600~800 kN。

3. **容 量**

缓冲器在全压缩过程中,作用力在其行程上所做的功的总和称为容量,它是衡量缓冲器能量大小的主要指标。如果容量太小,则当冲击力较大时就会使缓冲器全压缩而导致车辆刚性冲击。

国际上较为通用的缓冲器容量选择方法是根据两辆车之间相互冲击的速度和质量大小来计算容量,设有总重为 w_1 和 w_2 的车辆,各以 v_1 和 v_2 的速度运动(设 $v_1 > v_2$),如果两个相互冲击的车辆装设同型缓冲器,其容量为 E,再令冲击速度 $v = v_1 - v_2$,可得每个缓冲器容量 E 的计算公式为:

$$E = \frac{1}{4g} \frac{w_1 w_2}{w_1 + w_2} v^2 \tag{5.1}$$

由于动力集中式动车组车辆间采用密接式车钩或铰接结构连接,其车辆彼此间无相对运动,这样,相互连挂的车辆就成为一个质量很大的刚性车组,要达到足够大的连挂速度就要安装容量较高的缓冲器。如法国 TGV 铰接式高速列车,为保证连挂速度 8 km/h,装用了容量为 58 kJ 和 62.5 kJ 的弹性胶泥缓冲器。对于动力分散式动车组,由于连挂速度较易控制,分解连挂的次数也相对较少,连挂速度也小些,缓冲器的容量就可低些。如上海地铁列车以 2 动 1 拖为 1 车组,车辆连挂速度为 5 km/h,采用容量为 11.8 kJ 的环弹簧缓冲器。

4. **能量吸收率**

为缓冲器在全压缩过程中,有一部分能量被阻尼所消耗,其所消耗部分的能量与缓冲器容量之比称之为能量吸收率。吸收率越大,则表明缓冲器吸收冲击能量的能力越大,反冲作用就愈小,否则缓冲器必须往复工作几次方能将冲击能量消耗尽,这将导致车钩、车底架过早疲劳损伤,并加剧列车纵向冲动。一般要求能量吸收率不低于 70%。

5. **初压力**

初压力即缓冲器的静预压力,它的大小将影响列车启动加速度。缓冲器在满足容量要求的前提下,应尽量减少初压力。日本国铁通过研究,设计了初压力为零的缓冲器,大大改善了旅客列车运行时的舒适度。

三、动车组对风挡的要求

为了防止风沙及雨水侵入车内及运行时便于旅客和乘务人员安全地在两车辆间通行,需要在车辆两端墙外设置一可弯折的柔性通道,该通道称为风挡装置。一般来讲,风挡必须保证安全,具有良好的纵向伸缩性和垂向、横向的柔性,以适应车辆运行中振动和安全通过曲线和道岔的需要。但对于动车组而言，仅满足上述要求是不够的，动车组的风挡还需要做到：

（1）风挡的空气阻力应尽量小，要做到车辆连接处的平整光滑，以减少列车运行的空气阻力。

（2）要有足够的强度。为了适应车外气压波的急剧变化，要满足气动载荷下的强度要求。德国规定气动载荷为 3 900～5 500 Pa，日本规定为 7 500 Pa。

（3）车辆运行中数个自由度的运动使得风挡始终处于变形之中，因此要求动车组风挡装置具有较高的抗弯曲性能。

（4）风挡的隔声性能要好。这也是保证车内舒适性的要求。德国规定风挡的隔声至少在 40 dB 以上。当列车以 250 km/h 的速度通过隧道时，车内风挡处的噪声不允许超过 75 dB。

（5）动车组高速运行时，进出隧道过程中会在车内引起气压的波动。如波动过大、波动速率过高，则会引起车内乘客耳内压力失衡，产生不舒适感觉。因此，要求车内压力变化最大值≤1 000 Pa，压力变化率≤200 Pa/s。动车组要采取密封措施，以保证车内的舒适性。

（6）此外，为了防火，风挡所用的非金属材料阻燃性要好。在紧急情况下风挡还应能自动分解开。

第一节　密接式车钩的组成与作用原理

一、欧洲密接式车钩的组成与作用原理

欧洲的密接式车钩缓冲装置主要有德国的沙库（Schafenberg）公司（已被福伊特公司收购）、瑞典丹纳（Dellner）公司、德国的 BSI-COMPACT 公司等的产品。其中以沙库公司的密接式车钩缓冲装置最具代表性，沙库（Schartenberg）公司的连挂装置占据着欧洲同类商品 90% 的市场。瑞典丹纳公司的密接式车钩缓冲装置结构与沙库公司的密接式车钩缓冲装置非常接近，差异十分微小。

1. 沙库自动密接式车钩缓冲装置

此装置主要由钩头、含小容量缓冲器的车钩钩体、电力连接器、风管连接器、尾部橡胶弹簧活节（缓冲器）、中心调整装置机构及钩头电加热装置和能够吸收较大冲击能量的金属压溃管（含与钩体之中）等部件组成，其结构如图 5.1 所示，主要技术性能指标见表 5.1。

沙库公司为高速列车开发了形式齐全的、系列化的车钩缓冲装置，其中包括用于各列车单元之间的自动密接式车钩缓冲装置，用于各列车单元内部的半永久式车钩缓冲装置，及用于列车（动车组）前端的可伸缩密接式车钩缓冲装置。

钩头机械连接部分如图 5.2（a）所示，它由壳体 1、钩舌 2、中心轴 3、钩锁连接杆 4、钩锁弹簧 5、钩舌定位杆 6 及弹簧 7、定位杆顶块 8 及弹簧 9 和解钩风缸 10 等组成。壳体的前部，一半为凸锥体，一半为凹锥孔，两钩连挂时相邻车钩的凸锥体和凹锥孔互相插入；中心轴上固定有钩舌，钩舌绕中心轴转动可带动钩锁连接杆动作；钩舌呈不规则几何形状，设有供连接时定位和供解钩时解钩风缸活塞杆作用的凸舌，以及钩锁连接杆的定位槽、钩嘴等，是车钩实现动作的关键零件；钩锁连接杆在钩锁弹簧拉力作用下使车钩连接可靠；钩舌定位杆上设有两个定位凸缘，使钩舌定位在待挂或解钩状态；定位杆顶块可以在连接时顶动钩舌定位杆实现两钩的闭锁。

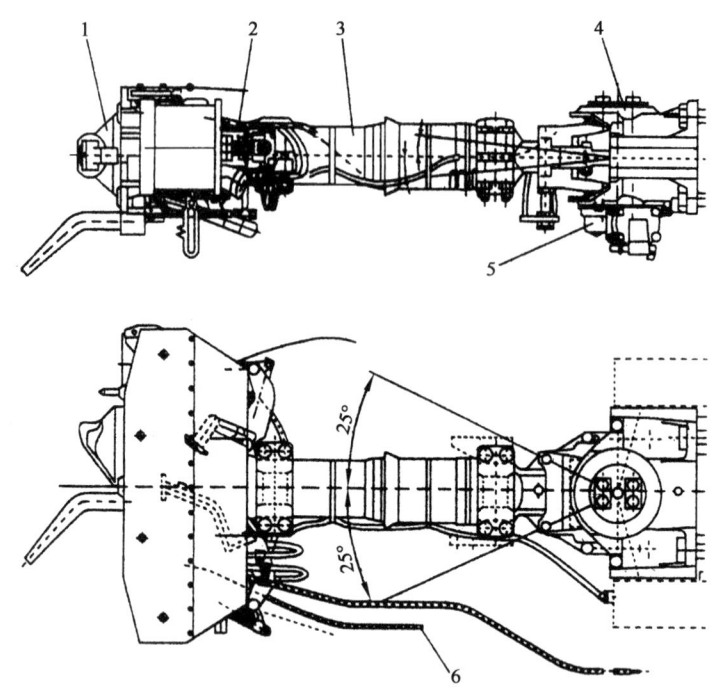

图 5.1 沙库自动密接式车钩缓冲装置

1—钩头；2—电力连接器及风管连接器；3—车钩钩体与缓冲器；4—尾部缓冲器；
5—中心调整装置；6—加热器电源线

表 5.1 沙库车钩缓冲装置主要技术参数

项 目	车钩形式		
	自动密接式车钩缓冲装置	半永久式车钩缓冲装置	可伸缩密接式车钩缓冲装置
传递最大拉伸载荷/kN	1 000	1 000	1 000
传递最大压缩载荷/kN	1 500 可升级至 2 200	1 500 可升级至 2200	1 500 可升级至 2 200
缓冲器容量/kJ	17～22	16	16
初压力/kN	—	—	—
阻抗力/kN	680±10	850	850
橡胶弹性弹簧活节行程/mm	40/55 拉伸/压缩	—	—
金属环簧缓冲器行程/mm	—	62	62
能量吸收率/(%)	65	60	60
金属压溃管吸能容量/kJ	486		486
金属压溃管能量吸收率/(%)	100		100
允许最大水平不对中连挂范围/mm	370		370
允许最大垂向不对中连挂范围/mm	140		140
最大水平转角/°	25	20	25
最大垂向转角/°	6	6	6
电力连接器座电流	1 mA～800 A	—	1 mA～800 A
电力连接器座电压	1 mV～3 000 V	—	1 mV～3 000 V
电力连接器座同轴接触器电阻/Ω	50/75		
连挂间隙/mm	≤0.5	—	≤0.5
整体质量/kg	552	—	—

该自动车钩有待挂、闭锁和解钩三种状态，其作用原理如图 5.2 所示。

（1）待挂状态：为车钩连接前的准备状态。此时钩舌定位杆被固定在待挂位置，钩锁弹簧处于最大拉伸状态，钩锁连接杆退缩至凸锥体内，钩舌上的钩嘴对着钩头正前方。

（2）闭锁状态：相邻两钩的凸锥体伸入对方的凹锥孔并推动定位杆顶块，定位杆顶块摆动迫使钩舌定位杆离开待挂位置。这时钩锁弹簧的回复力使钩舌作逆时针转动，并带动钩锁连接杆伸进相邻车钩钩舌的钩嘴，完成两钩的连接闭锁。这时两钩的钩锁连接杆和钩舌形成平行四边形连杆机构，当车钩受牵拉时，拉力由两钩的钩锁连接杆均匀分担，使钩舌始终处于锁紧状态，当车钩受冲击时，压力通过两车钩壳体凸缘传递。

（3）解钩状态：司机操纵按钮，控制电磁阀使解钩风缸充气，风缸活塞杆推动钩舌顺时针转动，使两钩的钩锁连接杆脱开对方钩舌的钩嘴，同时使钩锁连接杆克服钩锁弹簧的拉力缩入钩头锥体内，这时定位杆顶块控制钩舌定位杆使钩舌处于解钩状态。两钩分离后，解钩风缸排气，定位杆顶块由于弹簧作用复位，钩舌回至待挂位，车钩又恢复到待挂状态。

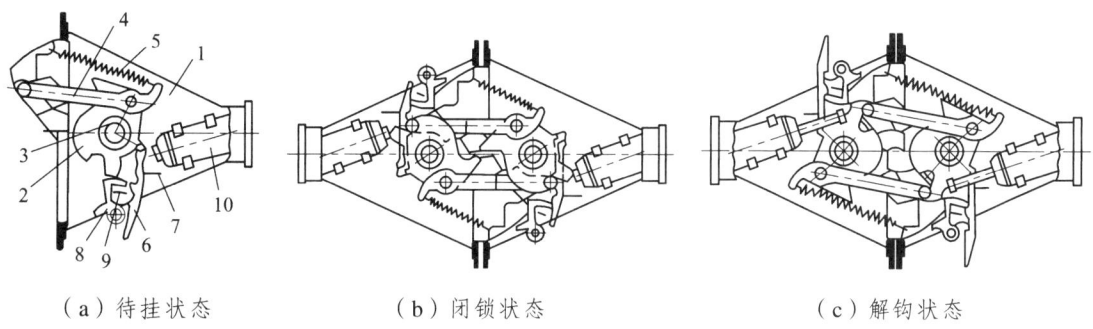

（a）待挂状态　　　　　（b）闭锁状态　　　　　（c）解钩状态

图 5.2　沙库自动密接式车钩缓冲装置连挂原理图

1—壳体；2—钩舌；3—中心轴；4—钩锁连杆；5—钩锁弹簧；6—钩舌定位杆；7—钩舌定位杆弹簧；
8—定位杆顶块；9—定位杆顶块弹簧；10—解钩风缸

2. BSI-COMPACT 型密接式车钩

德国制造的 BSI-COMPACT 型密接式车钩在欧洲、巴西等许多国家的地铁、轻轨车辆和城郊列车上应用广泛。这种车钩钩头的壳体设有凸锥体和凹锥孔，在凸锥的内侧面配备有用于车钩机械连接的锁栓，锁栓由高强度钢制成，置于钩头前端的套筒中，利用弹簧使其保持正常位置。在凸锥体的外侧设有解钩杠杆，它与气动的（或液压的）解钩控制装置相连接，其结构如图 5.3 所示。钩头也被用来作为空气管路连接器和电气连接箱的支承体。

这种车钩也有待挂、闭锁和开锁三个位置，其作用原理如图 5.4 所示。

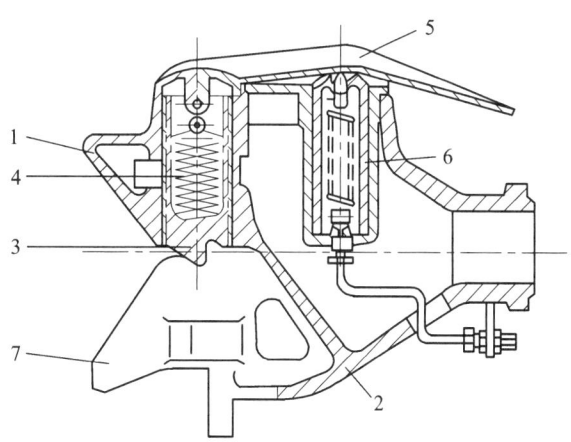

图 5.3　BSI-COMPACT 型密接式车钩

1—凸锥体；2—凹锥孔；3—锁栓；4—锁栓定位弹簧；
5—解钩杠杆；6—解钩风缸；7—导向杆

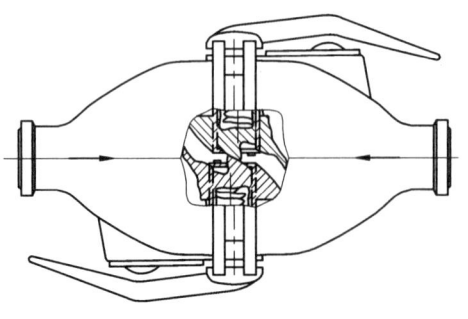
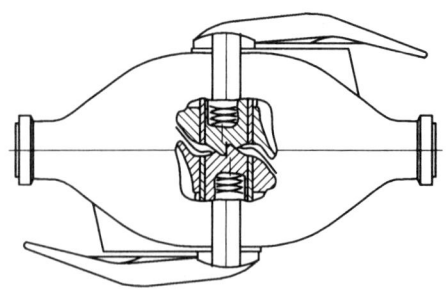

(a)密接式车钩连挂前状态　　　　　　（b)密接式车钩锁闭后状态

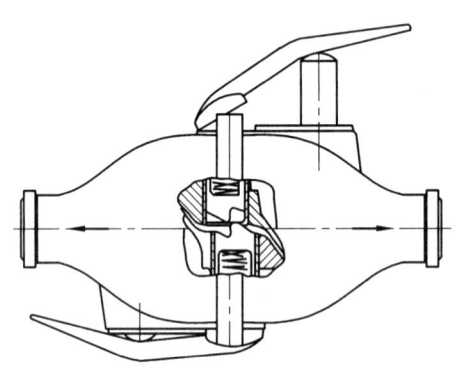

(c)密接式车钩解钩状态

图 5.4　BSI-COMPACT 型密接式车钩连挂原理图

当两钩连挂时，两钩的锁栓侧面相互挤压，压缩各自的定位弹簧，直至两锁栓的鼻子彼此咬合，弹簧回复原位，达到两钩连挂闭锁。欲将两连挂的车钩分解，需操纵电磁阀，使解钩风缸充气，风缸活塞顶起解钩杠杆，将一个钩的锁栓回拉到与另一个钩的锁栓能够脱开为止；也可同时操纵两个钩的解钩风缸，使两钩的锁栓同时动作，彼此脱开；还可用人工扳动解钩杠杆，使两钩分解。

二、日本密接式车钩的组成与作用原理

1929 年，柴田卫氏（设计普通车钩的柴田兵卫氏之弟）提出了密接式车钩的设计方案，并于 1931 年完成了研制和现车试验，1932 年开始在新造电动车上全面采用。之后陆续在各区段运用，至 1938 年，大部分电动车基本都采用了密接式车钩。由于密接式车钩是柴田家族人设计的，故密接式车钩也称柴田密接式车钩，近代柴田密接式车钩如图 5.5 所示。

该型车钩由钩头、钩舌、解钩风缸、钩身、钩尾等部分组成。钩头为带一平面的凸圆锥体，侧面是带有凹孔的钩身。两钩连挂时，凸锥插进对方相应的凹锥孔中，此时凸锥的内侧面在前进中推压对方的钩舌使其转动。解钩风缸的弹簧受压缩，钩舌旋转，当两钩连接面接触后，凸锥的内侧面已不再压迫对方的钩舌，由于弹簧的作用，使钩舌向相反方向旋转恢复到原来的状态，此时处于闭锁位置，完成两车连挂。

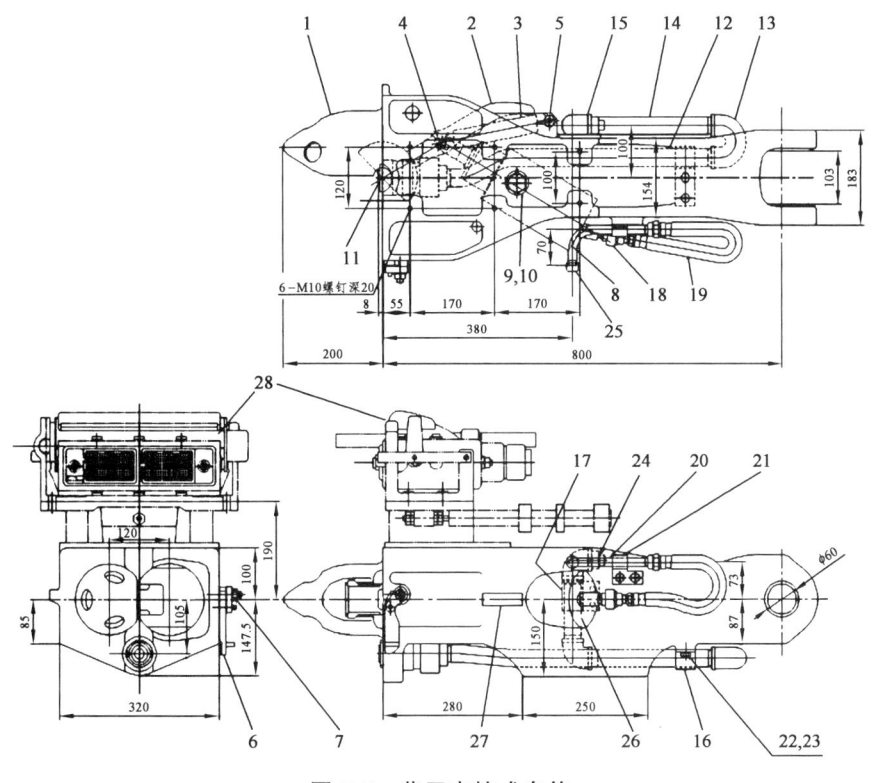

图 5.5 柴田密接式车钩

1—车钩体；2—手动解钩杆；3—锁弹簧；4—锁弹簧安装销（前）；5—锁弹簧安装销（后）；6—连接锁钥匙；
7—连接锁钥匙安装螺钉；8—释放气缸；9—螺栓（上部用）；10—螺栓（下部用）；11—空气连接装置；
12—空气主管（前）；13—回流弯管；14—空气主管（后）；15—弯头；16、17、21—管座；18—管接头；
19—空气软管；20—空气管；22—螺栓；23—弹簧垫；24—气管插头；25—气管盖；
26—空气主管；27—铭牌；28—端部电气连接器

分解时，由司机操纵解钩阀，压缩空气由总风管进入本车的解钩风缸，同时经解钩风管连接器将压缩空气送入相连挂的另一辆车的解钩风缸，活塞杆向前推并带动解钩杆，使钩舌转动至开锁位置，两钩即可解开。当采用手动解钩时，只要用人力推动解钩杆，使钩舌转动至开锁位置，即可实现两钩的分解。

密接式车钩及缓冲器的主要性能参数：拉伸载荷为 1 600 kN；压缩载荷为 3 100 kN；车钩中心线高为 985～1 010 mm；车辆间车钩的高度差在 20 mm 以内。

第二节 缓冲器的组成与作用原理

目前在动车组上应用比较广泛的缓冲器有橡胶缓冲器、空气缓冲器及液压缓冲器（气-液缓冲装置）、弹性橡胶泥缓冲器等。

一、橡胶缓冲装置

由于橡胶具有较好的弹性，因此在很多需要缓冲减振的场合都可以看到它的身影。橡胶缓冲器根据其作用原理不同又分为平面拉压型缓冲器和剪切型缓冲器。平面拉压型缓冲器由多片橡胶板和金属基板粘接而成，金属基板可提供安装基础及在缓冲过程中起散热作用。该种缓冲器的缓冲作用主要是通过压缩或拉伸橡胶板，让橡胶板内的橡胶分子互相摩擦生热而消耗能量。平面拉压型橡胶缓冲器的结构如图 5.6 所示。

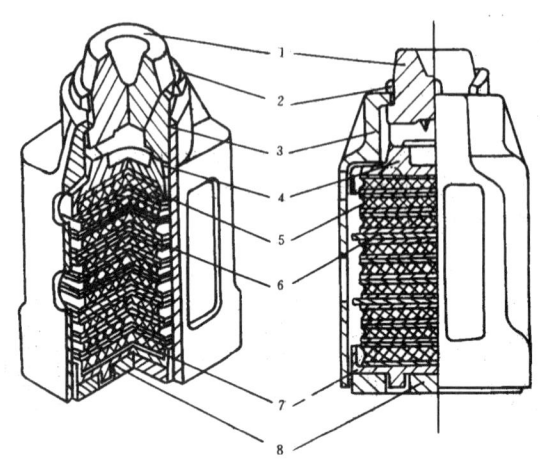

图 5.6　橡胶缓冲器

1—压头；2—楔块；3—箱体；4—顶隔板；5—橡胶片；6—中隔板；7—底隔板；8—底板

橡胶以压缩或拉伸方式施力时，其变形量不大，而以剪切方式施力时，则变形量较纯压缩或拉伸时为大。这样就有了剪切型橡胶缓冲器。这种橡胶缓冲器的作用原理不同于传统的橡胶缓冲器，它不是依靠橡胶片之间的挤压过程吸收能量，而是依靠壳体内部的几块橡胶的剪切变形过程吸收能量。橡胶的可压缩性较小，但是其剪切位移却可以做到相对较大。同时，橡胶块的剪切变形是双向的，因此剪切型橡胶缓冲器也是一种复式（双作用式）缓冲器。理论上剪切型橡胶缓冲器初压力为 0，这样就可以很好地吸收车辆之间数量较多且作用时间短暂的纵向冲动，大大提高乘坐的舒适性。

图 5.7 所示为缓冲器受到纵向压力时其内部橡胶发生剪切变形从而吸收能量的 2 个状态。图 5.7（a）为缓冲器受到的纵向压力为 0 的状态，图 5.7（b）为缓冲器受到纵向压力而处于极限位置的状态。缓冲器内部的缓冲橡胶是主要的吸能元件。缓冲器受到外部的作用力时，其内部的拉杆与壳体之间就会发生纵向相对位移，缓冲橡胶就会随之发生剪切变形从而吸收能量，缓冲橡胶与壳体的三维示意图如图 5.8 所示。车钩缓冲装置受拉或受压时，缓冲橡胶就发生剪切变形，在变形的过程中，缓冲橡胶将系统的机械能转换为热能消化掉，以此达到吸收冲击能量的目的。

　　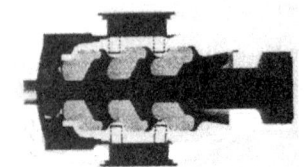

（a）缓冲器受到纵向压力为 0 时的状态　　（b）缓冲器受到纵向压力处于极限位置时的状态

图 5.7　缓冲器受到纵向压力时内部橡胶的状态

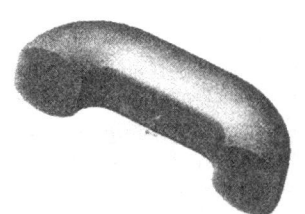 

图 5.8　缓冲橡胶与壳体的三维示意图

二、液压缓冲装置

国外还有采用液体来吸收冲击能量的液压式缓冲器，它主要用于客车或装运易碎货物的专用货车。液压缓冲器的工作原理如图 5.9 所示，在外力作用下，活塞向右移动，压缩弹簧，并将活塞右侧空腔的液体经溢流孔压入活塞的左侧空腔。控制溢流孔、截面面积的大小，即可保证缓冲器达到所要求的特性曲线。

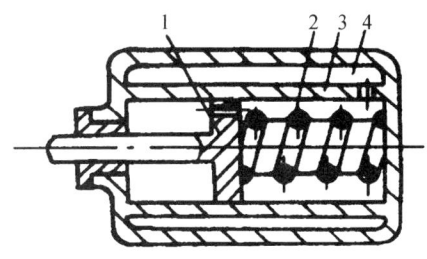

图 5.9　液体缓冲装置工作原理图

1—活塞；2—弹簧；3—缸体；4—空腔

图 5.10 所示为一种液压缓冲器的结构。液压缓冲器在受冲击时，阻抗力的大小决定于活塞运动的速度、溢流孔的截面尺寸和所采用液体的黏度，当冲击速度越大，缓冲器的阻抗力也随之增大，容量也就越大。所以，其挠力特性曲线形状较为合理，这是液压缓冲器的一大优点。但是，当缓冲器受到缓慢的压缩时，即相当于列车平缓地起动或爬坡时，缓冲器几乎没有受到液体阻力而被压缩，阻抗力显得太小。当液压缓冲器中的圆弹簧刚度较小时，在接连不断地受到冲击时，缓冲器几乎不起缓冲作用，这是液压缓冲器的一个主要缺点。

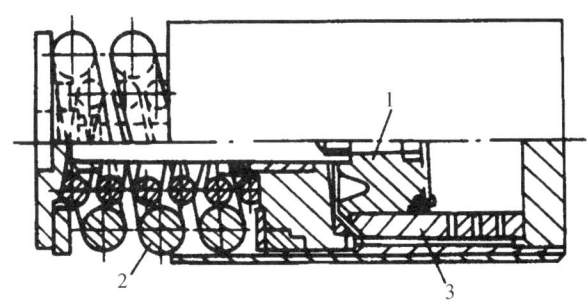

图 5.10　液压缓冲器结构图

1—活塞；2—圆弹簧；3—缸体

三、弹性胶泥缓冲装置

弹性胶泥缓冲器是近年来欧洲新开发的一种新型缓冲器，已在法国、德国、波兰的高速列车、客车和货车上应用成功，现已被纳入 UIC 标准（UIC526-1，UIC526-3）。这种缓冲器取用一种未经硫化的有机硅化合物,称弹性胶泥作为介质,它具有弹性、可压缩性和可流动性,其物理化学性能在 −50°C ~ 250°C 范围内具有较高的稳定性,且抗老化、无臭、无毒,对环境无污染。它具有固体和液体两种属性的特征,其动黏度比普通液压油大几十至几百倍,且可据需要改变配方予以调节,因此在液压缓冲器中十分困难的密封问题在这里变得极为简单。

弹性胶泥缓冲器的基本工作理论是:将弹性胶泥材料装进一个能够承受一定压力的缓冲器活塞缸体内,根据实际应用的需要增加一定的预压缩力,当弹性胶泥缓冲器活塞柱受到一定的压力(静压力或冲击力)时,活塞利用活塞缸内节流孔或节流间隙以及弹性胶泥材料本身体积被压缩后反作用力产生一定的阻抗力。当弹性胶泥材料受到的预压缩力越大和活塞的运动速度越快,则产生的阻抗力也越大,这有利于提高缓冲器在大冲击下的容量。当缓冲器的活塞被压缩后,缓冲器体内的弹性胶泥处于压缩状态。作用在活塞柱上外力撤消后,弹性胶泥的体积则会自行产生膨胀,将活塞推回到原始位置,在这个过程中弹性胶泥材料以较慢的速度通过节流孔或节流间隙流回原位,这样就实现了缓冲器的回程运作。

弹性胶泥缓冲器的工作原理为:在充满弹性胶泥材料的缓冲器体内,设有带环形间隙(或节流孔)的活塞。当活塞杆受到冲击力时,弹性胶泥材料受压缩产生阻抗力,并通过环形间隙(或节流孔)的节流作用和胶泥材料的压缩变形吸收冲击能量。由于胶泥材料的特性,冲击力越大,缓冲器的容量也随之增大。当活塞杆上的压力撤除后,弹性胶泥体积膨胀或利用加设的复原弹簧使活塞回到原位,这时胶泥材料通过环形间隙流回原位。其结构工作原理如图 5.11 所示。

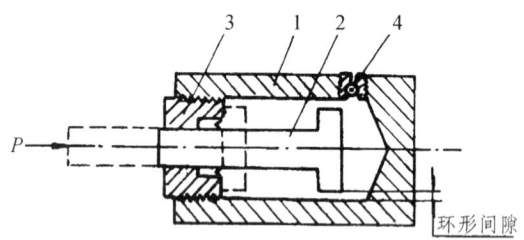

图 5.11 胶泥缓冲器结构工作原理图

1—缓冲器壳体;2—活塞与活塞杆;3—带密封盖;4—充料阀

这种缓冲器的力-位移特性曲线呈凸形(见图 5.12),弹性胶泥缓冲器同普通缓冲器性能比较而言,主要有如下优点:容量大、阻抗力小、体积小、质量轻、检修间隔周期长,它兼有液压缓冲器和橡胶缓冲器两者的优点,同时克服了液压缓冲器制造比较复杂、密封困难和橡胶缓冲器吸收率低等缺点。这种缓冲器由于具有其他传统缓冲器不可比拟的高技术性能,迅速得到了推广,已经在世界上十几个国家中得到应用,并保持着良好的发展势头,UIC 标准已做出规定,参加国际联运的欧洲国家的客车均需装用弹性胶泥缓冲器。

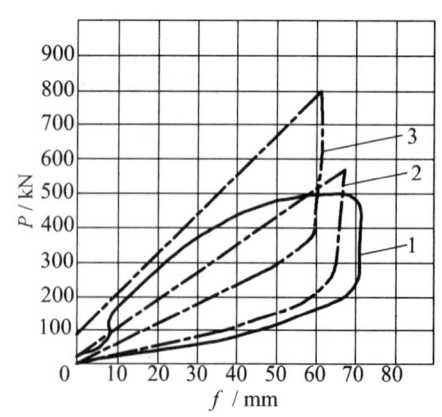

图 5.12 缓冲器力-位移 (P-f) 特性曲线

1—胶泥缓冲器;2—1 号缓冲器;3—G1 型缓冲器

第三节 风挡的主要形式与性能特点

一、滑动式风挡

滑动风挡是把车钩装置全部包容在内的双波纹结构，如图 5.13 所示。此种结构类似于铁风挡，风挡的外端连接面为滑动面，利用弹簧的压力保持滑动面连挂后的持续压紧。其滑动面的宽度应确保车辆间发生横向位移时不产生错位缝隙。渡板固定在车的端墙上，可向上翻起。

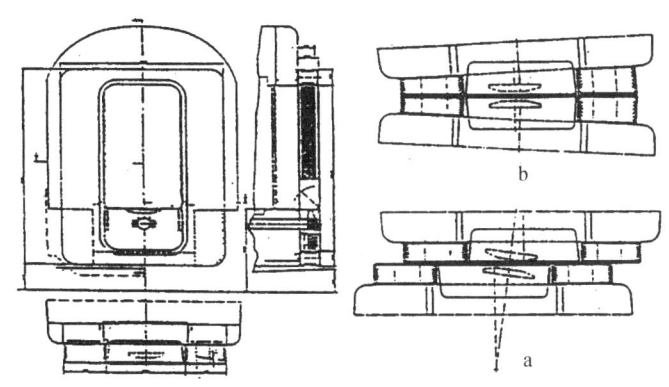

图 5.13 滑动风挡

二、双层波纹风挡

双层波纹风挡具有良好的压力密封、耐压强度和隔声性能。内外层波纹件在折叠时反方向对着。两车端墙面之间距离为 700 mm。风挡周边封闭，在运行中通道内的 1100 mm 净宽几乎不变。渡板采用铰接栅搭板，可防止在曲线运行时出现缝隙。在车端外形轮廓处设有弹性护板，以缩小车辆端墙之间的间隙，从外观上避免了两车间的凹深，从而达到减小运行空气阻力，且保证车辆在曲线线路上运行灵活的目的。

双波纹风挡又分为整体结构和分体结构，如图 5.14 和图 5.15 所示。按卷帘原理设有内侧衬板，并且还设有下挡板用来覆盖渡板和衬板之间的缝隙。

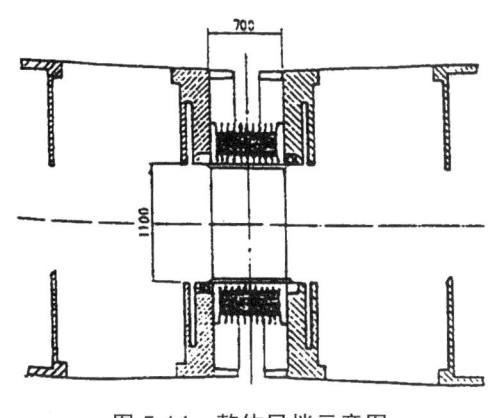

图 5.14 整体风挡示意图

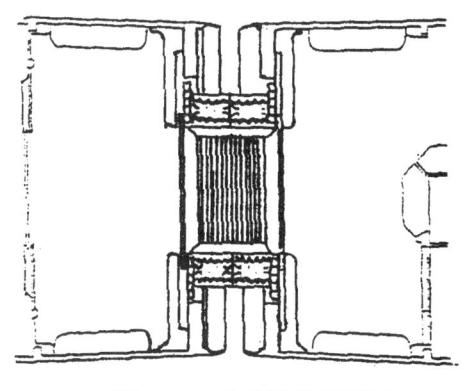

图 5.15 分体风挡示意图

分体式双层波纹风挡在车辆连挂时，一辆车的凸锥销插入另一辆车的凹锥穴内，以保证两风挡对中，与此同时一辆车的连接挂钩与另一辆车的连接带连挂起来，使接触面密封。

三、全波纹气密封风挡

全波纹气密风挡具有良好的伸缩性、气密性和水密性，由金属框、安装框（金属）、全波纹密封件和外罩等组成，如图 5.16 所示。牵引装置在风挡下部，车端侧墙处设有挡板。全波纹密封件一端与安装框压缘处连接，另一端与金属框压缘处连接，安装框安装在车体端墙的支座上。金属框的一侧设有暗销，另一侧设有暗穴，以便在两车连挂时保证两金属框对中、金属框两侧有连接紧固件施加密封。

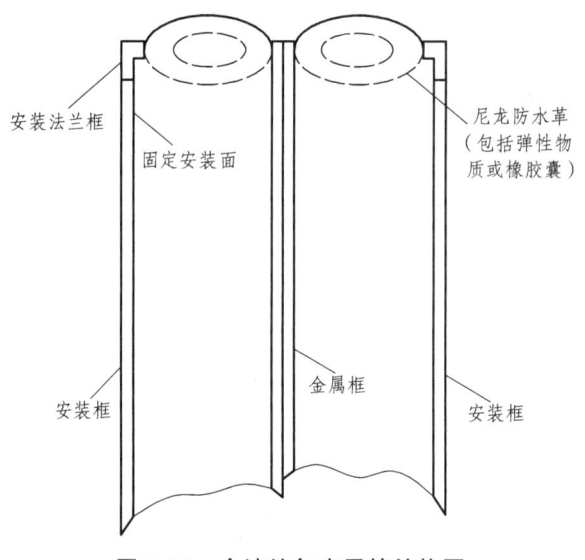

图 5.16　全波纹气密风挡结构图

第四节　CRH1 型动车组连接装置

CRH1 型动车组采用沙库（Schartenberg）10 号车钩系统，该系统主要用于铁路干线车辆和重型地铁车辆的连挂。

一、SCHARFENBERG®自动车钩

1. 功　能

SCHARFENBERG®自动车钩可以实现铁路车辆自动连挂，不需手动协助。其在存在横向和垂向偏移角度的情况下，仍可以完成车钩的自动连挂，可使列车通过垂向和横向曲线并允许车辆做侧滚运动。此型车钩除完成机械连挂外，还完成电路和空气管路的连接。车钩钩身带有一个气压控制的缩回装置，可以使车钩在解钩状态下缩回 350 mm，空气管路连接也可以自动连挂完成。车钩解钩可以通过司机室远距离控制或者通过轨道侧的手动方式完成。

车辆解编后，车钩重新恢复到待连挂状态。车钩头连接面和电动车钩上带有加热器，可以防止低温期连挂操作过程中因为冰雪的存在而发生故障。

2. 机械钩头

机械钩头和钩锁铁可确保两节车厢的机械连挂。

3. 解钩装置

解钩装置可以使钩锁铁松开。解钩可以通过司机室远程控制或轨道侧手动完成。

4. 制动管的空气管路连接（见图5.17）

制动管（制动管路）的空气管路连接设置在车钩连接面上并安装在罩壳内。接头的接口件（包括插口和垫片）突出车钩连接面约 8 mm，在连挂时被压到配合车钩的接口件上，保证了气密性。还有一个止挡弹簧防止接口件掉落。

空气管路接头配有一个由钩锁铁控制的阀门。阀门保证制动管在连挂和解钩时的自动开关。在车钩断开的情况下，制动管路保持打开状态，启动自动停车动作。

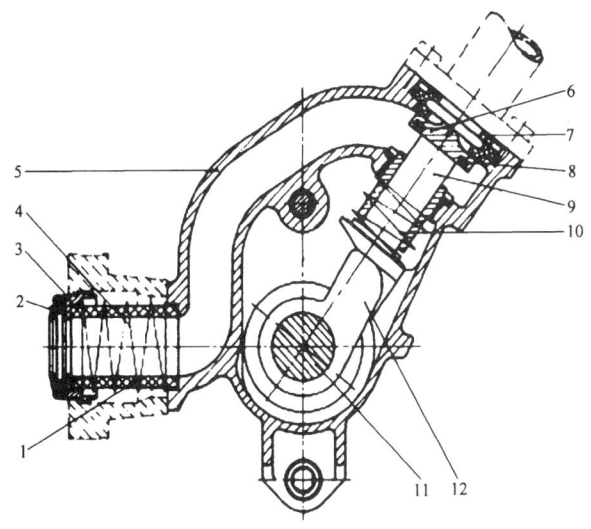

（a）车钩待连挂状态

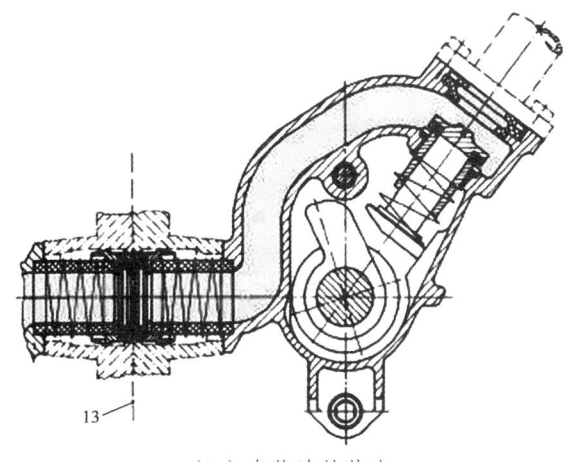

（b）车钩连挂状态

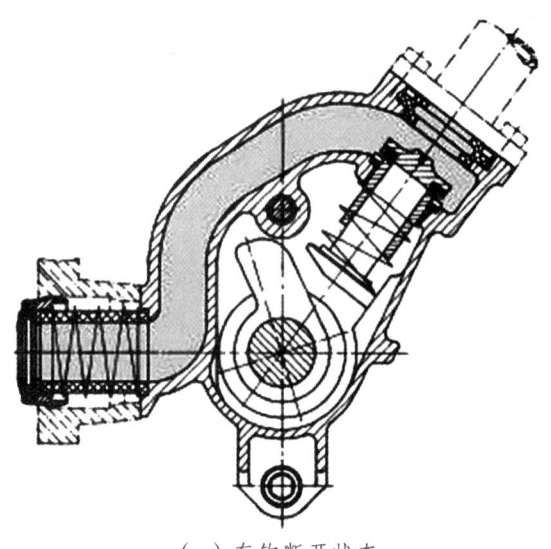

(c)车钩断开状态

图 5.17　制动管路的空气管路连接（待连挂状态）

1—内衬管；2—接口密封件；3—止挡；4—止挡弹簧；5—制动空气管道；6—阀门；7—密封件；
8—阀门锁卡；9—阀门连接杆；10—压缩弹簧；11—钩舌中心轴销；12—钩舌（钩爪盘）；
13—连挂状态时制动管路的空气管路的密封结合面

5. 主风缸管、空气管路和解钩管连接

主风缸管路和解钩管路的空气管路连接设置在车钩连接面并安装在一个腔室内。接头的接口件突出车钩连接面约 8 mm，在连挂时被压到配合车钩的接口件上，保证了气密性。并有一个止挡弹簧防止接口件掉落。

主风缸管的空气管路连接配有一个压力阀确保车钩解钩时 MP 管处于关闭状态。连挂时，配合车钩的簧压阀门推杆保证 MP 管路处于开放状态。解钩管的空气管路连接只有在解钩时才导入空气，所以不需要压力阀门，但是包括一个压缩弹簧。

6. 电气钩头控制机构

电气钩头控制机构位于车钩头的后部，包括一个杠杆系统和一个汽缸。这个操作机构可以使电气钩头前后移动。

电气钩头控制机构的传动动作由汽缸（压缩气源来自主风缸管）活塞控制。气源由定向阀控制，电气钩头的连接总是在机械连挂程序之后完成，反之亦然，这样就可以避免对电动触点的损坏。

电气钩头可以进行独立手动隔离，无需松开机械和气动连接。电气钩头移动时，位于机械钩头凹锥一侧的球形塞门必须关闭，这样就可以把电气钩头手动推回到收起位置。

7. 车钩钩身

车钩钩身用来连接车钩头和车体底架。车钩钩身包括中空橡胶弹簧。车钩钩身上配有一个气动伸缩装置（由一个锁闭装置固定在对应的车钩钩身端部位置），在车钩解钩时可以将车钩缩回 350 mm。

中空橡胶弹簧吸收由冲击和驱动误差产生的载荷，每个中空橡胶弹簧最大可以吸收 45 mm 的载荷。增加载荷通过车钩传递到车体底架上，直至剪切元件动作，车钩缩回底架。

中空橡胶弹簧将车钩保持在中线位置上并且使车钩钩身在列车通过曲线轨道之后重新回到轴对称位置。

8. 电气钩头
电气钩头通过不同的接触方式将列车配线连接起来。

（1）电缆和接线柱：连接电气钩头罩的电缆是防水防变形电缆。电缆引线通过接线柱连接到插座接点和插头接点上，可从前部更换触点。

（2）通风和排水：电气钩头封罩配有排水塞，可以排放冷凝水。塞口也用于封罩的通风。

（3）触点保护：电动车钩配有一个保护盖，保护盖在电气钩头前后移动时自动开闭。当车钩处于连挂状态时，电气钩头紧密压缩，以确保恒定的接触压力。当处于连挂状态时，一个附着在绝缘块四周的橡胶框使电气钩头连挂时处于密封状态，可以防止水或者灰尘进入，保护触头不受外部环境的影响。

（4）对中：电气钩头封罩配有对中元件，连挂时可以帮助电气钩头对中。

9. 解钩管路与空气管路连接
解钩管路通过一个铜管连接到对应的空气管路上。空气管路通过旋转螺栓和管接头连到空气管路接头和机械钩头上。

10. 主风缸管和制动管路的空气管路接头配件
这些部件软管用螺钉固定在空气管路接头阀门的后部，用来将接头接到车体空气管路上。

11. 垂向支撑
簧压支撑位于车钩钩身的下面，将车钩保持在水平位置上。

12. 车钩控制、电动和气动部件
车钩控制机构包括电气钩头操作机构、解钩装置、车钩钩身的伸展和收回、前盖板的移动、车钩状态指示信号（"机械连挂状态"）、车钩钩身状态位置指示（"展开状态""收回状态""锁闭状态""解锁状态"）以及盖板的位置和状态（"开放状态""关闭状态""锁闭状态"）。

13. 卡环连接
车钩钩身通过分离卡环连接到机械钩头上。卡环连接包括两个套筒，下方的套筒配有一个漏水孔。

两个套筒由 4 个六角头螺栓和螺母连接，螺母下面由锁闭垫圈紧固，如图 5.18 所示。

14. 接地电缆
接地电缆接到车钩上，接受电流并旁路非导电部件。

接地电缆位于车钩头和车钩钩身之间，及车钩钩身和车体之间，接地线为直径 50 mm 的电缆。

15. 机械钩头形状和连挂范围
（1）机械钩头形状：车钩连接面配有凸锥和凹锥（见图 5.19），可以在车钩连挂时保证车钩的接合和对中，最小连挂速度要求为 0.6 km/h。

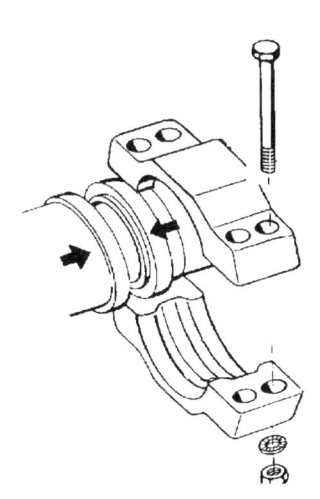

图 5.18 套筒连接图

连挂时，钩锁铁可以提供牢固、无间隙的机械、气动和电动连接。

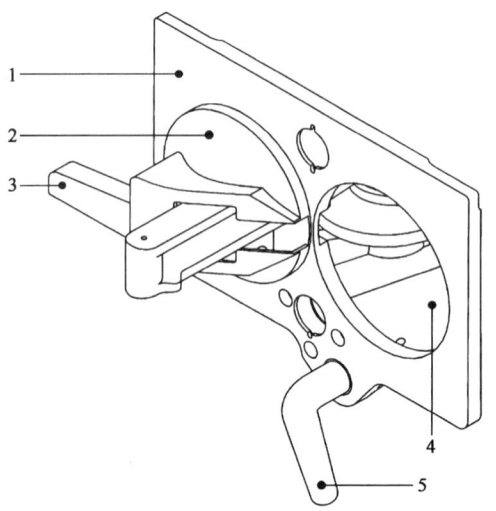

图 5.19 机械钩头形状

1—前连合面；2—凸锥；3—导向面；4—凹锥；5—导向角臂（杆）

（2）连挂范围：图 5.20 描述了车钩头的连挂范围，自动连挂可以在阴影所示范围内完成，该连挂范围适用于在直轨上的连挂。在曲线轨道上连挂时，连挂范围减小。安装在车钩头接面上的导向角增加了车钩的连挂范围。

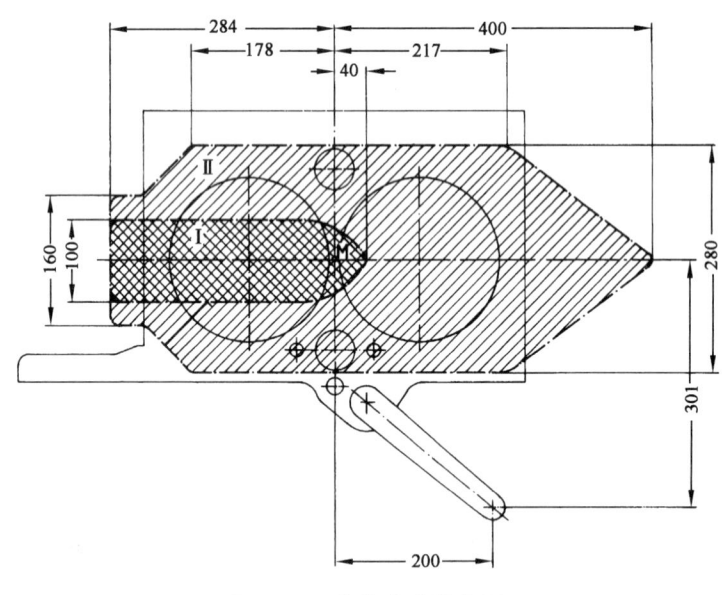

图 5.20 车钩头连挂范围

二、SCHARFENBERG®半永久性车钩

1. 功 能

设计 SCHARFENBERG®半永久性车钩的目的是确保列车车辆在行使过程中始终连挂为一

个车组，其只在紧急情况下或者进行维修时解钩。车钩采用易分离式连接卡环连接，确保连挂牢固可靠无间隙。车钩可使车辆通过垂向和横向轨道曲线并可使车辆做侧滚运动。车钩缓冲装置确保有效的缓冲冲击功能。当车钩连挂时，空气管路连接自动完成，而车钩解钩只能手动完成。

车钩钩身设有能量吸收装置，当超出规定的冲击载荷（如在严重冲击或碰撞情况下）时可以起到吸收能量的作用。这一装置包括一个预加载伸缩管和一个推杆。推杆压入至伸缩管并将其扩张，将冲击能量转换成形变能量。另外，还安装了一套中空橡胶弹簧，可用于小冲击能量的吸收。

SCHARFENBERG®半永久性车钩由总风缸管路 MRP 和解钩管路 UP 之间的空气管路连接、车钩钩身、附件、支架、连接套筒、接地电缆、横向减振器（液压减振器）等部件组成。

2. 空气管路连接

空气管路的连接位于车钩下面。空气管路接口突出车钩面约 9 mm，在连挂时压到对应车钩的接口上，以保证空气管路连接的密封性。由于只在空气管路连接完成后才导入空气，所以设计中不包含阀门。

3. 带减振器的车钩钩身

车钩钩身用于连接车钩头和车体底架，它包括 2 个减振装置、1 个形变管和 1 套中空橡胶弹簧。

（1）连接：前端部配有一个钩环，可通过易分离式连接卡环连接半永久性车钩。后端部配有中空橡胶环，上面设有一块安装板，用螺栓将其固定在车体底架上。

（2）能量吸收：能量吸收分两个步骤。冲程低于 1 500 kN 的能量由中空橡胶环处理，橡胶环特性曲线图 5.21 所示。第二个能量吸收装置可在超出规定冲击载荷时吸收能量（如严重冲击和碰撞时），此装置包括 1 个预加载伸缩管和 1 个推杆。将推杆压入并扩张伸缩管，可将冲击能量转换为变形能量。任何超出减振器吸收能力的冲击能量都被转移到车体底架上。

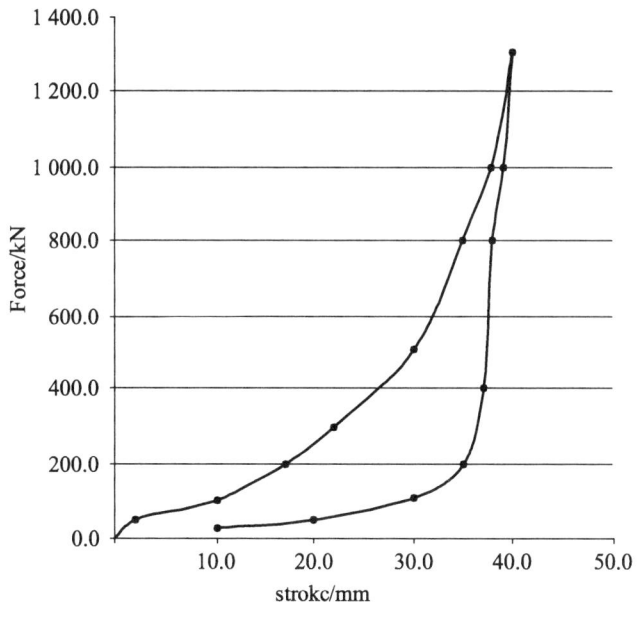

图 5.21 中空橡胶环特性曲线

4. 附 件

总风缸管路 MRP。

5. 支 架

使用支架可以简化车钩的解钩和连挂。在车辆运行过程中,支架放倒。当半永久性车钩需要解钩时,支架则被折上去用来支撑作用于车钩上的风挡的质量。

6. 连接卡环

易分离式连接卡环用于连接车钩钩身和车钩机械钩头以及橡胶缓冲装置。连接卡环包括两个套筒,下部的卡环带有排水孔。连接时使用 4 个六角螺钉、螺母和垫片紧固 2 个卡环。

7. 接 地

接地电缆与车钩连接,将电流导出并旁路非导电部件。接地电缆位于安装板和车钩钩身之间,其接地线为直径 50 mm 的电缆。

8. 横向减振器(油压减振器)

横向减振器用于减轻车辆的横向摆动,通过 2 个安装在法兰上的螺栓固定到车钩钩身上,减振器另一侧固定在车体底架上。

三、过渡车钩

过渡车钩(又称救援车钩)包括一个 SCHARFENBERG® 车钩头、钩锁铁和一个 AAR 连接器件。车钩面带有一条宽平边以通过车钩头和 AAR 钩将压缩和拉伸载荷传输至车体底架中。拉伸载荷通过钩锁铁(钩板、连挂链和中心枢轴)进行传输。连挂时,钩锁铁通过扭矩弹簧转向"连挂"位置。解编时,扭矩弹簧也得到缓解。连挂后,钩锁铁形成一个平行四边形以确保力平衡。

救援车钩在连挂时不会出现意外解锁的情况,一般磨耗不会影响钩锁铁的安全性。

四、缓冲器

均为橡胶/金属环簧缓冲器。

五、双层折棚式内风挡

该系统旨在为乘客提供一个列车各车厢间安全、畅通和舒适的通道。该系统具有良好的隔音、隔热和高耐火性,且已将连接装置包裹在风挡内。

1. 主要部件

风挡包括安装架、地板革、活动踏板、固定踏板、滑管、耐磨垫、横梁、折棚、中心构架、吊拖等主要部件。

(1)安装架:两个油漆铝型材将橡胶密封安装在朝向车体端的构架上。折棚装在安装架上,安装架构架用螺母和垫片、柱头螺栓安装在车体端。

（2）中心构架：中心构架也是由油漆的铝型材构成。两个折棚架安装在中心构架上。

（3）固定踏板：安装在中心构架下端的顶部。在中心构架下面是带有耐磨垫的支撑面，这部分安装在半永久性车钩上。

（4）折棚单元：折棚架包括独立的内部和外部折棚。所有的折叠相互连接。风挡所采用的材料是强化合成橡胶。折叠棚底部有排水孔。外部折棚是黑色的，内部折棚是灰色的。

（5）踏板：踏板包括两个相似的活动踏板和 1 个固定踏板。活动踏板安在车体的钢结构部分，是铝质材料，底部带有耐磨垫；固定板是不锈钢板，连在中心构架上。

2. 连接和拆卸

通过每端 16 个螺母和垫圈，风挡很容易与车体实现连接和拆卸。从折棚内部可以触到固定件。活动踏板通过每端 4 个螺母和垫圈分别接在车体上。在维修时，拆开的风挡只可以临时接在车体的一端。这种情况下，风挡通过 A 型半永久性车钩，也就是具有风挡中心构架支撑片的车钩与车体端相连。

3. 性　能

（1）主要尺寸。

折棚外高度（不包括中心构架）：大约 2 305 mm。

折棚外宽度：大约 1 246 mm。

风挡过道高度：大约 1 975 mm。

风挡过道宽度：大约 990 mm。

风挡过道长度：大约 79 mm。

半永久车钩上的支撑面高度：1 072 mm。

（2）运动参数。

车辆之间最大滚动角：2°。

滚动中心：925 mm。

遇到严重撞击的最大行程：减振 90 mm；缓冲 90 mm。

两列车体以 5 km/h 的速度连接时的最大行程：减振 75 mm；缓冲 75 mm。

正常连接速度（0.8 km/h）时的最大行程：减振 10 mm；缓冲 10 mm。

（3）使用环境（运行温度）。

环境温度：－ 40 ℃ + 80 ℃。

相对湿度：25 ℃ 以下为 95%。

（4）强度。

不产生永久变形的可接受撞击加速度：

x 方向（列车纵向）为 ± 3g。

y 方向（列车水平向）为 ± 1g。

z 方向（列车垂直向）为 1 ± 2g。

不产生永久性变形的可接受外部压力：

当 1 列列车以 200 km/h 的速度通过隧道时的正常值为 ± 2 kPa。

当 2 列列车以 200 km/h 的速度通过隧道时的正常值为 ± 4 kPa。

梁架最大载重：6 kN/m^2。

（5）隔音性能。

风挡总隔声指数：大约 38 dB。

（6）隔热性能。

K 值（$v = 0$）<3.5 kW/m²。

（7）质量。

总重：大约 210 kg。

第五节　CRH2 型动车组连接装置

CRH2 型动车组车端连接装置主要有密接式车钩装置、风挡、车体间减振器及空气、电气连接设施等。

（1）密接式车钩：车钩装置采用带总风管的密接式车钩，主要由钩体和缓冲器等组成。缓冲器采用叠层橡胶方式，布置于压缩侧和拉伸侧，可缓冲车辆间的压缩和拉伸冲击。另外，车钩及缓冲器可以在不架起车体的情况下拆装和检修。

（2）风挡：车厢间的连接处设有气密式内风挡。内风挡的内部设有扶手，利用平滑的搭板及可动式镶板，确保乘客安全通过车厢连接处。另外，在内风挡外侧还设有压缩型的外风挡，起到隔声及防尘的作用。

（3）空气、电气连接设施：包括列车总风管、列车通信总线连接、制动控制线连接、供电母线连接、直流供电母线连接、电路电气设备连接、高压电线连接等。

车端管线连接主要有列车总风管、列车通信总线连接、制动控制线连接、直流供电母线连接、电路电气设备连接、高压母线连接等。

一、车钩装置

1. 前端连接装置

不管 CRH2 型动车组哪一侧与其他编组的 CRH2 型动车组的都可以连挂。为此，T1 车及 T4 车的车头部分安装了可连挂的分并装置。为安装连接装置，特设置了头罩开闭机构等，并铺设了配管、配线，见表 5.2。车头连接装置由车头罩开闭装置、密接式车钩及缓冲器构成。

表 5.2　T1 车及 T4 车装置的机器设备

	相关机器设备	1 号车（T1）	8 号车（T4）
开关机构	车头罩开闭机构	○	○
	罩盖开闭汽缸	○	○
	罩盖开闭汽缸检测开关	○	○
	锁紧汽缸（附 F 接头）	○	○
	锁紧汽缸检测开关	○	○

续表

	相关机器设备	1号车（T1）	8号车（T4）
连接器	分并电气连接	○	○
	分并电气中继连接器	○	○
	电气连接器支持装置	○	○
	密接式车钩（附带手柄汽缸）	○	○
	密接式车钩释放杆检测开关	○	○
距离	距离传感器	○	×
	距离检测装置	○	×
	反射板	×	○
空气控制	车头罩用配管	○	○
	空气管开关、连接切换开关用配管	○	○
	分并配管单元（自动）	○	○
	空气管开关	○	○
	缓冲储汽缸	○	○
配线	配线	○	○
机器	连接切换开关	○	○
	分并控制盘	○	○
	广播分割控制盘	○	×
开关	连挂准备、分割、分并试验开关（空气管开闭、断开、测试）	○	分割开关为×
设备	检查盖（分并控制盘部分）	○	○

（1）头罩开闭装置。

车头罩由 FRP 制成，分为左右两部分。头罩依靠一只汽缸的动作来实现开闭。

头罩在开、闭的位置由锁销固定。锁销依靠汽缸动作，若无操作气的场合则依靠自重来锁定。

T1 车的车头罩可由手动操作来进行开闭。操作安置在车头机箱内配管单元箱的气路开关即可进行开闭，气路开关的配置如图 5.22 所示。

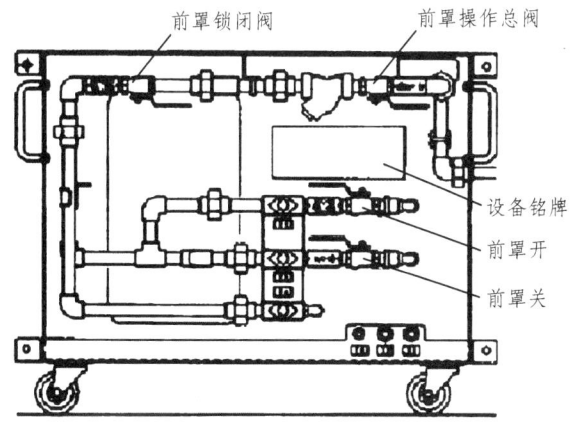

图 5.22 配管单元箱气路开关配置

（2）密接式车钩及缓冲器。

密接式车钩及缓冲器在能连接的状态下收置于车头罩内，壳体座架采用单侧支撑方式。T4车的密接式车钩上安装了分解时拉释放杠杆的汽缸。另外，其上方设置了用于电气连接设置的底座。

密接式车钩带有空气管，这是固定在底架上，由机体托架来支撑的构造。分离时，通过配置的汽缸拉动车钩提杆。而且，考虑到与既有车辆的救援问题，车钩高度定为1 000 mm。

缓冲器使用的是橡胶制的RD19改良型缓冲器。

2. 中间连接车钩

（1）概要。

中间连接车钩为带总风管的密接式车钩，固定在底架上，由机体托架支撑，其后部为层压橡胶式的缓冲器。

（2）构造。

带总风管的密接式车钩是一种被固定在底架上，由机体托架来支撑的装置。

车钩的强度为：拉伸载荷在160 t左右（约1 570 kN）、压缩载荷约310 t（约3 040 kN）。

缓冲器通过层压橡胶式的垫块，能够缓冲车辆间压缩、拉伸两个方向的冲击。此缓冲器为双向W形的RD011A型，容量为10.79 kJ。

（3）作用及其特性。

中间连接车钩为编组列车两端装配的车钩，在其后部设有缓冲器。其作为连接装置，还装备了空气管。

车钩的强度，能够承受必要的拉伸载荷和压缩载荷。缓冲器通过层压橡胶式的垫块，能够将车辆间的压缩、拉伸两个方向的冲击进行缓冲。

3. 过渡车钩

（1）概要。

过渡车钩是在救援和回送时与装有15号车钩的机车进行连接的部件。构造上要求过渡车钩的一侧能连接到CRH2型动车组的车钩上，另一侧能与15号车钩连接。

（2）规格。

最高运行速度：120 km/h。

最大连接辆数：16辆。

车钩质量：63 kg。

过渡车钩只能在低于120 km/h的速度下使用，超过规定的速度，则可能发生拉断车钩的情况，从而造成救援机车和故障车分离的事故。

（3）构造。

此过渡车钩为钢板焊接（见表5.3），强度为：拉伸时，永久变形达到1 mm时的负载在392 kN（40 t）以上；拉伸断裂负载在392 kN（40 t）以上。

表 5.3　过渡车钩构造材质

序　号	名　称	材　质	数　量
1	车钩体	SS400	1
2	锁	SS330	1
3	挡板	SPHC	2
4	固定螺钉	SS400	2

二、风　挡

CRH2 型动车组的车体在外端墙上安装有压缩型外风挡、内风挡、防雪风挡。

1. 外风挡

外风挡是为了防尘及隔离车外的噪音而设置的防护装置。CRH2 型动车组采用压缩型外风挡，与通常的车端缓冲器（衰减系数 50 左右）具有同等的减振性能，同时还使车体间的车辆连接部位尽量平滑化，以适当降低列车运行时的空气阻力。

2. 内风挡

在车辆间的连接部位设有气密式的内风挡。为方便人员通行，在内风挡内部的贯通路上设有扶手和可动式的装饰板。考虑到可动式的装饰板有可能妨碍人员通行，故在其上部设有搭板（渡板）。为防止可动式侧面装饰层的损伤，侧面板的长度和侧面板导向橡胶的长度采用了不等长设计。为防止侧面板的导轮偏磨损，导轮形状从圆筒状改变为块状。对于导轮用的擦板，为方便导向橡胶的更换，导向橡胶的压件采用分体式设计。另外，为了提高导轮用的耐磨耗层的持久性，采用 SUS 制的擦板。

3. 防雪风挡

在大雪天气，道床内的积雪会被列车卷起黏附在外风挡下方，当附着的大块积雪在振动及风力的作用下落时则会激起碎石、冰块飞溅。为此，在车钩的下部设置了外形较为光滑、不易附着冰雪的防雪风挡，以防运行时因为落雪而引起的碎石飞散。

为了预留安装车体间减振器的位置，风挡框吊挂变更了固定到车体上的部分，做成考虑到车体间减振器位移的形状。

还有，在 M2 车 3 位侧位置，从车端的连接线与车体间纵向减振器的位置关系出发，将靠近车钩的风挡框吊挂和车钩基座弹簧箱置于车体长轴方向上的同样位置。因此，大修中，将车钩和车钩基座弹簧箱拆卸下来时，唯有这个部位有必要将风挡框吊挂从车体上拆卸下来。

为了防止风挡前端部下垂而设置的下侧的风挡压板应尽量做短，防止因粘雪而损伤。另外，为了防止雪害损伤，在安装下侧压板螺栓时，应从下侧插入螺栓，上侧用特殊的螺母（W 螺母）进行固定。

三、电气连接器及空气关联设备

1. 电气连接器概要

电气连接器为两组动车间进行通信信号、控制信号互联互通的装置。在断开状态下，电气连接器固定在密接式车钩上；机械车钩连接前，电气连接器支撑杆则脱卸，机械车钩连接后，电气连接器前伸进行连接。在连接状态下，电气连接器可以相对于密接式车钩晃动。由于电气连接器的推出机构和支撑机构是一体化的，故其结构比较简单，如图 5.23 所示。

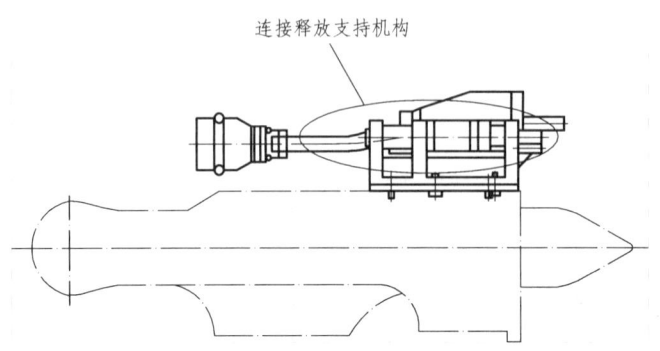

图 5.23　电气连接器支撑装置

电气连接器在连接时为防水结构；释放时为防尘结构，其前面的罩盖会自动保护连接面。利用行驶时的风力，结露防止管可防止连接管内部的结露（见图 5.24），同时，连接面部位内置的加热器也将起到防止结露的作用。

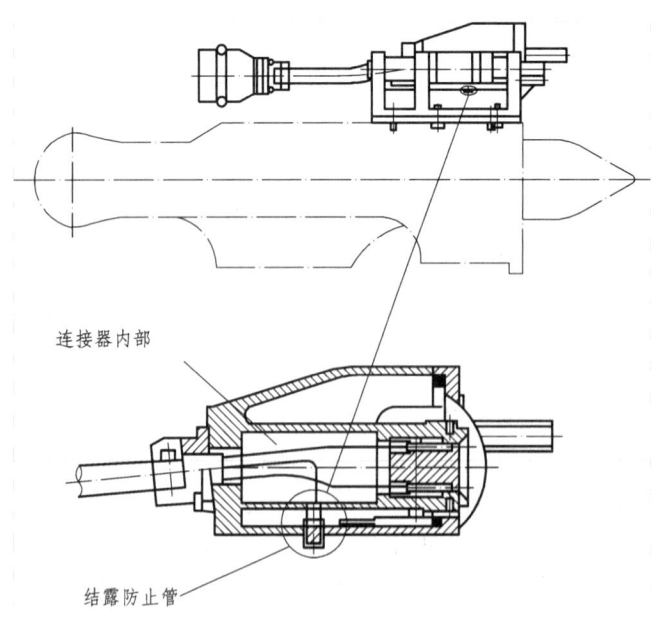

图 5.24　结露防止管

电气接触头为可动凹凸面对接式，因允许相互的接触头之间有一定的偏差，所以必须有支持装置，但其结构则较简单。接触头的接触电阻至 1.5 万次时为 5 mΩ 以下（接触头单体）。

2. 电气连接器规格参数（见表5.4）

表5.4 电气连接器规格参数

项 目		可靠性试验项目	规 格	依据标准
构成	电 压		AC/DC 5～110 V	
	电 流		每个接触头单体 10 A	JIS E4202 9.2
	接点数		190 芯	
机械性能评价	壳体材料	安装部位强度测定	铝合金	JIS H5202
	振 动	振动共振	1～5 Hz 复振幅 10 mm 5～30 Hz 加速度复振幅 9.8 m/s²	共振试验 JIS E4031 2 类
		振动耐久	复振幅 3.5 mm 加速度复振幅 14 m/s²	振动耐久试验 JIS E4031 2 类
	冲 击	冲击	4 次/min 加速度 29 m/s²	JIS E4032 1 类及 A 类
	耐久性	连接速度 耐久试验 （反复动作）	2 km/h 机械强度 2 万次	2 km/h，8 000 次 （1 日 1 次 365×20 年） JIS E5004.11.2
电气性能评价	绝缘阻抗	绝缘电阻测定	用 1 000 V 兆欧表测量在 20 MΩ 以上	JIS C 5402 5.2
	耐 压	耐电压试验	AC 1 200 V/50 Hz，1 min	JIS C 5402 5.1.3 方法 A、B、C 中的任一个
	接触阻抗	接触电阻试验	5 mΩ 以下（接触头单体）	JIS C 5402 5.3 及 5.4
	温度上升	静止时通电温度上升	通电流时，温升 60 ℃ 以下 （饱和状态）	JIS E 4202 9.2
		加振时通电 温升试验	通电流时，温升 60 ℃ 以下 （饱和状态） 加速度复振幅 14 m/s²	振动耐久试验 JIS E 4031 2 类 JIS E 4202 9.2
环境评价	耐水性	耐水试验	密封安全级 IP67	JIS E 4034 4 类
	耐久性	温度周期试验	－25 ℃～＋40 ℃	
备 注			附带加热器 电压 AC/DC 100 V	

3. 空气管开关

列车管开关是自动进行分解列车前断开列车管(MR)回路,连挂列车后连通列车管(MR)回路的自动控制装置。

空气管开关的结构为：由分并控制盘的继电器接点向两个电磁阀（VM13-1H）发出"释放""连接"的指令；由电磁阀的 On/Off 来使活塞左右动作,转动凸轮轴；再由与凸轮轴相连的凸轮转动来开闭空气阀,切断 MR 空气连通管的连通。在"释放"的情况下,切断连通管的连通后可保持一定的机械延迟,以便向锁释放汽缸送入空气,使连接器释放。

4. 连接切换器

连接切换器是由空气汽缸的操作来将电气接点在"分割""连挂"位置间切换的装置。

小　结

动车组连接装置与既有线运行的列车不同。从组成看，包括车钩缓冲装置、电气与风管连接器及风挡装置等；从性能特点来看，车钩必须是密接式，缓冲器性能要求更高，电气与风管必须能自动对接，风挡不仅要满足强度、刚度等要求外，还必须满足密封、隔音等要求。

为了满足上述由于高速运行带来的新要求，CRH1 型动车组采用了 Scharfenberg 车钩，缓冲器采用橡胶/金属环簧缓冲器，风挡采用双层折棚式内风挡；CRH2 型动车组采用柴田式密接车钩，缓冲器使用的是橡胶制的 RD19 改良型（头车）和层压橡胶式的缓冲器（中间车），在外端墙上安装有压缩形外风挡、内风挡及防雪风挡。

对动车组连接装置结构组成、性能的分析，以及详细介绍 CRH1 型与 CRH2 型动车组，其根本目的就是使学生掌握动车组连接装置的日常操作、维护与检修的技能。因此，两种典型动车组的连挂和解编操作类型、方法与步骤，维修保养计划、范围与要求应该是本章的落脚点。学生可以围绕这两大工作项目，在掌握连挂和解编、维修保养基本技能的前提下，深入理解理论知识，为下一步掌握专项修与故障处理打下良好的基础。

思考与练习题

1. 动车组对车钩的性能有哪些要求？
2. 动车组对缓冲器的性能有哪些要求？
3. 动车组对风挡提出了哪些要求？
4. Schafenberg（沙库）自动车钩缓冲装置由哪些部件组成？其主要技术参数有哪些？
5. Schafenberg（沙库）自动车钩缓冲装置的待挂、闭锁和解锁三种状态的作用原理是怎样的？
6. BSI-COMPAT（丹纳）密接式车钩的特点是什么？
7. 柴田密接式车钩由哪些部分组成？其主要技术参数是怎样的？
8. 柴田密接式车钩的作用原理是怎样的？
9. 剪切型橡胶缓冲器的作用原理是怎样的？主要优点是什么？
10. 液压缓冲装置的工作原理是怎样的？主要优、缺点是什么？
11. 弹性胶泥缓冲器的特点是什么？其工作原理是怎样的？
12. 滑动式风挡的结构组成是怎样的？其性能特点是什么？
13. 双层波纹风挡的结构组成是怎样的？其性能特点有哪些？
14. 全波纹风挡的结构组成是怎样的？其性能特点是什么？
15. CRH1 型动车组自动车钩的功能及主要特点有哪些？
16. CRH1 型动车组半永久车钩的功能及主要特点有哪些？
17. CRH1 型动车组过渡车钩的功能及主要特点有哪些？
18. CRH1 型动车组双层折棚内风挡的主要部件有哪些？其性能特点如何？
19. CRH1 型动车组连接作业有哪 4 项？其中自动车钩的重连连挂如何进行？重连车组的解编如何进行？

第六章 空调换气系统

动车组不仅要求高速、安全、可靠，同时人们对于乘车环境舒适性也有了更高的要求。本章将以 CRH2 型动车组为重点，介绍 CRH2 型动车组通风系统的组成及工作过程；动车组客室空调单元的组成及作用；对比介绍 CRH1 型、CRH5 型动车组空调系统的特点；介绍 CRH380A 型动车组空调换气系统。

第一节 动车组空调换气系统概述

动车组空调换气系统的主要目的是在任何气候和行驶条件下，通过强迫通风、人工制冷或供暖的方法，调节车内的温度、湿度、气流速度等参数指标，从而为旅客提供舒适的车内环境。

动车组空调换气系统的作用是将一定量的车外新鲜空气和车内再循环空气混合后，经过滤、冷却或加热、减湿或加湿等处理，以一定的流速送入车内，并将车内的污浊空气排出车外。

一、动车组空调换气系统的总体构成

动车组空调系统通常由通风系统、制冷系统、供暖系统、加湿系统以及控制系统等 5 个子系统组成。

1. 通风系统

通风系统是空调系统的重要组成部分，它的作用是将车外新鲜空气吸入并与车内再循环空气混合，在滤清灰尘和杂质后，再压送分配到车内；同时排出车内的污浊空气，以保证车内空气的洁净度以及合理的流动速度和气流组织。通风系统除了可以给乘客提供新鲜空气外，还能保证车厢内具有适当的气压，即当车外气压发生明显变化时，通风系统会将车厢内的气压维持在一个让人们感到舒适的水平。

通风系统是客车空调系统中唯一不分季节而长期运转的系统，因此，它的质量状态直接影响到旅客的舒适性和空调系统的经济性。通风系统通常由通风机组、空气过滤器、进风口、送风口、送风道、回风口、回风道以及排废气口等组成，如图 6.1 所示。高速列车的通风系统通常还包括空气压力波动控制装置。

系统工作时，在通风机组的作用下，室外新鲜空气经进风口吸入车内，经滤尘器过滤并与回风混合后送入空气处理室，经过蒸发器冷却或者由电预热器预热，送入主风道，再由各送风口均匀地送入室内。室内空气的一部分，经回风口、回风道被通风机吸入作为再循环空气重复使用；另一部分则经由排风口和排风扇排出车外。

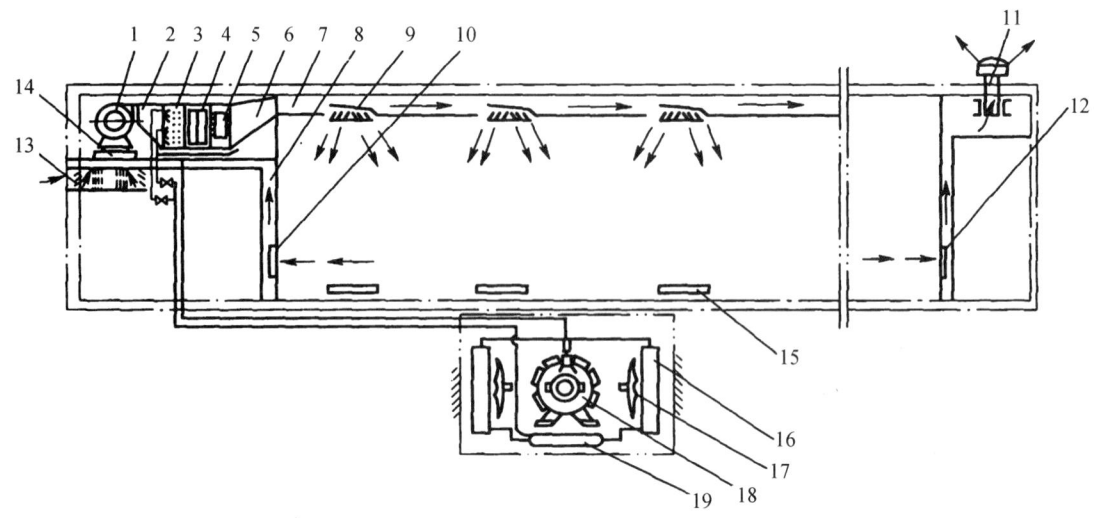

图 6.1 分体式空调系统示意图

1—通风机；2—渐扩风道；3—蒸发器；4—水分离器；5—电预热器；6—渐缩风道；7—主风道；8—回风道；
9—送风口；10—回风口；11—排风扇；12—排风口；13—进风口；14—滤尘器；
15—补偿电热器；16—冷凝器；17—冷凝风扇；18—压缩机；19—储液器

2. 制冷系统

制冷系统（也称空气冷却系统）的作用是在夏季对进入车内的空气进行降温、减湿处理，使车内空气的温度与相对湿度维持在规定的范围内。为保证制冷系统安全、有效地工作，制冷系统除压缩机、蒸发器、冷凝器、节流装置四大件外，还配有贮液器、干燥过滤器和气液分离器等辅助设备。夏季，通风机将吸入的车内外的混合空气经蒸发器冷却后送入车内，以达到降温的目的。由于蒸发器表面的温度通常低于空气的露点温度，空气中的部分水蒸气就凝结成水滴。因此，空气在通过蒸发器冷却的同时也得到了减湿处理。

3. 供暖系统

为了在寒冷的季节运用时使客车车内保持一定的温度，车上必须安装有供暖系统。供暖系统主要有两个作用方式：对送入车内的空气进行预热和对车内空气进行补偿加热。这两种方式既可以单独使用，也可以同时使用，以保证冬季车内空气的温度在规定的范围内。

供暖系统通常由空气预热器和地面空气加热器组成。空气的预热是使空气在空调系统的空气处理室内流过空气预热器来实现。根据热媒不同，空气预热器有温水空气预热器和电热空气预热器两种。空气的补偿加热，由设在车内两侧地板面上的加热器来完成。根据热媒的不同，加热器也有温水加热器和电热加热器两种。

4. 加湿系统

空气加湿系统的作用是在冬季车内空气相对湿度较低时对空气加湿，以保证冬季车内空气的相对湿度在规定的范围内。最简单的加湿方法是采用电极加湿器。

5. 控制系统

控制系统的作用是控制各系统按给定的方案协调地工作，以使车内的空气参数控制在规定的范围内，并同时对空调系统起自动保护作用。

二、动车组空调系统的类型

动车组空调系统按空调系统的安装方式主要分为两类：一类为分体式空调系统，又称集中式空调系统；另一类为车顶单元式空调系统，又称独立式空调系统。两类系统均具有制冷系统、通风系统、供暖系统和控制系统。

1. 分体式空调系统

分体式空调系统分成两个部分，将制冷压缩机、冷凝器、冷凝风扇、储液器集中装在一个箱中，并悬挂在车底架下，而将蒸发器、通风机、膨胀阀、空气预热器等安装在车顶内部，用铜管将制冷系统的各设备连接起来，组成封闭的循环系统，如图6.1所示。我国生产的CRH1型动车组空调系统属于此种形式。这种形式使车辆重心降低，但由于其体积大，拆装困难和检修不方便，而且制冷管路长、接头多，容易产生泄漏。

2. 单元式空调系统

单元式空调系统是指将压缩机、冷凝器、节流装置、蒸发器、通风机、冷凝风机以及空气预热器等安装在一个箱内，组成一个完整的单元后安装在车顶，其送风道布置在车内顶棚的中央或两侧。单元式空调系统多采用全封闭式压缩机。这种形式结构紧凑、质量轻、管路短、不易泄漏，不占用车下空间，但这种形式提高了车辆重心。CRH5型动车组客室的空调系统采用单元式空调系统。图6.2为单元式空调系统结构示意图。

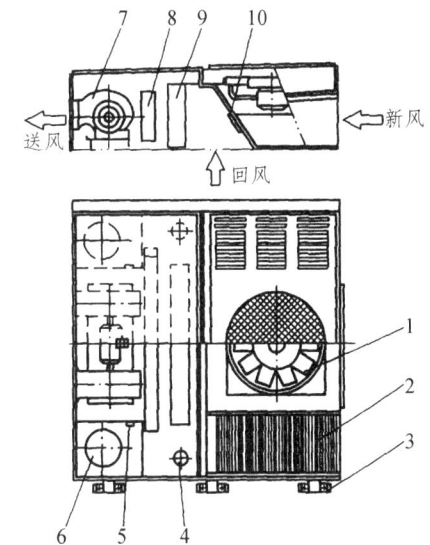

图6.2 单元式空调系统结构示意图

1—冷凝风扇；2—冷凝器；3—安装座；4—气液分离器；
5—压力控制器；6—压缩机；7—通风机；8—蒸发器；
9—电预热器；10—新风过滤器

第二节　CRH2型动车组空调系统

CRH2型动车组空调系统是一种全新的列车空调系统，主要由空调装置、换气装置以及通风系统构成。驾驶室设单独的空调装置及车内压力释放阀。空调装置又由空调机组及车上配电柜内的空调显示设定器组成。客室制冷由空调制冷系统完成，采用R22制冷剂。客室供暖由内置于空调机组的电加热器实现。为了降低车体的重心、适应动车组高速运行，空调机组和通风系统的主要风道分别设置在地板下及地板中间。图6.3为CRH2型动车组头车空调系统的总体构成示意图。

CRH2型动车组每辆车下均设两台空调机组和一台用于提供新风和排放废气的换气装置。空调机组的控制由内置的变频控制器完成，变频控制器通过比较空调显示设定器设定的温度值和客室内检测温度值，对空调机组的压缩机、室外送风机、室内送风机进行变频控制，对电加热器进行通断控制，实现对客室空气的制冷及加热。

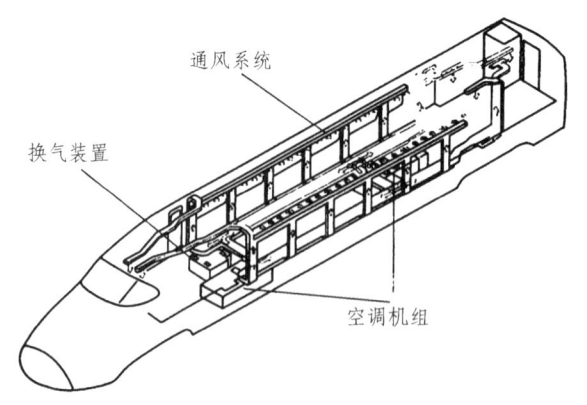

图 6.3 CRH2 型动车组头车空调系统的总体构成示意图

空调机组和换气装置在车下与通风系统相连。每台空调机组向客室内提供新风量为 12 m³/min，回风量为 48 m³/min，总通风量为 60 m³/min。通风系统包括新风、送风、回风和排风四种用途的风道，其中卫生间废气通过废排风道全部由换气装置排出。在吸烟车厢（3、6 号车厢）内，为保证客室内空气的品质，客室内端墙上设空气清洁机。

一、CRH2 型动车组通风系统

CRH2 型动车组通风系统主要由风道、风口等部分组成。其中，风道包括新风风道、送风风道、回风风道和废排风道；风口由回风口、送风口组成。

通风系统的主要风道设在车底铝地板与车内铝蜂窝地板之间，共设 5 个风道，都为纵向通长风道，两侧风道成对称分布，车体横向方向靠两侧两风道为送风道，最中间风道为新风道，其余两节风道为回风道。

送风道、回风道与空调机组连接以及换气装置与回风道、废排风道连接都通过车下风道实现。车上客室送风道也为通长纵向风道，它与车下送风道通过窗间风道连接。车上客室送风道布置在窗上和行李台之间。送风道材质方面，车下风道及地板中风道采用铝板，车上客室送风道采用玻璃钢，窗间风道为保温复合材料。保温方面，车下风道及地板内风道外表面粘贴保温材料，窗间风道内部为硬质胶片，内外表面粘贴保温材料，车上客室送风道外表面也粘贴保温材料，以防止夏天高湿度状况下冷凝水的产生。

在行李架下面及窗上设送风口。行李架下面风口为固定送风口，窗上送风口为可调风口。回风装置主要包括安装在座椅下的回风装置以及通过台间壁之间的回风格栅。

二、司机室空调系统

1. 主要技术参数

冷气能力：7.1 kW[6 090（kcal/h）/台以上]。

暖气能力：2 kW/台以上。

循环风量：冷气时为 5.5 m³/min 以上；暖气时为 2.0 m³/min 以上。

其他：夏季气温为 33 ℃、湿度为 80%时，司机室温度可保持在 26 ℃以下；冬季气温为 -15 ℃时，司机室温度可保持在 20 ℃以上。

2. 空调制冷系统

司机室除了客室用空调设备的送风外，还安装了司机室专用制冷设备。该制冷设备为分体式结构（变频式），采用四氟乙烯作为制冷剂，其输入电源为交流 400 V，主电路、控制电路均由转换的直流电驱动。

司机室制冷系统的主要指标见表 6.1。

表 6.1 司机室制冷系统主要性能及指标

		性　　能	说　　明
主电路		单相　AC 400 V，50/60 Hz → DC 288 V	运行压缩机用
控制电路		单相　AC 400 V，50/60 Hz → DC 12 V	送风机、继电器用
制　冷	容　量	3 045 kcal/h×2 = 6 090 kcal/h	室外热交换器吸入温度 33 ℃；室内热交换器吸入温度 28 ℃ 相对湿度　65%
	输　入（变频器部）	约 2 kW×2 = 约 4 kW	
质　量	室内机	约 6.5 kg×2 = 约 13 kg	
	室外机	约 35 kg×1 = 约 35 kg	
	电源箱	约 30 kg×1 = 约 30 kg	
	变压器	约 49 kg×1 = 约 49 kg	
	控制面板	约 0.4 kg×1 = 约 0.4 kg	

司机室制冷系统由室外机、2 台室内机、电源箱、变压器、控制面板 5 部分组成，其在车上的布置如图 6.4 所示。制冷方式为温控，有 3 级手动调节风量。司机室制冷系统组成如图 6.5 所示，其详细工作原理请参阅相关资料。

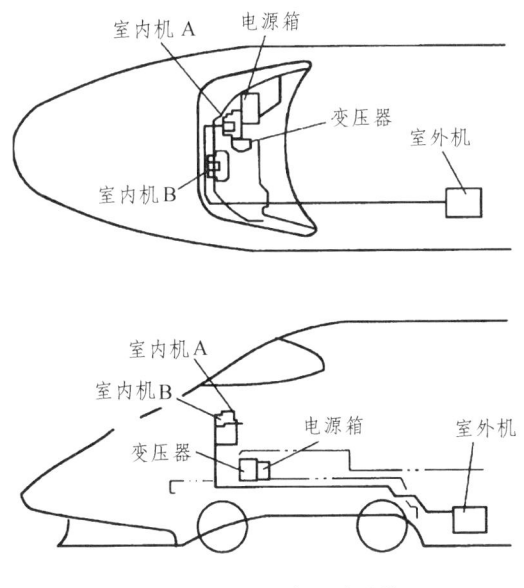

图 6.4 司机室制冷系统结构图

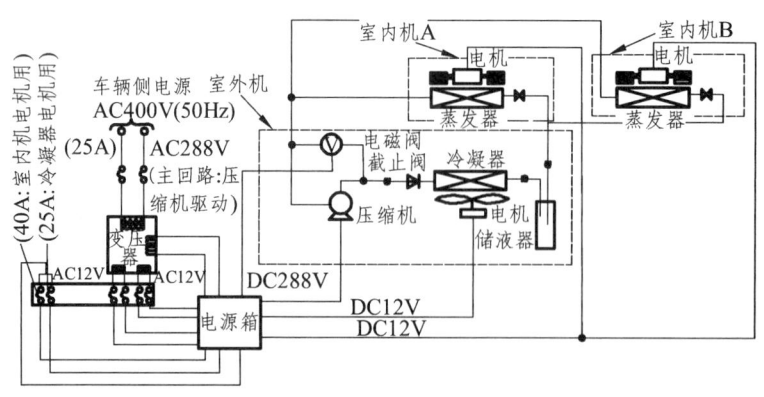

图6.5 司机室制冷系统组成图

3. 供暖系统

司机室的供暖系统由设置在操纵台腿前部的2台暖风机实现,暖风机安装在操纵台内,加热器采用正温度特性的热敏电阻(具有正温度系数的热敏电阻元件)。其内部有3个发热元件,可分别选用"强暖"(输出功率2 000 W)、"中暖"(输出功率1 500 W)和"弱暖"(输出功率1 000 W)。暖风机的构成包括轴流风扇、暖风组件、风向板组件等。在暖风机背面的进风口部位,安装有可拆装的防尘网。

三、客室空调系统

1. 总体布置

客室空调系统是设置在客室地板下部的2台小型、轻量化的空调装置。空调装置的送风口与设在客室地板下部的送风道连通,并与顶板位置处的送风口连通;回风口与吸入车内空气的回风道连接。

制冷送风时,从回风风道吸入的客室内空气与从换气装置通过新风风道送入的新鲜空气混合,经设置在空调机组回风口处的回风过滤网进入蒸发器,在蒸发器内进行热交换,冷却为冷空气。该冷空气经车下风道、地板中送风道、窗间风道、客室送风道从客室行李架下送风口及窗上送风口吹入客室,向乘客提供冷风。

制热送风时,从回风风道吸入空气,同样与新鲜空气混合,通过设置在空调机组回风口的过滤网,进入空调机组,在机组内由电加热器加热,并通过相同路径向乘客提供暖风。

为提高可维护性和简化室内热交换器以便于排水盘、排水泵的清洁工作,扩大了空调下部检查孔,并将检查孔盖和排水盘一体化设计,使得室内热交换器、排水盘、排水泵的清洁更加容易。另外,安装了室外过滤器以防止热交换器污损。室内外过滤器均采用无纺布材料。运行及功率的控制,由空调设备自备逆变器进行。

2. 主要技术参数

(1)型号:EU651。

(2)安装方式:准集中式、底架下安装。

(3)电源。

主电路:单相交流,50 Hz,400 V(−37%~+24%)为变频器输入和电加热器输入。

变频器 1（VVVF）输出：三相，60 Hz/200 V ~ 70 Hz/200 V，供压缩机用。
变频器 2（CVCF）输出：三相，60 Hz/200 V ~ 65 Hz/215 V，供送风机用。
控制电路：单相交流，50 Hz，100 V；DC100 V。
（4）冷气控制方式：逆变器频率控制及压缩机运行台数控制。
（5）暖气控制方式：电热器多级控制。
（6）制冷能力：当标准条件为以下条件时，为 37.21 kW/台以上。
室外热交换器吸入空气 33 ℃，效率为 69%；
室内热交换器吸入空气 28 ℃，效率为 65%。
（7）制热能力：24 kW/台。
（8）循环风量：65 m³/min（以 65 Hz 运行时）；60 m³/min（以 60 Hz 运行时）。
（9）输入功率：制冷时约 20.0 kW；制热时约 22.0 kW。
（10）制冷剂：R22。
（11）质量：约 730 kg。

3. 空调装置的总体结构

（1）空调单元。

客室空调装置采用将设备、部件设置在框架的结构，盖上挡板后即形成一个整体空调单元。空调装置分为室内部分、室外部分、控制部分。室外部分设有压缩机、高压开关、室外热交换器、室外送风机、气液分离器、交流电抗器。室内内部分采用密封结构，设有室内热交换器、室内送风机、电热器、直流电抗器、排水泵、空气过滤器。控制部分采用密封结构，内部设有变频器、电热器、接触器盘 1、接触器盘 2。该单元设置在车辆的地板下侧。

（2）制冷系统。

如图 6.6 所示，制冷剂循环系统由压缩机、室外热交换器、干燥器、毛细管、室内热交换器、气液分离器及配管构成，各设备及配管为焊接（钎焊）连接的完全密封型，内部充入 R22 制冷剂。

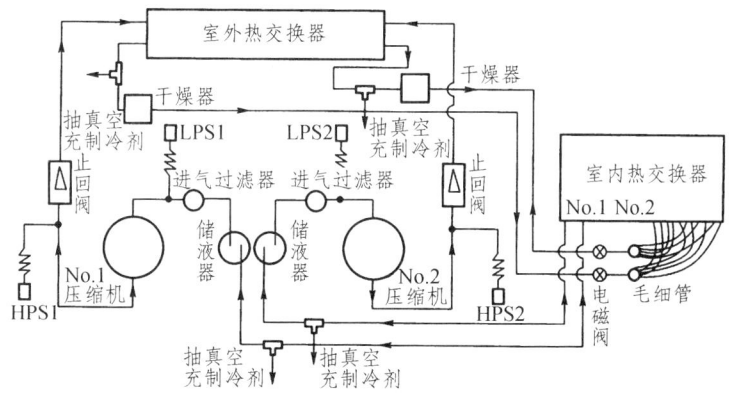

图 6.6 制冷循环图

压缩机：采用全封闭型涡旋压缩机，吸入低温的制冷气体，将其压缩为高温高压的制冷气体后送出。

室外热交换器：采用交错排列、翅片管，用室外送风机送入的室外空气对高温高压的制冷气体进行冷却，使其形成常温（约 50 ℃）的高压制冷液。

制冷剂干燥器：吸收制冷液中的水分。

毛细管：利用通道面积小的阻力管，使高压制冷液变为低压的气液混合状态。制冷剂在减压的同时温度也将下降。

室内热交换器：采用交错排列、翅片管。低温、低压的气液混合制冷剂与通过室内热交换器室的室内空气进行热交换的同时变成气体。此时，室内空气的热量被制冷剂吸收，使温度下降变为冷空气，从送风口送入客室以吸收车体的热负荷（通风、日照及车内外温度差等）和人体所产生的热量，降低室温。

气液分离器：分离制冷剂气体和液体。

（3）加热系统。

CRH2型动车组客室供暖由内置于空调机组的电加热器实现。电加热器为带散热片的铠装式，额定功率为24 kW，且为多级控制（8/8/8 kW，3段）。

第三节　CRH1型与CRH5型动车组空调系统

典型的动车组空调系统除CRH2型动车组空调系统外，还包括CRH1型动车组空调系统和CRH5型动车组空调系统。其中CRH1型动车组空调系统为分体式，采用R407c制冷剂。CRH5型动车组空调系统为车顶单元式，采用R134a制冷剂。

一、CRH1型动车组空调系统

CRH1型动车组每辆车的客室都配有一个单独的空调系统、供暖系统、照明系统、紧急逃生应急系统，压力保护和噪声控制装置。司机室则另有一个安装在车顶上的紧凑型空调单元。

CRH1型动车组客室空调系统是分体式空调系统，主要由空气处理单元和压缩机冷凝器单元以及有关的连接管道、送风风道、电气控制装置等组成。客室空气处理单元通过法兰上的螺钉固定，布置在车体顶棚中央位置。压缩机冷凝器单元则布置安装在车体底架的设备仓内。管路通过法兰和垫片进行连接和密封。两个废气排放单元分别位于每辆车的两个端部、车顶棚和顶板之间。

CRH1型动车组空调系统制冷能力可以符合最高外界温度 + 40 ℃的要求，供暖能力符合最低外界温度 - 40 ℃的要求。空调控制系统的存储器为闪存EPROM类型，可以通过在车内空调服务插座上连上PC机来直接进行通信和软件更新。该控制系统能根据客室和司机室内外传感器测量的温度自动进行操作。

（一）CRH1型动车组通风系统

CRH1型动车组采用分体式空调系统，空气处理单元设在车顶中部，供风由两边的矩形主风道，经消音器和散流器流入客室。每辆车设有两个单独的排气风扇单元，分别位于车辆两端的天花板和车顶之间。排出空气从卫生间、司机室、酒吧和通过台区域排至排气风扇单元。排气风扇单元在抽气侧与矩形风道相连，排气侧与软管相连，风道装有消音器。在司机室后端车顶处设置有单独的空调单元。

CRH1 型动车组通风系统送风风道在车体上的布置如图 6.7 所示。图 6.8 和图 6.9 分别为 CRH1 型动车组客室及司机室的通风系统示意图。

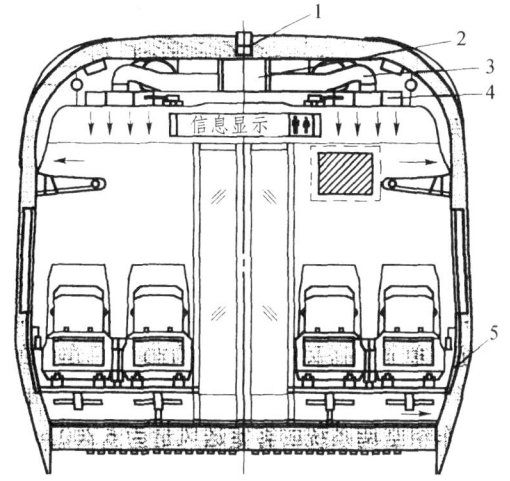

图 6.7 通风系统送风风道在车体上的布置示意图

1—车体通风风道；2—主送风风道；3—软管；4—二级送风风道；5—侧墙加热器

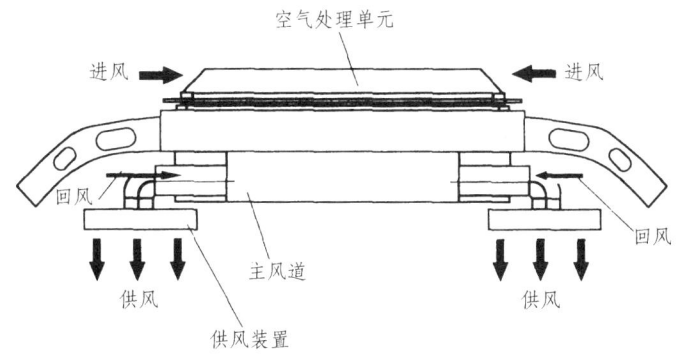

图 6.8 CRH1 型动车组客室通风系统

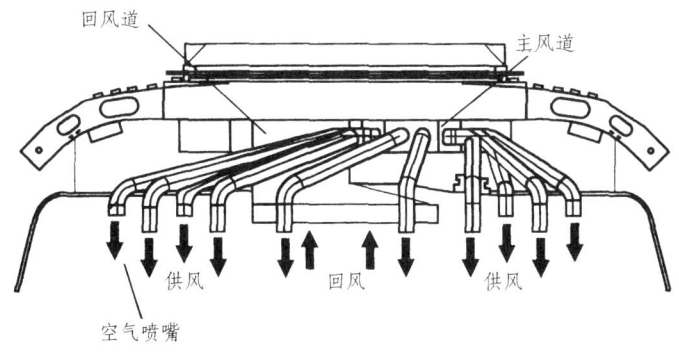

图 6.9 CRH1 型动车组司机室通风系统

主送风风道布置在车体纵向中央一线，二级风道则布置在主送风风道纵向的两侧，二级风道通过软管连接到主送风风道上。二级风道底部罩有顶板孔板，送风从顶板孔板的孔进入客室。在送风顶板孔板的外侧、行李架上面布置有侧顶板孔板，回风和废排空气通过侧顶板孔板进入到顶板上方的车顶区域。

送风可以依据外部温度环境自动进行调整（加热或者冷却），确保冬季车内温度不低于20 ℃，而在夏季车外气温达到 + 40 ℃ 的时候，车内温度保持在 27 ℃。CRH1 型动车组空调系统的客室送风量为 6 200 m³/h，其中最大新风量为 2 120 m³/h，排风量为 2×1 000 m³/h；司机室送风量为 800 m³/h，其中新风量为 60 m³/h。

（二）司机室空调系统

1. 总体布置

司机室空调系统采用单元式空调机组。司机室区域内的空调系统具有回风功能，并在通过过滤器进入蒸发器之前将其与新鲜空气混合。进入司机室区域的供风气流通过消音器和置于车顶和天花板之间的风道进行分配。

空调单元安装在车顶凹进处，并通过螺栓和单元的法兰安装在车顶，废气通过安装在乘客区的排风扇排出司机室。为控制司机室内的空气环境，在司机室天花板上安装气流和方向可由操作者调节的送风器。加热和冷却均由空气传播，并通过天花板和地板内的风道系统进行分配，还安装了地板加热器。

2. 主要技术参数

（1）司机室空调。

制冷量：5 kW。

制热量：4 kW。

送风量：800 m³/h。

新风量：60 m³/h。

外形：1 000 mm×1 450 mm×350 mm。

质量：175 kg。

耗电量：5 kV·A。

制冷剂：R407c。

（2）车内参数。

夏季：温度 28 ℃，RH40% ~ 65%。

冬季：温度 20 ℃，RH≥30%。

最大灰尘含量：1 mg/m³。

正压力范围：10 ~ 30 Pa。

（三）客室空调系统

1. 总体布置

CRH1 型动车组的客室空调系统是分体式空调系统，主要由空气处理单元（AHU）和压缩机冷凝器单元（CCU）以及有关的连接管道、送风风道、电气控制装置等组成。图 6.10 所示的客室空气处理单元（AHU）通过法兰上的螺钉固定，布置在车体顶棚中央位置。压缩机冷凝器单元（CCU）则安装在车体底架的设备仓内，如图 6.11 所示。空气处理单元（AHU）之下、底架和车顶组成之间的制冷管路位于车墙体之内。管路通过法兰和垫片进行连接和密封。两个废排单元，分别位于每辆车的两个端部、车顶棚和顶板之间。

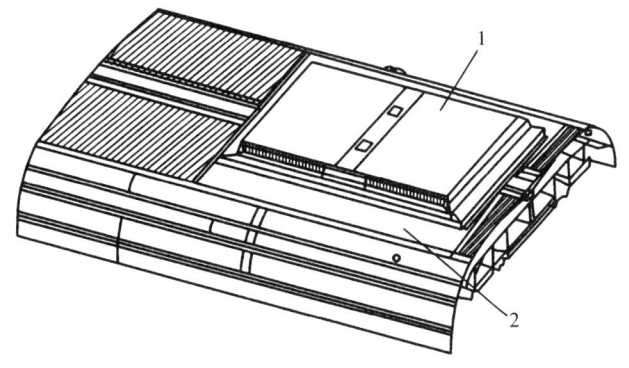

图 6.10 空气处理单元（AHU）在车体顶部的布置示意图

1—空气处理单元（AHU）；2—车体顶板

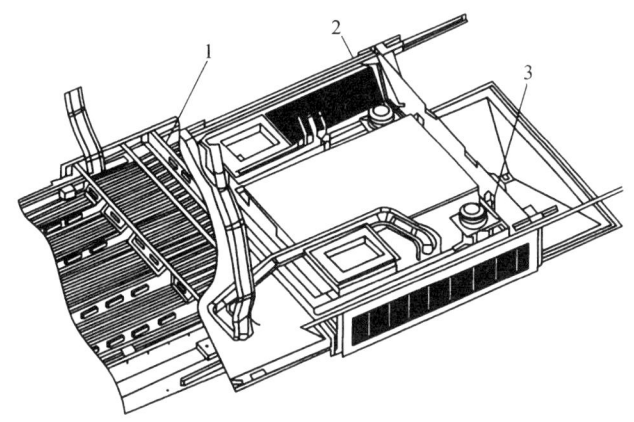

图 6.11 压缩机冷凝单元（CCU）在车底架设备仓内的布置示意图

1—车底架；2—压缩机冷凝器单元（CCU）；3—安装架

乘客区的空气处理单元安装在车顶的开口处，通过螺栓和单元的法兰安装在车顶。进入乘客区的供风气流通过消音器和置于车顶和天花板之间的矩形风道进行分配，并通过供风终端装置吹送进车辆。

乘客区空调系统具有回风功能，并在通过过滤器进入蒸发器之前将其与新鲜空气混合。每车两端的车顶设置排气单元。

在 CRH1 型动车组中，客室供暖由空气预热器和地面空气加热器组成。在加热模式下，来自空气处理单元的送风将加热到约 20 ℃。车辆的热损失通过安装在车窗下侧墙上的加热器进行补偿，并通过空调系统控制器进行控制。侧墙加热器布置在车体纵向侧墙内侧，窗口上面安装有散热格栅，制热能力为 30 kW。不同位置的电热器由其附近的室内温度传感器控制相应的继电器进行控制，每一个电加热器由一个超温保护器进行温度控制。空调系统的电气和控制设备安装在车辆电气柜内。

2. 主要技术参数

（1）客室空气处理单元。

制冷量：55 kW。

制热量：30 kW。

送风量：6 200 m³/h。

外形：2 050 mm×1 450 mm×580 mm。

质量：450 kg。

风机耗电量：2×1.5 kV·A。

（2）压缩机/冷凝器单元。

冷凝器冷却风量：2×13 000 m³/h。

外形（×2）：1 700 mm×840 mm×580 mm。

质量：2×275 kg。

压缩机耗电量：2×16 kV·A。

冷凝器风机耗电量：4×1.5 kV·A。

制冷剂：R407c。

（3）排风单元。

排风量：2×1 000 m³/h。

外形：500 mm×300 mm×300 mm。

质量：20 kg。

风机耗电量：2×0.6 kV·A。

（4）车内参数。

夏季：24 ~ 28 ℃，RH 40% ~ 65%。

冬季：20 ℃，RH≥30%。

最大灰尘含量：1 mg/m³。

正压力范围：10 ~ 30 Pa。

风道最大风速：5 m/s。

二、CRH5 型动车组空调系统

CRH5 型动车组空调系统为单元式空调系统，包含客室单元、司机室单元、废排风箱、温度传感器、压力保护系统、紧急逆变器等。

CRH5 型动车组空调系统具有制冷、制热、通风、预冷、预热和应急通风的功能。CRH5 型动车组空调系统在额定工况下的制冷量为 40 kW（外界为 40 ℃ 时，车内达到 27 ℃，RH 50%）；制热量为 29 kW（外界 − 25 ℃ 时，车内达到 24 ℃）。制冷剂为 R134a。在 CRH5 型动车组中，客室和司机室的供暖均采用电热空气预热结合侧墙电加热辅助供热的形式。

（一）CRH5 型动车组空调系统的特点

1. 新风量可调

空调机组新风量根据外界温度可以动态调整。一般情况下，当外界温度处于 − 5 ℃ 和 26 ℃ 之间时，每人的新风量为 20 m³/h，其他状态下都为 15 m³/h。新风量的动态调整是通过软件自动实现的，它可以实现在保证乘客舒适性的前提下，最大限度地降低能源消耗，降低空调的负荷。

2. 双制冷系统

空调内部装有两个压缩机，每个压缩机都由必要的元器件和铜管构成一个回路并可以独立工作。当一个制冷系统出现问题时，另一个系统还可以继续工作。双制冷系统使得空调可靠性更高，影响运营的可能性更小。

3. **整体噪声小**

内部。客室中央为（55±1）dB（A），距离地板 1.2 m；通过台为（62±1）dB（A），距离地板 1.6 m。

外部。距离车辆中心轴 7.5 m，轨道以上 1.2~3.5 m 处噪声等级：所有辅助设备运行时为（65±1）dB（A）；空调机组全冷运行时为（64±1）dB（A）；车内条件稳定且空调机组处于运行状态时为（60±1）dB（A）。

4. **具有防止车内压力波动功能**

当穿越隧道或者两列车交会时，强烈的压力变化会使乘客感到非常不适。因此，为避免这一现象，空调机组设有全自动压力波动保护装置。

5. **更多的安全保护**

为了保障冬季电加热的正常运行，除了电加热本身带有两级保护外，在通风机的出风口还设有压力传感器和出风温度传感器，从而时刻监控通风机和电加热器的运行状况。

另外，制冷回路内设有压力传感器（而不是常用的高压和低压压力开关），时刻监视压缩机的运行状况，任何压缩机的异常会及时得到反映，从而防止压缩机的损坏。

6. **先进的控制系统和网络通信功能**

采用 MVB Class 2 与车辆网络实行通信，实现大批量的上行和下行数据交换，使得司机能够及时了解所有空调机组的运行状态，或者直接控制空调机组的运行。

此外，通过网络控制，车厢与车厢之间的空调系统会定时交换运作信息以互相调节运行的状态，使各车厢内的温度均衡。同时，在一个车厢内的空调部件出现故障的情况下，该空调系统可以自动接收邻近车厢的运行状态和负载等信息来作为依据继续运行，使得空调机组不至于停机，从而最大限度地保障了车辆的正常运行。

7. **采用先进的涡旋压缩机和环保型制冷剂**

涡旋式压缩机具有更高的可靠性，尤其在抗振动和噪声方面更为突出，因为此类压缩机含有最少的运转部件。另外，空调机组采用环保制冷剂。

（二）司机室空调系统

1. **总体布置**

司机室空调系统受客车空调系统的控制器控制。该系统通过进气格栅吸入外部的空气并通过安装在司机室天花板上的格栅使空气进行再循环。空气在系统内经过滤、加热或冷却后，通过风道被吹入司机室。空气通过两个喷口吹入两侧窗户和风挡下面。部分气流可以送向地板。地板每个喷口的气流可单独进行控制。为保证各种情况下新鲜空气的量，送风道安装了鼓风机。司机室内增加的空气量通过后墙上的电子柜流向通过台。司机室有轻微的过压。通过控制开关，司机可以选择空调风扇的 4 种时速。在第五挡位置上，风扇速度最大，也可能只进行通风冷却。

司机室空气预热器安装在司机室空调机组内部，两侧墙上装有 1 500 W 电热器，并在司机台内侧装有两个 370 W 小型电热器。电热器的供电是 230 V 交流电，在电热器内部安装了 1 个 + 70 ℃ 恒温器。电热器罩的表面温度不会超过 + 60 ℃。驾驶台下的放脚处有表面温度较低（大约为 + 30 ℃）的电热器，安放在侧板的后面，类似的一个电热器放在踏脚板的下面。

通过空气分配可保证司机室内的温度平均分配。当列车的时速为 200 km 或者环境温度在 36 ℃ 时，内墙板（墙和天花板）的表面温度不会比司机室的气温低 5 ℃ 以上。

2. 主要技术参数

制冷能力：4 kW。
供电电压：AC 380 V/50 Hz。
制冷介质：R134a。
总风量：480 ± 90 m³/h。
最大新风量：180 ± 15 m³/h。

（三）客室空调系统

1. 概　述

客室空调系统采用车顶单元式空调机组，其制冷剂为 R134a（环保型）。客室、通过台和卫生间的空调系统有两个独立单元，包括安装在各车厢内的空气处理单元和各车厢车顶的两个压缩机组件。送风风道和回风风道也布置在车顶，处理的气体通过装在行李架后面的纵向管道传遍车体，并通过行李架下部设置的合理设计的部件分散至客车分隔间。排气口位于车辆最后端，废气由卫生间和电气柜排出。

客室空调设备是互为备份的，由两套独立的冷却回路构成（除冷却扇以外），以确保设备发生第一次故障时还可保持 50% 正常运转。

空调出现故障时，可实现自动通风，使客室分隔间内的气体得以改善。该系统还配有一个压力自动保护系统，当外界压力波动超过允许值时，自动关闭出入的气体滑片，使乘客在列车进入隧道或两列车运行方向相反时免于压力冲击。系统还可通过关闭空调系统的新风口和排风口，保证动车组外部压力波不在车内传播。在通过隧道或列车交会时，司机手动操作司机台上的按钮控制风口的开关。

客室供暖采用电热空气预热结合侧墙电加热辅助供热的形式。客室电热空气预热器安装在客室空调机组内部，每车两组，制热能力分别为 9.7 kW 和 19.3 kW，其总制热能力为 29 kW。两组辅助加热器安于车体内侧的两侧侧墙下，每组辅助加热器的制热能力为 6 kW。此外，在通过台两侧装有两组辅助加热器，功率分别为 800 W 和 400 W。每个卫生间内安装有 400 W 辅助加热器一台。空气预热器产生的暖气通过与冷气输送相同的风道送入室内，电加热器产生的热量则通过自然对流的方式，直接将热量散发到室内空气中。

2. 技术参数

（1）客室空调系统。
供电电压：AC 380 V/50 Hz。
额定制冷功率：42 kW。
总风量：4 400 m³/h。
新风量：900 ~ 1 800 m³/h。

制冷剂：R134a。

车内空气含尘量：0.5 mg/m³。

应急时的新风量：10 m³/h·人。

（2）客室制冷设备。

车外相对湿度：50%。

车内温度：27 ℃（车外温度为 40 ℃）。

新风量：15 m³/h·人。

（3）供热系统。

车内温度：24 ℃（车外温度为 –25 ℃）。

新风量：10 m³/h·人。

第四节　CRH380A 型动车组空调换气系统

一、概　述

CRH380A 型动车组空调换气系统由空调装置、换气装置、通风装置、应急通风装置及送回风风道系统组成。每节车厢车底安装 2 台空调装置、1 台换气装置，通过连接风道与设置在车体内部的风道相连接，调节车厢各部位对送风量、回风量和新风量的需求，达到车厢内环境控制的目的（见图 6.12）。头尾车司机室另设单独的空调和暖风机，以保证司机室的舒适性。

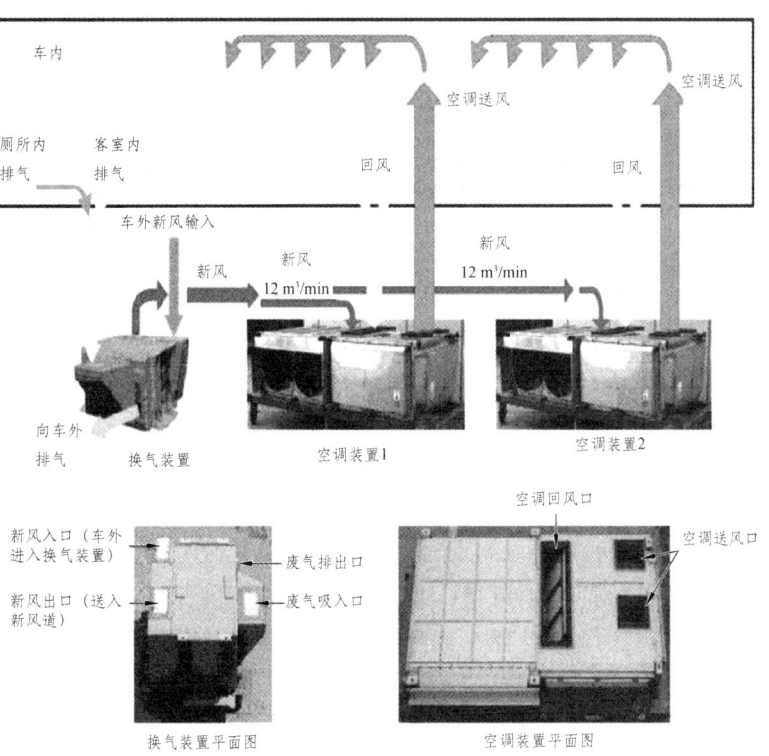

图 6.12　空气传输流程示意图

二、换气及冷却装置

1. 换气装置

为了抑制高速运行的车辆在进入隧道或车辆交汇时产生的车外压力变化传播到车内使乘客产生耳鸣等不适,同时为了实现新风供给和车内废气排放,CRH380A型动车组采用了供排风一体的连续换气装置。

换气装置主要由送风机、电机、连接风道、换气装置及变频器箱等部分组成。新风通过专门的新风风道与空调机组相连,向空调机组提供新风。通过回风道及卫生间废气风道,排出客室内的废气(废气包括两部分,一部分为从回风道中排出,另外一部分从厕所排风道排出)。送风机与连接风道相连,连接风道壁敷设有降噪材料。在新风吸入侧的连接风道内置有固定式风量调整板,在排气侧的连接风道上设置有滑动式风量调整板,用于调节风量及调整车内气压。

车外新风经过装有风量调节板的给风侧,被高压送风风机吸入,分别送到两台空调机组中;客室内回风被高压排风风机吸入,进入装有电机的换气装置的内部通道,在冷却风机电机后从装有调节板的出风口排出车外。正常运行时,换气装置可以保证从室内排出风量与补充的新风相等,从而保证客室内空气压力恒定。换气装置工作示意图如图6.13所示。

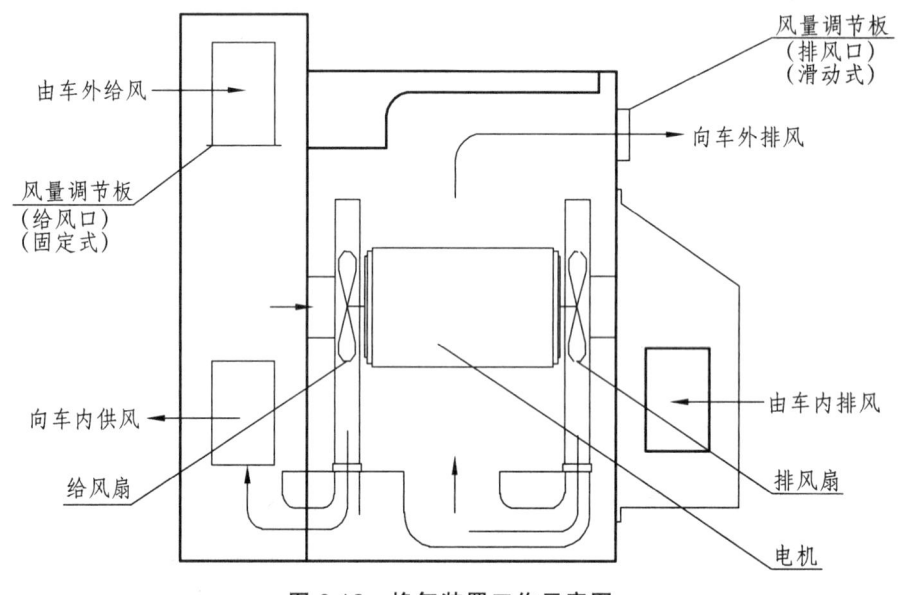

图6.13 换气装置工作示意图

2. 空调设备

空调装置在车下对称设置2台。空调装置新风送入地板中新风道,通过窗间的竖向复合风道,进入车内纵向玻璃钢风道。出风口为隐形风口,设在顶板与侧墙处,窗框上有向下的出风口;餐车送风口设置在侧顶与窗上墙板间;走廊侧送风口设置于窗框与顶板结合处。

回风口设在座椅下方,客室中部每2排座椅、端部各座席都设有回风口。为降低噪声,地板下空调装置、换气装置连接部分的附近座席下没有设置回风口。餐车的回风口分别设在餐厅餐椅下方、厨房纵向间壁上和吧台下方。

动车组每辆车设有 4 个温度传感器,两台空调机组分别接收两个传感器检测的温度信息,并将其平均后所得的车内温度与制冷设定温度进行比较,从而自动选择不同的运行模式,对压缩机进行 ON/OFF 控制,并决定压缩机运行频率。

三、空调装置

1. 概　述

EU6510 型空调装置外形见图 6.14。空调装置的新风送风口、回风口各自与地板中新风道和回风道连接。制冷时,由回风道吸入的车内空气,与换气装置送来的车外新风混合,通过空调装置回风口上的过滤器与蒸发器进行热交换,形成冷风。冷风由地板中新风道送入车内复合风道,经过玻璃钢风道,从各个送风口吹向车厢。冬天,由回风道吸入的空气与车外空气混合,通过空调装置回风口上的过滤器,由电热器加热,通过与制冷同样的路径送入客室。

空调下边的检查口、检查盖罩与排水盘一体化,便于车厢内热交换器、排水盘、排水泵的清洗、检修。室内、外热交换器侧安装有室外过滤网,过滤网材质为 VILEDON。

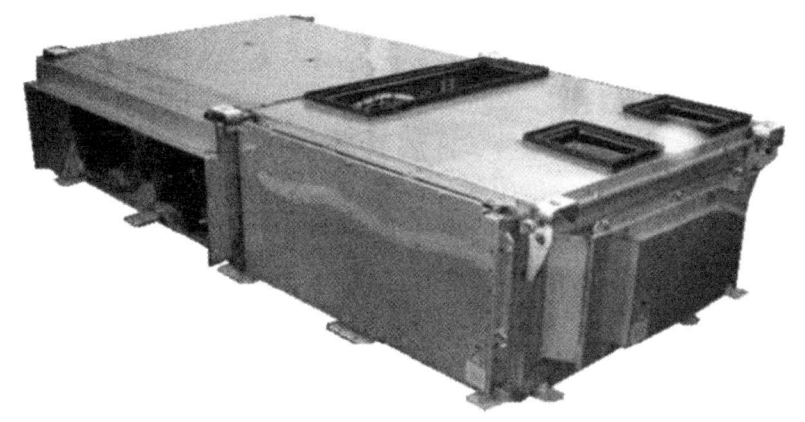

图 6.14　空调装置外形图

2. 构造及其作用

（1）制冷单元。

空调装置分为车厢内部、车厢外部、控制装置。在车厢外部安装有压缩机、高压开关、室外热交换器、室外送风机、冷凝器、交流电抗器;车厢内部为气密构造,内部有室内热交换器、室内送风机、电热器、直流电抗器、排水泵、空气过滤器。控制装置为气密构造,内部安装有逆变器、冷凝器、接触器盘 1、接触器盘 2。制冷单元设置在车辆地板下。

（2）制冷剂循环。

制冷剂 R407C 在压缩机、室外热交换器、干燥器、毛细管、车厢内热交换器、冷凝器及配管所构成完全密闭的空间内循环。

（3）电气配线。

空调设备的动力电由 4 芯的配线用连接器（CN1）向主电路提供单相 400 V 电源;控制

电由 27 芯的配线用连接器（CN2）提供。

四、空调逆变器装置

逆变器装置安装于空调装置内，通过对来自显示设定器的温度设定值和温度传感器检测值的比较，控制压缩机和室内、室外送风机的运行。

逆变器装置由变频单元、电容器单元、交流电抗器、直流电抗器、限流电阻（CHR1，2）和接触器（IVK，CHK）构成。另外有的空调装置的逆变器装置采用 1 个交流变换器回路和 2 个逆变器回路。驱动压缩机的逆变器回路被称为 VVVF，驱动室内、室外送风机的逆变器回路被称为 CVCF。

五、驾驶室空调装置

驾驶室室内新风由客室空调机组通过独立风道供给。同时驾驶室设置了单独的空调装置，包括两部分：冷气设备和暖气设备（布局见图 6.15）。KLF4.9 型空调机组是为动车组司机室设计的空气调节设备，具有通风和制冷功能；另外采用两台 WHCR-2 型暖风机为驾驶室提供暖气。

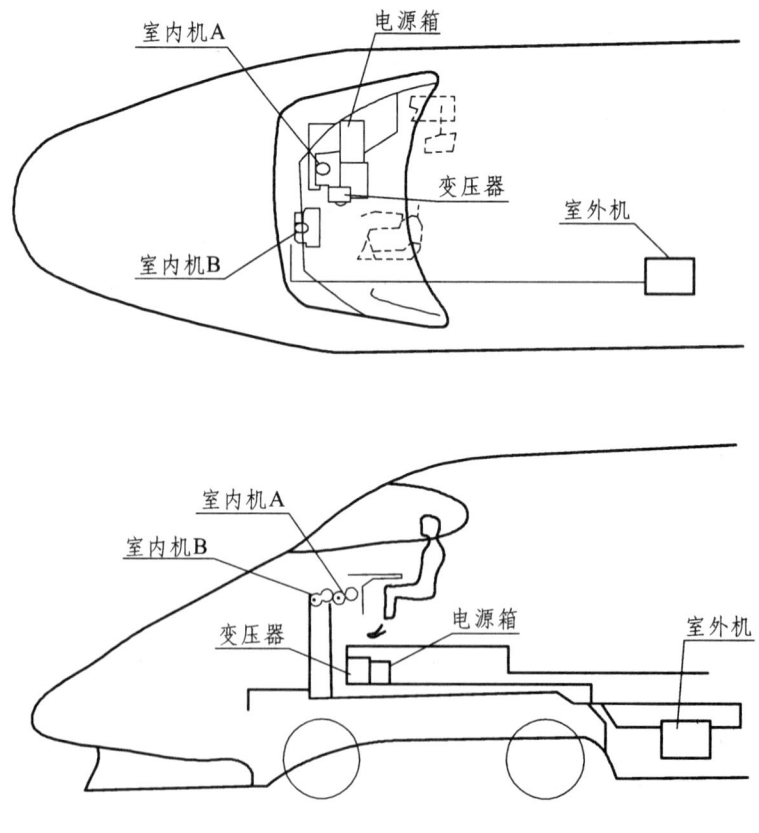

图 6.15 系统搭载布局

空调电源箱、变压器安装在司机室设备间内,它是空调系统的逆变兼控制中心。控制电源把从车辆输入的 AC400 V/50 Hz 电源升压调频成三相交流 440 V/60 Hz 并逆变成直流 24 V 后供空调压缩机和室内风机、室外风机使用,并按空调要求控制空调系统的正常工作,完成通风、制冷的运行。

暖风机安装在司机室设备间内,在操纵台设置单独的控制按钮。

驾驶室在从车厢的空调装置吹风之外,还设置了驾驶室专用的制冷装置。该制冷装置采用逆变器方式,作为输入电源接受交流 400 V,但和主回路、控制回路一起在装置内进行直流变换驱动。制冷装置由室外机、2 台室内机、电源箱、变压器、控制面板 5 个部件构成可实现 3 段风量的温度控制。

司机室空调装置部件设计结构结合防火安全要求,具有良好的防火性能,在结构设计和各种零部件的设计及制造过程中均按有关防火的规定执行,非金属材料的燃烧性、发烟性和毒性均满足防火要求。

六、连续换气装置

高速运行的车辆,在进入隧道的时候其车外压力变化很大,如果不抑制车外压力变动,使其传导进车内,乘客会感觉到耳鸣。

为了防止这一现象发生,车内换气使用供排风一体的连续换气装置。换气装置采用逆变器控制送风机的运行频率,通过提高送风机的静压力性能,能够更好地抑制车内的压力变动,并且确保换气量。换气装置上的电源为 AC 400 V 单相 50 Hz,并设置有逆变器。

换气装置由风道、消音器和两轴电动送风机构成,使用的是通用电动机的外壳形状,电动机的分解、组装、安装方便简单。

换气装置电动送风机转速可以根据车辆速度进行控制:速度 160 km/h 以下时 72 Hz(4 320 r/min)低速运行;160 km/h 以上时 97 Hz(5 820 r/min)高速运行。

七、车内压释放阀

为了保持气密性,提高换气装置的静压,乘客有时会发生车内外有压差的情况,对侧门的开闭造成影响,当侧门打开时乘客就会发生耳鸣。为防止这种现象产生,在运行室罩内气密壁上设置有车内压释放阀。

车内压释放阀为了保持气密采用圆盘状,当速度在 30 km/h 以上时阀门关闭,在此以下阀门打开开放车内压。车内压释放阀的动作由气缸驱动完成。

八、端部新风系统

200 km/h 动车的新风入口位于车下设备舱内,纸滤结构进风口更换维护周期较短,为了改善新风质量,降低维护工作量,200 km/h 长编组卧车采用了端部新风系统。该系统由防雨式风口、端部新风道、新风滤网、地板中新风道和车下新风连接风道组成。新风入口设置于车端端墙上,新风通过端部新风道、地板中新风道、车下风道与换气装置新风口连接,最终进入空调装置参与空气循环。T1 车端部新风设置在二位端墙靠一位侧，T8 车新风装置方式和 T1 相同，其余各车新风口设置于一位端墙靠二位侧。

九、应急通风系统

时速 200 km/h 16 辆编组动车组，设计了应急通风系统（见图 6.16）在动车组行驶途中发生故障停止，空调电力供应出现中断时，该系统可以通过蓄电池供电，驱动进、排气风扇电机与气密阀的通风装置，使客室内的通风换气系统能继续正常运转，为每车提供 9.3 m/h 以上的新风量约 2 h。

应急通风系统在一位端及二位端外端墙上开风口，在开口位置设有气密阀机构、风机及通风格栅。送风及排风采用相同的结构，送风与排风的区别为风机进出风方向不同，进风时风机从外端墙往车内送风，排风时风机从车内向车外通过外端墙排风。在应急通风系统工作时，各车内端门、司机室后端门（视具体情况开启）、机械师室座椅后控制柜门等都要处于打开状态，利于通风。

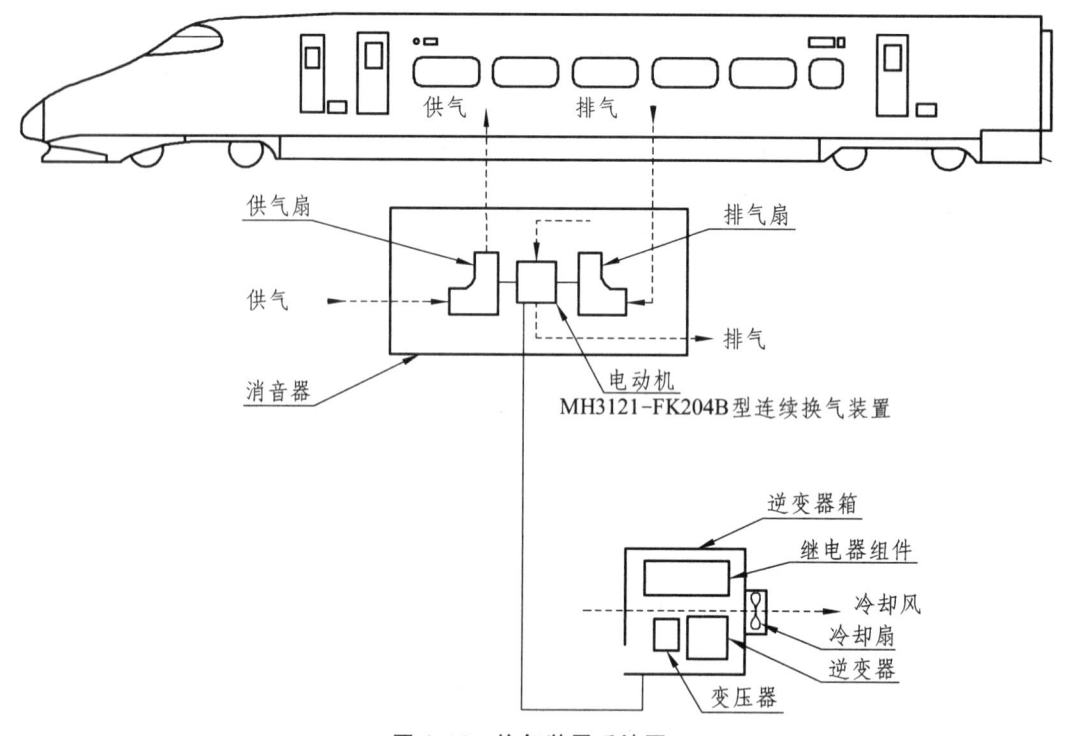

图 6.16 换气装置系统图

小 结

车内空气环境主要指热环境、湿环境和空气品质。热环境好坏由空气温度的高低来判定；湿环境的优劣由空气的干湿度来表征；空气品质则由新风（新鲜空气）量的多少或空气的洁净度来区别。

空调换气系统正是控制调节上述各项指标的装备,主要由通风系统、制冷系统、供暖系统、加湿系统以及控制系统等 5 个子系统组成。本章重点介绍通风系统、制冷系统和供暖系统的组成与原理。

通风系统的作用是将车外新鲜空气吸入并与车内再循环空气混合,在滤清灰尘和杂质后,再压送分配到车内,同时排出车内的污浊空气,以保证车内空气的洁净度以及合理的流动速度和气流组织。通风系统通常由通风机组、空气过滤器、进风口、送风口、送风道、回风口、回风道以及排废气口等组成。不同车型的通风系统是比较类似的。

制冷系统的作用是在高温季节对车内的空气进行降温、减湿处理,使车内空气的温度与相对湿度维持在规定的范围内。为保证制冷系统安全、有效地工作,制冷系统除压缩机、蒸发器、冷凝器、节流装置四大件外,还配有储液器、干燥过滤器和气液分离器等辅助设备。

CRH1 型动车组客室空调系统是分体式空调系统,主要由空气处理单元和压缩机冷凝器单元以及有关的连接管道、送风风道、电气控制装置等组成。CRH2 型动车组客室空调系统是设置在客室地板下部的两台小型、轻量化的空调装置。空调装置的送风口与设在客室地板下部的送风道连通,并与顶板位置处的送风口连通;回风口与吸入车内空气的回风道连接。CRH5 型动车组客室空调系统采用车顶单元式空调机组。客室、通过台和卫生间的空调系统有两个独立单元,包括安装在各车厢内的空气处理单元和各车厢车顶的两个压缩机组件。

为了使客车在寒冷的季节运用时车内保持一定的温度,车上必须安装有供暖系统。供暖系统主要有两个作用方式:对送入车内的空气进行预热和对车内空气进行补偿加热。

在 CRH1 型动车组中,客室供暖由空气预热器和地面空气加热器组成。在加热模式下,来自空气处理单元的送风将加热到约 20 ℃。车辆的热损失通过安装在车窗下侧墙上的加热器进行补偿,并通过空调系统控制器进行控制。CRH2 型动车组客室供暖由内置于空调机组的电加热器实现。电加热器为带散热片的铠装式,额定功率 24 kW,为多级控制(8/8/8 kW,3 段)。CRH5 型动车组客室供暖也采用电热空气预热结合侧墙电加热辅助供热的形式。CRH380A 型动车组空调换气系统由空调装置、换气装置、通风装置、应急通风装置及送回风道系统组成。每节车厢车底安装 2 台空调装置、1 台换气装置,通过连接风道与设置在车体内部的风道相连接,满足车厢各部位对送风量、回风量和新风量的需求,达到车厢内环境控制的目的。

思考与练习题

1. 动车组空调换气系统的目的和作用是什么?
2. 简述动车组空调换气系统的构成与各子系统的功能。
3. 按空调系统的安装方式可分为哪几类?各有何特点?
4. CRH2 型动车组通风系统是怎样的?
5. CRH2 型动车组司机室是如何供暖的?
6. CRH2 型动车组客室空调系统由哪些主要部件组成?

7. CRH2 型动车组客室制冷系统由哪些主要部件组成？
8. 简述 CRH1 型动车组通风系统的组成。
9. 简述 CRH2 型动车组客室空调系统的组成。
10. CRH5 型动车组空调系统有哪些特点？
11. 简述 CRH380A 型动车组空调系统组成。

参考文献

[1] 张宝林. 高速铁路 CRH1 型动车组操作技术[M]. 成都：西南交通大学出版社，2008.
[2] 郭世明. 动车组检测与故障诊断技术[M]. 成都：西南交通大学出版社，2008.
[3] 铁道部运输局装备部. 铁路动车组运用维修作业标准[S]. 北京：中国铁道出版社，2007.
[4] 张曙光. CRH1 型动车组[M]. 北京：中国铁道出版社，2008.
[5] 张曙光. CRH2 型动车组[M]. 北京：中国铁道出版社，2008.
[6] 张曙光. CRH5 型动车组[M]. 北京：中国铁道出版社，2008.
[7] 铁道部运输局. CRH2 型动车组司机手册[M]. 北京：中国铁道出版社，2006.
[8] 侯梅英. 动车组总体与转向架[M]. 北京：中国铁道出版社，2015.